DEL DIVORCIO ROMANO A LA SACRAMENTALIDAD TRIDENTINA

DEL DIVORCIO ROMANO A LA SACRAMENTALIDAD TRIDENTINA

Alejo Manuel Diz Franco

COLEX 2024

Calle Costa Rica, número 5, 3.º B (local comercial)
A Coruña, C.P. 15004
info@colex.es
www.colex.es

I.S.B.N.: 978-84-1194-238-6
Depósito legal: C 51-2024

ABREVIATURAS

C	*Constitutiones*
CE	*Codex Euricianus*
CH	Código de Hammurabi
CI	*Codex Iustiniani*
CIC	*Codex Iuris Canonici* (ed. 1983)
Coll.	*Collatio legum mosaicarum et romanarum*
C. Th.	*Codex Theodosianus*
D	*Digesta*
DG	*Decretum Gratiani*
DT	*Decretum Tametsi*
Etym.	*Isidori Hispalensis Etymologiae*
Gai.	*Institutionum Gai*
GS	Constitución Apostólica *Gaudium et Spes*
I	*Institutiones Iustiniani*
LE	Leyes de Esnunna
LV	*Liber Iudiciorum*
Nov	*Novellae Iustiniani*
PG	Patrologia Graeca — Migne
PL	Patrologia Latina — Migne
Tab.	*XII Tabularum*
Tit. *ex Corp.* Ulp.	*Tituli ex corpore Ulpiani*

ABREVIATURAS DE LIBROS BÍBLICOS (BIBLIA DE JERUSALÉN)

Gn	Génesis
Ex	Éxodo
Lv	Levítico
Dt	Deuteronomio
Nm	Números
Jc	Jueces
Rt	Rut
1S	Primer Libro de Samuel
2S	Segundo Libro de Samuel
1Cr	Primer Libro de las Crónicas
2Cr	Segundo Libro de las Crónicas
Tb	Tobías
Si	Eclesiástico
Is	Isaías
Jr	Jeremías
Os	Oseas
Miq	Miqueas
Mt	Mateo
Mc	Marcos
Lc	Lucas
Jn	Juan
Rm	Romanos
1Co	Primera Corintios
Ef	Efesios
Col	Colosenses
1Ts	Primera Tesalonicenses
1Tm	Primera Timoteo
Tito	Tito

SUMARIO

INTRODUCCIÓN

1
LA FAMILIA EN ROMA

2
EL CONCEPTO DE *MATRIMONIUM*

3
MANUS Y *MATRIMONIUM CUM MANU*

4
IMPEDIMENTOS PARA CONTRAER MATRIMONIO

5
EL *DIVORTIUM*

6
LA LEGISLACIÓN MATRIMONIAL DE AUGUSTO

7
EL MATRIMONIO Y EL DIVORCIO EN LA LEGISLACIÓN JUSTINIANEA

8
UNA NUEVA CONCEPCIÓN DEL DIVORCIO

9
EL MATRIMONIO EN LA BIBLIA

10
LA CUESTIÓN MATRIMONIAL EN LOS PRIMEROS SIGLOS DEL CRISTIANISMO

11
LA LEGISLACIÓN VISIGODA

12
LOS ESCRITORES CRISTIANOS MEDIEVALES

13
LAS OBJECIONES A LA SACRAMENTALIDAD DEL MATRIMONIO EN LUTERO

14
EL MATRIMONIO EN EL CONCILIO DE TRENTO

15
CONCLUSIONES

BIBLIOGRAFÍA

INTRODUCCIÓN

«Ama y haz lo que quieras: si callas, calla por amor; si gritas, grita por amor; si corriges, corrige por amor; si perdonas, perdona por amor. Exista dentro de ti la raíz de la caridad; de dicha raíz no puede brotar sino el bien»[1].

Con estas palabras se expresa S. Agustín de Hipona, uno de los grandes pensadores cristianos de todos los tiempos. Esta hermosa reflexión se ha utilizado, a lo largo de la historia, por parte de la Iglesia, para dar consejos acerca del matrimonio, como base de homilías en las que se ensalza el papel de los buenos esposos y en innumerables escritos acerca de la institución matrimonial.

El mundo presente, por lo menos en su vertiente occidental, no concibe el matrimonio sin el amor: uno se casa si quiere y con quien quiere. La visión que actualmente existe del matrimonio en Occidente puede llamar a engaño pensando que se trata de una institución que ha sido siempre así, pero, como toda realidad histórica, sufre una evolución a lo largo del tiempo, como habrá tiempo de comprobar.

La Iglesia, quien ejerció durante más de un milenio la exclusiva sobre el matrimonio en Europa, exige como elemento de validez del pacto matrimonial la libertad de los cónyuges[2]. Así mismo, conviene no perder de vista, ya desde el principio, que, como bien afirma Federico Fernández de Buján, «el ser humano no solo es un ser biológico, sino también una persona que tiene una dignidad y unos derechos innatos»[3], lo que supone que elegir con quien compartir la vida, formar una familia y educar a una prole formarán parte de esa dignidad y de esos derechos.

---

1 *Dilige, et quod vis fac: sive taceas, dilectione taceas; sive clames, dilectione clames; sive emendes, dilectione emendes; sive parcas, dilectione parcas: radix sit intus dilectionis, non potest de ista radice nisi bonum existere* (AUGUSTINUS, *In Epistola Joannis ad Parthos*, VII, 8, en PL 35, col. 2033).

2 CIC 1057.

3 F. FERNÁNDEZ DE BUJÁN, *La vida. Principio rector del Derecho*, Madrid, 1999, p. 75.

Será esta la razón por la que, para la doctrina iusnaturalista, el matrimonio es una institución de Derecho natural, basándose para esta afirmación en la definición de Ulpiano contenida en el Digesto y que afirma que el Derecho natural es aquel que la naturaleza ha impuesto a todos los seres animados[4]. Aunque no sea posible entrar en este estudio en la amplia discusión acerca de qué es y cuál es el contenido del Derecho natural, sí que es necesario hacerse, por lo menos, eco de la importancia que este concepto ha tenido a lo largo de la historia, ya que los primeros pensadores de los que nos llegan escritos muestran, en un porcentaje muy significativo, una atención muy particular por el mismo.

Como es bien sabido, en las primeras sociedades humanas el Derecho estaba íntimamente unido a lo sagrado, como un reflejo de la voluntad de los dioses. En la Grecia clásica numerosos pensadores hacen referencia al Derecho natural, siendo Hipias y Antifonte, filósofos sofistas del siglo V a. C., los primeros en contraponer la ley natural al Derecho positivo[5]. Sócrates y su discípulo Platón discurren sobre esta distinción, pero es Aristóteles quien, en su Ética a Nicómaco, construye y configura en su inicial plenitud la teoría de la ley natural. Así, afirma que la justicia natural es «la que tiene en todas partes la misma fuerza y no está sujeta al parecer humano»[6]. Esta concepción vendrá desarrollada e incluso más elaborada en el occidente medieval por Sto. Tomás de Aquino quien, en su *Summa Theologiae,* afirma que la ley natural es la que se corresponde con las inclinaciones naturales del ser humano, tanto en vista a su propia conservación, tanto en relación con la naturaleza, como en relación a su bien racional[7].

A partir de Tomás de Aquino se asienta el *iusnaturalismo teológico,* en el que numerosos autores, hasta el día de hoy, afirman que la ley natural tiene como objeto la vida del ser humano de forma plena. Es decir, ya sea en su aspecto individual y subjetivo, ya sea en su proyección como ser social y con contenido objetivo.

Pues bien, dentro de lo que se considera Derecho natural, ha habido autores, a lo largo de toda la historia, que han considerado que el matrimonio es una institución que pertenece al orden del Derecho natural: ya los autores clásicos consideran el matrimonio como una cuestión de institución natural.

---

4 *Ius naturale est, quod natura omnia animalia docuit: nam ius istud non humani generis proprium, sed omnium animalium, quae in terra, quae in mari nascuntur, avium quoque commune est. hinc descendit maris atque feminae coniunctio, quam nos matrimonium appellamus, hinc liberorum procreatio, hinc educatio: videmus etenim cetera quoque animalia, feras etiam istius iuris peritia censeri* (D. 1, 1, 1, 3. Ulpianus 1 inst.).

5 G. Reale, D. Antiseri, *Historia del pensamiento filosófico y científico. Tomo I. Antigüedad y Edad Media*, Barcelona, 1995, p. 82.

6 Aristóteles, *Ética a Nicómaco*, V, 7.

7 Tomás de Aquino, *Summa Theologiae*, I-II, q. 94-2, Madrid, 1989, pp. 731-733.

Así, la definición de Ulpiano, ya citada, afirma que el matrimonio es algo que la misma naturaleza enseña a los seres vivos; por su parte, Cicerón sostendrá que el matrimonio es la consecuencia natural del instinto de procrear de los seres humanos y, por esta razón, constituye la base de cualquier sociedad[8]. Con la expansión del cristianismo y con el comienzo del pensamiento heredado de Pablo de Tarso, se acentuará más esta idea ya que, basándose en los textos creacionales del Génesis, se afirmará que el matrimonio es algo querido por Dios desde el inicio de la humanidad[9]. Pero esta posición del matrimonio como institución de Derecho natural no es, en Occidente, patrimonio de la Iglesia, ya que el mismo Voltaire pone al matrimonio en el plano iusnaturalista, al considerar que toda persona tiene derecho a que se reconozca la validez de su matrimonio, independientemente de cómo ha sido contraído[10]. Y ésta será la idea de Occidente sobre el matrimonio, incluso en la Europa Reformada del siglo XVI, viendo su ocaso este posicionamiento con el comienzo de las ideologías, perdiendo la Iglesia su exclusividad que, hasta ese tiempo, ostentaba con potestad única.

En un célebre opúsculo, Fernando Colom y Beneyto, reclama al obispo de Tui, en los primeros años del siglo XX, la potestad del Estado sobre el matrimonio, en base a que la sociedad civil y la Iglesia son entes diferentes con finalidades, asimismo, diversas. No obstante, sostiene que la naturaleza del matrimonio es la misma: tanto el matrimonio civil como el canónico pertenecen al ámbito público. Y la razón por la que no puede ser monopolio de la Iglesia es, precisamente, por su condición de institución de Derecho natural, ya que se trata de una institución que es intrínseca al ser humano, que complementa la propia personalidad humana y que, por lo tanto, es la base de la familia y ésta del Estado[11].

El camino estaba abonado por los pensadores de la época. El matrimonio era visto como una institución religiosa que, según esa corriente de pensamiento laicista, subyugaba al ser humano bajo una monogamia impuesta, totalmente ajena a la propia naturaleza humana. Así, Bertrand Russel defenderá que el matrimonio es un esquema impuesto por la sociedad para limi-

8 *Nam cum sit hoc natura commune animantium, ut habeant libidinem procreandi, prima societas in ipso coniugio est, proxima in liberis, deinde una domus, communia omnia; id autem est principium urbis et quasi seminarium rei publicae. Sequuntur fratrum coniunctiones, post consobrinorum sobrinorumque, qui cum una domo iam capi non possint, in alias domos tamquam in colonias exeunt. Sequuntur conubia et affinitates ex quibus etiam plures propinqui; quae propagatio et suboles origo est rerum publicarum. Sanguinis autem coniunctio et benivolentia devincit homines et caritate* (M. T. Ciceronis, *De Officiis*, I, 54).

9 Gen 2, 3.

10 Voltaire, *Tratado sobre la tolerancia*, Madrid, 2010, pp. 107 s.

11 F. Colom y Beneyto, *Las equivocaciones del obispo de Tuy. El Derecho canónico y el Derecho civil con relación al matrimonio. La solución al problema del matrimonio*, Madrid, 1906, pp. 40 ss.

tar sexualmente al ser humano a través de la limitación de la poligamia por medio de tres mecanismos: la limitación geográfica, la superstición basada en el pecado y la opinión pública[12].

Ya Bakunin había puesto en solfa la idea de matrimonio, al considerar que una persona no puede atarse por medio de subterfugios legales a otra, ya que va en contra de la propia libertad individual[13]. Por su parte, Schopenahuer, solamente concibe el matrimonio como medio para la continuación de la especie, debiendo el ser humano renunciar a los intereses individuales por los de la especie[14]. Para Marx y Engels la mujer será siempre una prostituta, ya sea oficial o privada, ya que es considera por la sociedad como un mero medio de producción de hijos, lo que supondría, según los citados, que el matrimonio sería una forma de explotación de la mujer[15].

Estos posicionamientos, basados en ideologías que lucha contra un orden establecido, presenta al matrimonio como nocivo para el ser humano o, en el mejor de los casos, como un recurso de la sociedad para retroalimentarse. No obstante, basta señalar los posicionamientos misóginos de muchos de estos pensadores, especialmente de Schopenahuer, para darse cuenta de que su posición no es, precisamente, equilibrada, y que se trata de discursos elaborados al servicio de la propia ideología.

Por su parte, Simone de Beauvoir, base teórica de la segunda ola feminista, pone el acento sobre la desigualdad entre sexos existente en el matrimonio, llegando a afirmar que «la mayor parte de las mujeres, incluso en la actualidad, están casadas, lo han estado, se preparan para estarlo o se lamentan por no haberlo logrado»[16]. Esta posición fundamenta su crítica a la institución matrimonial sobre la base de la no reciprocidad real entre cónyuges, tanto respecto de la elección como a nivel de la responsabilidad, con posterioridad asumida.

En suma —y siendo mi exposición una muy elemental síntesis sobre las posiciones morales, filosóficas y sociológicas— la historia del pensamiento y la valoración acerca del matrimonio se pueden remontar al propio origen de la historia del ser humano y presentan tal variedad en sus contenidos que muchas de ellas son manifiestamente antagónicas.

Por lo que se refiere a la regulación jurídica del matrimonio en su proceso histórico anterior al mundo romano, es posible enunciar de forma simple y somera algunos de los regímenes que sirvieron de marco normativo de

12 B. Russell, *Por qué no soy cristiano*, Madrid, 2010, pp. 185-189.

13 M. Bakunin, «La mujer, el matrimonio y la familia», en M. Bakunin, *Obras completas*. Tomo 3, Madrid, 1977, p. 203.

14 A. Schopenhauer, *Los dolores del mundo*, Madrid, 2009, pp. 96 s.

15 K. Marx y F. Engels, *El manifiesto comunista*, Madrid, 2009, pp. 63-65.

16 S. de Beauvoir, *El segundo sexo*, Madrid, 2019, p. 497.

esta institución. Así, en sus más remotos orígenes, es probable es que el matrimonio surgiera como un instrumento, desprovisto de consecuencias jurídicas, que se celebraría en un ámbito seguramente sacro, y con el fin de conseguir una prole y, al tiempo, ampliar los lazos de cooperación entre grupos familiares o locales[17].

Dos milenios antes del nacimiento de Jesucristo, ya en Babilonia existe cierta normativa «legislativa» referente al matrimonio. Las leyes de Esnunna, redactadas al comienzo del período paleobabilónico, exigirían un contrato de partes para que el matrimonio tuviese validez, en el que estarían implicados los padres de los contrayentes[18]. Asimismo, el Código de Hammurabi establecerá las normas para que un hombre y una mujer puedan casarse, basándose el matrimonio en un pacto entre las familias de los contrayentes, siendo los demás ritos legales, simples trámites que nada aportan a la validez matrimonial. Se trataría de un matrimonio muy flexible, sin distinciones sociales, solamente limitado en casos de parentesco entre los cónyuges[19].

Por su parte, ya en las primeras dinastías egipcias existirían formas matrimoniales, si bien los primeros documentos jurídicos en los que se recogen las formalidades de su celebración se encuentran en etapas más evolucionadas. Se permitían la poligamia y el incesto, y el matrimonio era, básicamente, una cuestión de hecho, ya que era habitual que los documentos que lo corroboraban se firmasen años después de iniciarse la convivencia[20].

En Grecia es también común la práctica del matrimonio, si bien con una celebración y contenido consecuencial complejo y variado según tiempos y lugares, pero mucho más flexible que los que se conocerán posteriormente en el ambiente occidental. Más allá de los requisitos legales y ceremonias que se llevaban a cabo para verificar la unión conyugal, es evidente la presencia natural del matrimonio en la vida de las sociedades helénicas, pues son numerosas las fuentes literarias en las que aparece citado como una institución que forma parte de su cultura. Las referencias de Aristóteles al matrimonio son abundantes y profusas, encontrando en su Tratado *De Política* la recomendación de que el matrimonio se lleve a cabo en una edad prudentemente avanzada, entendiendo el Estagirita que «la unión de esposos jóvenes es mala para la procreación»[21].

17 S. Coontz, *Historia del matrimonio. Cómo el amor conquistó el matrimonio*, Barcelona, 2006, p. 63.

18 LE 27.

19 CH Ley 117.

20 F. Alonso y Royano, «El contrato de compromiso en el derecho matrimonial egipcio», *Memorias de historia antigua*, 15–16, pp. 9-26.

21 Aristóteles, *Política*, VII, 16, 6.

Dando un salto colosal en el tiempo y, antes de entrar en la exposición primigenia sobre el matrimonio en Roma, es interesante resaltar que el clásico matrimonio actual, en los países de tradición judeocristiana, proviene del siglo XVIII.

Durante los primeros tiempos del ochocientos muchos de los matrimonios, sobre todo en las clases altas, se celebraban por conveniencias sociopolíticas y, en las bajas, fuera una manera de proporcionar descendencia como mano de obra para trabajar los campos[22]. Con la llegada de la revolución industrial y la estabilización de la burguesía, la mujer comienza a incorporarse al mercado laboral y, por lo tanto, a adquirir también su propia independencia económica, por lo que cada vez será más común que sean los propios cónyuges —incluso la esposa—, quienes elijan con quien casarse, sin importar en demasía la procedencia social o inclusive la anuencia de la familia[23].

En lo que existe acuerdo histórico es que la familia es la primera sociedad o bien en el pensamiento ciceroniano, su célula básica. A fines del siglo XX comienza una tendencia social que, sin negar la importancia de la familia tradicional, reclama la existencia de otros modelos familiares, fruto de la nueva antropología occidental impuesta por una nueva realidad, fruto de una sociedad multicultural y compleja. La singularidad de estas nuevas realidades familiares radica, precisamente, en qué debe entenderse por matrimonio. Así, el siglo XXI conoce familias tradicionales compuestas por padre, madre e hijos, familias monoparentales/marentales, familias formadas por personas del mismo sexo con o sin hijos y otras muchas realidades que se conforman como tales, en cuanto que la familia va adaptándose a los cambios sociales. No obstante, puede asimismo afirmarse que la familia como grupo humano, no necesita —a diferencia de otras asociaciones humanas—, ser constituida por el Derecho. Es una realidad que preexiste al Derecho al tener entidad propia, por ser de orden natural. A pesar de ello, entiende d`Ors que el Derecho debe regularla para generar seguridad jurídica a sus miembros[24].

Los autores clásicos del ámbito occidental, tanto paganos como judeocristianos, no tuvieron duda alguna en afirmar que en el matrimonio radica la base de la familia: Roma no se puede entender sin las familias y las familias tienen su origen en el matrimonio[25]. Así, Tito Livio afirmará que Roma se

22 G. Suárez Blázquez, «Los pilares jurídicos romano–cristianos de la fundación corporativa», *Revista de la Facultad de Derecho de México*, 2019, 1. pp. 222-229.

23 M. J. Nadales Álvarez, «El matrimonio en la Edad Moderna: requisitos para el matrimonio militar», en AA. VV., *X Congreso virtual sobre la historia de las mujeres*, Jaén, 2018, pp. 587 ss.

24 A. d`Ors. *Derecho y sentido común: Siete lecciones de derecho natural como límite del derecho positivo*. Madrid: Civitas, 2001, p. 119.

25 J. Cabrero Piquero, P. Fernández Uriel, *Historia Antigua II. El Mundo Clásico. Historia de Roma*, Madrid, 2014, p. 93.

funda a través de pactos entre familias[26]; Paulo Orosio hará mención de estos mismos pactos de las familias romanas con las familias de los sabinos[27]; y Tácito en sus Anales señala que Roma se va estructurando a través de los matrimonios y los pactos familiares de gobernantes, militares de alto rango y principales de Roma, así como por las relaciones familiares derivadas de dichos matrimonios, en muchos de los casos, convertidos en cuestión de Estado por la importancia que suponían las uniones para el desarrollo del ejercicio del poder[28].

Estas relaciones familiares marcan la historia de los pueblos y son reflejo de las diversas sociedades de cada época. Las sociedades primitivas son polígamas en un porcentaje muy elevado de los casos, considerándose la implantación de la monogamia como un signo de civilización y evolución de los propios pueblos. De hecho, pueblos que en una parte de su historia practicaron la poligamia, repudian esta práctica al adoptar las costumbres monógamas. Así, en tiempo de Herodes el Grande, la sociedad israelita —marcada por el cumplimiento de la Ley dada al Pueblo por el mismo Dios—, contempla, con escándalo, cómo su monarca practica la poligamia y el incesto[29]. Sin embargo, sociedades coetáneas a la israelita en su período monógamo, como la egipcia o la babilónica, siguen practicando la poliginia, costumbre considerada bárbara por romanos, judíos y griegos[30].

Una cuestión que llama la atención en la actualidad es la poca importancia que los ritos nupciales tenían en la configuración del matrimonio en el mundo antiguo. Tanto en las antiguas sociedades orientales, como en Grecia y en parte en Roma, el matrimonio era considerado una unión que pertenecía al ámbito privado y, en la mayoría de los casos era fruto de pactos familiares con intereses concretos patrimoniales o de conveniencia social. Esto no quiere decir que al poder civil o religioso no les interesase el tema matrimonial, sino que el poder del padre era tan grande que, al considerarse un asunto perteneciente al ámbito familiar, no parecía prudente inmiscuirse en él. Esta curiosidad radica en el hecho de que el matrimonio no solamente

26 Titus Livius, *Ab Urbe condita*, I, 1.

27 Paulus Orosius, *Historiae adversus paganos*, II, 5.

28 Caius Cornelius Tacitus, *Ab Excessu divi Augusti Historiarum Libri*, I, 10; I, 53; II, 3; II, 13; II, 86; III, 29; III, 34; IV, 16; IV, 39; IV, 40; IV, 41; IV, 53; V, I; V, 5; V, 26; V, 28; V, 34; XII, 1; XII, 2; XII, 7; XII, 22; XII, 25; XII, 58; XIII, 19; XIII, 44; XIII, 45; XIV, 27; XIV, 41; XIV, 64; XV, 53.

29 A. Diz Franco, «El Repudio de Salomé, ejemplo de la "vigencia" social del Derecho romano, en la corte herodiana», *Revista General de Derecho romano*, 26, 2016, pp. 3-5.

30 Aunque muchos historiadores defienden que la sociedad egipcia era teóricamente monógama, es cierto que desde las etapas más arcaicas eran comunes los matrimonios múltiples en las clases altas, así como los matrimonios monógamos complementados por concubinas. En el reino Nuevo ya se acomoda la costumbre de los harenes, sobre todo en los palacios reales (*Cf.* B. Gugel Gironés, «¿Harenes y concubinas en el Antiguo Egipto?», *Boletín de la Asociación Española de Egiptología*, 15, 2005, pp. 7-15).

tiene importancia jurídica *per se*, sino que, además, produce consecuencias para muchos otros actos jurídicos.

Por otra parte, el matrimonio aun siendo el mismo, en teoría, para cualquier persona, no provocaba iguales consecuencias para quienes ostentaban un *status* social o político alto que para las clases humildes. De hecho, la legislación del matrimonio, hasta terminada la Edad Media, estaba pensada para quienes podían verse afectados en su patrimonio por dicha unión, así por herencias, filiaciones, responsabilidades civiles y, en definitiva, por un sinfín de cuestiones prácticas. Así, como no podía ser de otra forma, los ritos nupciales tenían la finalidad de probar que el matrimonio se había celebrado, y en vista de dicha finalidad se constituían[31].

Para terminar este capítulo, que ha tratado de ser introductorio, sin entrar en profundidades que quedan fuera del mismo, en cuanto que su objeto es tratar realizar una exposición y análisis de la evolución del matrimonio desde el Derecho romano hasta el Concilio de Trento. A través de la búsqueda y el estudio de fuentes bíblicas, jurídicas, históricas y patrísticas y con el inexcusable apoyo de tratados, monografías y artículos científicos, pretenderá dar una explicación de cómo partiendo de una situación básicamente fáctica, como es el matrimonio en el Derecho romano, llega a convertirse en un sacramento y alcanzar su carácter indisoluble, tal como es conformado por el Concilio de Trento.

Es último objetivo de este trabajo, coadyuvar en la medida de lo posible a una mejor comprensión del presente que vivimos pues como afirma Federico Fernández de Buján:

> el mejor laboratorio para el conocimiento y comprensión de una realidad política, jurídica y social concreta es la propia Historia. Conforme a la máxima «la Historia es maestra de la vida», formulada felizmente por Marco Tulio Cicerón en el siglo I a.C., entendemos que, desde la contemplación del pasado, sobre todo de ciertas experiencias políticas de notable perfección, puede realizarse un intento de penetrar en el tiempo presente con el fin de conocerlo y mejorarlo, en un constante e inacabado proceso de perfeccionamiento[32].

31 E. Cantarella, *Pasado próximo. Mujeres romanas de Tácita a Sulpucia*, Madrid, 1997, p. 110.

32 F. Fernández de Buján, *Fundamentos clásicos de la Democracia y la Administración*, Madrid, 2021, p. 12.

1

LA FAMILIA EN ROMA

La institución familiar en Roma es de capital importancia y, por la estrecha relación con el tema objeto del presente estudio, es necesario dedicarle unas páginas introductorias para conocer el ámbito natural en el que, por antonomasia, se desarrollarán el matrimonio y el divorcio.

En primer lugar, es necesario buscar una definición de familia. Al acudir tanto a las fuentes como a la manualística, se encuentran variadas definiciones del término, cuestión que hace caer en la cuenta de que se trata de un tema harto complejo si se pretende encuadrar en unas pocas líneas, y la abundantísima bibliografía referente a esta institución no hace más que reafirmar la idea de que se trata de una institución compleja, muy dependiente jurídica y socialmente de las etapas históricas y, a la vez, una cuestión sumamente trascendental dentro de la sociedad romana de todas las épocas, así como en las sociedades coetáneas. Sin embargo, es necesario partir de la base de que la familia es un grupo social, más o menos amplio, de orígenes no elegidos. Certera es la valoración que de ella hace Federico Fernández de Buján al afirmar que la familia es el paradigma de agrupación social natural, ya que «no hay ningún acto inicial volitivo de unión, sin perjuicio de que después, en un momento posterior, el individuo se una voluntaria y afectivamente a los miembros de su propia familia»[33].

El jurista Ulpiano proporciona una definición de familia al afirmar que *«Iure proprio familiam dicimus plures personas, quae sunt sub unius potestate aut natura aut iure subiectae»*[34]. Esta definición presenta a la familia como a un grupo de personas sometidas a la *potestas* del *paterfamilias*, y cuya base es el

33 F. Fernández de Buján, «Vigencia de los "suprema fundamenta iuris romani"», en L. Garofallo, L. Zhang (coord.), *Diritto romano fra tradizione e modernità: atti del convegno internazionale di Shanghai*, (13-15 novembre 2014), Pisa, 2017, p. 170.

34 D. 50.16.195.2, Ulp. 46 ad ed.

matrimonio, que lo conforma, entendido como la unión de un hombre y una mujer que implican una comunión de vida basada en el Derecho natural[35].

No es posible olvidar la aportación que, con respecto a la familia, ofrece Dionisio de Halicarnaso[36], basándose en la legislación arcaica, atribuida por la tradición a Rómulo. Si bien es cierto que no proporciona una definición de esta institución, sí que ayuda a hacerse una idea de lo que los romanos entendían por familia, ya que su aportación parte del poder del *paterfamilias* sobre los que estaban sometidos a su *potestas*[37], así como sobre la condición social de la mujer casada en la época arcaica, partiendo siempre de su cometido en la familia. Pues bien, Dionisio presenta una familia gobernada por el poder omnímodo del *paterfamilias*[38], aunque con una serie de obligaciones de protección de la prole, como son la obligación alimentaria, la prohibición de matar a los hijos menores de tres años, excepto en caso de que tuvieran alguna deficiencia y con la posibilidad de ejercer el *ius exponendi* sobre éstos[39]. Llama la atención la especial importancia que Dionisio da al poder del *paterfamilias* sobre toda la familia, incluidos los hijos casados y la esposa, pudiendo sobre ésta última también aplicar la pena de muerte asistido del *consilium domesticum*. Aunque llame la atención, este poder omnímodo será el que marque, como se podrá comprobar ampliamente a lo largo de las páginas dedicadas a ello, el devenir del matrimonio a lo largo de muchos siglos.

El estudio de la familia conduce, necesariamente, a analizar su origen. Todos los pueblos de la Antigüedad de los que existe noticia se agrupan en asociaciones que generan vínculos entre ellos, con los que se comparte la vida íntima y la actividad económica[40]. Ya el Antiguo Testamento (en adelante

---

35 F. Fernández De Buján, «Lineamenti sul matrimonio nel pensiero di Ulpiano», en *Atti del XIII Colloquio Giuridico Internazionale: La filiazione nella cultura giuridicaeuropea. Roma 23-24 aprile 2008*, Roma, 2009, pp. 165-173.

36 Dionisio de Halicarnaso, *Historia Antigua de Roma*, II, 25-27, Madrid, 1995.

37 G. Suárez Blázquez, «La patria potestad en el derecho romano y en el derecho visigodo», *Revista de Estudios histórico-jurídicos*, 36, 2014, pp. 159-187.

38 Aunque es cierto que el poder del *pater* era quasi absoluto con respecto a los miembros de su familia, también lo es que suponía una obligación muy gravosa derivada de la responsabilidad que asumía por los actos cometidos por todas las personas sometidas a su potestad, ya que como expone David Magalhaes, *«Perante delitos cometidos pelo filiusfamilias ou por um escravo (furto, injúria, dano causado com injúria ou roubo) reconhecia-se uma responsabilidade directa do pater/dominus, processualmente concretizada através da chamada actio noxalis, pela qual se reclamava a pena pecuniária que reparasse o prejuízo sufrido»* (D. Magalhaes, «Ex qua persona quis lucrum capit, eius factum praestare debet (D.50,17,149). Do casuísmo romano à moderna Generalização da responsabilidade civil por acto de terceiro», *Revista General de Derecho Romano*, 39, 2022, p. 3).

39 *Ibid.* II, 15, 2.

40 C. A. Perry, *Family, Gender Roles, and Marriage in the Ancient Near East and the Greco-Roman World*, California, 2016, p. 9.

AT) da cuenta de la importancia de la familia en el mundo mesopotámico, incluso en pueblos nómadas. Así se puede comprobar al acercarse a la historia del Diluvio Universal, datado aproximadamente en el cuarto milenio antes de Cristo, donde Noé, el protagonista, salva a su familia del exterminio de la raza humana[41]. Con razón afirma Guillermo Suárez Blázquez que «esta identificación del concepto de *familia* con un grupo de hombres sometidos a un jefe, parece ser el origen más remoto de la institución»[42].

El historiador Theodor Mommsem, hablando de las instituciones primitivas de Roma, afirma que la familia:

> se compone del hombre libre a quien la muerte de su padre ha hecho dueño de sus derechos; de su esposa [...]; de sus hijos; de los hijos de éstos con sus mujeres legítimas; de sus hijas no casadas y de las hijas de sus hijos, con todos los bienes que cada uno posee[43].

De esta definición, muy genérica, es posible obtener el dato de que la familia está compuesta por personas y bienes, pero poco más, ya que limita la familia a los vínculos de consanguinidad y a los bienes que los mismos poseen y disfrutan. Así, Antonio Fernández de Buján afirma que

> el término familia se emplea en las fuentes con diferentes significados, [...] con significado de patrimonio, de herencia, o de esclavos [...]. También se utiliza [...] como un conjunto de personas que viven en comunidad en la casa familiar, *domus*, bajo la autoridad de quien ostenta la patria potestad[44].

Esta afirmación es una invitación a caer en la cuenta de que la familia es una realidad que engloba todos los aspectos que atañen a la vida de una casa, tanto personales como patrimoniales. De hecho, la familia es un complejo entramado de personas y bienes sometidas al férreo control que un *paterfamilias* ejerce, de manera absoluta, como administrador de los bienes y como mente pensante y tomador de decisiones de todas las personas sometidas a su *potestas*. De hecho, para afrontar la tarea de adentrarse en el estudio del origen de la familia, es imprescindible partir siempre del sometimiento de los miembros del grupo a la *auctoritas* del *patermafilias,* ya que la historia de la familia es la de un grupo de personas sometidas, en mayor o menor medida, y cada uno en su propio ámbito y propia relatividad, a una *potestas*.

---

41 Gn 6-9.

42 G. Suárez Blázquez, «Naturaleza jurídica híbrida de la familia romana», *Revista General de Derecho romano*, 21, 2013, p. 2.

43 T. Mommsen, *Historia de Roma I*, Barcelona, 2005, p. 83.

44 A. Fernández de Buján, *Derecho privado romano*, Madrid, 2017, p. 265.

Sirva como ejemplo la capacidad que dicho *pater* tenía con respecto a los *filiusfamilia*, quienes podían ser matados, vendidos, fustigados, encadenados como prisioneros, e, incluso, obligados a trabajar en el campo como siervos[45]. Esta capacidad, inconcebible hoy en día, era la que creaba una familia en Roma, ya que no sería factible, en aquel contexto, la existencia de un grupo de personas con vínculos estables y no necesariamente emocionales entre sí sin una autoridad absoluta que gobernase sus destinos.

En este sentido se expresa Pietro Bonfante al afirmar que la familia es un grupo de personas cuya relación *ad intra* radica en la *potestas* que el *paterfamilias* ejerce sobre ellos, traspasando incluso, en su poder, lo que sería propio del orden doméstico[46]. Así mismo, se trataría de una pequeña sociedad, surgida en épocas arcaicas por motivos de orden y de defensa, pasando a ser casi como un organismo político, ya que las atribuciones del *paterfamilias* con respecto a los miembros de su familia trascienden los muros del hogar familiar.

Es importante señalar, a colación de la importancia que el *paterfamilias* reviste en el ámbito doméstico, la trascendencia que el mismo tendría también fuera de los muros de la casa familiar. Roma es gobernada por los *patres*, dando lugar a una forma de gobierno denominada patriarcado, como bien señala Guillermo Suárez Blázquez al afirmar que

> el patriarcado representaba la fuerza y la potestad de los intereses públicos originaria de los *patres* de la civilización romana arcaica. La asociación de la patria potestad de los *patres* de las familias fue un pilar jurídico nuclear en el proceso político inicial de creación de la monarquía[47].

Por su parte, Eva Cantarella aporta la idea de que la familia es la célula fundamental de la sociedad romana, diferente de la *gens,* siendo una institución radicalmente diferente a la que se conoce hoy en día, precisamente por no tener necesariamente una ascendencia común, o no estar unidos por lazos de sangre o matrimonio. Su estructura es patriarcal, patrilineal y patrilocal[48]. Es interesante esta caracterización de la familia, ya que, además de señalar la absoluta presencia del *paterfamilias* en todo lo referente a ella, marca la

---

45 *«Gli autori hanno posto in luce che i filiifamilias possono essere uccisi, venduti, fustigati, tenuti prigionieri in catene, costretti a lavorare (anche legati) nei campi, dati a nossa»* (C. Castello, *Studi sul Diritto familiare e gentilizio romano*, Roma, 1972, p. 100).

46 *La famiglia romana in senso proprio (familia o anche familia iure proprio) è un gruppo di persone congiunte tra loro puramente e semplicemente dall'autorità che l'una di esse, il paterfamilias, esercita su tutte le altre per fini che trascendono l'ordine domestico* (P. Bonfante, *Corso di Diritto romano. Volume primo. Diritto di Famiglia*, Milano, 1963, p. 7).

47 G. Suárez Blázquez, «Patriarcado-Gobierno Público-Mujer Romana», *Revista General de Derecho Romano*, 38, 2022, p. 3.

48 *Cf.* E. Cantarella, *Instituciones e historia del Derecho romano. Maiores in legibus*, Valencia, 2017, pp. 223-227.

diferencia con la familia hodierna, entendida simplemente por sus lazos de sangre, mientras que los lazos que unían a la familia romana eran lazos basados en diversos intereses.

De hecho, al llevar a cabo un acercamiento a la época arcaica, es imprescindible proceder a un cambio de mentalidad con respecto a lo que significa el término familia, ya que, como bien afirma Rodríguez Ennes,

> el término familia no tiene en el Derecho arcaico el significado de grupo de personas ligadas por vínculos de parentesco, sino un valor patrimonial. [...] El término familia, en su consideración originaria, designaba al complejo de bienes que constituían el patrimonio originario de la familia romana y, sólo más tarde pasó a designar también el grupo de los *liberi in potestate*[49].

Es muy interesante, por su forma concisa y exacta, la definición que de familia proporciona Alessandro Corbino, al afirmar que se trata de una comunidad personal, ordenada por reglas que solamente sirven para ella[50]. Esta certera afirmación aporta la idea de que la familia es un reducido —o no tanto— grupo social con unas normas con una peculiaridad tal que solamente son aplicables a ella ya que, aun siendo una «pequeña sociedad», tiene una jerarquía propia y unas reglas que permiten la pacífica convivencia de sus miembros.

Es, de todas formas, muy difícil precisar cómo es la familia romana en su origen, ya que tiene una autonomía jurídica muy importante, y las fuentes solamente nos dan razón de la institución para hablar de algunas de sus características concretas. De hecho, la primera definición que aparece en las fuentes jurídicas del término familia se debe a Ulpiano. Por lo tanto, es muy tardía, hecho que lleva a concluir que la familia, a pesar de ser uno de los pilares de Roma, como ya se ha señalado, va siendo tenida en cuenta poco a poco por el Derecho y, en los primeros tiempos, se regula por los *mores maiorum*[51]. Hay quien, como consecuencia de esto, mantiene que existe un

---

49 L. Rodríguez Ennes, *Bases jurídico-culturales de la institución adoptiva*, Santiago de Compostela, 1978, p. 32.

50 *Coniugi e figli sono un «insieme» che li distingue: costituiscono quella che si dirà (con linguaggio, come subito vedremo, derivato, ma proprio per questo ancor piú significativo) familia, una comunità personale ordinata da regole che valgono solo per essa (A. Corbino, «Il matrimonio in età arcaica e republicana», Index: quaderni camerti di studi romanistici, international survey of roman law*, 40, 2012, p. 155.

51 Al aludir al carácter originario de la familia en Roma, irremediablemente entramos en el complejo y ampliamente debatido campo de investigación en torno a la formación del Estado y, en concreto, de la Ciudad-Estado *(civitas)*. [...] Sea como fuere, lo que sí está claro es que sin la organización familiar no se puede explicar la organización social y política de Roma. [...] Solamente el Derecho no escrito, las antiguas costumbres transmitidas oralmente de generación en generación —esto es, los *mores maiorum*—, bastaban para fundamentar cualquier decisión que adoptase el paterfamilias, como jefe soberano del grupo familiar (M. E. Fernández Baquero, «La familia en Roma: entre los *"mores*

problema al intentar definir la familia en Roma, ya que las definiciones que llegan hasta el día de hoy referentes a la misma son de la época clásica, razón por la cual es conveniente analizar fuentes no jurídicas donde aparezca el término, como pueden ser las comedias de Plauto o de Terencio[52]. Estas fuentes darán cuenta de lo que la familia es en Roma o, por lo menos, cómo ésta era concebida por una parte importante de la sociedad.

La familia es, pues, en época arcaica, la que constituye la sociedad romana: la Roma arcaica está formada por un grupo de familias, y éstas son entendidas como un conjunto de personas y bienes con una persona a la cabeza que ejerce el Derecho sobre sus miembros de forma absoluta, y que son los pilares sobre los que se construye la sociedad. Se trataría de la *gens*, la forma más primitiva de sociedad romana, formada por una familia de familias con un antepasado común, de quien toman el apellido[53]. El jurista Ulpiano aporta una definición de la *gens,* pero muy escasa y poco concreta, ya que se trata de una institución del pasado de la cual, muy probablemente, no tuviesen demasiada información. Su definición es la que sigue:

> *Item appellatur familia plurium personarum, quae ab eiusdem ultimi genitoris sanguine proficiscuntur (sicuti dicimus familiam Iuliam), quasi a fonte quodam memoriae*[54].

Por su parte, Cicerón considera que

> *gentiles sunt inter se qui eodem nomine sunt. Non est satis. Qui ab ingenuis oriundi sunt. Ne id quidem satis est. Quorum maiorum nemo servitutem servivit. Abest etiam nunc. Qui capite non sunt deminuti*[55].

El origen de éstas hay que buscarlo en la división o fraccionamiento de unidades sociales más amplias y más antiguas, como pueden ser las hordas o las tribus. Así mismo, no existe en estas agrupaciones gentilicias un jefe único, ya que no derivarían de un único matrimonio monógamo, si no de varias ramificaciones interdependientes de posibles formas matrimoniales colectivas[56]. Es muy interesante, dejando de lado la carga ideológica de la obra, las características que de forma minuciosa ofrece Engels acerca de

---

maiorum" y la norma escrita», en R. López Rosa, F. del Pino-Toscano (Eds.), *El Derecho de familia y los derechos reales en la romanística española*, Huelva, 2001, pp. 106-108).

52 C. F. Amunátegui Perelló, «El concepto de familia en Roma arcaica», *Ars boni et aequi*, 1, 2015, pp. 118 s.

53 «Soltanto i primi sono organizzatti in gentes, in agregazionio cioè caratterizzate da un vincolo di solidarietà che lega tra loro più gruppi familiar» (A. Corbino, *Diritto Privato Romano*, Padova, 2014, p. 14).

54 D. 50.16.195.4, Ulpianus 46 ad. ed.

55 M. T. Ciceronis, *Topica*, 29.

56 G. Franciosi, «La plebe senza genti e il problema della "Rogatio Canuleia"», en G. Franciosi (a cura di), *Ricerche sulla organizzazione gentilizia romana*, Napoli, 1984, p. 128 s.

la *gens* y que son las que siguen[57]: los bienes hereditarios quedan siempre dentro del ámbito de la *gens*[58], poseen un lugar de sepultura común, tienen solemnidades religiosas comunes *(sacra gentilitia)*, no pueden contraer matrimonio entre personas de la misma *gens*, la posesión de la tierra es común, tienen obligación de prestarse socorro y asistencia, tienen derecho de llevar el nombre de la *gens* y de adoptar a extraños dentro de la misma, así como de elegir y deponer al jefe del clan. Se puede observar como esta familia de familias está organizada de forma muy clara, ya que solamente así lograban tener un peso y una influencia notables en el gobierno de la *civitas*[59]. Llama poderosamente la atención que, en una organización tan primitiva, se generen lazos de identificación personal que conlleven determinadas prácticas de solidaridad como son la ya mencionada de que la *gens* herede del miembro que muere intestado, así como los mecanismos de curatela establecidos para el cuidado del *furiosus*, así como los de tutela de quienes la necesitasen[60]. Estas *gentes patriciae* provendrían de las primitivas *tribus rusticae* que se fueron estableciendo en las diferentes circunscripciones rurales de la campiña romana y que no se extinguieron, proviniendo ya el nombre gentilicio de aquella época[61]. Estas familias gentilicias sobreviven hasta la primera época clásica, siendo una de sus últimas reliquias el hecho de que cuando algún patricio moría sin agnados ni cognados que lo heredasen, serían los miembros de la *gens* los que se beneficiarían de dicha *hereditas*[62]. Sería complejo adentrarnos en las características específicas en las que estas *gentes* se situarían, pero existen datos, algunos proporcionados incluso por arqueólogos, que nos proporcionan alguna de ellas, como por ejemplo que los lazos gentilicios son más fuertes que los creados después por los individuos con el territorio[63].

Parte de la historiografía de finales del siglo XIX y XX pone en tela de juicio que estas estructuras fuesen, en un principio, monogámicas y de base patriarcal, no ya por tener datos objetivos que fundamenten un modelo de clan diferente al eurocéntrico, sino por posible semejanza o similitud con los pueblos de la época con los que estarían en contacto. Esta es la razón por la que antropólogos como Lewis Henry Morgan, Claude Levi-Strauss o John

57 F. Engels, *El origen de la familia, la propiedad privada y el Estado*, Madrid, 2010, pp. 173-177.

58 «*Si intestato moritur, cui suus heres nec escit, adgnatus proximus familiam habeto. Si adnatus nec escit, gentiles familiam habeto*» (Tab. V, 4-5).

59 A. d'Ors, *Derecho Privado Romano*, Pamplona, 1986, p. 50.

60 C. Castello, *Studi sul Diritto familiare e gentilizio romano, op. cit.*, pp. 19-21.

61 T. Mommsen, *Historia de Roma I, op. cit.*, p. 62.

62 M. J. García Garrido, *Derecho Privado Romano*, Madrid, 2015, pp. 588 s.

63 A. Romano, «Dal "Pater gentis" ai "Patres" dell'organizzazione cittadina. Note sul fondamento della leadership arcaica», en G. Franciosi (a cura di*), Ricerche sulla organizzazione gentilizia romana, op. cit.*, p. 96.

Ferguson Mc Lennan, entre otros, apuesten por ideas como «matrimonio de grupo» o sistemas de parentela parecidos a los equivalentes de clientela, pero en un ámbito familiar[64].

Aunque la referencia hecha hasta ahora sobre la familia es como conjunto de personas que están unidos por vínculos de sangre o por circunstancias derivadas de las diferentes *potestates* del *paterfamilias*, no es posible obviar que en la concepción arcaica de la familia existía también la familia económica, que haría referencia a los bienes de éste y que se conoce con la expresión *familia pecuniaque*, ya presente en la obra de Cicerón[65]. Con el término *familia*, se designará, por parte de algunos autores clásicos, el patrimonio, como ya se adelantado. Sirva como ejemplo la obra *Hemauton Timorumenos*, de Terencio, en la que aparece la frase *«decem dierum vix mi est familia»*, donde Cremes se lamenta de que su patrimonio *(familia)* se va a agotar por los amoríos de Clitifón con una meretriz[66]. Es muy interesante, a este respecto, la etimología del término *patrimonium*, que hace, evidentemente, referencia a esta concepción económica de la familia y que, como se podrá estudiar más delante de forma detenida, permanecerá unida al término familia a lo largo de los siglos, aportando testimonio de ello S. Isidoro en sus *Etymologiae*, al afirmar la diferencia entre *matrimonium* y *patrimonium*, considerando el segundo *—munus patri—* como el peso económico de sustento de la familia[67].

La familia no se puede entender sin los miembros que la forman y, así como sería impensable una familia sin un *paterfamilias* que ejerciese las diferentes *potestates*, no tendría sentido una familia donde éste no tuviera sobre quien ejercerlas[68]. Así, la familia estaría formada por múltiples personas, siempre *alieni potestate subiectae*, que se clasificarían según la *potestas* ejercida sobre ellos: por un lado, la esposa del *paterfamilias* y las nueras de éste, siempre y cuando el matrimonio se hubiese celebrado *cum manu*, estarían en la familia bajo la *manus.* Por otra parte, los *filii familiae* y los *liberi in potestate*,

64 *Cf.*, G. Franciosi, *Clan gentilizio e strutture monogamiche. Contributo alla storia della familia romana*, Napoli, 1989, pp. 7-22.

65 *Ex ratiocinatione nascitur controversia, cum ex eo, quod uspiam est, ad id, quod nusquam scriptum est, venitur, hoc pacto: lex: «SI FURIOSUS EST, AGNATUM GENTILIUMQUE IN EO PECUNIAQUE EIUS POTESTAS ESTO». Et lex: «PATERFAMILIAS UTI SUPER FAMILIA PECUNIAQUE SUA LEGASSIT, ITA IUS ESTO». Et lex: «SI PATERFAMILIAS INTESTATO MORITUR, FAMILIA PECUNIAQUE EIUS AGNATUM GENTILIUMQUE ESTO»* (M. T. Ciceronis, *De Inventione*, 148).

66 P. Terentius Afer, *Heauton Timorumenos*, 909.

67 *Etym*. V, 3.

68 En realidad, sí que se podría dar el caso, ya que un hijo único soltero quien, a la muerte del *paterfamilias*, no tuviera ascendientes varones que pudieran ejercer sobre él la *patria potestas*, se convertiría en paterfamilias con todos los derechos a nivel jurídico, aunque sin *familia propio iure*.

que serían los hijos naturales o adoptivos del *paterfamilias*, así como nietos biznietos, etc., que estaría sujetos a la *patria potestas*, y finalmente, los esclavos, sometidos a la *dominica potestas*[69].

En esta concepción de la familia, sería posible hablar de dos significados del término: el primero haría referencia a una noción de tipo económico, basado en el Derecho arcaico, que haría referencia a un momento de transición entre la existencia de las *gentes* y un nuevo modelo familiar más reducido, que daría lugar al denominado significado político de familia, que será el que prevalecerá en Derecho romano a partir, sobre todo, de la legislación matrimonial de Augusto[70]. Ambas teorías, la económica y la política, hacen siempre referencia al origen de la familia y, en lógica consecuencia, al poder del *paterfamilias*, que no engloba solamente a las personas unidas a él por la sangre, sino también a todas aquellas sometidas a su *potestas* y todos sus bienes.

Pero, volviendo al tema concreto que atañe a este estudio, se podrían buscar más definiciones del término familia, ya que cualquier estudioso del Mundo Clásico, romanista o historiador, aportará la suya propia, pero con lo aportado hasta aquí son suficientes los elementos necesarios para saber de lo que se está hablando: la familia es un conjunto de personas y bienes que están bajo la *patria potestas* de un *paterfamilias*. Éste sería la persona con dominio absoluto sobre las personas sometidas a su *potestas* o autoridad (no necesariamente ligados a él por vínculos de consanguinidad) y sobre los bienes que poseía. Se trata, pues, en un primer momento de una mera relación patrimonial, para pasar a ser, a lo largo de la historia del Derecho romano y, más tarde, de la historia del Derecho, una unidad de personas y patrimonio ligadas por un mismo vínculo, denominado familia.

Es necesario, sin embargo, aclarar que tanto la familia como el matrimonio —se irá comprobando conforme vaya avanzando el presente estudio— sufren una profunda transformación a lo largo de los siglos. Hace un muy buen recorrido por la historia de la familia Pál Csillag, como introducción a las leyes matrimoniales de Augusto. Así, afirma que surge una nueva legislación

69 P. Bonfante, *Corso di Diritto romano, op. cit.*, pp. 11-15.

70 *The Roman notion familia is much more extensive. Scientists of Roman law distinguish two implications of the Roman notion familia: the first one in economical mean while the second one deals whith family connections. On this basic two theories of Roman family had been developed during the last century: economical and political. The first is based on the Law of te Twelve Tables where it is stated that the term familia has reference to both property and persons, i. e. includes non only persons living in one house (freemen — paterfamilias and persons under his authority, as well as slaves), but also the property of the house. Therefore, a fundamental statement of the economic theory supporters is that a familia is a group of people that share the same house. Furthermore, the feeling of intimacy between them is called familiaritas, a word derived form familia* (M. Jonaitis y E, Kosaite-Cypiene, «Conception of Roman marriage: historical experience in the context of national family policy concept», *Jurisprudencija*, 2009, 2 (116), p. 297).

matrimonial como respuesta a una necesidad de adaptar el ordenamiento jurídico al nuevo orden social, quedando obsoleto el modelo familiar que se iba arrastrando desde los orígenes de Roma[71]. De hecho, y como ya se está comenzado a observar, existen varios modelos familiares, partiendo de las *gentes*, pasando por las familias *proprio* y *communi iure*, así como los consorcios. No es prudente dejar de citar un consorcio especial, muy específico, pero que aporta mucho de la visión que de la familia tenía el Mundo romano. Se trata del *consortium ercto non cito* de los hermanos, según el cual, a la muerte del padre, el patrimonio a heredar no se dividiría entre los hermanos, sino que se mantendría indiviso, siendo cada uno de los herederos titulares absolutos del total del patrimonio heredado. Las *Instituta* de Gayo dan cuenta de este curioso consorcio:

> *Est autem aliud genus societatis proprium ciuium Romanorum. olim enim mortuo patre familias inter suos heredes quaedam erat legitima simul et naturalis societas quae appellabatur ercto non cito, id est dominio non diuiso: erctum enim dominium est, unde erus dominus dicitur: ciere autem diuidere est: unde caedere et secare [et diuidere] dicimus*[72].

No es posible saber, pues este es el testimonio más amplio que existe al respecto de este consorcio, si esta sociedad *in solidum* es solamente la propietaria del patrimonio y los esclavos o, también hiciera referencia a la *potestas* sobre los hijos. La propiedad indivisa del patrimonio se entiende con finalidad económica, política o social, ya que tanto la fortuna como el peso de la familia en la sociedad era más fuerte, pero parece poco probable que los hermanos que se adherían a este tipo de consorcio permitiesen diluir su *potestas* como padres con respecto a sus propios hijos[73].

La familia, finalmente, es un concepto que va más allá de lo jurídico. La familia preexiste al Derecho y éste la reconoce. Vienen al caso, a modo de conclusión y síntesis de este breve apartado introductorio, las certeras palabras de Federico Fernández de Buján quien afirma que

> la Antropología y la Sociología formulan distintas hipótesis que tratan de explicar el origen de la familia. Con carácter reduccionista podemos reconducirlas a

---

71 *In the 1st and the 2nd centuries B.C. Roman society underwent far-reaching changes. Owing to the rapid increase of the number of slaves, the accumulation of enormous fortunes and the territorial growth by by leaps and bounds, the economic, social, and political structure of the Rome and Italy of the 3rd and 4th centuries B.C. became obsolete and inoperative. Earlier, patriarcal slaveholding was superseded by the latifundia, the large states, and a system of keeping slaves on an industrial scale, in what may be termed barracks, whithout family affiliation. Meanwhile the Roman family changed from the to a relatively modern form of living* (P. Csillag, *The augustan laws on family relations*, Budapest, 1976, p. 36).

72 Gai, 3, 154 a.

73 G. Franciosi, *Famiglia e persone in Roma antica. Dall'étà arcaica al Principato*, Torino, 1989, pp. 11-13.

tres: la teoría política, la económica y la religiosa. Para la primera la familia es el núcleo celular de la organización social, siendo su *paterfamilias* el titular de los derechos en la comunidad política. En este sentido suele afirmarse que las comunidades políticas se constituyen como consecuencia de la unión de distintos grupos familiares amplios. [...] La segunda [...] considera que la familia responde básicamente a una necesidad del ser humano para subvenir sus propias insuficiencias materiales. [...] La tercera hipótesis resalta más el aspecto sagrado de la familia como grupo individualizado, que se encuentra unido y amparado por sus propios dioses. [...] Puede así afirmarse que la génesis y la causa que explica el surgimiento de la familia obedece a una razón de orden natural en la que se combinan los tres elementos descritos[74].

74 F. Fernández de Buján, *Fundamentos clásicos de la democracia y la administración, op. cit.*, p. 195.

2

EL CONCEPTO DE *MATRIMONIUM*

Para poder realizar un análisis serio acerca del matrimonio romano, es preciso detenerse, antes de nada, en las fuentes jurídicas y jurisprudenciales de las distintas épocas. La más célebre de las definiciones contenida en los fragmentos jurisprudenciales es la que la doctrina atribuye a Modestino: *«Nuptiae sunt coniunctio maris et feminae, consortium omnis vitae, divini et humani iuris communicatio»*[75]. Se trata, pues de una definición de fines del primer tercio d. C. y, más allá de las diversas teorías que nos hablan de posibles interpolaciones en el texto[76], recogería el contenido más generalizado de la época clásica acerca del matrimonio.

Hay otras dos definiciones atribuidas a Ulpiano: la primera está tomada de un texto recogido en Tit ex Corp. Ulp. 5, 2:

> *Iustum matrimonium est, si inter eos qui nuptias contrahunt connubium sit, et tam masculum puber quam femina potens sit et utrique consentiant sui iuris sint, aut etiam parentes eorum si in potestate sint*[77].

---

75 D. 23.2.1, Mod. 1 reg.

76 Autores como Hugra, Solazzi o G. Longo consideran que la última parte de de la definición ha sido interpolada por los bizantinos, influidos por la doctrina cristiana acerca del matrimonio. (*Cf.* O. Robleda, *El Matrimonio en Derecho Romano*, Roma, 1970, pp. 66 s.). Sin embargo, hay quien afirma que este texto es puramente clásico y que no sufre interpolación alguna, siendo esta definición del jurista Modestino jurídicamente exacta, ya que el *consortium omnis vitae* no apunta a la indisolubilidad del matrimonio, sino que se trataría de una realidad que englobaría todos los aspectos que afectasen a la vida de los cónyuges y, por otro lado, porque el matrimonio no estaba pensado, auque el divorcio estuviese permitido, como una realidad con fecha de inicio y fin (E. Albertario, *La definizione del matrimonio secondo Modestino*, Padova, 1933, p. 248).

77 Tit. ex Corp. Ulp. 5.2.

La segunda, más concisa, se contiene en un parágrafo contenido en las Instituciones: *«nuptiae autem sive matrimonium est viri et muleiris coniunctio, individuam consuetudinem vitae continens»*[78].

Para analizar la institución matrimonial conviene detenerse en la atribuida a Modestino, ya que es la que es la posee mayor relevancia para la historia del Derecho, ya que como constata Antonio Fernández de Buján, «a su difusión ha contribuido, sin duda, su aceptación, con una somera adaptación, por el Derecho canónico medieval y su inclusión en el Decreto de Graciano»[79], lo que quiere decir, justamente, que hasta el Concilio de Trento, donde se hará oficial una nueva concepción del matrimonio, la Iglesia hará suya esta definición clásica, entendiendo que es compatible la visión romana del matrimonio con los principios fundamentales de la fe cristiana a este respecto y que, por lo tanto, la definición encaja a la perfección con lo que se entiende como la esencia del matrimonio cristiano hasta las teorías tardomedievales respecto a la sacramentalidad del matrimonio.

Lo primero que cabe decir, al pretender este estudio ser de naturaleza jurídica, es que «el matrimonio, por sí mismo, no es más que una situación de hecho, pero que produce algunas consecuencias jurídicas»[80], por lo que el Derecho tuvo que hacerse eco de dicha realidad y elaborar una serie de normas, muchas de ellas provenientes del Derecho consuetudinario y aunque «la jurisprudencia no elaboró una doctrina sobre éste, ni estudió sus efectos y formas»[81], sí que fue objeto del Derecho, como se podrá comprobar más adelante. Federico Fernández de Buján afirma que *«il matrimonio non é assolutamente una creazione giurisprudenziale, bensí una realtá che il Diritto non puó far altro che riconoscere e, partendo dal suo riconoscimento, regolamentare e normativizzare»*[82]. A este respecto afirma Pietro Bonfante que *«il matrimonio romano è il rapporto sociale assunto e riconosciuto dal Diritto [...] ed è stabilito appunto dal perdurare dei voleri e dal proposito di esser marito e moglie, dalla consistenza e dalla continuità della vita comune»*[83].

Pues bien, de la definición contenida en el *Digesto,* se pueden extraer, a pesar de su brevedad, múltiples reflexiones y conclusiones. El primer aspecto en el que conviene detenerse es en la afirmación de que el matrimonio es la unión de un hombre y de una mujer. Esto conduce a reflexionar, antes de nada, en que el matrimonio es la suma de voluntades de un varón y una

---

78 I.1, 9, 1.

79 A. Fernández de Buján, *Derecho Privado Romano, op. cit*, p. 287.

80 A. d'Ors, *Derecho Privado Romano, op. cit.*, p. 285.

81 M. J. García Garrido, *Derecho Privado Romano, op. cit,* p. 343.

82 F. Fernández de Buján, «Lineamenti sul matrimonio nel pensiero di Ulpiano», en AA. VV., *Lineamenti sul matrimonio e il suo rilievo attuale*, Cittá del Vaticano, 2009, p. 179.

83 P. Bonfante, Corso *di Diritto romano, op. cit.*, pp. 255 s.

mujer de querer estar unidos, y en esta voluntad de estar unidos es donde radica la esencia del matrimonio. Se trata de una voluntad inicial que, para ser efectiva, debe ser continuada, ya que el matrimonio en Roma es disoluble. Por lo tanto, el matrimonio dura lo que dure la voluntad de los cónyuges de querer permanecer unidos. El consentimiento mutuo de los esposos, que es lo que hace efectivo el matrimonio, debe ser continuado, en contra de la concepción cristiana posterior, según la cual es el consentimiento inicial el que conforma el matrimonio, ya que sería un compromiso que los esposos adquirirían, en el momento de celebrarse la unión, para toda la vida. Así, se afirma que

> *se un uomo e una donna vogliono essere uniti solo per un determinato periodo di tempo, questa unione non potrá essere considerata giuridicamente matrimonio legitimo, ma, secondo le circostanze, sará considerta como adulterium (se l'uomo o la donna sono ancora uniti in matrimonio con una terza persona) o uno stuprum nel senso romano del termine (cioé una unione temporanea fra le persone non unite in matrimonio con altri)*[84].

Partiendo de la base de que el matrimonio solamente se puede entender dentro del ámbito de la familia romana[85], es preciso afirmar que una de las finalidades del matrimonio es la *procreatio filiorum*, ya que serán ellos, su bien más preciado, los continuadores de la familia, perpetuando el nombre de la casa y manteniendo y aumentando, cuando esto fuese posible, los bienes familiares. Esta finalidad procreadora viene sostenida por fuentes jurídicas romanas, incluso considerándola como de Derecho natural, al afirmar que *«ius naturale est, quod natura omnia animalia docuit: [...] hinc descendit maris atque feminae coniunctio, quam nos matrimonium apellamus, hinc liberorum procreatio, hinc educatio»*[86]. Que el fin del matrimonio sea la procreación, lo justifica García Garrido en base a la declaración de la mujer delante de los censores como prueba de matrimonio: *«Il fine è la procreazione: liberorum quaerendorum gratia. Davanti ai censori le donne devono fare questa dichiarazione come prova della loro unione in matrimonio legitimo»*[87].

Hay voces de autoridad que niegan esta finalidad procreadora del matrimonio, como Bonfante, quien sostiene que *«quello scopo non appartiene agli*

84 E. Volterra, en *Enciclopedia del Diritto,* Varese, 1964, s. v. «Matrimonio» p. 738.

85 La familia romana está configurada como la suma del *matrimomium* y el *patrimonium*. Estos dos términos están formados, etimológicamente por las palabras mater y pater sumadas a munium. Así el *munium* de la madre sería la crianza y la educación de los hijos, mientras que la carga o responsabilidad del padre haría referencia a lo económico, siendo su función la administración de los bienes familiares.

86 D. 1.1.3, Ulpianus 1 inst.

87 M. J. García Garrido, «Nuovi orientementi della legislazione e della giurisprudenza sul matrimonio», en Milazzo, F. (a cura di) *Diritto romano e terzo milenio. Radici e prospettive dell'esperienza giuridica contemporanea,* Copanello, 2000, p. 324.

elementi giuridici costituenti l'essenza del matrimonio»[88], basándose en que en ninguna de las definiciones que aparecen en las fuentes clásicas hace referencia a esta finalidad, además de que, por su propia naturaleza, no tolera términos o condiciones resolutivas, ya que no es un contrato cuyos efectos puedan ser a futuro, sino que es un estado[89]. Aun así, existe un texto de Calístrato en el que habla del matrimonio en clave de finalidad familiar, y este texto lo recoge el *Digesto*[90]. Aunque no es posible considerarlo como una definición del matrimonio, sí que es cierto que da cuenta de que dicha institución alcanza su sentido y su plenitud en la procreación de los hijos, ya que afirma que los esposos contraen matrimonio con la intención y el deseo de procrear. Si bien en cierto que la procreación no es uno de los elementos jurídicos que Roma considerará necesarios para la constitución ni para el mantenimiento del matrimonio en el tiempo, es igualmente cierto que no es concebible un matrimonio solamente pensado para el acompañamiento mutuo de los esposos y que, dada la naturaleza de la familia romana y la importancia que en ésta tienen los herederos, tanto de lo material como del mismo nombre familiar, es evidente que la procreación es fundamental dentro del matrimonio romano y que los hijos serán el bien más preciado fruto de esta unión.

Basándose en su etimología y finalidad, el matrimonio romano solo es concebido como unión de un varón con una mujer. Desde finales de la República, y sobre todo a partir de la época imperial se hace corriente la bisexualidad, entendida como relación sexual *inter homines* consistiendo, en ocasiones, en una relación del dueño con algunos de sus esclavos. La sociedad acepta estas prácticas también entre libres si bien, no daba lugar a un contrato o consentimiento de carácter matrimonial *inter homines* o *inter mulieres* ya que la *incapacitas assumendi* de las partes, que no estarían en condiciones de basar su convivencia en la *affectio maritalis* ni podrían observar el importantísimo, para la sociedad romana, *honor matrimonii*[91]. Es más, aunque existen testimonios de convivencia more uxorio de personas del mismo sexo en fuentes clásicas, algunas de ellas importantes y sobradamente conocidas, no quiere decir que existiese ningún tipo de aval jurídico para este tipo de situaciones, y muchas de las fuentes literarias que hablan de estas uniones

88 P. Bonfante, *Corso di Diritto romano, op. cit.* p. 263.

89 *Ibid.* pp. 262-264.

90 *Praeter haec omnia natura nos quoque docet parentes pios, qui liberorum procreandorum animo et voto uxores ducunt, filiorum appellatione omnes qui ex nobis descendunt continere: nec enim dulciore nomine possumus nepotes nostros quam filii appellare. etenim idcirco filios filiasve concipimus atque edimus, ut ex prole eorum earumve diuturnitatis nobis memoriam in aevum relinquamus* (D. 50.16.220.3, Callistratus 2 quaest.).

91 E. Muñoz Catalán, «La impotencia generandi en el matrimonio romano homosexual», *Foro, Nueva Época*, 16, 2, 2013, p. 216.

como matrimonios lo hacen en forma de sátira[92]. Las fuentes clásicas aportan el ejemplo de las uniones paramatrimoniales de Nerón con varones, y tanto Tácito como Suetonio dan cuenta de ellas[93]. El primero de ellos relata la unión del Emperador con un tal Pitágoras, mientras que el segundo relata la celebración de la unión con un joven llamado Esporo y, más adelante, con un tal Doríforo. La lectura de los textos a los que se hace referencia permite observar como ambos historiadores dan noticia de la celebración de dichas uniones, en todo celebradas como bodas, en las que el Emperador ejercía de novia y como tal se vistió para la ocasión, tomando ambos historiadores a chanza tal evento, que debía ser visto por la sociedad romana de la época como una de las muchas excentricidades de Nerón.

Continuando con la idea de la importancia de la procreación, independientemente de la certeza o no de que sea el fin del matrimonio, es imposible negar que la palabra *matrimonium* haga referencia siempre a la madre, pero no hay que ceñirse exclusivamente a la maternidad fisiológica, sino que «siempre ha comportado y sigue comportando la idea de nobleza y dignidad. De mater descienden en estrecha conexión, madrina, matriarca, matriz y matrona»[94]. De la maternidad proviene el matrimonio, afirmando el jurista Paulo que *«quia semper certa est, etiam si volgo conceperit: pater vero is est, quem nuptiae demonstrant»*[95], por lo que encontraríamos, una vez más, en las fuentes clásicas, la finalidad procreadora del matrimonio y la incomprensibilidad de un matrimonio sin madre. Esta etimología habla por sí sola, y no sería posible negar que la palabra *matrimonium* en Roma no puede más que designar la unión entre el varón y la mujer con intención estable y fines procreadores que, evidentemente, no se daría entre personas del mismo sexo por motivos obvios. De hecho, según la *Lex Iulia de Adulteriis Coercendis*, que será analizada más adelante, el varón que consuma actos carnales con otro varón, aun de forma consentida, comete estupro, amén de estar penado con una sanción por la *Lex Scatinia*[96].

Avanzando en la definición, es preciso analizar la afirmación de que el matrimonio es *consortium omnis vitae*, lo que se podría traducir como una unión de toda la vida o una unión para toda la vida. Es indiferente el matiz de la traducción, ya que en ningún momento se pretende transmitir que el matrimonio sea una realidad indisoluble, pero sí es importante señalar dos

---

92 *Cf.* D. Magalhaes, «O pretenso matrimónio de pessoas do mesmo sexo no Direito romano», *Revista General de Derecho Romano*, 33, 2019, pp. 2-7.

93 *Cf.* Caius Cornelius Tacitus, *Ab Excessu divi Augusti Historiarum Libri*, XV, 37; Caius Suetonius Tranquillus, De Vita Caesarum – Nero, XXVIII-XXIX.

94 A. Ortega Carrillo de Albornoz, *Terminología, definiciones y ritos de las nupcias romanas. La trascendencia de su simbología en el matrimonio moderno*, Madrid, 2006, pp. 11 s.

95 D. 2.4.5, Paulus 4 ad ed.

96 G. Ghirardi, «Regulación jurídica de las conductas sexuales extramatrimoniales en el Derecho romano», *Revista General de Derecho Romano*, 5, 2005, p. 9.

cosas: en primer lugar, el matrimonio está basado en la *affectio maritalis*, por lo que se supone que si una pareja comienza una relación conyugal no es con una fecha de caducidad fija ni con vistas a deshacer el matrimonio, sino que la voluntad del matrimonio es que perdure en el tiempo. Así, habrá que entender el matrimonio como «unión de dos personas con base en un consensus inicial de constituir la relación, que deberá mantenerse, como consensus continuado, mientras dura la intención de conservar el vínculo conyugal»[97].

Miquel afirma que la locución *consortium omnis vitae* hace referencia a tres pilares fundamentales de la institución matrimonial, que no son otros que la *affectio maritalis,* el *honor matrimonii* y el *concubitus*, de los que se hablará con el detenimiento que merecen más adelante. En resumen, su postura vendría a decir que la locución llama la atención sobre la voluntad de los cónyuges de permanecer unidos, sea cual sea la causa, que esta voluntad debe tener carácter público y debe ser evidente para la sociedad y que la consumación forma parte esencial de esa unión, aunque no por sí sola, ya que *concubitus non facit matrimonium*[98]. La expresión *consortium ovnis vitae* podría querer determinar también que, a través del vínculo matrimonial, los esposos pasarían a formar una comunidad de bienes, intereses y afectos que, efectivamente, afectaría a todos los aspectos de su vida, poniendo esta interpretación el acento sobre el cambio en el estado de vida, donde no serían personas individuales con una serie de intereses y preocupaciones personales, sino que, a partir de la unión matrimonial, se convertirían en comunes.

La definición de Modestino termina afirmando que el matrimonio es *comunicación de Derecho divino y de Derecho humano*. Algunos autores afirman que esta expresión final es fruto de una interpolación, es decir, un añadido justinianeo influido por una nueva concepción del matrimonio introducida por el cristianismo[99]. Otros entienden que no. Siglos más tarde las fuentes patrísticas que abordan el tema matrimonial lo hacen, en su mayoría, desde la negatividad, como remedio de la concupiscencia, por lo que la idea de un matrimonio sacramental es todavía muy lejana, lo que imposibilita bastante la idea de una interpolación derivada de una nueva concepción del matrimonio cristiano[100].

---

97 A. Fernández De Buján, «Reflexiones a propósito de la realidad social, la tradición jurídica y la moral cristiana en el matrimonio romano», en *Anuario de la Facultad de Derecho de la Universidad Autónoma de Madrid*, 10, 2006, p. 44.

98 J. M. González de Audicana, «*Consortium omnis vitae:* una reflexión sobre el Derecho matrimonial comparado», en *Revista General de Derecho Romano*, 6, 2006.

99 Véase, entre otros, M. I. Núñez Paz, *Consentimiento matrimonial y divorcio en Roma*, Salamanca, 1988, pp. 26 ss.

100 A. M. Diz Franco, «La indisolubilidad: una novedad jurídica en una tradición bimilenaria», en *Revista General de Derecho Romano*, 24, 2015. Cabe señalar, así mismo, que no existe normativa eclesiástiva de la época (exceptuando el Concilio de Elvira, pero su valor es

Hay varias posibles interpretaciones sobre este fragmento, pero es prudente quedarse con dos que, por otra parte, resumen de forma diáfana la totalidad de posiciones: la primera de ellas haría referencia al primitivo matrimonio confarreado, que estaba estipulado por el *ius sacrum*, pero la mayoría de la doctrina afirma que la *confarreatio* hace referencia a la adquisición de la *manus* por parte de la esposa y que no afecta al matrimonio en sí[101]. El otro posible significado, es el que aporta Olís Robleda, personalmente aceptada, que entiende que debe entenderse como una reafirmación de la idea de que el matrimonio es algo que va más allá de la esfera de lo privado, y que esta alocución no vendría más que a subrayar la anterior: «se trata sencillamente de una ulterior acentuación de la comunidad de vida contenida ya en el *consortium omnis vitae»*[102]. Así pues, la comunicación del Derecho humano con el Derecho divino reclama la idea de que el matrimonio abarca todos los aspectos de la existencia de la persona casada, desde lo más mundano hasta lo más sublime.

Como ya ha quedado dicho, esta definición del matrimonio es la que sobrevive hasta la regulación general del Derecho Canónico. Antes de que el Concilio de Trento definiera de manera doctrinal la sacramentalidad y la indisolubilidad del vínculo matrimonial, la Iglesia tenía ya el monopolio de jurisdicción matrimonial, pero seguía las formas del Derecho romano en cuanto a sus requisitos y a la ausencia de formalidades[103].

2.1. La esencia del matrimonio romano

Una vez expuestos, de forma somera, dentro de los límites que son propios a este trabajo, lo que la jurisprudencia clásica entiende por matrimonio como

testimonial y no sirve para el común de la Iglesia) y que hasta la formación del Derecho Canónico en los siglos XII y XIII, acompañado de las disputas teológicas de la época que abordan todavía la sacramentalidad del matrimonio y su indisolubilidad hasta el siglo XVI, no habrá un común acuerdo en la cristiandad acerca de la esencia del matrimonio cristiano, por lo que resulta poco probable que el cristianismo pudiese influir en la legislación de los emperadores cristianos, preocupados más por las herejías que iban surgiendo en la formación y asimilación de los Credos que de cuestiones prácticas que ya estaban solucionadas por la praxis del Derecho romano (J. M. Castán Vázquez, «La regulación histórica del matrimonio en España», en *Revista Verbo*, XLIII, 4333-434, 2005, pp. 245-254).

101 La romanística tradicional consideraba que existían en Roma dos matrimonios diferenciados, el cum manu y el sine manu; partiendo de esta base, se afirmaba que la referencia al derecho divino se debía a la celebración de los matrimonios confarreados que, como es bien sabido, y se podrá ver a lo largo de este estudio, estaban fundamentados en el ius sacrum. Una vez desmostrado que en Roma existía un único matrimonio, independiente de la manus, esta teoría carece de validez.

102 O. Robleda, *El Matrimonio en Derecho Romano, op. cit.* p. 70.

103 J. M. Castán Vázquez, «El Derecho matrimonial en las obras de Cervantes», en *Anales de la Real Academia de la Jurisprudencia y la Legislación*, 2005, pp. 773-793.

institución, es necesario estudiar qué es lo que hace que esta unión derive en *iustae nuptiae*, es decir, dónde residen la esencia y la validez de tal unión conyugal.

Abundando en la idea ya tratada de que el matrimonio no es una creación jurídica, pero que produce efectos jurídicos, es prudente iniciar esta parte del presente estudio afirmando que el matrimonio es una

> mera situación de hecho, que se constituye por el inicio de la convivencia entre dos personas de distinto sexo, y se mantiene por la simple intención de conservar la unión. No se requería, conforme a esta posición doctrinal, ninguna formalidad ni para constituir ni para mantener ni para disolver el vínculo conyugal[104].

El Derecho no es ajeno a esta institución, sino que, partiendo de la base de que surge únicamente de la voluntad de los cónyuges, y ésta se basta por sí sola para que se constituya el matrimonio, hay una serie de requisitos necesarios para que el matrimonio se convierta en válido y efectivo.

En cuanto a su esencia, el matrimonio viene constituido por dos requisitos que son los que hacen que la unión de dos personas sea considerada realmente como *matrimonium*, más allá de los requisitos legales. En estos términos se expresa Bonfante:

> Los dos requisitos del matrimonio son, entonces, la convivencia y la intención, la *coniunctio* o mejor la *individuae vitaeconsuetudo* por una parte y la *affectio maritalis* o uxoris por otra; dos elementos de un único estado de hecho, que corresponden a los dos elementos de la posesión, la *possessio naturalis o possessio corpore* [...] y el animus, o affectio possidendi.[105].

La esencia del matrimonio viene, pues, reflejada en la primera de las definiciones con la que se daba inicio al presente estudio, la atribuida a Modestino, y en ella se pueden encontrar las condiciones sin las cuales no se puede hablar de *matrimonium*. Éste estaría constituido por dos elementos, uno material y otro intencional, y así lo expresa García Garrido al afirmar que

> la doctrina romanística distingue dos elementos en la concepción romana del matrimonio: el elemento subjetivo e intencional *(consensus o affectio)*, y el objetivo y material *(coniunctio, individuae vitae consuetudo)*, reflejada en la consideración social de unión estable y permanente *(honor matrimonii)*[106].

---

104 A. Fernández De Buján, *Derecho Privado Romano, op. cit.* p. 291.

105 *I due requisiti del matrimonio sono adunque la convivenza e l'intenzione, la coniunctio o meglio la individuae vitae consuetudo da un lato, l'affectio maritalis o uxoris dall'altro; due elementi di uno stato di fatto, che corrispondono a capello ai due elementi del possesso, la possessio naturalis o possessio corpore [...] e l'animus, o affectio possidendi (*P. Bonfante, *Corso di Diritto romano, op. cit.* p. 256).

106 M. J. García Garrido, *Diccionario de Jurisprudencia romana*, s. v. *«matrimonium»*, Madrid, 2000, pp. 234 s.

No sería riguroso proseguir sin señalar que el matrimonio se basa esencialmente en el *consortium omnis vitae*, es decir, en la comunidad de vida de los cónyuges como constitución universal e imprescindible del mismo, poniendo siempre el acento en que se trata de una cuestión ya realizada, en acto, y no un requisito para poder constituirse, ya que en ninguna de las definiciones existentes del matrimonio se hace referencia a su elemento intencional[107].

Dicho lo cual, es absolutamente necesario hacerse eco, aunque sea de forma concisa, de cuáles eran los requisitos formales que se requerían para poder contraer lo que en época de Justiniano se denominará *legitimum matrimonium* o *iustae nuptiae.* Se trataría, por lo tanto, de las condiciones absolutas para que un matrimonio sea válido, a saber, el *conubium,* la capacidad natural y el *consensus*[108].

2.1.1. El *conubium*

La institución del *conubium* hace referencia a la diferencia de clases sociales que existía en la antigua Roma[109]. No todos los seres humanos poseían el *status personae* (baste pensar en los esclavos, considerados como *res*), por lo que para poder contraer matrimonio válidamente, era necesario tener la capacidad jurídica para ello y es esta la razón por la que Ulpiano afirma que *«conubium est uxoris iure ducendae facultas»*[110]. Esta institución llama significativamente la atención a día de hoy, ya que en nuestra sociedad occidental sería impensable poner en tela de juicio la validez de un matrimonio por la diferente extracción social de los cónyuges, pero como afirma García Garrido,

> a diferencia del Derecho matrimonial moderno que trata los impedimentos para el matrimonio, los romanos planteaban si los cónyuges tenían o no el derecho de *conubium*, considerado siempre en su aspecto positivo[111].

Bonfante afirmará que el *conubium* es la capacidad de contraer matrimonio y que, como concepto paralelo a *commercium,* significa propiamente capacidad civil, pero en este caso con una finalidad muy concreta[112].

107 C. Fayer, *La Familia Romana. Aspetti giuridici ed antiquiari. Sponsalia. Matrimonio. Dote. Parte Seconda*, Roma, 2005, pp. 351 s.

108 Bonfante hace una diferenciación clara entre las condiciones absolutas para la validez del matrimonio, que serían las que establecerán una prohibición general de contraer matrimonio para todos los casos, mientas que las relativas harían referencia a motivos éticos, fisiológicos, sociales, políticos o religiosos (P. Bonfante, *Corso di Diritto romano, op. cit.*, pp. 265-280).

109 *Cf.* G. Suárez Blázquez, «Conubium: centinela estatal internacional del matrimonio mixto», en *Revista General de Derecho Romano* 41, 2023, pp. 7 - 10.

110 *Tit. ex corp. Ulp.*, 5.3.

111 M. J. García Garrido, *Derecho Privado Romano, op. cit.* p. 347.

112 P. Bonfante, *Corso di Diritto romano, op. cit.*, p. 265.

Aunque la definición podría llamar a engaño haciendo pensar al lector actual que es derecho solamente exigible al varón, las fuentes jurídicas demuestran que no es así, y es exigible tanto al varón como a la mujer, tal es el caso de la liberta, que carece de él[113]. Esta disposición es razonable e incluso lógica, ya que carecería de sentido exigir el *conubium* a solamente uno de los cónyuges, que por su propia esencia debe hacer siempre referencia a la otra persona.

El *conubium* es derecho de los ciudadanos romanos que contraen matrimonio entre sí, mientras que, si un ciudadano romano quiere casarse con un latino o un peregrino, debe pedir una dispensa[114]; no tienen derecho de connubio, por el contrario, los esclavos[115] y para los parientes en línea recta (tanto ascendente como descendente) y en línea colateral —según los grados y etapas históricas— no existe derecho de connubio[116]. En el Derecho primitivo, tampoco estaba permitido el matrimonio entre patricios y plebeyos, pero la Ley Canuleya del 445 a. C. permite que todos los ciudadanos romanos posean el *conubium* para poder casarse entre sí. Carecen también de *conubium* los *ingenui* que pretendan casarse con los *libertini* hasta la legislación matrimonial de Augusto[117]. Para este último supuesto, hay muchas variaciones en la historia de Roma, por ejemplo, en el año 49 d. C. se declara lícito el matrimonio entre tío y sobrina, senadoconsulto que viene derogado en el siglo IV, así como el matrimonio entre primos carnales, produciéndose en el siglo V una amplia actividad legislativa a este respecto, motivada principalmente por las diferentes costumbres entre las partes Oriental y Occidental del Imperio, que la jurisprudencia de la época se esforzó en conciliar[118].

Esta institución tiene especial relevancia a la hora de tener hijos, ya que por el *conubium*

> *si riconoscevano gli effetti giuridici che il matrimonio legitimo comportava a seconda dell'ordinamento giuridico al quale appartenevano i coniugi, primo fra i quali*

---

113 *Quae in concubinatu est, ab invito patrono poterit discedere et alteri se aut in matrimonium aut in concubinatum dare? Ego honestius sit patrono libertam concubinam quam matrem familias habere* (D. 25.7.1. pr., Ulpianus 2 ad l. iul. et pap.).

114 «*Conubium habent cives Romani cum civibus Romanis*: *cum Latinis et peregrinis, si concessum sit*» (Tit. ex corp. Ulp. 5.4).

115 «*Cum servis nullum est connubium*» (Tit ex corp. Ulp. 5.5).

116 *Inter parentes et liberos infinite cuiuscumque gradus conubium non est. Inter cognatos autem ex transverso gradu olim quidem usque ad quartum gradum matrimonia contrahi non poterant: nunc autem ex tertio gradu licet uxorem ducere; sed tantum fratris filiam, non etiam sororis filiam, aut amitam vel materteram, quamvis eodem gradu sint. Eam, quae noverca vel privigna vel nurus vel socrus nostra fuit, ducere non possumus* (*Tit. ex corp. Ulp.* 5.6).

117 A. del Castillo, «Reflexiones en torno a la concesión del conubium entre libres de nacimiento y libertos», en *Revue internationale des droits de l'antiquité*, 41, 1994, pp. 179 -206.

118 C. Fayer, *La Familia Romana, op. cit.*, pp. 397-400.

> *quello che il generato da tale unione seguiva la condizione giuridica che il padre aveva al momento del suo concepimento e, se il padre era cittadino romano, era sottoposto alla di lui patria potestas. Al generato da persona fra le quali non esisteva il coniubium era invece attribuito lo stato giuridico che la madre aveva al momento della nascita*[119].

por lo que una unión conyugal de personas que no ostentasen el *conubium* no produciría efectos jurídicos, ya que los hijos nacidos de una unión así no podrían ser considerados como hijos nacidos de unas *iustae nuptiae.*

Sería pues, imprescindible para ostentar el conubium el estar en posesión del *status civitatis*, del *status libertatis* y de la *paritas honestatis*, es decir, ser ciudadano, ser libre y tener paridad social con la persona con la que se contraiga matrimonio. Que estas fueran las condiciones para ostentar el *conubium* no significa que no existiesen formas de convivencia estable paramatrimoniales, sobre todo entre personas de diferente extracción social y entre ciudadanos libres con esclavas o libertas.

En contra de las *iustae nuptiae* estaría el concubinato, conocido por el Derecho romano, y consistente en una unión de carácter conyugal, pero con falta de conubium, es decir, una especie de unión estable de personas de diferente sexo no reconocida por el Derecho. Por lo tanto, si dos personas se unen faltando alguno de los requisitos necesarios para que fuera considerado matrimonio legítimo, su unión sería considerada concubinato. Así, el ciudadano romano podía tomar por concubina a una mujer de cualquier extracción social, pero no así esposa, y en caso de querer tomar a una ingenua como concubina, debería realizar una serie de formalidades legales[120]. El concubinato es una realidad de hecho en la sociedad romana desde sus inicios, pero tiene una muy diversa consideración dependiendo de la etapa histórica en la que éste se lleve a cabo. Así, en Derecho arcaico el hombre ya casado puede tener una concubina, siempre y cuando ésta no se comporte como una esposa; en época clásica, sobre todo a raíz de la legislación augustea, siendo conscientes de que el concubinato se ha convertido, por su abundancia, en una realidad, será considerado una relación lícita siempre y cuando las mujeres con las que se lleve a cabo no puedan contraer matrimonio legítimo: sería el caso de una esclava, adúltera, prostituta, quien practique lenocinio, una actriz, una mujer *obscuro loco nata,* o una liberta; en edad postclásica vendría prohibido el concubinato por el Emperador Constantino[121], constituyéndose así la categoría de hijos naturales, confrontados éstos con los hijos legítimos, y prohibiendo que reciban nada del padre a no ser que éste y su concubina contraigan matrimonio. Más tarde, Justiniano volverá

119 E. VOLTERRA, en *Enciclopedia del Diritto,* Varese, 1964, s. v. «*Matrimonio*», pp. 735 s.

120 E. DOMÍNGUEZ LÓPEZ, «Consideración jurídica del concubinato en el Derecho romano. Especial referencia a los derechos de los hijos naturales», en *Revista General de Derecho Romano*, 24, 2015, pp. 1 s.

121 «*Nemini licentia concedatur constante matrimonio concubinam penes se habere*» (C. 5.26.1).

a consentir el concubinato, limitando a una el número de concubinas que puede tener el varón. Esta institución, considerada por la legislación clásica como *stuprum,* cuando no se daban las características para que se pudiera llevar a cabo, es relación estable, de hecho y similar al matrimonio, pero sin *affectio maritalis*[122].

2.1.2. La capacidad natural

Teniendo en cuenta que el matrimonio es una suma de voluntades, es necesario que las personas que quieran contraerlo ostenten la capacidad natural presumible para que su voluntad sea tenida en cuenta. Para demostrar esta capacidad, se recurre a una edad para el caso de las mujeres (doce años) mientras que, para los varones, antes de llegar a la legislación justinianea que fija la edad de la pubertad masculina en los catorce años, se habla de *capacitas generandi*[123], según la cual el varón podría contraer matrimonio válido en el momento en el que físicamente estuviese en condiciones físicas de procrear. Sin embargo, Bonfante afirma que en el Derecho arcaico había una ceremonia de entrada en la pubertad consistente en la vestición de la toga viril que no podía vestir quien tuviese menos de 14 años[124], ceremonia de carácter exclusivamente social, sin ningún tipo de repercusión jurídica.

Existe en la actualidad unanimidad al afirmar que la práctica común era que, en el caso de los varones, los *patres* tuviesen la capacidad de determinar el momento en el que entraban en la pubertad. Existían una serie de ceremonias para celebrar este tránsito de la edad infantil a la adulta, primero a nivel doméstico, comenzando con la *inspectio corporis*, para, tras hacer una ofrenda a los *lares,* pasar a endosar la *toga virilis*, como signo externo del ingreso en la edad adulta. La segunda parte de la ceremonia era a nivel público, y consistía en la *deductio in forum*, donde en el Capitolio el joven era inscrito en las listas cívicas y recibía los *tria nomina*. No existe, como ya se ha dicho, una edad fija para establecer la edad de madurez de los varones, por lo que se procedía a una inspección corporal en la que se pudiesen ver los signos externos de la asunción de la edad adulta. Acerca del establecimiento del momento en el que una mujer es púber se generaliza la edad de doce años, aunque hasta el siglo II d. C. sucediese algo parecido a lo que sucedía con el varón, teniendo el *paterfamilias* la capacidad de decidir en qué momento la hija se podía casar, sin tener en cuenta sus condiciones fisiológicas o madurativas, y todavía después de esta fecha, en la que se regula esta edad a nivel legal, siguen produciéndose matrimonios

122 R. Astolfi, «Il concubinato romano quale rapporto di fatto», *Studia et documenta historiae et iuris,* 79, 2013, 859-866.

123 O. Robleda, *El Matrimonio en Derecho Romano, op. cit.* pp. 147 s.

124 P. Bonfante, *Corso di Diritto romano, op. cit.*, p. 166.

de jóvenes en edad inferior a los doce años, los llamados matrimonios precoces. Esta capacidad del *paterfamilias* sobre los hijos no solamente hacía referencia al establecimiento de la edad del matrimonio, sino que atañía a todos los aspectos de la vida del hijo o de la hija. Así, como afirma G. Suárez Blázquez, «el Derecho civil atribuía todo el poder sobre la infancia y la pubertad a la potestad del *paterfamilias*, y ésta podía durar toda la vida de su titular»[125]. Se trata de una figura interesante, ya que la joven no podía ser considerada uxor y por ello, para poder referirse a ella se utilizaban expresiones del tipo *minor duodecim annis in domun deducta o minor annis duodecim ut maior deducta*, entre otras, siempre para significar que es una joven que se une, a modo de matrimonio, con un hombre, pero que no tiene la edad legal para ello, pudiendo así salvaguardar determinados derechos que le pertenecían como esposa, como por ejemplo, los patrimoniales, por lo que se consideraba que la situación de la menor de doce años *deducta* en la casa del *quasi* marido era la de una persona que había celebrados los *sponsalia*[126].

Esta *capacitas generandi* de la que se hace mención, surge de una disputa entre proculeyanos y sabinianos acerca de cuál es la edad en la que el varón tiene capacidad natural para poder contraer *iustae nuptiae*, siendo los primeros partidarios de fijar la edad a los catorce años, mientras que los segundos pretenden que en cada caso particular se establezca si tiene o no la *capacitas generandi*. Robleda da cuenta de las dos grandes posiciones existentes entre los romanistas acerca de si existía en las épocas prejustinianeas una edad fija para determinar la capacidad del varón, lo que no está claro todavía a día de hoy[127].

El término *capacitas generandi* llama bastante la atención, ya que parece que el no poder engendrar hijos no era impedimento para el matrimonio, ya que los *spadones* y los *senes* podían contraerlo válidamente, estando incluso permitido que los eunucos, por muy extraño que pueda parecer, se casasen de manera válida[128]. Habrá que esperar al Derecho justinianeo, que excluirá de la posibilidad de nupcias válidas a los eunucos e incapaces[129].

125 G. Suárez Blázquez, «Trata, abuso y explotación laboral de la infancia: desde el Derecho romano al Derecho medieval de España», *Revista General de Derecho Romano*, 40, 2023, p. 6.

126 C. Fayer, *La Familia Romana, op. cit.* pp. 412-453.

127 O. Robleda, *El matrimonio en Derecho romano, op. cit.*, pp. 147-149.

128 E. Volterra, en *Enciclopedia del Diritto,* Varese, 1964, s. v. «Matrimonio», p. 737.

129 *Sancimus nuptias, quae inter masculos et feminas maiores vel minores sexagenariis vel quinquagenariis lege iulia vel papia prohibitae sunt, homines volentes contrahere et ex nullo modo vel ex nulla parte tales nuptias impediri* (I.5, 4, 27).

2.1.3. El *consensus*

La *affectio maritalis*, también denominado por la jurisprudencia romana con términos como *consensus* o *mens coeuntium* sería la voluntad efectiva de los cónyuges de querer permanecer unidos en matrimonio, o, dicho de otra forma, «la voluntad permanente de realizar dicha convivencia y comportarse como marido y mujer»[130]. Es ésta una cuestión de capital importancia, ya que en ella reside la naturaleza del matrimonio romano[131], pues en cuanto desaparece la *affectio maritalis* el matrimonio deja de existir[132]. Es necesario aclarar que solamente es posible utilizar la locución *affectio maritalis* como sinónimo de *consensus* en el caso de que se esté haciendo referencia al consentimiento continuado, es decir, que solamente el consentimiento que los esposos deben mantener a lo largo del tiempo es la *affectio maritalis*, y el consentimiento inicial, que se daría en el momento de la celebración del matrimonio, no puede ser entendido como tal.

Para poder entender este *consensus* es necesario objetivar la diferencia radical que existe entre el matrimonio romano y el posterior, en el sentido de que el matrimonio se verifica siempre y cuando existan las causas que lo conformen, de manera automática y sin formalidades[133]. A este respecto y,

---

130 J. Daza Martínez, L. Rodríguez Ennes, *Instituciones de Derecho Privado Romano*, Madrid, 2001, p. 439.

131 *Si mulier et maritus diu seorsum quidem habitaverint, sed honorem invicem matrimonii habebant (quod scimus interdum et inter consulares personas subsecutum), puto donationes non valere, quasi duraverint nuptiae: non enim coitus matrimonium facit, sed maritalis affectio: si tamen donator prior decesserit, tunc donatio valebit* (D. 24.1.32.13, Ulp. 33 ad sab.).

132 *L'unione qualificata come iustae nuptiae esisteva in quanto e finché perdurava la reciproca volontá di entrambi i coniugi. Non appena questa volontá reciproca veniva meno anche da parte di uno solo di essi, il matrimonio cessava giuriddicamente di essistere e il vincolo coniugale era automaticamente sciolto. Non occorreva che la mancanza di questa volontá reciproca fosse espressamente o estrinsecamente manifestata, né erano previste in diritto classico atti o forme speciali per il divorzio o per il ripudio, ma la cessazione poteva risultare da un qualsiasi comportamento di entrambi o anche di uno dei coniugi, dal quale potesse dedursi la mancanza della loro reciproca volontá* (E. Volterra, en *Enciclopedia del Diritto*, Varese, 1964, s. v. «*Matrimonio*», p. 738.).

133 *In una serie assai numerosa di testi, giuristi e imperatori (e perfino lo stesso Giustiniano che interpolla all'uopo) insistono nel respingere da un lato la necessità della scrittura, della costituzione dotale e del contratto nuziale, di ogni celebrazione, di ogni pompa esteriore all'esistenza del matrimonio, dall'altro lato la necessità della congiunzione carnale. [...] In antitesi alla solemne cellebrazione e alla scrittura da un lato, alla copula dall'altro, giuristi e imperatori pongono sempre in rilievo il consenso e lo stato di fatto che lo manifesta. Ai testi che ribadiscono con frasi scultorie 'indifferenza della scrittura e della solennità, l'indifferenza delle tabulae, dando risalto in contrasto alla maritalis affectio [...] fa riscontro quasi come un aforisma il testo celebre di Ulpiano, che torna con piccole varianti tre volte nel Cospus iuris, e una di esse nel titolo generale de regulis iuris: «"nuptias non concubitus, sed consensus facit"»* (P. Bonfante, *Corso di Diritto romano, op. cit.*, p. 259).

apoyando la idea de que el matrimonio no surge de la convivencia sino del *consensus*, aporta Ulpiano que

> *cui fuerit sub hac condicione legatum: si in familia nupsisset, videtur impleta condicio statim atque ducta est uxor, quamvis nondum in cubiculum mariti venerit. Nuptias enim non concubitus, sed consensus facit*[134].

Este consentimiento será el que, a partir del Concilio de Trento se extenderá por el orbe católico, marcará la idea de que el *consensus* inicial será el que dé vida al matrimonio, ya que éste será para toda la vida e indisoluble; nada más lejos de la mentalidad romana, que considera que el consentimiento debe ser continuado en el tiempo para que el matrimonio sea efectivo. El consentimiento inicial romano no es otra cosa que una voluntad, pero que carece de validez si no se prolonga voluntariamente en el tiempo.

Esto no quiere decir que el matrimonio pueda ser pensado como algo restringido a un período de tiempo determinado[135], sino que la voluntad de los cónyuges debe ser la de la estabilidad temporal de la unión matrimonial. Esta figura del *consensus* continuado es algo original romano, ya que

> la propia noción de consentimiento continuado, es decir, no pacticio, no generador de vínculo jurídico alguno, contrastaría con ese valor causativo del vínculo que el consentimiento matrimonial ha tenido en prácticamente todos los ordenamientos; también en los coetáneos al romano-clasico [...] y sorprendente, porque esta «devaluación» matrimonial, esta visión desinstitualiazadora acaecería precisamente en el momento en que el genio jurídico romano alcanzaría su cota de madurez máxima[136].

Existe la figura, también, del *consensus parentum*, en el que es preciso distinguir su aplicación a las personas *sui iuris* y a las *alieni iuris*. Acerca del matrimonio de éstos últimos, Paulo nos dice que *«Nuptiae consistere non possunt nisi consentiant omnes, id est qui coeunt quorumque in potestate sunt»*[137], por lo que se debe entender que se trata del ejercicio de la autoridad del *paterfamilias* con el fin de evitar que alguna persona no deseada entrase en su ámbito familiar, sobre todo teniendo en cuenta que esa persona tendría que pasar a estar bajo su *potestas* y pasaría a ser también heredero suyo. Esto vale solamente en el caso de los varones ya que, en el caso de las hijas, al pasar a otra familia por medio de la *conventio in manu*, no estarían sometidas la *auctoritas* de su propio *paterfamilias* y su descendencia no

---

134 D. 35.1.15, Ulp. 35 ad sab.

135 A. Fernández De Buján, «Reflexiones a propósito de la realidad social, la tradición jurídica y la moral cristiana en el matrimonio romano», *op. cit.* p. 287.

136 R. Navarro-Valls, *Matrimonio y Derecho romano*, Madrid, 1994, pp. 16 s.

137 D. 23.2.3, Paul. 35 ad ed.

heredaría de la familia cognaticia de la madre, sino de la agnaticia[138]. Ello no quiere decir que en los matrimonios de la *filiafamilas* los padres no tuvieran nada que decir, ya que sí tenían que dar su consentimiento, puesto que, si al matrimonio acompañaba la *manus*, el *paterfamilias* perdía la potestad sobre ella, por lo que resulta claro que era algo que le competía, y mucho. Este *consensus parentum*, sin embargo, sufre también una evolución histórica, ya que

> *era il paterfamilias che stringeva le nozze o le sciogleva a suo arbitrio. Pare tutora che nei tempi storici il consenso del paterfamilias in ordine alla figlia si possa ridurre alla missura dell'assentimento pasivo mediante il silenzio* [139] .

2.2. El *matrimonium* en la sociedad romana

La familia es una de las instituciones que configuran Roma desde su inicio. El historiador Theodor Mommsen, al hablar de las instituciones primitivas de Roma, comienza con la casa y la familia. No es posible pasar por alto su descripción de la familia romana, ya mencionada, de forma breve[140], ya que servirá como magnífica introducción al objeto de este estudio:

> la familia se compone del hombre libre a quien la muerte de su padre ha hecho dueño de sus derechos; de su esposa[...]; de sus hijos; de los hijos de éstos con sus mujeres legítimas; de sus hijas no casadas y de las hijas de sus hijos, con todos los bienes que cada uno posee. Tal es en Roma la unidad doméstica, base del orden social. Se excluyen de ésta los hijos de la hija, cuando ha pasado mediante el matrimonio a la casa de otro hombre, o cuando, procreados fuera de legítimo matrimonio, no pertenecen a ninguna familia. Poseer una casa e hijos, he aquí el fin y la esencia de la vida para un ciudadano romano. La muerte no es un mal, puesto que es necesaria; pero es una verdadera desgracia que acabe con la casa y con la descendencia. Por esto se buscará impedirlo a toda costa desde los primeros tiempos, dando al hombre que no tenga hijos el medio de ir solemnemente a buscarlos en el seno de una familia extraña y hacerlos suyos en presencia del pueblo[141].

Como ya se ha apuntado en la introducción, la familia es de capital importancia dentro de la sociedad romana, y que las decisiones, acontecimientos y celebraciones de la casa deben tener carácter público, ya que la familia se debe a la sociedad. Es por ello que es imprescindible encuadrar la institución matrimonial dentro de la sociedad y familia romanas, quienes tenían una serie de rituales y costumbres para que los cónyuges mostrasen públicamente la validez de su unión.

---

138 O. Robleda, *El Matrimonio en Derecho Romano, op. cit.* p. 156.

139 P. Bonfante, *Corso di Diritto romano, op. cit.*, p. 270.

140 *Vid.* supra nt. 44.

141 T. Mommsen, *Historia de Roma I, op. cit.* pp. 83 s.

El estudio de la familia para poder entender la institución matrimonial viene dado por su naturaleza híbrida, es decir, que por un lado es una realidad civil y privada, pero a la vez, su misma estructura llama ya a una naturaleza jurídica, y ofrece una magnífica proyección pública y religiosa[142]. Esta cantidad de matices que rodean a la realidad familiar, hacen que sea algo sobre lo que tanto el Derecho como la Historia de Roma se hacen eco continuamente. No deja de ser interesante la diferenciación que los juristas hacen entre *familia proprio iure* y *familia communi iure*, siendo los primeros los que están sometidos a la *potestas* del *paterfamilias*[143], y la segunda serían las personas que, a pesar de tener parentesco entre ellos, dejarían de estar bajo la misma potestad (*v. gr.* los hijos varones que a la muerte del *paterfamilias* heredan de éste su mismo *status* pero cada uno de ellos pasa a tener su propia *potestas*; los hijos de éstos estarían cada uno bajo la potestad de su propio *paterfamilias* pero solamente serían familia de sus primos *communi iure*)[144].

Ya han quedado vistos actos de publicidad en lo tratado, como los ritos de entrada del varón en la pubertad, las pruebas que acompañaban la *inspectio corporum* o las solemnidades que acompañan a la búsqueda de hijos del padre estéril, pero ahora se tratarán con más detenimiento los que directamente afectan al matrimonio.

2.2.1. *Affectio maritalis* y *honor matrimonii*

La máxima *consensus facit nuptias,* de la que ya se ha hecho mención, recalca la idea de que lo único que constituye el matrimonio es la voluntad de los cónyuges, expresada en el *consensus* o *affectio maritalis*. Del hecho de que el matrimonio dependa de este consentimiento, implica la necesidad de que haya pruebas evidentes a los ojos de la sociedad de que existe realmente ese consentimiento.

Este *honor matrimonii* viene citado en fuentes romanas, ya que es necesario tener constancia de la efectiva *affectio* para poder establecer si existe o no matrimonio, sobre todo para cuestiones patrimoniales. Ulpiano, de hecho, habla de dicho *honor* para referirse a las donaciones entre cónyuges al afirmar que

> *si mulier et maritus diu seorsum quidem habitaverint, sed honorem invicem matrimonii habebant (quod scimus interdum et inter consulares personas subsecutum),*

---

142 G. Suárez Blázquez, «Naturaleza jurídica híbrida de la familia romana», *op. cit.* p. 5.

143 *«[...] iure proprio familiam dicimus plures personas, quae sunt sub unius potestate [...]»* (D. 50.16.195.2. Ulp. 46 ad ed.).

144 A. Corbino, «Familia "proprio iure" e familia "communi iure"», en, P. Carvajal, M. Miglieta, *Estudios jurídicos en homenaje al profesor Alejandro Guzmán Brito, Vol. II*, Alessandria, 2011, pp. 41-45.

> *puto donationes non valere, quasi duraverint nuptiae: non enim coitus matrimonium facit, sed maritalis affectio: si tamen donator prior decesserit, tunc donatio valebit*[145].

Y lo hace en relación con la *affectio maritalis*, sosteniendo que el matrimonio no viene dado por la unión conyugal, sino por la *affectio*, que debe ser visible por el *honor matrimonii*, que consistiría en un comportamiento entre el hombre y la mujer que demostrara, a nivel social, que eran efectivamente una pareja y esto les daría una consideración social como matrimonio. Esto se traduciría en situaciones concretas

> *ad es., i coniugi non potevano intentare l'uno contro l'altro azioni penali e infamanti; non potevano l'un l'altro citarse in giudizio senza permesso del magistrato; non potevano farsi donazioni; erano dispensati dal far testimonianza l'uno contro l'altro; se delinquevano l'uno contro l'altro, la qualitá di coniuge poteva valere come aggravante del reato; il patrono che sposava la liberta non poteva più esigere le opere da lei, ecc.*[146].

Se trataría de ejemplos que reafirmarían la idea de que existe una comunidad de vida entre las dos personas, que existía el consentimiento mutuo de ser marido y mujer y que por lo tanto, ese consentimiento seguía estando en pie, ya que de no darse la *affectio*, automáticamente el matrimonio dejaría de existir.

Quizás una de las pruebas que hacen más evidente el *honor matrimonii* es el matrimonio entre personas de diferente extracción social en un caso muy particular: que una mujer se case con una persona de clase social inferior a la suya supondría que bajaría también ella en el escalafón social si se había producido la *conventio in manu*, lo que implicaría necesariamente un verdadero consentimiento, al menos por su parte, al ser privada de los beneficios derivados de pertenecer a la clase social de su *paterfamilias.*

No sería prudente olvidar el hecho de que, formalmente, era difícil distinguir entre el matrimonio romano y el concubinato, ya que ante la ausencia de formas solemnes para la celebración de las nupcias y ante la falta de un contrato formal de convivencia, las dos realidades se podrían confundir a nivel social. Éste es, pues, el lugar del *honor matrimonii*, manifestado en algunas formas rituales no prescriptivas, que serán descritas más adelante, y que no significarían otra cosa que

> *l'effettiva sussistenza di quelle reciproche relazioni morali e sociali che distinguono l'uxor dalla concubina [...] All'interno del fatto costituito dalla convivenza, pertanto, la vita comune non é intesa in senso meramente materiale, ma in un significato etico e sociale*[147].

145 D. 24.1.32.13, Ulp. 33 ad sab.

146 C. Fayer, *La Familia Romana, op. cit.* p. 363.

147 A. Nicolussi, «Il consenso matrimoniale», en *Il margine,* XXVIII, 2008, II, p. 45.

Es importante señalar que, resumiendo el pensamiento de los grandes romanistas, el *honor matrimonii* es la expresión de la convivencia, consecuencia de la *affectio maritalis* y un elemento objetivo derivado de la *societas vitae* entre marido y esposa, aunque la *affectio* solamente tenga relevancia a nivel jurídico cuando se refleja y se hace concreta en el *honor matrimonii*[148].

2.2.2. La *deductio in domum mariti*

La esposa debía residir en la casa del marido, que a partir del momento en el que se celebrase el matrimonio sería el *domicilium matrimonii*, y esto se formalizaba a través de una ceremonia denominada *deductio in domum mariti* o *viri*. Esta ceremonia no constituía por sí misma un matrimonio, ni era necesaria para que el matrimonio fuese efectivo, pero tenía como finalidad el dar publicidad a un acto que competía a los cónyuges, pero también a la familia y a la sociedad.

Afirma Volterra que la *deductio* no es una formalidad constitutiva del matrimonio, sino que

> *si tratta di una cerimonia compiuta secondo i riti pagani in occasione delle nozze, ma i giuristi la prendono in considerazione non in quanto essa sia l'atto giuridico da cui prende vita e su cui si fonda il matrimonio leggittimo, ma solo in quanto é un comportamento dal quale puó desumersi l'esistenza dell'affectio dei coniugi*[149]

por lo que se hace evidente una doble finalidad de esta *deductio*: en primer lugar, el hecho de que la esposa es llevada a casa del marido por sus familiares no supone nada más que darle publicidad a una circunstancia que se produce de hecho, pero la sociedad se da por enterada de que esa situación es evidente a los ojos de todos; en segundo lugar, en caso de que fuera necesario demostrar con posterioridad la existencia o no de matrimonio, el hecho de que la mujer haya sido *deducta in domo mariti* despeja cualquier duda sobre la existencia de matrimonio y, por consiguiente, de *maritalis affectio.*

El *Digesto* aporta un ejemplo de la utilidad y de la validez de esta *deductio in domum*:

> *Seia sempronio cum certa die nuptura esset, antequam domum deduceretur tabulaeque dotis signarentur, donavit tot aureos: quaero, an ea donatio rata sit. non attinuisse tempus, an antequam domum deduceretur, donatio facta esset, aut tabularum consignatarum, quae plerumque et post contractum matrimonium fierent, in quaerendo exprimi: itaque nisi ante matrimonium contractum, quod consensu intellegitur, donatio facta esset, non valere*[150].

148 M. I. Núñez Paz, *Consentimiento matrimonial y divorcio en Roma, op. cit.* p. 60.

149 E. Volterra, en *Enciclopedia del Diritto,* Varese, 1964, s. v. «*Matrimonio*», p. 742.

150 D. 24.1.66. pr., Scaev. 9 Dig.

En este fragmento se puede observar de forma clara como la *deductio* puede ser de utilidad para determinar el momento en el que el matrimonio ha comenzado, y si la esposa realiza algún tipo de acto jurídico antes de la misma, se considerará que lo hace como soltera mientras que, si ya se ha constatado la *deductio*, lo hará como esposa.

Se trata del rito más significativo de los que se celebran con ocasión del matrimonio, y tanto es así que el matrimonio se podía celebrar en ausencia del marido siempre que se celebrase la *deductio uxoris*[151]. Se trata de una celebración de marcado carácter religioso, y por ello se celebraba al atardecer, cuando aparecía la estrella vespertina *Vesper,* la amada de Venus, y comenzaba con una procesión en la que la novia era acompañada por un grupo de jóvenes, dos de los cuales la llevaban de la mano y uno la precedía con una antorcha en honor de Ceres, y de familiares, amigos y sirvientes, quienes avanzaban hacia la casa del novio danzando y cantando himnos nupciales y canciones licenciosas. Llegados a la casa, la esposa era entregada por los familiares al marido, mientras se despreciaban los símbolos prenupciales que acompañaron a la novia durante la procesión y los niños apremiaban al novio para que repartiese nueces entre ellos; la novia procedería a la unción de las jambas y el dintel de la puerta para que las divinidades domésticas les fueran propicias para, al finalizar, ser interrogada por el esposo acerca de su procedencia y su nombre, a lo que ella respondía con la famosa locución *ubi tu Gaius, ego Gaia*, aceptando el *praenomen* del marido y siendo llevada en volandas por jóvenes al interior de la casa, entregando después el marido a la esposa las llaves de la despensa y ésta entregaba un as al marido, otro lo depositaba en el hogar y un tercero era entregado a las divinidades domésticas.

La ceremonia finalizaba con la entrega del agua y del fuego por parte del marido a la esposa (símbolo muy importante ya que manifiesta, al igual que el matrimonio, que son bienes de los que se puede disfrutar mientras duren y que por lo tanto los ata el tiempo que perduren), la esposa esperaría preparada al esposo en el tálamo y, llegando éste, ataría y desataría a su cinturón el vestido de la novia para, finalmente, tomar ambos posesión del lecho conyugal[152]. La importancia, pues, de esta celebración viene dada por la toma de posesión de la casa, que a partir de ese momento se dispondrán a compartir como matrimonio, y servirá únicamente como elemento objetivo y probatorio de la celebración del matrimonio[153].

---

151 *Mulierem absenti per litteras eius vel per nuntium posse nubere placet, si in domum eius deduceretur: eam vero quae abesset ex litteris vel nuntio suo duci a marito non posse: deductione enim opus esse in mariti, non in uxoris domum, quasi in domicilium matrimonii* (D. 23, 2, 5, Pomponius 4 ad sab.).

152 A. Ortega Carrillo de Albornoz, *Terminología, definiciones y ritos de las nupcias romanas, op. cit.* pp. 75-122.

153 *Virgini in hortos deductae ante diem tertium quam ibi nuptiae fierent, cum in separata diaeta ab eo esset, die nuptiarum, priusquam ad eum transiret et priusquam aqua et igni accipe-*

Todas estas ceremonias pertenecen a un ritual religioso, por lo que el Derecho es ajeno, ya que ni las regula ni las prescribe, pero de ser celebradas, dado su carácter social, servirían como elemento probatorio de la celebración del matrimonio. Pero, aun así, es curioso como la terminología que se usa en las fuentes jurídicas acerca del matrimonio, tiene como trasfondo estas ceremonias, ya que la expresión latina *duxere uxorem*, que claramente hace referencia a la *deductio in domum* servirá siempre, en el lenguaje jurídico romano, como una expresión equivalente al matrimonio, al acto por medio del cual un hombre toma por esposa a una mujer[154]. Esta expresión aparece en diferentes textos legislativos, como la primera Constitución imperial de Constanzo, recogida en el *Codex Theodosianus*[155], o una constitución de Zenón recogida en el *Codex Iustiniani*[156], en las cuales se puede comprobar que la palabra *consortium* no haría referencia al matrimonio, mientras que *ducere* sí que se utiliza como sinónimo de tal unión[157].

Estos ejemplos de un Derecho romano ya muy cercano en el tiempo, donde el *matrimonium cum manu* ya había caído totalmente en desuso, dan cuenta de lo importante que esta ceremonia debía ser y, aunque es bien cierto que en ningún momento el Derecho romano, como ya se ha señalado, exigía ceremonias de constitución ni de extinción del matrimonio, también lo es que cobra especial importancia a nivel social, por lo que el Derecho acaba, incluso, incluyendo en su léxico propio, expresiones que hacen referencia a dichas ceremonias tan arraigadas en la sociedad.

retur, id est nuptiae celebrentur, optulit decem aureos dono: quaesitum est, post nuptias contractas divortio facto an summa donata repeti possit. respondit id, quod ante nuptias donatum proponeretur, non posse de dote deduci (Dig. 24.1.66.1, Scaevola 9 Dig.).

154 G. de Bonfilis, «La terminología matrimoniale di Costanzo II: uso de la lingua e adattamento político», *Labeo, Rassega di Diritto romano,* 42, 1996, 2, pp. 254 s.

155 *Quod ad mulieres pertinet, quas Iudaei in turbitudinis suae duxere consortium in gynaeceo nostro ante versatas, placet easdem restituí gynaeceo idque in reliquum observari, ne Christianas mulieres suis iungants flagitiis vel, si hoc fecerint, capital periculo subiugentur* (C. Th. 16, 8, 6).

156 *Divi Constantini, qui veneranda christianorum fide romanum munivit imperium, super ingenuis concubinis ducendis uxoribus, filiis quin etiam ex isdem vel ante matrimonium vel postea progenitis suis ac legitimis habendis, sacratissimam constitutionem renovantes iubemus eos [...]* (CI 5, 27, 5).

157 G. de Bonfilis, «La terminología matrimoniale di Costanzo II», *op. cit.*, pp. 258-260.

3

MANUS Y *MATRIMONIUM CUM MANU*

No es posible poder comprender la institución matrimonial sin adentrarse previamente en los conceptos de *manus* y de *patria potestas* referidos al *paterfamilias* en el Derecho romano. Se trata de conceptos básicos sin los cuales el matrimonio y el divorcio no se podrían entender, y tal es su peso, que es necesario partir de ellos para poder entender, sobre todo, cuál es la situación de la mujer que contrae nupcias con un ciudadano romano. Sin perder de vista que la situación femenina en Roma no es equiparable a la del varón, y testimonio de ello lo aportan numerosas fuentes jurídicas que afirman, entre otras cosas, que la condición de la mujer con respecto a la del varón es peor según las disposiciones del Derecho[158], o que las mujeres están apartadas de las funciones públicas y civiles[159]. Hasta la Lex Claudia, del siglo I a. C., el ámbito de la mujer estaba reducido a la actuación doméstica, no teniendo representación pública, ni capacidad negocial en la mayoría de los oficios, por motivos como la debilidad de juicio, la ligereza de espíritu o la debilidad de su sexo[160]. Dentro de su casa, comparte con el marido patrimonio y bienes, y dirige las labores domésticas, pudiendo, incluso, como miembro de su propia familia, tener capacidad negocial en línea de igualdad con sus hermanos varones, y tener un peculio dado por el padre para poder llevar adelante negocios[161].

---

158 «*In multis iuris nostri articulis deterior est conditio feminarum quam masculorum*» (D. 1.5.9, Papinianus 31 quaest.).

159 *Feminae ab ómnibus officiis civilibus vel publicis remotae sunt et ideo nec iudices ese possunt nec magistratum gerere nec postulare nec pro alio intervenire nec procuratores existere* (D. 50.17.2 pr., Ulpianus 1 ad sab.).

160 G. Suárez Blázquez, «La emancipación jurídica privada de la mujer romana: un antecedente histórico de la liberación de género», *Revista Internacional de Derecho Romano*, Abril 2023, p. 389.

161 *Cf.* M. J. García Garrido, *El Comercio, los Negocios y las Finanzas en el Mundo Romano*, Madrid, 2001, p. 58 s.

La figura de la *manus* hace referencia, pues, a la relación patrimonial de la mujer casada con respecto a su marido o al *paterfamilias* de éste, partiendo de la base, desde este momento, de que *manus* y matrimonio son realidades diversas, como diversas serán sus características y consecuencias.

3.1. Situación personal de la *uxor in manu*

Partiendo de la capital importancia que, como ya se ha señalado, la familia tiene en la sociedad romana, es necesario analizar cuál es la situación de quien entra a formar parte de la familia a través del matrimonio. El *paterfamilias,* en virtud de *su patria portestas,* ejerce el dominio sobre todos aquellos que bien por nacimiento, o por cualquier otro cauce, incluido el matrimonio, pasan a formar parte de su familia. Aunque en algún momento se hará mención a ella, conviene recordar desde este momento que la *potestas* del *paterfamilias* sobre los miembros de su familia y/o casa es un mecanismo de protección de la unidad familiar que el Derecho reconoce y, aunque a veces puede resultar abusivo con relación a los sometidos a ella, es un instrumento de especial eficacia para garantizar tanto la paz familiar como el buen nombre de la casa.

En relación a esta *patria potestas* es conveniente hablar de *manus*, que es la potestad que el *paterfamilias* o el marido, en caso de ser el segundo también lo primero, ejerce sobre la mujer que pasa a formar parte de la familia de éste. Es importante aclarar la distinción entre el *matrimonium* y la *manus*, ya que, aunque tradicionalmente se había afirmado que en el Derecho romano existieron dos tipos de matrimonio, *cum manu et sine manu,* en realidad se trata de dos instituciones diferentes, aunque no independientes. La *manus,* o *potestas* que el marido ejercía sobre su esposa, se adquiría por medio de la *conventio in manum*, que era una institución diferente del pacto matrimonial, aunque se adquiría en el momento de establecerse éste[162]. Consistía, simple y llanamente, en el acto jurídico o, en algunos casos religioso, por medio del cual la esposa asumía la potestad del *paterfamilias* de su nueva *familia*[163].

162 *Cf.* G. Suárez Blázquez, «La emancipación jurídica privada de la mujer romana: un antecedente histórico de la liberación de género», en *Revista Internacional de Derecho Romano*, 30, 2023, pp. 393 - 396.

163 Hasta finales del siglo XIX se consideraba que el matrimonio romano iba unido a la *manus*. Gracias al descubrimiento en esta época del palimpsesto veronés de las Instituciones de Gayo y de los *Fragmenta Vaticana*, se pudo entender esta institución en toda su extensión, ya que el *Digesto* no hacía apenas referencia a ella, por lo que las formas de adquisición de la *manus* eran consideradas como formas de matrimonio, y como consecuencia, se distinguía entre *matrimonium cum manu* o *sine manu*. Y no solo eso, sino que hasta el momento se consideraba que la esposa *in manu conventa* pasaba a estar sometida al *paterfamilias* en virtud de la *patria potestas* que éste ejercía sobre los miembros de la familia, demostrando el romanista Karlowa, a principios del siglo XX, que la *manus* era diferente de la *patria potestas*, y que la expresión que decía que la esposa entraba bajo la potestad del marido *loco filiae*, era desafortunada, ya que se podría utilizar como una com-

Con esto solamente se pretende afirmar que en la historia de Roma existió un único *matrimonium* independiente de la *manus*, y que ésta solamente hacía referencia a la posición de la mujer con respecto a la potestad de la familia en la que entraba a formar parte, por lo que podía ser una *uxor in manu* o, por el contrario, *sine in manum conventione mater*[164]. Es, por lo tanto, imprescindible tener en cuenta, dejando atrás las no todavía muy lejanas concepciones de matrimonio *cum et sine manu* que *«l'esistenza del matrimonio legittimo é indipendente da quelle forme e dall'assoggettamento alla manus»*[165]. El matrimonio y la *conventio in manum* son instituciones diferentes, tanto es así que provienen de actos jurídicos diferentes y las consecuencias de ser una *uxor in manu* o una simple esposa son muy diversas también.

El objeto del presente estudio requiere centrarse en la *uxor in manu*, ya que de su relación patrimonial con el marido o *paterfamilias* permitirá entender de forma más clara lo que suponía el matrimonio en la mayoría de los casos y, en caso de divorcio, en qué situación quedaba la esposa.

En primer lugar, decir que el sujeto de la *conventio in manum* es siempre la mujer, tanto si es *alienii iuris* como si es *sui iuris*, y que esta institución solamente se podía aplicar si la voluntad de la mujer estaba concordada en ello. Así, con plena libertad, la mujer pasaba a formar parte de la familia del marido como hija: *in familiam viri transibat filiaeque locum optinebat*[166]. Es por esta razón que la mujer entra bajo la potestad del marido o del *paterfamilias* (cuando el esposo es *filiusfamilias*, su esposa sería *nurus in manu*, es decir, que estaría, como nuera, bajo la potestad de su suegro)[167], considerándose a partir de la adquisición de la manus en una situación parecida a la de la hija, *loco filiae,* en la nueva familia[168]. Es Gayo quien utiliza esta expresión para referirse a la esposa que ha sido sujeto de la *conventio in manum* y que, por ello, entra a formar parte de la *potestas* del *paterfamilias.* Es el único autor

---

paración de carácter pedagógico que ayudase a entender cuál era aproximadamente la posición de la esposa con respecto al marido o al *paterfamilias*, pero la esposa no estraba nunca a formar parte de la familia del marido como una hija, sino que la *manus* confería a la esposa *in manu conventa* un *status* en la casa familiar diferente al de los hijos (E. VOLTERRA, «Nuove ricerche sulla *"conventio in manum"*», en *Atti della Accademia Nazionale dei Lincei,* CCCLXIII, 1966, pp. 251-255).

164 C. FAYER, *La Familia Romana, op. cit.* pp. 185-188.

165 *Ibid.* p. 187.

166 *Usu in manum conueniebat, quae anno continuo nupta perseuerabat; quia enim uelut annua possessione usu capiebatur, in familiam uiri transibat filiaeque locum optinebat. itaque lege duodecim tabularum cautum est, ut si qua nollet eo modo in manum mariti conuenire, ea quotannis trinoctio abesset atque eo modo cuiusque anni usum interrumperet. sed hoc totum ius partim legibus sublatum est, partim ipsa desuetudine obliteratum est* (Gai. I, 111).

167 E. VOLTERRA, «L'Uxor et la nurus in manu dans Gai»., 3, 46; et Ulp., 29, 1, en *Religion, société et politique Mélanges en hommage à Jacques* ELLUL PUF – 1983, pp. 409-416.

168 *Cf.* M. J. GARCÍA GARRIDO, *Derecho Privado Romano, op. cit.* p. 331.

clásico que nos habla con esta expresión de la *uxor in manu*, y lo hace diez veces (I.111.4, I.114.5, I.115b2, I.118.5, I.118.7, I.136.10, II.129.3, II.159.2, III.3.2)[169]. Aunque la expresión no es del todo acertada, sí que aproxima a una comprensión del lugar que ocuparía una esposa in manu en relación con el *paterfamilias*, ya que vendría a ser una persona que abandona su familia cognaticia para pasar a formar parte de la de su esposo, tanto si es o no *paterfamilias*, siempre en una posición parecida a la del hijo; es por ello que Gayo utiliza la expresión *loco filiae*, para tratar de aproximar a una comprensión del lugar que la misma ocupaba en la nueva familia a la que entraba a formar parte, y ello porque la *manus* era una institución diferente de la potestas o del *dominium*, pero en cuanto sujeta a la *auctoritas* del *paterfamilias*, el jurista busca, posiblemente por motivos didácticos o pedagógicos, la expresión *loco filiae*, ya que al ser una institución única, intenta buscar una similitud con alguna institución ya existente y de conocimiento general para que se pudiera entender en qué consistía la sujeción a una *manus.*

Se podría afirmar, pues, que este *loco filiae*, podría traducirse aproximadamente «como si fuese una hija», pero como ya se ha dicho, no es igual la *patria potestas* que la *manus*, ya que sobre la *uxor in manu*, el *paterfamilias* no tiene el *uis vitae necisque*[170]*,* como sí lo tiene sobre los esclavos o los hijos. El *loco filiae* nos da la clave para entender la relación, tanto personal como patrimonial, de la persona sujeta a la *manus* con el *paterfamilias*, y es a partir de aquí de donde se podría partir en el análisis de dicha relación.

Es muy interesante la apreciación que sobre la mujer presenta Riccardo Astolfi al afirmar que la ceremonia de la *conventio in manum* supone siempre la *capitis deminutio maxima* de la mujer[171], ya que, en caso de ser *sui iuris,* pasa a ser *alieni iuris* y todos sus bienes pasan a formar parte del titular de la *manus*. Siempre basándose en textos de Gayo, e intentando dar respuesta a quienes sostienen que la *manus* no es una *potestas*, afirma que la *manus* es un poder diferente de la patria potestad en ciertos aspectos, pero de ahí no se puede llegar a la conclusión que ésta no sea una potestas. Tanto es así que la *manus* atribuye a su titular, entre otras prerrogativas, el ius vitae et necis (solamente en época primitiva) y el *ius vendendi*, por lo que, además de la potestad como padre que ejerce sobre quién entra en su casa *loco filiae,* habría que añadir la potestad propia y derivada de la *manus*[172].

---

169 *Cf.* Amunátegui Perelló, «Loco Filiae», en *Orígenes de la propiedad*, 2006/3, Vicerrectoría Adjunta de Investigación y Postgrado de la Pontificia Universidad Católica de Chile, p. 44.

170 *«In summa admonendi sumus adversus eos, quos in mancipio habemus, nihil nobis contimeliose facere licere; alioquin iniuriarum tenebimur»* (Gai., I.114).

171 *Cf.* G. Suárez Blázquez, «Dos avances jurídicos importantes de la civilización romana en materia de obligación», *Revista Internacional de Derecho Romano*, 31, 2023, pp. 247 s.

172 R. Astolfi, «Gaio e la *manus* quale *potestas*», *Studia et Documenta Historiae et Iuris*, 75, 2009, pp. 53-76.

Es un hecho claro, pues, que la mujer, al contraer matrimonio, tiene la posibilidad de entrar a formar parte de la familia del esposo o no. El matrimonio es siempre *sine manu*, es decir, el pacto matrimonial es independiente de que se realice la *conventio in manum* o no, aunque lo frecuente es que sí se realice, sobre todo en las etapas más remotas. De hecho, el matrimonio tiene una naturaleza en sí mismo, y va más allá de las relaciones patrimoniales y, según el pensamiento de Ulpiano, *«l'essenza di ciò che noi denominiamo matrimonio viene modellata dalla natura stessa e si concretizza nell'unione del maschio e della femina»*[173].

Lo que se trata de analizar, pues, es el alcance de la *manus* dentro del matrimonio para después poder comprender el divorcio y la evolución de la institución matrimonial. Para entrar a formar parte, pues, de la familia del marido, se llevaba a cabo la *conventio in manum*, que podía adquirirse de tres formas diversas[174]: La *Confarreatio*, ceremonia religiosa en la que se entregaba a Júpiter una hogaza de pan de espelta *(panis farreus)* ante el Sumo Pontífice y con diez testigos. Cae en desuso en época de Tiberio, siglo II, cuando «estaba en uso para los flamenes mayores de Júpiter, Marte y Quirino y el *rex sacrorum*, quienes debían haber nacido *«ex farreatis»* y permanecer casados *«confarreatione»* para ejercer el sacerdocio»[175]; la *Coemptio*, que consistiría en la *mancipatio*[176] de la mujer delante de cinco testigos con la finalidad de constituir la *manus* sobre la mujer y entregándosele por parte del futuro marido o su familia una cantidad de dinero en concepto de compensación a su propio *paterfamilias* o a su tutor, ya que desde el momento en que la *coemptio* se llevara a cabo, la mujer abandonaría su familia de origen para pasar a la del marido; en tercer lugar tenemos el *Usus*, consistente en que el marido adquiría *ipso iure* la *manus* sobre la mujer después de un año de matrimonio, simplemente por el hecho de haber ejercido la *manus* durante un año entero de convivencia ininterrumpida en la familia del marido. Esta forma de adquisición de la *manus* podía evitarse por medio de la *usurpatio trinoctii*, como se verá más adelante. Tanto la *Confarreatio* como el *Usus* caen en desuso en épocas muy tempranas, mientras que la *Coemptio* perdura durante todo el período de la época clásica.

Es importante señalar que en la etapa arcaica el matrimonio por sí mismo no se entendía si no era en función de esas otras instituciones jurídicas que servían para

---

173 F. FERNÁNDEZ DE BUJÁN, «Lineamenti sul matrimonio nel pensiero di Ulpiano», *op. cit.* p. 168.

174 J. DAZA MARTÍNEZ, L. RODRÍGUEZ ENNES, *Instituciones de Derecho Privado Romano, op. cit.*, p. 428.

175 L. SANCHO, «El matrimonio romano primitivo y el valor de la *Lex inhumanissima»*, en *Reue internationale des droits de l'antiquité*, 37, 1990, p. 351.

176 La necesidad de poner límites a este trabajo hace imposible el detenerse en cada una de las realidades jurídicas que nombra este trabajo. Aun así, me gustaría hacerme eco de una consideración, clara, breve y concisa de Ana Mohíno quien, refiriéndose al *mancipium*, afirma que *«si trattava in realtà di una speciale forma di dipendenza che solo per certi aspetti veniva considerata alla stregua della schiavitù»* (A. MOHÍNO MANRIQUE, «In mancipio ese», *Revista General de Derecho Romano*, 34, 2020, p. 4).

> manifestar desde el punto de vista jurídico el inicio de una relación matrimonial. [...] Sólo en la medida que estas instituciones jurídicas —que envuelven el matrimonio— comiencen a sufrir un proceso de decadencia, entonces será cuando el matrimonio, como institución autónoma, inicie su andadura jurídicamente[177].

En esta primera época, pues, no se puede entender el matrimonio como un pacto de voluntades entre los cónyuges, sino como un pacto de intereses propiciado por el *paterfamilias* en beneficio de su grupo familiar —tanto a nivel patrimonial como por el interés de la perpetuación de la misma a través de los hijos, que continuarán el legado familiar— siendo éste un instrumento más de la organización de la *civitas*.

A través de la *conventio in manum*, la esposa pasaba a formar parte de la familia agnaticia del *paterfamilias*, convirtiéndose jurídicamente así —con los límites que se han señalado anteriormente— en *filiafamilias* o en nieta, según se hubiera casado con el *paterfamilias* o con un *filiusfamilias* respectivamente. No es ajeno el término *materfamilias* que se puede encontrar en numerosos textos antiguos. Algunos autores afirman la diferencia entre los términos *uxor* y *materfamilias* según si la mujer no se encontraba *in manu* o si era *in manu conventa*[178]. Pero el apelativo de *materfamilias* no debe llevar a engaño, y sería un error el considerarla como una igual al *paterfamilias,* pero de sexo femenino tanto a nivel social, como jurídico y religioso, sino que, aun estando *in manu conventa*, el lugar que ocupa en la familia y en la sociedad es solamente equiparable con la de una *filiafamilias*.

3.2. Situación patrimonial de la *uxor in manu*

Llegados a este punto, es necesario detenerse a hacer un análisis acerca de la relación patrimonial de la esposa con el marido o con el *paterfamilias* al que esté sujeta. Conviene comenzar hablando de la dote, que es la institución patrimonial por excelencia, característica de la familia romana y que parte de la base de que si una mujer entra en la familia agnaticia de su marido debe llevar consigo sus bienes para que pasen a formar parte del patrimonio de la familia que la acoge. Esto sería en el caso de que la mujer fuese *sui iuris* y que, por tanto, tuviera bienes en propiedad; pero lo común es que la esposa, antes de casarse, no fuera *sui iuris* y estuviese bajo la *patria potestas* de su *paterfa-*

177 M. E. Fernández Baquero, «Aspectos sobre el matrimonio en el Derecho Romano Arcaico», en R. López-Rosa, F. Pino Toscano (eds.), *El Derecho de Familia: de Roma al Derecho actual*, Huelva, 2004, p. 196.

178 *A forma generis, quam interdum, quo planius accipiatur, partem licet nominare hoc modo: Si ita Fabiae pecunia legata est a viro, si ei viro materfamilias esset; si ea in manum non convenerat nihil debetur. Genus enim est uxor: eius duae formae: una matrumfamilias eae sunt, quae in manum convenerunt; altera earum, quae tantum modo uxores habentur. Qua in parte cum fuerit fabia, legatum ei non videtur* (M. T. Ciceronis, Topica 3-14).

milias, por lo que generalmente no tenía bienes propios, generando así que éste tuviera que entregar una serie de bienes a la mujer *dotis causa* para poder entrar a formar parte de la nueva *familia ad sustinenda onera matrimonii.*

Es interesante ver que la dote es independiente de que la esposa sea sujeto o no de la *conventio in manum* y así, se afirma que en sus orígenes es «la adaptación del régimen patrimonial de los matrimonios *cum manu* a los *sine manu*»[179]. Está claro que en un primer momento la dote es para el *paterfamilias* de la familia agnaticia, y éste da a la esposa el uso y disfrute de su ajuar como peculio, y se podía incrementar con los regalos de su esposo, así como con los esclavos que ponía a su servicio, por lo que es posible afirmar que la esposa, aun estando sometida a la *manus* de su marido o de su suegro, poseía un pequeño patrimonio del que podía disponer para la administración de la casa, que era su principal obligación.

Por lo tanto, la dote *le pertenece en cuanto favorece al matrimonio y se destina a sus necesidades*[180], pero en realidad quien dispone de ella es el paterfamilias, la administra a su antojo y pasa a engrosar su patrimonio familiar; aun así, la legislación que se va fraguando en época clásica garantiza la restitución de la misma en el momento del divorcio o como herencia de su marido, en caso de que quedara viuda. Es por ello que la dote no debía ser demasiado rica, ya que podía llevar al marido a querer asesinar a la esposa con el fin de quedarse con tal cantidad de bienes dotales, y es por ello que Juvenal habla de *mortifera dos: «Elatam iam crede murum, si limina vestra mortifera cum dote subit. Quibus illas premetur per somnum digitis!»*[181].

Una institución tan importante como la dote merece la elaboración de un análisis con detenimiento y por clases, ya que se trata de uno de los elementos constitutivos y más importantes de la familia romana. La dote sería una aportación que la mujer hace al matrimonio para «constituir un fondo de bienes con cuyos frutos y rentas contribuya la esposa a atender a los gastos del hogar y la familia que se va a establecer»[182]. Afirma García Garrido que la dote «constituye el centro de toda la compleja regulación romana de los bienes matrimoniales y, al mismo tiempo, el ente patrimonial de mayor relevancia en el régimen de relaciones entre cónyuges»[183].

En primer lugar, cabe decir que hay tres tipos de dote, a saber: *dos profecticia, dos adventicia y dos recepticia*. La primera de ella, según Ulpiano *«profecticia dos est, quae a patre vel parente profecta est de bonis vel facto*

179 J. Daza Martínez, L. Rodríguez Ennes, *Instituciones de Derecho Privado Romano, op. cit.* p. 449.

180 M. J. García Garrido, *Derecho Privado Romano, op. cit.* p. 357.

181 Iuvenalis, *Satura* XIV, 220-222.

182 J. L. Lacruz Berdejo *et alii*, *Derecho de Familia* (Vol. I), Barcelona, 1990, p. 339.

183 M. J. García Garrido, *Ius uxorium*, Roma, 1958, p. 55.

eius»[184], es decir, que la dote profecticia era aquella que provenía del titular de la *patria potestas* de la mujer a quien se dotaba; el término profecticio llama la atención sobre el hecho de que viene del patrimonio familiar de la mujer; la *adventicia* era dada a la mujer por cualquier otra persona que no fuese su *paterfamilias*, por ejemplo la madre, un hermano, un pariente o cualquier otra persona, de ahí su nombre, que viene a significar «que viene de afuera», o sea, no del patrimonio familiar; en tercer lugar, la *recepticia*, que también era constituida por alguien ajeno al patrimonio familiar, tenía la peculiaridad de que debía ser restituida a quien originalmente la aportaba en caso de disolución del matrimonio.

Esta distinción entre tipos de dotes, discutida por algunos autores si en tres o dos tipos[185], reviste una gran importancia práctica, ya que la persona que dotaba a la mujer se jugaba el que le fuera devuelta la dote o no a él personalmente. En el Derecho justinianeo se distingue también entre *dos necessaria* y *dos voluntaria*, según el que dotaba estuviera o no obligado a dotar a la mujer. Es importante señalar que los bienes que forman la dote eran valorados con dos finalidades: *taxationis causa*, es decir, fijar el importe máximo con el que el marido debería responder en caso de ser restituida la dote o *venditionis causa*, que sería una tasación en dinero del valor de la misma, por lo que el marido, en caso de tener que restituirla, sería el deudor del valor de la dote[186].

La forma de constitución de la dote se llevaba a cabo a través de tres mecanismos: *datio dotis,* una entrega formal de los bienes constitutivos de la dote, ya sea por *mancipatio*, por *cessio in iure* o por *usucapio; dictio dotis,* consistente en una promesa formal por medio de la fórmula *«tot doti tibi erit/ erunt»* con los mismos efectos de una *stipulatio;* y *promissio dotis,* es decir, que cuando la promesa o estipulación era establecida a favor del marido, se creaba la obligación de constitución de la dote y constituía a la misma jurídicamente[187]. La *dotis dictio* es la forma más primitiva de constitución de la dote y, probablemente, la única conocida durante muchísimo tiempo, aunque las formas que permanecieron en el Derecho posterior fueron justo las otras dos.

En el Derecho postclásico, en virtud de una Constitución del Emperador Teodosio, se consideran obsoletas estas tres formas de constituir la dote, por lo que se llega a considerar que la *pollicatio dotis*, o pacto dotal, sería suficiente para constituirla; el Derecho justinianeo admite la constitución tácita de la dote, en caso de que la mujer vuelva a contraer nupcias, por lo que la

184 D. 23.3.5. pr., Ulpianus 31 ad sab.

185 C. Fayer, *La Familia Romana, op. cit.* p. 688.

186 M. J. García Garrido, *Derecho Privado Romano, op. cit.* p. 358.

187 F. Serafini, *Instituciones de Derecho Romano* (Tomo II), Barcelona, 1927, pp. 267 ss.

dote no restituida del primer matrimonio pasa al segundo[188]. En la última época del Derecho romano lo habitual es que se recurra a un *instrumentum dotale*, o documento escrito que recoja la declaración de constitución de la dote. La constitución de la dote podía llevarse a cabo tanto antes como después de contraído el matrimonio y la constituida *ante nupcias* no tenía efecto hasta que el matrimonio no fuese celebrado, por lo que existía una *traditio dotis causa* condicionado a la celebración del matrimonio.

La administración de la dote es competencia del marido o del *paterfamilias*, teniendo éste la obligación de cubrir las necesidades económicas y materiales de la esposa y por lo tanto él es el responsable de responder de ella. En los inicios, cuando la dote está estrechamente relacionada con la *conventio in manum,* el marido es el propietario de la dote, aunque conforme se va avanzando en el desarrollo del Derecho, se van limitando las facultades del marido sobre la dote, llegando al punto de que el Derecho justinianeo considera la dote como propiedad de la esposa, por lo que el marido, como ya se ha dicho, queda exento de la responsabilidad de la dote hasta los límites de la *culpa levis;* en el Derecho justinianeo el límite está en la *culpa in concreto*, es decir, «valorando la conducta que la persona observa normalmente en la generalidad de los asuntos»[189].

Pero no conviene olvidar que la dote es, a lo largo de casi toda la historia del Derecho Romano, propiedad de la mujer, y que es un bien familiar solamente en cuanto la mujer lo aporta *ad sustinenda onera matromonii*, pero no por ello deja de ser la propietaria de la misma, ya que es susceptible de serle devuelta como inmediatamente se analizará[190].

Existen dos causas en Derecho romano que posibilitan la finalización del matrimonio, que no son otras que la muerte de uno de los cónyuges y el divorcio. A nivel patrimonial, y más concretamente en lo que afecta a la dote, conviene señalar que, a la muerte de la esposa, la dote continúa en posesión del marido si se había celebrado la *conventio in manu*, mientras que, si el matrimonio era libre, volvía la *dos profecticia* al constituyente, y si la dote fuese *recepticia* el marido quedaba con ella, siempre y cuando el constituyente no hubiese reservado su restitución en el momento de la institución de la misma[191].

188 J. Iglesias, *Derecho romano*, Madrid, 2010, p. 569.

189 J. Daza Martínez, L. Rodríguez Ennes, *Instituciones de Derecho Privado Romano, op. cit.* p. 452.

190 *[...] Podemos afirmar que la dote es una particular masa de bienes destinada al matrimonio y regulada y concebida como un ente patrimonial propio. En los múltiples hechos, relaciones y consecuencias jurídicas que se derivan de la dote intervienen diversos sujetos, entre los que destacan los cónyuges a cuya unión va destinada* (M. J. García Garrido, *Ius uxorium, op. cit.*, p. 56).

191 F. Serafini, *Instituciones de Derecho Romano, op, cit.* p. 270 ss.

En caso de reclamación de la dote causada por la muerte sobrevenida del esposo, la esposa tenía derecho, si *sui iuris*, a reclamar su dote, o si no, la persona que ejerciere la *patria potestas* sobre ella. En el punto de partida de la institución de la dote, esta causa era la única posible en la que se contemplaba que la dote pudiera ser restituida, ya que, como se podrá ver más adelante, el divorcio en Roma tiene su punto de partida, según las fuentes, a partir del siglo II a. C., siendo precedente de éste Carvilio Ruga, según da cuenta Aulo Gelio en sus *Noctes Aticae*[192]. Es por ello que, cuando comienzan a ser frecuentes los divorcios, se recurre a una *stipulatio de redenda dote*, por la cual quien recibe la dote se obliga a devolverla en caso de que el pacto matrimonial se disolviera, pero no se trata más que de una caución estipulatoria, un *officium,* entre el marido y el constituyente de la dote.

Cuando el divorcio pasa a ser algo frecuente en Roma, es necesario tomar medidas legales que provoquen una restitución automática de la dote en caso de disolución del vínculo matrimonial, por lo que se introduce, a finales de la República, la *actio rei uxoriae*, que sería una acción civil y de buena fe que obligaba a restituir la dote a la esposa en caso de divorcio, ya que en los primeros tiempos, solamente se devolvía la totalidad de la dote en caso de que el divorcio se produjese por culpa del marido[193]. Es por ello que en la etapa clásica existen dos acciones para pedir la restitución de la dote: la *actio ex stipulatio* y la *actio rex uxoriae*, siendo la segunda de uso universal y la primera solamente para aquellos que hubiesen celebrado una *stipulatio*[194], consistente en que únicamente se podría reclamar lo que se hubiese convenido, a no ser que se estipulara que se devolviese todo lo contemplado por ley. Es evidente que esta *actio rex uxoriae* no deja de ser un intento de normalizar la situación del divorcio a nivel jurídico y, a la vez, de garantizar la situación patrimonial de la mujer en este trance. Ésta, como ya se ha señalado, debe ser juzgada *quod melius aequius erit*. Las cosas fungibles deben ser restituidas en tres anualidades *(annua, bima, trima die)*, siempre y cuando no se hubiera estipulado una devolución inmediata.

Al marido, que goza del *beneficium competentiae*[195], se le otorga la facultad de realizar determinadas deducciones o retenciones, derivadas de que la

192 Aulus Gellius, *Noctes Atticae,* 4, 3, 1-2.

193 *Si diuortium est matrimonii et hoc sine culpa mulieris factum est, dos integra repetetur. Quod si culpa mulieris factum est diuortium, in singulos liberos sexta pars dotis a marito retinetur usque ad mediam partem dumtaxat dotis* (*Pauli Institutionum fragmenta*, 2, 1).

194 J. Daza Martínez, L. Rodríguez Ennes, *Instituciones de Derecho Privado Romano, op. cit.* p. 453.

195 El *beneficium competentiae*, al que se hace referencia en el *Digesto* (XXIV, 3, 12 Y XLII, 1, 20) y en las *Institutiones* (IV, 6, 37) garantiza al marido que no puede ser condenado más allá de los límites de su activo patrimonial, es decir, solamente estaría obligado a pagar en la medida de sus posibilidades económicas, por lo que, aunque la actio rex uxoriae es una lanza a favor de la protección de la mujer, todavía mantiene una opción preferencial en pro del marido.

actio es de buena fe. Existen noticias de cinco: la *retentio propter liberos*, se llevaba a cabo cuando el divorcio era por causa de la mujer y daba al marido la oportunidad de que quedase con una sexta parte de la dote por cada hijo y una quinta en caso del fallecimiento de la esposa, en ambos casos sin sobrepasar la mitad de la dote; la *retentio propter more,* que dotaba al esposo de un sexto de la dote en caso de adulterio por parte de la mujer *(graviores mores)* y un octavo en caso de *leviores mores*; la *retentio propter impensas*, en la que la dote se disminuye *«ipso iure necesariis sumptibus dos minitur»*[196], es decir, que se retenían los gastos necesarios invertidos en los bienes dotales; la *retentio propter res donatas*, una retención aplicada por las donaciones que hizo la mujer, ya que las donaciones entre cónyuges estaban prohibidas; y la *retentio propter res amotas*, por las cosas que la esposa hubiera sustraído al patrimonio dotal y que no constituyesen *furtum*.

Así, se puede concluir afirmando que existe una gran diferencia entre la *actio ex stipulatu* y la *actio rex uxoriae*. La primera se transmitiría a los herederos de la mujer o a los del constituyente de la acción, por lo que ni el marido ni sus herederos tienen posibilidad de quedarse con la dote, que deberá devolver de forma inmediata si así hubiera quedado estipulado; por otra parte, la *actio rex uxoriae*, al ser un acto *bonae fidae*, tiene en cuenta las circunstancias personales y patrimoniales de cada caso, por lo que influirán en la sentencia del juez. Una Constitución de Justiniano del año 530 une las dos *actiones* bajo el nombre de *actio dotis*[197], al ser considerado que la estipulación de una dote es siempre una *stipulatio tacita* mientras que la *rex uxoriae* parte de la buena fe y del *beneficium competentiae*. La gran innovación de esta legislación justinianea es la obligatoriedad de la restitución de la dote a la mujer o sus herederos[198], exceptuando el derecho del *paterfamilias* sobre la *dos profecticia*, teniendo incluso el derecho de ejercer la acción *adjuncta filiae persona*[199], consistente en «la participación de la hija en el ejercicio de la acción, no obstante ser ella *alieni iuris* y por tanto no tener capacidad procesal»[200].

---

196 D. 25.1.5. pr., Ulp. 36 ad sab.

197 *Cf.* C. 5, 13, 1.

198 «La obligación de restitución se convierte entonces, en época de Justiniano, en inherente a la dote, de estipulación ficta o presunta, y favorable tanto a la mujer como a sus herederos. Las múltiples reformas introducidas por Justiniano le dieron el nombre de *Legislador uxorius*; con tales cambios se convirtió la propiedad del marido en algo meramente formal, adjudicándosele facultades de usufructuario» (Y. Alarcón Palacio, «Régimen patrimonial del matrimonio desde Roma hasta la Novísima Recopilación», en *Revista de Derecho*, XXIV, 2005, p. 8.).

199 J. Daza Martínez. L. Rodríguez Ennes, *Instituciones de Derecho Privado Romano, op. cit.* p. 455.

200 C. Amunátegui Perelló, «La obligación de la restitución de la dote y el nacimiento del divorcio en Roma», en *Revista de Estudios Hitórico-Jurídicos*, 2008, XXX, p. 39.

Al margen de la dote, poco más se puede decir acerca de la situación patrimonial de la mujer sujeta a matrimonio. Aun así, conviene hacer mención de la donación nupcial y de los bienes parafernales. En cuanto a la *donatio propter nuptias*, decir que era frecuente que el novio hiciese una donación a la novia con ocasión de la celebración del matrimonio, aunque su importancia económica o patrimonial fuera escasa como contrapartida a la dote[201]. Se trata de otra institución del Derecho justinianeo, muy arraigada y con más fuerza económica en la parte oriental del Imperio, que según algunos autores era el precio que el marido pagaba por la virginidad de la esposa, ya que el momento en el que se solía entregar era la mañana siguiente de la noche de bodas[202], aunque, desde Justino, se pudiesen aumentar o, incluso, otorgar *ex novo* durante el matrimonio. Algunos mecanismos de restitución, similares, pero muchísimo más sencillos que los que envuelven a la dote, se podían ejercer también sobre la *donatio propter nupcias*, como por ejemplo en caso de un matrimonio que no se celebrara por culpa de la novia mientras que, si aviene un divorcio por culpa del marido, éste no tiene derecho ninguno sobre la donación[203].

Mención aparte merecen los *bona recepticia* o bienes parafernales, que serían aquellos bienes de la esposa que no constituyen dote y que eran de su propiedad; esta curiosidad de posesión de patrimonio real teórico de la esposa dentro del matrimonio (en la práctica, generalmente, la esposa daba estos bienes a su marido para que los administrara), nos habla de la libertad legal de la esposa de hacer uso de bienes propios y administrarlos.

Los emperadores Valentiniano III y Teodosio II recomiendan encarecidamente a la esposa que entregue esos bienes al marido para que formen parte del patrimonio familiar, aunque reconoce la independencia de la mujer en la administración de estos bienes que son, a todos los efectos, suyos:

> *Hac lege decernimus, ut vir in his rebus, quas extra dotem mulier habet, quas Graeci dicunt, nullam uxore prohibente habeat communionem nec aliquam ei necessitatem imponat. Quamvis enim bonum erat mulierem, quae se ipsam marito committit, res etiam eiusdem pati arbitrio gubernari, attamen quoniam conditores legum aequitatis convenit esse fautores, nullo modo, ut dictum est, muliere prohibente virum in paraphernis se volumus immiscere*[204].

Justiniano configura los bienes parafernales como similares a los de la dote, por lo que el marido puede hacer uso de ellos en cuanto marido, ya que

201 J. Iglesias, *Derecho romano, op. cit.* p. 575.

202 B. Malavé Osuna, C. Ortín García, «"Premium Pudicitiae" y donación nupcial», en *Revista de Estudios Hitórico-Jurídicos*, 2004, XXVI, p. 64.

203 J. F. Stagl, «La "Lis de dotubus socrus et nurus" e il potere del "favor dotis"», *Index. Quaderni camerti di studi romanistici International Survey of Roman Law*, 40, 2012, pp. 15 s.

204 C. 5, 14, 8.

se trata de bienes que forman parte del patrimonio familiar, pero los frutos de estos bienes deben ser empleados para sostener, al igual que los derivados de la dote, los gastos o cargas derivados del matrimonio.

Finalmente, mencionar la *praesumptio muciana*, según la cual, se supone que los bienes de la mujer o, por lo menos, el incremento en su propio patrimonio, provenían del marido, salvo prueba en contrario. Esto lleva a que, en la práctica, supondría que, si ella no podía demostrar la procedencia de estos beneficios, pasarían a pertenecer al patrimonio del esposo.

4

IMPEDIMENTOS PARA CONTRAER MATRIMONIO

El emperador Justiniano, en su labor compiladora, ofrece una serie de causas que imposibilitarían la celebración de un matrimonio. A alguna de ellas ya se ha aludido anteriormente, ya que desde el inicio de Roma no todos podían contraer nupcias de manera válida, de ahí los requisitos ya mencionados para poder casarse. Sin embargo, será en la obra justinianea donde se podrán enumerar y clasificar los *impedimenta* que, con el paso del tiempo, se hacen cada vez más restrictivos. Conviene, pues, analizarlos, de manera individual, siguiendo, en este caso, la clasificación que de ellos hace Robleda[205].

En primer lugar, se puede comenzar con el impedimento de ligamen, es decir, que no está permitido esposarse a quien ya lo está. La institución matrimonial en Roma es fundamentalmente monogámica, y es, posiblemente, la nota característica de la misma. Así lo expresa Rafael Navarro-Valls al afirmar que

> de mayor trascendencia para la estructura esencial del matrimonio fue la concepción monógama que del mismo tuvo Roma en un contexto donde con alguna frecuencia la poligamia [...] era una forma no tan excepcional de configurar las uniones matrimoniales[206].

Aunque este impedimento pueda resultar evidente, aparece con frecuencia en las fuentes jurídicas clásicas[207], y no es por casualidad —recuérdese que Augusto declara delito la bigamia— ya que, muy probablemente, hubiera abundantes casos de ella, sin duda alguna por influencia de pueblos coetáneos donde la poligamia era algo común, máxime teniendo en cuenta la conexión cultural de Roma con las culturas y sociedades de su entorno.

---

205 O. ROBLEDA, *El Matrimonio en Derecho Romano, op. cit.* p. 179-216.

206 R. NAVARRO-VALLS, *Matrimonio y Derecho romano, op. cit.* p. 14.

207 Véase, entre otros Gai. 1, 63: «*Item amitam et materteram uxorem ducere non licet*».

Riccardo Astolfi hace referencia al principio monógamo, según el cual una mujer que contrae matrimonio con un hombre casado no puede ser más que su concubina, siendo este segundo matrimonio nulo, conformándose ésta como una doctrina común, según el autor, en toda la historia del Derecho romano[208]. Con el paso del tiempo y, sobre todo, a partir de la legislación matrimonial de Augusto, que se analizará pormenorizadamente más adelante, la bigamia será castigada, por lo que el bígamo quedará tachado con la nota de infamia y será condenado por cometer estupro. De forma contundente se expresa el *Codex Iustiniani*, al afirmar que

> *Eum qui duas simul habuit uxores sine dubitatione comitatur infamia. in ea namque re non iuris effectus, quo cives nostri matrimonia contrahere plura prohibentur, sed animi destinatio cogitatur. Verumtamen ei, qui te ficto caelibatu, cum aliam matrem familias in provincia reliquisset, sollicitavit ad nuptias, crimen etiam stupri, a quo tu remota es, quod uxorem te esse credebas, ab accusatore legitimo sollemniter inferetur. Certe res tuas omnes, quas ab eo interceptas matrimonii simulatione deploras, restitui tibi omni exactionis instantia impetrabis a rectore provinciae: nam ea quidem, quae se tibi ut sponsae daturum promisit, quomodo repetere cum effectu potes quasi sponsa?*[209].

Es interesante comprobar como la Constitución que recoge el Código hace hincapié, como señala Astolfi en el artículo citado[210], en la importancia de la intencionalidad, ya que no es lo mismo la bigamia practicada de manera inocente, pensando que el marido o la esposa han fallecido o han sido reducidos a cautividad, que la bigamia consciente y dolosa. En el primero de los casos se aplicaría la nota de infamia, mientras que en el segundo se podría aplicar una acusación de estupro.

El Código recoge también un breve fragmento de un rescripto de Diocleciano en el que aparece la bigamia tipificada como delito: la infamia automática que se sigue de un intento de matrimonio bígamo debe ser sancionado penalmente, ya que pasa a formar parte de los *crimina* que ya había elencado Augusto en sus leyes matrimoniales[211]. Teodosio I[212] y Justiniano[213], confir-

---

208 R. Astolfi, «Sintesi della storia della bigamia in Roma», *Studia et documenta historiae et iuris,* 76, 2010, pp. 281-290.

209 C. 9, 9, 18. pr.–2. *Imperatores valer., gallien.*

210 R. Astolfi, Sintesi della storia della bigamia in Roma*, op. cit.*, p. 285.

211 *Neminem, qui sub dicione sit romani nominis, binas uxores habere posse vulgo patet, cum et in edicto praetoris huiusmodi viri infamia notati sint. quam rem competens iudex inultam esse non patietur* (C. 5, 5, 2: Imperatores Diocletianus, Maximianus).

212 *Nemo iudaeorum morem suum in coniunctionibus retinebit nec iuxta legem suam nuptias sortiatur nec in diversa sub uno tempore coniugia conveniat* (C. 1, 9, 7: Imperatores Valentinianus, Theodosius, Arcadius).

213 *Adfinitatis quoque veneratione quarundam nuptiis abstinere necesse est. ut ecce privignam aut nurum uxorem ducere non licet, quia utraeque filiae loco sunt. quod scilicet ita accipi*

marán esta consideración criminal de la bigamia, estipulando Justiniano que la pena correspondiente al delito de bigamia sea la pena capital.

Un segundo impedimento radica en la consanguinidad. Se trata de un impedimento consuetudinario que hacía que, ya desde tiempos remotos, los contrayentes no ostentasen el *conubium*. Se trata de un impedimento con muchos matices ya que, dependiendo del momento histórico en el que se legisla, se aceptan grados más próximos o más lejanos. En línea recta, no hay posibilidad de matrimonio en ningún grado[214]; en línea colateral se daba hasta el séptimo grado hasta la II Guerra Púnica, pasando después al cuarto grado a partir del período clásico —hasta primos carnales exclusive—[215] de consanguinidad[216].

En el año 49 d. C. El emperador Claudio, a través de un senadoconsulto, crea una excepción que pasa a la historia como excepción claudiana, por la que dispensa del impedimento de tercer grado para el matrimonio entre el tío y la sobrina, con la finalidad de poder contraer nupcias con su sobrina Agripina[217], por lo que finalmente, queda fijado el tercer grado en todos los casos como límite máximo de consanguinidad colateral.

Un tercer impedimento recae sobre la cognación u adopción. La familia romana va más allá de los lazos de unión dados por la sangre, por lo que desde el momento en el que un ciudadano romano adoptaba a alguien, pasaba a formar parte de la familia y, por lo tanto, en línea recta no se podrían

---

debet, si fuit nurus aut privigna: nam si adhuc nurus est, id est si adhuc nupta est filio tuo, alia ratione uxorem eam ducere non poteris, quia eadem duobus nupta esse non potest: item si adhuc privigna tua est, id est si mater eius tibi nupta est, ideo eam uxorem ducere non poteris, quia duas uxores eodem tempore habere non licet. Socrum quoque et novercam prohibitum est uxorem ducere, quia matris loco sunt. Quod et ipsum dissoluta demum adfinitate procedit: alioquin si adhuc noverca est, id est si adhuc patri tuo nupta est, communi iure impeditur tibi nubere, quia eadem duobus nupta esse non potest: item si adhuc socrus est id est si adhuc filia eius tibi nupta est, ideo impediuntur nuptiae, quia duas uxores habere non possis (I.1, 10, 6-7).

214 *Nuptiae consistere non possunt inter eas personas quae in numero parentium liberorumve sunt, sive proximi sive ulterioris gradus sint usque ad infinitum* (D. 32.2.53, Gaius 11 ad ed. provinc.).

215 *Uter ex fratribus meis consobrinam nostram duxerit uxorem, ex dodrante, qui non duxit, ex quadrante heres esto. Aut nubit alteri aut non vult nubere. consobrinam qui ex his duxit uxorem, habebit dodrantem, erit alterius quadrans. si neuter eam duxerit uxorem, non quia ipsi ducere noluerunt, sed quia illa nubere noluerit, ambo in partes aequales admittuntur: plerumque enim haec conditio: si uxorem duxerit, si dederit, si fecerit ita accipi oportet, quod per eum non stet, quo minus ducat aut det aut faciat* (D. 28.7.23, Marc. 12 Dig.).

216 *Sororis proneptem non possum ducere uxorem, quoniam parentis loco ei sum* (D. 23.2.9. pr., Paul. 6 ad plaut.).

217 *Fratris filiam uxorem ducere licet: Idque primum in usum uenit, cum divus Claudius Agrippinam, fratris sui filiam, uxorem duxisset: Sororis vero filiam uxorem ducere non licet. Et haec ita principalibus constitutionibus significantur* (Gai. 1, 62).

casar nunca los afectados por la relación familiar[218]; en línea colateral, estaba prohibido entre todos aquellos que estaban bajo la misma *potestas*[219].

Existe también el impedimento de afinidad, siendo éste relativamente reciente, ya que se remonta a los tiempos del Principado y consistiría en que las personas que tienen una relación familiar por causa de matrimonio de otros —familia política— no podrían contraer matrimonio entre ellos[220].

Las leyes matrimoniales de Augusto ofrecen una serie de impedimentos que tienen que ver con las clases sociales. En primer lugar, se impide que los senadores y sus descendientes directos contraigan matrimonio con libertinos, personas dedicadas a las artes y prostitutas[221]; también prohíbe el matrimonio entre ingenuos y gente dedicada al lenocinio o a las artes escénicas, así como con adúlteras[222].

No podía tampoco contraer matrimonio aquella mujer que había sido acusada justamente de adulterio. Las leyes augusteas prohibían el matrimonio de estas mujeres con los ingenuos, pero el emperador Justiniano prohíbe el matrimonio absolutamente a las adúlteras, haciendo hincapié en que no se puede casar la adúltera con el cómplice del adulterio[223].

Interesante es el impedimento *contra mandata*, que hace referencia a los magistrados, soldados y funcionarios que ejercen su profesión en las provincias, y a los cuales les está prohibido contraer matrimonio con mujeres

218 *Inter eas enim personas, quae parentum liberorumve locum inter se optinent, nuptiae contrahi non possunt, nec inter eas conubium est, velut inter patrem et filiam vel inter matrem et filium vel inter avum et neptem; et si tales personae inter se coierint, nefarias et incestas nuptias coutraxisse dicuntur. Et haec adeo ita sunt, ut quamvis per adoptionem parentum liberorumve loco sibi esse coeperint, non possint inter se matrimonio coniungi, in tantum, ut etiam dissoluta adoptione idem iuris maneat; itaque eam, quae mihi per adoptionem filiae seu neptis loco esse coeperit, non potero uxorem ducere, quamvis eam emancipaverim* (Gai. 1, 53).

219 *Qui in adoptionem datur, his quibus adgnascitur et cognatus fit, quibus vero non adgnascitur nec cognatus fit: adoptio enim non ius sanguinis, sed ius adgnationis adfert. et ideo si filium adoptavero, uxor mea illi matris loco non est, neque enim adgnascitur ei, propter quod nec cognata eius fit: item nec mater mea aviae loco illi est, quoniam his, qui extra familiam meam sunt, non adgnascitur: sed filiae meae is quem adoptavi frater fit, quoniam in familia mea est filia: nuptiis tamen etiam eorum prohibitis* (D. 1.7.23, Paul. 35 ad sab.).

220 *Item eam, quae mihi quondam socrus aut nurus aut privigna aut noverca fuit* (Gai. 1, 63).

221 *Senatoris filia, quae corpore quaestum vel artem ludicram fecerit aut iudicio publico damnata fuerit, impune libertino nubit: nec enim honos ei servatur, quae se in tantum foedus deduxit* (D. 23.2.47, Paul. 2 ad l. iul. et pap.).

222 *Cf.* Ulp. 1 ad leg. iul. et pap. en D. 23.2.43. pr.-13.

223 *Quod ait lex, adulterii damnatum si quis duxerit uxorem, ea lege teneri, an et ad stuprum referatur, videamus: quod magis est. certe si ob aliam causam ea lege sit condemnata, impune uxor ducetur* (D. 48.5.30.1, Ulpianus 4 de adult.).

naturales de las mismas[224], pero solamente en las provincias concretas en las que trabajan y no de otras, con las que podrían desposarse sin ningún tipo de problema. En caso de que el funcionario se hubiese casado antes de ostentar el oficio, el matrimonio continuaba siendo válido[225].

En la obra compiladora de Justiniano se encuentra la novedad de un impedimento consistente en la prohibición de enlazarse a una persona sometida a tutela con quien la ostenta[226], con sus padres, hijos o nietos y con sus herederos. Esta prohibición se amplía incluso al caso del tutor con la ex pupila, aunque no exista vínculo ya entre ellos[227]. Este impedimento también afectaba a los hijos del tutor, quienes no podían contraer matrimonio con la tutorizada por su padre[228]. Al respecto de esta prohibición, se pueden encontrar en las fuentes jurídicas y jurisprudenciales abundantes referencias, tanto en el *Digesto*[229], como en el Código[230], en el primer caso fragmentos de la obra de Paulo y en el segundo dos fragmentos de constituciones imperiales de Severo y Antonino, respectivamente. Poseen especial relevancia con respecto a esta prohibición los textos del jurista Trifonino, que recogen la doctrina emanada de una *Oratio* de los emperadores Marco Aurelio y Cómodo[231], en la que

224 *Si quis officium in aliqua provincia administrat, inde oriundam vel ibi domicilium habentem uxorem ducere non potest, quamvis sponsare non prohibeatur, ita scilicet, ut, si post officium depositum noluerit mulier nuptias contrahere, liceat libeat ei hoc facere arris tantummodo redditis quas acceperat* (D. 23.2.38. pr., Paul. 2 sent.).

225 *Veterem sponsam in provincia, qua quis administrat, uxorem ducere potest et dos data non fit caduca* (D. 22.2.38.1, Paul. 2 sent.).

226 *Senatus consulti, quo prohibentur tutores et filii eorum pupillas suas ducere, puto heredem quoque tutoris extraneum sententia adprehendi, cum ideo prohibuerit huiusmodi nuptias, ne pupillae in re familiari circumscribantur ab his, qui rationes eis gestae tutelae reddere compelluntur* (D. 23.2.64.1, Callistr. 2 quaest.).

227 *Tutor factam pupillam suam nec ipse uxorem ducere nec filio suo in matrimonio adiungere potest. scias tamen, quod de nuptiis tractamus, et ad sponsalia pertinere* (D. 23.1.15, Mod. l. S. de enucl. cas.).

228 P. Borrelli, «Il divieto di matrimonio tra tutore e pupila», *Labeo, rassegna di Diritto romano,* 43, 1997, p. 367.

229 *Sciendum est ad officium curatoris non pertinere, nubat pupilla an non, quia officium eius in administratione negotiorum constat: et ita severus et antoninus rescripserunt in haec verba: ad officium curatoris administratio pupillae pertinet: nubere autem pupilla suo arbitrio potest* (D. 23.2.20, Paulus l.S. ad or. severi et comm.). *Quaero, quantae pecuniae dotem promittenti adultae mulieri curator consensum accommodare debeat. respondit: modus ex facultatibus et dignitate mulieris maritique statuendus est, quousque ratio patitur* (D. 23.2.60, Celsus 11 Dig.).

230 *Senatus consulti auctoritatem, quo inter pupillam et tutoris filium conubium saluberrime sublatum est, circumveniri rusticitatis et imperitiae velamentis non oportet* (C. I.5.6.1). *Amplissimi ordinis consulto, qui pupillam suam uxorem ducit, nuptias contrahere non intellegitur et tamen infamis constituitur* (C. I.5.62.4 pr.).

231 *Cf.* D. 23.2.67 y D. 23.3.76.

se recoge la prohibición del hijo del tutor de casarse con la joven tutelada, incluso muerto el tutor[232]. La finalidad de este impedimento no es otra que la de salvaguardar el patrimonio de la mujer tutelada, quien, casándose con su tutor, le dejaría vía libre para que pudiese actuar con total libertad con dicho patrimonio, dándole la capacidad de que, al hacer uso de éste, no tenga que rendir cuentas más adelante de ese patrimonio perteneciente, en origen, a la persona sometida a tutela[233].

Un impedimento, del que se tratará más adelante y que afecta solamente a la licitud del matrimonio[234], es el luto que la esposa debe guardar a la muerte del esposo y que debe durar diez meses para que, en caso de embarazo, no se produzca la llamada *turbatio sanguinis.*

Al Derecho postclásico se debe también el impedimento de rapto. Antes de la legislación constantiniana o justinianea (no están de acuerdo los autores en quien es el primero en legislar sobre este aspecto) el rapto era considerado un delito castigado con la muerte del raptor, pero nunca como un impedimento de matrimonio; es más, el raptor podía librarse de ser ejecutado si esposaba a la raptada. En las Constituciones de Justiniano aparece de forma clara:

> *Nec sit facultas raptae virgini vel viduae vel cuilibet mulieri raptorem suum sibi maritum exposcere, sed cui parentes voluerint excepto raptore, eam legitimo copulent matrimonio, quoniam nullo modo nullo tempore datur a nostra serenitate licentia eis consentire, qui hostili more in nostra re publica matrimonium student sibi coniungere. oportet etenim, ut, quicumque uxorem ducere voluerit sive ingenuam sive libertinam, secundum nostras leges et antiquam consuetudinem parentes vel alios quos decet petat et cum eorum voluntate fiat legitimum coniugium*[235].

Otra novedad justinianea es el impedimento matrimonial entre una mujer y un colono ajeno[236], que no propio, con el que sí podría casarse. Se prohibía,

---

232 *Non solum vivo tutore, sed et post mortem eius filius tutoris ducere uxorem prohibetur eam, cuius tutelae rationi obstrictus pater fuit: nec puto interesse, exstiterit ei heres filius an abstinuerit paterna hereditate an nec heres fuit (forte exheredatus aut praeteritus emancipatus): nam et fieri potest, ut per fraudem in eum collocata bona patris propter tutelam revocari oporteat* (D. 23.2.67. pr., Tryphonus 9 disp.).

233 F. del Pino-Toscano, «*El matrimonio entre el descendiente del tutor y la ex-pupila en el libro 9 Disputationum de Claudio Trifonino*», en R., López-Rosa, F. del Pino-Toscano, *El Derecho de familia y los Derechos reales en la romanística española, op. cit.*, pp. 168-171.

234 O. Robleda, *El Matrimonio en Derecho Romano, op. cit.* pp. 205 s.

235 C. 9, 13, 1, 2.

236 *Ascripticio autem alieno nubere liberam non licet neque ignorante neque sciente neque consentiente possessore, sed licet aliquid tale ab ascripticio geratur, licebit domino ipsi per se et per provinciae iudicem castigare plagis mediocribus haec agentem ascripticium et abstrahere ab ea quae frustra ei coniuncta est. Unde neque nuptiae sunt, quod factum est, nec oblatio dotis nec antenuptiatis donationis, sed pura, facti mali correctio* (Nov. 22.17. praef.).

así mismo, el matrimonio en caso de disparidad de cultos, según la cual no se podrían nunca casar un judío con una cristiana o viceversa (la primera legislación que contiene esta disposición es del Emperador Constancio, y prohíbe solamente el matrimonio entre judío y cristiana). El emperador Justiniano mantiene dicha prohibición entre judíos y cristianos y regula la pena, que, hasta el momento, había sido la muerte[237].

Finalmente, dos impedimentos de carácter religioso: en primer lugar, existe el impedimento matrimonial llamado de cognación espiritual, esto es, entre el padrino y la ahijada[238]; en segundo lugar, se prohíbe que todas aquellas personas que hayan recibido la ordenación sacerdotal o hayan profesado voto de castidad contraigan matrimonio[239], medida, por cierto, no tenida en cuenta en la práctica hasta varios siglos después, ya que no habrá acuerdo eclesiástico en la conveniencia del celibato obligatorio de clérigos, estableciéndose dicha norma disciplinar en el Concilio II de Letrán, en el año 1139[240].

---

237 *Ne quis christianam mulierem in matrimonium iudaeus accipiat, neque iudaeae christianus coniugium sortiatur. Nam si quis aliquid huiusmodi admiserit, adulterii vicem commissi huius crimen obtinebit, libertate in accusandum publicis quoque vocibus relaxata* (C. Th. 3, 7, 2).

238 *Ea videlicet persona omnimodo ad nuptias venire prohibenda, quam aliquis, sive alumna sit sive non, a sacrosancto suscepit baptismate, cum nihil aliud sic inducere potest paternam adfectionem et iustam nuptiarum prohibitionem, quam huiusmodi nexus, per quem deo mediante animae eorum copulatae sunt* (C. 5, 4, 26, 2).

239 C. 1, 3, 44, pr.-4.

240 A. M. Stickler, «El celibato eclesiástico. Su historia y sus fundamentos teológicos», *Scripta theologica: revista de la Facultad de Teología de la Universidad de Navarra*, 26, 1, 1994, pp. 23-24.

5

EL *DIVORTIUM*

El matrimonio, como es bien sabido, es una situación de hecho disoluble. Esta disolubilidad venía dada ya desde épocas muy tempranas al considerar que el vínculo conyugal podía ser disuelto por tres causas[241]: la primera de ellas, evidente, es la muerte de uno de los dos cónyuges; la segunda, es la incapacidad sobrevenida, esto es, que uno de los esposos perdiese la libertad o la ciudadanía, o que fuese adoptado por el suegro[242], aunque por medio del *ius postlimini*, se podía restituir el matrimonio del que reconquistase la libertad; la tercera causa, que es la que compete al objeto de este trabajo, es la de falta de la *affectio maritalis* en cualquiera de los cónyuges, lo que llevaría a hablar de *divortium* o *repudium*. Éste se daría por la renuncia *de facto* al matrimonio por parte de uno o de ambos cónyuges, y se haría de forma automática, sin necesidad de formalidades, al igual que la constitución del matrimonio[243].

Aunque la tendencia general es a utilizar ambos términos con el mismo significado, hay fuentes romanas que lo utilizan con significado diverso, siendo el *repudium* el acto formal en el que se revoca el *consensus* matrimonial, o bien el acto unilateral por el cual el marido expulsa a la mujer de la sociedad conyugal, siendo el divorcio el hecho de que la mujer se vaya de casa[244]. Sin embargo, la mayoría de las fuentes lo utilizan de manera indistinta, por lo que en este sentido será asumido en este trabajo.

---

241 *Dirimitur matrimonium divortio morte captivitate vel alia contingente servitute utrius eorum* (D. 24.2.1, Paul. ad ed.).

242 A. Fernández De Buján, *Derecho privado romano, op. cit.* p. 303.

243 *L'istituto del divorzio romano non ci rappresenta se non il venir meno dell'affectio maritalis nell'uno o nell'altro dei congiugi o in entrambi. Non è quindi esso un istituto separato dal matrimonio, riassumente una serie di cause per cui su puó impetrare dai tribunali lo scioglimento dal vincolo; bensì una conseguenza del concetto diverso del matrimonio e forse la migliore illustrazione di esso. Se questo esige un consenso continuo, quando tale consenso viene a mancare, necessariamente l'uomo e la donna non possono più esser ritenuti marito e moglie* (P. Bonfante, *Corso di Diritto romano, op. cit.*, pp. 332 s.).

244 E. Volterra, en *Enciclopedia del Diritto,* Varese, 1964, s. v. «*Divorzio*», p. 482.

5.1. Orígenes del *divortium*

Algunos autores afirman que el matrimonio en la época arcaica era indisoluble. En esta dirección se manifiesta Astolfi, afirmando que el matrimonio primitivo iba unido a la *confarreatione* y que, dado su carácter religioso, al estar contemplado dentro del *ius sacrum*, la unión no se podía disolver, aun en el caso de que la esposa incurriese en uno de los denominados *graviora delicta*, en cuyo caso el marido podría ejercer sobre ella el *ius occidendi*, por lo que el matrimonio quedaría disuelto, pero nunca se podría dar el caso de un divorcio[245]. Robleda afirma, por el contrario, que el divorcio existe desde los orígenes de Roma, pero que era válido, aunque no lícito, y que se trataba de un derecho unilateral del marido, entendiéndose por esto que la esposa no podía solicitar el divorcio. Así mismo, pone en duda la indisolubilidad de los matrimonios confarreados, en base a la existencia de la *difarreatio* y a la correspondencia con el hipotético Derecho consuetudinario romano —conocido como Leyes de Rómulo— que sí admitiría el divorcio[246]. En esta misma línea se expresa Bonfante al asegurar que pretender que el matrimonio perdure, aun cuando no existe ya *affectio maritalis,* es algo ajeno a la mentalidad romana[247].

Los estudios más recientes, basados en la total diferenciación e independencia de la *manus* con respecto al matrimonio, afirman absolutamente que existe divorcio en Roma *ab initio*, ya que, aunque la adquisición de la *manus* por *confarreatione* producía unos efectos permanentes, se podía cesar voluntariamente la convivencia marital. La *confarreatio* establecería una unión indisoluble entre la esposa y el esposo o el paterfamilias de éste, en caso de no ser *sui iuris*, pero siempre a nivel de potestas y con carácter patrimonial. Así, la *confarreatione* haría referencia a la entrada de la esposa en la *familia* del esposo, a la relación patrimonial entre los cónyuges o de la esposa con la familia (dote, donaciones, etc.) y a la posición económica de la *uxor in manu*, pero ello no quiere decir que el matrimonio no se pudiese disolver, sino que la relación entre la *uxor in manu* y la familia del esposo era estable e indisoluble[248]. El hecho de que esta unión familiar y patrimonial fuese indisoluble radica en el hecho de que se trata de un pacto que se hace delante de Júpiter y que, por lo tanto, reviste un carácter sagrado, significado por los ritos que constituían la ceremonia[249]. Más adelante, aparecerá la *difarreatione*, que servirá para deshacer la *confarreatio* en sus consecuencias patrimoniales y familiares.

---

245 R. Astolfi, *Il Matrimonio nel Diritto Romano Preclassico*, Padova, 2002, pp. 111-113.

246 O. Robleda, *El matrimonio en derecho romano, op. cit.* pp. 255 s.

247 *Sancire che il matromonio perduri, cessata l'affectio maritalis la vita comune, era cosa che non poteva capire un intelletto romano e sarebbe stato per i Romani un assurdo od una strana finzione legale* (P. Bonfante, *Corso di Diritto romano, op. cit.*, p. 333).

248 C. Fayer, *La Familia Romana, op. cit.* pp. 223-245.

249 *Farreo in manum conueniunt per quoddam genus sacrificii, quod Ioui Farreo fit; in quo farreus panis adhibetur, unde etiam confarreatio dicitur; complura praeterea huius iuris ordi-*

Todo lo expuesto afecta solo al matrimonio que se celebrase con la *conventio in manum* por *confarreatione*, que celebraban solamente los ciudadanos pertenecientes a las clases más altas (para poder ser patricio era necesario haber celebrado el matrimonio *cum confarreatione*), pero en el resto de los matrimonios la cuestión era mucho más sencilla, ya que

> *a differenza del diritto moderno, perché si verifichi il divorzio, non é necessario che questo sia dichiarato da una autoritá o che i coniugi manifestini espressamente la loro volontà di sciogliere il matrimonio. Basta che uno dei coniugi non abbia più la volontà (e la cessazione di essa può apparire da un qualsiasi comportamento univoco) di essere unito in matrimonio perché questo sia considerato senz'altro sciolto: il diritto classico non prevede alcuna forma speciale di divorzio*[250].

Por esta razón, es necesario entender que existe el divorcio en Roma desde el momento en el que existe el matrimonio, y no hay motivos para pensar que lo que se constituía y mantenía en el tiempo por la mera voluntad de los interesados, no pudiese ser disuelto por la misma razón. Esta será la tónica que marque el divorcio en los primeros siglos de historia de Roma, y en este mismo sentido se irá desarrollando en la Época Clásica, pero enriqueciendo la legislación al respecto, como se podrá ver más adelante.

5.2. Causas de divorcio en la época preclásica y manifestaciones del mismo

Aunque la configuración del matrimonio en Roma reclame la necesidad de un divorcio automático, es cierto que no era algo habitual. La tradición jurídico-histórica clásica señalaba a Spurio Carvilio Ruga[251], como el primer ciudadano romano de finales del siglo III a. C. que hace uso del divorcio, lo que haría pensar, *a priori*, en un primer matrimonio indisoluble que, como ya se ha señalado, no debió existir como tal.

En la época de la Monarquía existen, pues, tres causas que permiten al esposo divorciarse de su mujer. En esta primera época el divorcio es unilateral y solamente el marido podía repudiar a la mujer, siendo necesario

---

nandi gratia cum certis et sollemnibus uerbis praesentibus decem testibus aguntur et fiunt. quod ius etiam nostris temporibus in usu est: nam flamines maiores, id est Diales, Martiales, Quirinales, item reges sacrorum, nisi ex farreatis nati non leguntur: ac ne ipsi quidem sine confarreatione sacerdotium habere possunt (Gai. 1, 112).

250 E. Volterra, en *Enciclopedia del Diritto,* Varese, 1964, s. v. «*Divorzio*», pp. 482 s.

251 *Repudium inter uxorem et virum a condita urbe usque ad centesimum et quinquagesimum annum nullum intercessit. primus autem Sp. Carvilius uxorem sterilitatis causa dimisit qui, quamquam tolerabili ratione motus videbatur, reprehensione tamen non caruit, quia ne cupiditatem quidem liberorum coniugali fidei praeponi debuisse arbitrabantur* (Val. Max. Fact. et dict. 2, 1, 4).

para ello que existiesen una serie de causas: que la mujer fuese sorprendida en adulterio, que bebiera vino o que practicase la magia, estas dos últimas consideradas en tanto en cuanto podían influir en la comisión de un adulterio[252]. Es importante señalar, como indica Astolfi que, así como para el matrimonio civil no era necesario ningún tipo de formalidad, lo mismo ocurría con el divorcio, pero en el caso en el que el matrimonio fuese celebrado siguiendo los requisitos del *ius sacrum*, se requerirían una serie de ritos para celebrarlo, por lo que el divorcio debería ser también celebrado siguiendo un ritual, siempre en correspondencia con el seguido en el matrimonio. A la *confarreatio* correspondería la *difarreatio* y, por lo tanto, deberían estar presentes ambos esposos y un sacerdote, y hacer una ofrenda de pan de espelta al dios Júpiter[253].

Aun defendiendo la no necesidad de ningún tipo de liturgia o formalidad para llevar a cabo el divorcio según el *ius civile*, parece que las XII Tablas preveían algún tipo de ceremonias con la finalidad de que el divorcio fuese público y notorio. Así, el marido manda primeramente a la esposa recoger las cosas propias que hay en el domicilio matrimonial, pronunciando la fórmula *tuas res tibi habeto* o *agito*[254], después de lo cual la excluye de manera simbólica de la administración de la casa, ya que éste era su cometido dentro de la familia, significándose esta expulsión con el símbolo de la retirada de las llaves de la despensa, que pasarán a las manos del marido y finalizaría la ceremonia expulsándola de la casa, posiblemente también con alguna palabra con carácter ritual, como por ejemplo *baete foras*[255].

Es importante subrayar y repetir el hecho de la no necesidad de estas formalidades para que el divorcio fuese efectivo o válido, ya que en el caso de que se celebrase un segundo matrimonio, no sería necesaria ninguna formalidad más para dar por supuesta y, por tanto, como válida, la disolución de las primeras nupcias. Así lo expresa Cicerón, en un caso de segundas nupcias:

> *Quid? De libertate, quo iudicium gravius esse nullum potest, nonne ex iure civili potest esse contentio, cum quaeritur, is, qui domini voluntate census sit, continuone, an, ubi lustrum sit conditum, liber sit? Quid Quod usu memoria patrum venit, ut paterfamilias, qui ex Hispania Romam venisset, cum uxorem praegnantem in provincia reliquisset, Romae alteram duxisset neque nuntium priori remisisset, mortuusque esset intestato et ex utraque filius natus esset, mediocrisne res in contentionem adducta est, cum quaereretur de duobus civium capitibus et de puero, qui ex poste-*

252 M. I. Núñez Paz, *Consentimiento matrimonial y divorcio en Roma, op. cit.* p. 84.

253 R. Astolfi, *Il matrimonio nel Diritto romano preclassico, op. cit.* pp. 111 ss.

254 *In repudiis autem, id est renuntiatione comprobata sunt haec verba: «tuas res tibi habeto», item haec: «tuas res tibi agito»* (D. 24.2.2.1, Gaius 11 ad ed. provinc.).

255 P. Bonfante, *Corso di Diritto romano, op. cit.*, p. 335.

riore natus erat, et de eius matre, quae, si iudicaretur certis quibusdam verbis, non novis nuptiis fieri cum superiore divortium, in concubinae locum duceretur?[256].

De este fragmento ciceroniano se puede colegir que, si fuesen necesarias una serie de fórmulas o requisitos rituales o ceremoniales, no habría lugar a esta disputa ya que, aunque en ella no se solucione nada, no tendría ningún sentido el debate, ya que habría que observar las formas tanto del matrimonio como del divorcio. Pero si por un segundo matrimonio se da por supuesto la anulación del primero, o se intuye que ha habido divorcio, es porque no eran necesarias fórmulas para hacer efectivo el mismo[257].

Es importante señalar que este acto de repudio, unilateral por parte del esposo, nunca podría salir, evidentemente, de la voluntad de la esposa, pero ella tiene capacidad de cierta defensa para que el marido no adquiera la manus automáticamente sobre ella a través del *usus*. A esta medida se le llama *usurpatio trinoctii* y consistía en que la esposa abandonaba el *domicilium matrimonii* tres noches consecutivas, lo que suponía y ponía de manifiesto de forma pública que no existía ya la *affectio maritalis* entre los esposos, y que por lo tanto no tenía sentido que el marido adquiriese la *potestas* sobre una esposa que ya no tenía intención de mantener la relación matrimonial, o que por lo menos no estaba dispuesta a estar sometida a la *potestas mariti*, en cuyo caso, este *trinoctium* podría ser repetido cada año para evitar que el marido adquiriese la *manus* sobre ella[258].

Esta regla viene dada por un precepto decenviral que establece los términos del *usus* y que contiene una disposición en la que aparece el *trinoctium* como solución a aquellas esposas que no quisieran someterse a las *manus* del marido[259]. Esta *usurpatio trinoctium* tiene un fuerte valor probatorio, por lo que es citado por los juristas clásicos a la hora de dar respuesta a interrogantes concretos acerca de estos temas[260].

---

256 M. T. Ciceronis, *De Oratore*, 1, 183.

257 O. Robleda, *El Matrimonio en Derecho Romano, op. cit.* p. 261.

258 *Usu in manum conveniebat, quae anno continuo nupta perseverabat; quia enim velut annua possessione usu capiebatur, in familiam viri transibat filiaeque locum optinebat. Itaque lege duodecim tabularum cautum est, tu si qua nollet eo modo in manum mariti convenire, ea quotannis trinoctio abesset atque eo modo cuiusque anni usum interrumperet* (Gai., 111).

259 B. Albanese, «Trinoctio abesse e XII Tavole», en *Annali del Dipartimento di Storia del Diritto della Università di Palermo (AUPA)*, XLVIII (2003), pp. 25 s.

260 *[...] quoque Mucium iureconsultum dicere solitum legi, non esse usurpatam mulierem, quae cum Kalendis Ianuariis apud uirum matrimonii causa esse coepisset, ante diem IIII. Kalendas Ianuarias sequentes usurpatum isset: non enim posse impleri trinoctium, quod abesse a uiro usurpandi causa ex duodecim tabulis deberet, quoniam tertiae noctis posteriores sex horae alterius anni essent, qui inciperet ex Kalendis* (Q. Mucius Scaevola, *De iure civili*, XVIII, 7).

Abundando en el tema del *adulterium*, que provoca que el marido quiera repudiar a la mujer, debe ser juzgado por el denominado *consilium domesticum*, que sería una especie de juicio familiar en el que los parientes actuarían como una especie de jurado en el que se determinaría si la esposa había sido adúltera o no. De este *consilium* da cuenta Dionisio de Halicarnaso en su *Historia antigua de Roma*[261], al afirmar que en caso de adulterio un grupo de parientes del marido, es decir, de la familia a la que pasaba a formar parte por medio de su matrimonio, serían los jueces encargados de juzgarla, y no el propio marido; su carácter, según algunos autores, es consultivo, de ahí el nombre de «consejo» ya que, aunque su convocatoria revestía carácter obligatorio, la decisión del esposo era personal e inalienable. Pero la tradición obligaba a que se oyese a los parientes ya que, como ya se ha dicho varias veces a lo largo de este trabajo, el matrimonio era algo de dominio público y que no afectaba solamente al matrimonio, sino también a la familia en la que la esposa entraba. Algunos autores no tienen tan claro, sin embargo, cuál es realmente el poder de este consejo, si se trataría de un consejo que tendría capacidad de decisión o, si bien, ejercerían solamente de testigos ante la actuación del marido o del *paterfamilias*[262]. Hay quien tiene claro, por otro lado, que el *paterfamilias* no tenía capacidad para tomar una decisión de este tipo sin contar con la opinión del grupo de familiares más allegados[263]. Sea como fuere, este consejo existía, y las primeras fuentes jurídicas romanas ofrecen testimonio de ello.

Y no solamente las fuentes jurídicas, sino que también las fuentes literarias de la Antigüedad avalan su existencia. Así, y gracias a ellas, es posible saber que este *consilium* es reclamado por Lucrecia después de haber sido violada por Sexto Tarquinio, con toda probabilidad para no ser acusada de adulterio, como relata el escritor Valerio Máximo[264].

---

261 Si ella cometía algún delito, tomaba como juez al perjudicado que fijaba la gravedad del castigo. Pero en los siguientes casos la juzgaban los parientes del marido: cuando había adulterio y, lo que parecería a los griegos una falta mínima, si se descubría que una mujer había bebido vino. Rómulo permitió castigar estas dos faltas con la muerte, como los más graves de los delitos femeninos, por considerar el adulterio principio de locura temeraria, y a la borrachera de adulterio (Dionisio de Halicarnaso, *Historia Antigua de Roma, op. cit.* 2, 25, 6).

262 E. Cantarella, *Los suplicios capitales en Grecia y Roma. Orígenes y funciones de la pena de muerte en la Antigüedad Clásica*, Madrid, 2015, p. 122.

263 C. Sanfilippo, *Istituzioni di Diritto romano,* Soveria Mannelli, 2002, pp. 155-158.

264 *Dux Romanae pudicitiae Lucretia, cuius uirilis animus maligno errore fortunae muliebre corpus sortitus est, a Sex. Tarquinio regis Superbi filio per uim stuprum pati coacta, cum grauissimis uerbis iniuriam suam in concilio necessariorum deplorasset, ferro se, quod ueste tectum adtulerat, interemit causamque tam animoso interitu imperium consulare pro regio permutandi populo Romano praebuit* (Valerius Maximus, *Factorum et dictorum memorabilium,* VI, 1, 1).

Si no se convoca el *consilium,* la familia de la esposa puede tomarse venganza por la infamia que supone el repudio, más sin causas justificadas, por lo que se llega al punto en el que los censores llevan un control sobre si se celebra el *consilium*, con la finalidad de poder legitimar la decisión del marido. Conviene señalar, de todas formas, que, aunque este consejo tenía como finalidad principal el limitar la suprema autoridad del *paterfamilias*, no tiene efectos jurídicos a nivel civil, ya que sería un contrasentido que una decisión doméstica, que quedaría dentro de los usos familiares, tuviera trascendencia decisoria a nivel jurídico[265].

Este *consilium* debía ser celebrado, y sus decisiones debían tener carácter *de facto* vinculante para el *paterfamilias* ya que, aunque jurídicamente no cabía una intromisión en asuntos domésticos, la convocatoria del mismo estaría exigiendo públicamente una decisión de consenso.

5.3. El *tempus lugendi: turbatio sanguinis* y *secundae nuptiae*

Esta estipulación del período de luto debe seguirse cuando muere un pariente. Aunque en la mentalidad actual el querer restringir el tiempo de duelo que una persona pasa por un ser querido podría ser entendido como una violación de la intimidad y de los propios sentimientos de la persona, así era en Roma, aunque, como se verá, no es posible centrarse en esta costumbre de manera simplista y reduccionista, sino que su motivación tiene un origen razonado y razonable.

> *[...] Officium lugendi secundum aetates et tempora constituit, ut puerum trimo minorem ne quis lugeat, maiorem ne plures menses, quam annus vixerit, usque ad decem: nec quemquam cuiusuis aetatis ultra; sed longissimu luctus tempus esse decem mensium. Per quod spatium uxoribus quoque defunctorum a secundis nuptiis abstinendum est; et si qua prius nupserit, bovem fetam immolare debebat ex illius lege*[266].

Lejos el Derecho romano de inmiscuirse en tan delicado asunto: esta norma surge en un contexto concreto y por unas circunstancias concretas. En primer lugar, es necesario entender que el luto constituía para la persona o familia que lo practicaba un auténtico cambio en el modo de vida, ya que dejaba de asistir a cualquier tipo de acto social, ya fuese lúdico como de índole política (no se podía asistir al foro), y es por ello que la Ley de las XII Tablas impone restricciones acerca de los duelos que se llevaban a cabo con ocasión de la defunción de un ciudadano romano. La razón es básicamente

265 M. I. Núñez Paz, *Consentimiento matrimonial y divorcio en Roma, op. cit.* pp. 88 s.

266 Plutarco, *Numa*, 12, 3.

práctica: en tiempos de guerra, el número de caídos era siempre elevado, por lo que un duelo excesivamente prolongado podía paralizar la vida de la ciudad, con todas las consecuencias económicas y sociales que entendemos que se derivaban de ello, razón por la cual fue necesario instaurar un tiempo máximo de luto[267].

Esta limitación del luto tiene una aplicación práctica que interesa al objeto del presente estudio, en tanto en cuanto afecta a la viuda. ¿Por qué se establece precisamente un período de diez meses para el luto? Diez meses era el período de tiempo que las XII Tablas estipulaban como tiempo máximo de gestación, y es por ello, para evitar la *turbatio sanguinis* de la esposa casada en segundas nupcias, que se impone este período de tiempo. Ésta consistía en que, si no se dejaba transcurrir el tiempo de luto prescrito, en caso de segundas nupcias, podía haber dificultad a la hora de saber si un supuesto hijo fuese fruto del primer o segundo matrimonio.

La viuda, pues, debía dejar transcurrir el período de luto para poder volver a casarse, y en caso de no hacerlo, debería ofrecer un sacrificio a *Tellus* para poder así aplacar la ira de los dioses por no observar el tiempo prescrito de luto. Detrás de estas tradiciones provenientes del *ius sacrum*, seguramente está el hacer prevalecer el derecho del *paterfamilias* a legar su herencia a sus sucesores legítimos incluso tras su muerte, y el *nasciturus* tenía el derecho de recibir la herencia de su padre, ya que era, para casos como éste, persona jurídica; es también importante el hecho de que el *tempus lugendi* es una muestra más de la *reverentia* debida al *paterfamilias*, todavía después de su muerte.

Cabe señalar también que la esposa que se unía a otra persona sin haber respetado el *tempus lugendi,* no podía contraer *iustae nuptiae*, es decir, que se trataría de una unión en concubinato, ya que se podía dar lugar a la mezcla de sangres (aquí es donde realmente tiene sentido la expresión *turbatio sanguinis*) y es por ello que era el único miembro de la familia que tenía la prohibición de contraer nuevas nupcias en los diez meses siguientes al fallecimiento del *paterfamilias*. En caso de estar encinta durante la muerte del esposo y, una vez tenido el hijo, sí era posible que la esposa contrajese matrimonio, pero en este caso con permiso del Emperador.

El *tempus lugendi* solamente se debía respetar en caso de segundas nupcias tras la muerte del marido, ya que, en caso de divorcio, el marido tenía la capacidad de «solicitar la precaución sobre la inspección del embarazo y la guarda del hijo [...] con vistas al reconocimiento del hijo como legítimo»[268]. En este mismo sentido se puede tomar la máxima de Ulpiano al afirmar que

267 A. López Pedreira, «Tempus lugendi y secundae nuptiae en Derecho Romano», en *Revista Internacional de Derecho Romano*, 11, 2003, pp. 332-377.

268 F. Betancourt, *Derecho romano clásico*, Sevilla, 2007, p. 420.

«liberorum autem et parentium luctus impedimento nuptiis non est»[269], ya que la finalidad del *tempus lugendi* no es otra que el asegurar el conocimiento de la paternidad del nonato.

No es de extrañar, pues, que la única persona de la familia que era sancionada por saltarse el *tempus lugendi* fuese la esposa, ya que tenía la obligación de llevar a buen término su embarazo. Esta sanción era de índole religiosa, pero se podía imponer una sanción pretoria a los que fuesen cómplices a la hora de no observar el luto de la viuda para casarla antes del tiempo estipulado, siempre y cuando fuesen conscientes de la muerte de su esposo.

269 D. 3.2.11. pr., Ulpianus 6 ad ed.

6

LA LEGISLACIÓN MATRIMONIAL DE AUGUSTO

El emperador César Augusto tiene el mérito de haber sido uno de los gobernantes romanos más prolíficos en cuanto a producción legislativa. Son célebres sus disposiciones en materia de legislación provincial y municipal, ciudadanía y libertad y de matrimonio, tal es el caso que nos ocupa. Sin embargo, como ha estudiado y divulgado Antonio Fernández de Buján, su labor legislativa va mucho más allá y promueve diversas reformas legislativas referentes, entre otras muchas materias, a la medicina, a la sucesión hereditaria del Estado, al valor de la jurisprudencia, a la profesionalización de la justicia, a la tributación y a las finanzas públicas, a los fideicomisos, a los legados y así un largo etcétera[270].

En el año 19 a. C., el emperador Augusto promulga la *Lex Julia de Adulteriis Coercendis* que supone un gran avance legislativo en materia matrimonial ya que, hasta el momento, y como se ha podido comprobar en lo ya expuesto, la legislación al respecto era muy pobre y el adulterio no era más que un delito doméstico sobre el que no existía ningún tipo de jurisprudencia. No es la única ley que promulga acerca del derecho de familia, pues en el 18 promulga la *Lex Iulia de Maritandis Ordinibus* y la *Lex Papia Poppaea* en el año 9 a. C.

Esta legislación será de especial trascendencia para el mundo romano, ya que, aunque los posteriores emperadores irán introduciendo algunos matices, es posible afirmar que es la legislación romana por antonomasia acerca del matrimonio. Ya en su momento se trató de una legislación revolucionaria, que sacudió los cimientos de una sociedad que estaba acostumbrada a considerar el tema matrimonial como algo propio del ámbito doméstico, por lo que incluso las fuentes no jurídicas ni jurisprudenciales dan cuenta de la iniciativa de Augusto. Sirva como ejemplo el historiador Suetonio, quien expone en su obra la trascendencia de esta iniciativa legislativa de Augusto, ya que en su *De Vita Caesarum*, informa acerca de estas leyes y de lo impor-

270 *Cf.* A. Fernández de Buján, «La legislación de Augusto», *Gerión*, 35, 0, 2017, pp. 87-104.

tantes que fueron en su tiempo, así como de la intencionalidad del Emperador al promulgarlas[271]. Así mismo, Cayo Cornelio Tácito hace referencia a estas leyes y a la intensidad con la que los poderes públicos vigilaban para que se cumpliesen, aunque no trate el contenido de las mismas[272].

En primer lugar, se puede comenzar afirmando que el Emperador Augusto, con la primera ley, pretende dar forma jurídica a los efectos provocados por relaciones adúlteras, pero es posible darse cuenta de que el Emperador va más allá, ya que tacha como tales a las relaciones extramatrimoniales. La finalidad de esta medida radica en el hecho de que Augusto pretende que la natalidad aumente, pero lo que realmente le interesa es que los niños que nazcan sean genuinamente romanos, de ahí la insistencia en que sean hijos de matrimonios legítimos, única forma de que ostentasen los derechos propios de los ciudadanos[273]. Se trata de una legislación, la de César Augusto, con poca repercusión, ya que minaba una tradición que venía desde muy antiguo y que circunscribía el tema de los *delicta domestica* al ámbito familiar, donde deberían ser resueltos. De hecho, aun apareciendo en el *Digesto* de Justiniano, no quiere decir que fuese una legislación acatada, ya que suponía una clara ruptura con el uso consuetudinario y lo que antes se limitaba al ámbito doméstico, ahora pasa a ser de dominio público, con el deshonor que ello conlleva, y el *paterfamilias* deja de ostentar el *ius occidendi* y el *ius vitae necisque*, quedando así la *auctoritas* del *paterfamilias* muy mermada con respecto a épocas anteriores[274]. Aun así, teniendo en cuenta que la legislación tarda en calar en la sociedad y que sus pretendidos efectos no son inmediatos, es posible caer en la cuenta de que, en la práctica, la *auctoritas* del *paterfamilias* sigue siendo amplia de hecho, ya que dos decretos del Emperador Adriano, recogidos en el *Digesto,* penan dos situaciones de abuso en el ámbito familiar, una con respecto a los esclavos[275],

---

271 *Leges retractavit et quasdam ex integro sanxit, ut sumptuariam et de adulteriis et de pudicitia, de ambitu, de maritandis ordinibus. Hanc cum aliquanto severis quam ceteras emendasset, prae tumultu recusantium perferre non potuit nisi adempta demum lenitave parte poenarum et vacatione trienni data autisque praemiis* (Caius Suetonius Tranquillus, *De Vita Caesarum — Divus Augustus*, XXXIV).

272 *Sexto demum consulatu Caesar Augustus, potentiae securus, quae triumviratu iusserat abolevit deditque iura quis pace et principe uteremur. Acriora ex eo vincla, inditi custodes et lege Papia Poppaea praemiis inducti ut, si a privilegiis parentum cessaretur, velut parens omnium populus vacantia teneret. Sed altius penetrabnat urbemque et Italiam et quod usquam civium corripuerant, multorumque excisi status* (Caius Cornelius Tacitus, *Ab Excessu divi Augusti Historiarum Libri*, III, 28).

273 E. Muñoz Catalán, «Matrimonios ilegales, inexistentes o nulos, desde la legislación matrimonial de Augusto hasta Constantino I», *Revista de Derecho UNED*, 26, 2020, p. 397.

274 E. Maldonado de Lizalde, «La Lex Julia de Adulteriis del emperador César Augusto (y otros delitos sexuales asociados)», en *Anuario Mexicano de Historia del Derecho*, 17, 2005, pp. 365-413.

275 *Si dominus in servos saevierit vel ad impudicitiam turpemque violationem compellat, quae sint partes praesidis, ex rescripto divi pii ad aelium marcianum proconsulem baeticae manifestabitur. cuius rescripti verba haec sunt: «dominorum quidem potestatem in suos servos*

y otra con respecto a un hijo[276]. Estos ejemplos sirven para ilustrar que existe una evolución del Derecho donde, incluso dentro del ámbito doméstico, es necesario observar la ley y la concepción de un *paterfamilias* con un poder omnímodo, va quedando cada vez más obsoleta dentro de una sociedad que va avanzando con un Derecho cada vez más fuerte y encaminado a una mayor igualdad entre ciudadanos protegida por la ley[277]. Aun así, va a llamar la atención el hecho de que, a pesar de ser un gran avance legislativo, no se consigue acabar con una de las manifestaciones más expresivas de ese poder del *paterfamilias*, que es el *ius occidendi iure patris* ya que, la *Lex Iulia de Adulteriis coercendis* otorga al padre el derecho sobre la vida de la hija en caso de que ésta haya cometido adulterio[278]. Esta medida, que permite acabar con la vida, no solamente de la hija adúltera, sino también del cómplice, viene limitada por una serie de condiciones, como el haber sido sorprendidos en la casa del padre o del marido de la adúltera, pudiéndose solamente ejecutar al cómplice en caso de que se mate también a la hija; así mismo, solamente podía hacer uso del *ius vitae necisque* el padre natural que, a la vez, es el *paterfamilias* de quien comete el adulterio, siendo ésta la gran novedad de la ley promulgada por Augusto, probablemente con intención de limitar lo más posible el derecho del padre sobre la vida de los hijos[279].

La *Lex Iulia de Adulteriis Coercendis* supone la primera norma escrita acerca del adulterio, tipificándolo como un crimen en sí mismo, y por lo tanto siendo necesario resolverse en un juicio[280]. La restauración de las familias

---

illibatam esse oportet nec cuiquam hominum ius suum detrahi: sed dominorum interest, ne auxilium contra saevitiam vel famem vel intolerabilem iniuriam denegetur his qui iuste deprecantur. ideoque cognosce de querellis eorum, qui ex familia iulii sabini ad statuam confugerunt, et si vel durius habitos quam aequum est vel infami iniuria affectos cognoveris, veniri iube ita, ut in potestate domini non revertantur. qui si meae constitutioni fraudem fecerit, sciet me admissum severius exsecuturum». Divus etiam hadrianus umbriciam quandam matronam in quinquennium relegavit, quod ex levissimis causis ancillas atrocissime tractasset (D. 1.6.2, Ulp. 8, de off. Procons.).

276 *Divus hadrianus fertur, cum in venatione filium suum quidam necaverat, qui novercam adulterabat, in insulam eum deportasse, quod latronis magis quam patris iure eum interfecit: nam patria potestas in pietate debet, non atrocitate consistere* (D. 48.9.5, Marcian.).

277 Para profundizar más sobre estos ejemplos, *vid.* P. PAVÓN, «Prácticas abusivas en la *Domus* reguladas por la Legislación de Adriano» (D. 1.6.2 y 48.9.5), *Studia et documenta historiae et iuris,* 76, 2010, pp. 135-146.

278 *Cum patri lex regia dederit in filium vitae necisque potestatem, quod bonum fuit lege conprehendi, ut potestas fieret etiam filiam occidendi, velis mihi rescribere: nam scire cupio. Respondit: numquid ex contrario praestat nobis argumentum haec adiectio, ut non videatur lex non habenti dedisse, sed occidi eam cum adultero iussisse, ut videatur maiore aequitate ductus adulterum occidisse, cum nec filiae pepercerit?* (*Coll.* 4, 8, 1).

279 C. LORENZI, Pap. Coll. 4, 8, 1: «La figlia adultera e il "Ius occidendi iure patris"», *Studia et Documenta Historiae et Iuris,* 52, 1991, pp. 158-180.

280 *Marito quoque adulterium uxoris suae occidere permittitur, sed non quedlibet, ut patri: nam hac lege cavetur, ut liceat viro deprehensum domi suae (non etiam soceri) in adulterio uxoris occidere eum, qui leno fuerit quive artem ludricam ante fecerit in scaenam saltando can-*

basadas en los valores tradicionales que hicieron grande al Imperio, a través de la estabilidad de las mismas, hacía que fuese necesario que se aplicara el sistema penal a todo aquello que pusiera en peligro esta estructura familiar.

Se trata de una ley de fuerte carácter moral[281], probablemente redactada por el Emperador con la finalidad de limitar el libertinaje existente en la época[282], pero esta decisión de inmiscuirse en los asuntos domésticos atacaba de lleno a la autoridad del *paterfamilias*, quien era *imperator in domo sua*. Así, surge, por primera vez en la historia del Derecho romano la normativa por la cual el adulterio es considerado un delito penal, aun cuando la aplicación y tipificación del mismo sigue siendo claramente desigual según el que cometiese el adulterio fuera el marido o la esposa. Para evitar delitos de adulterio, Augusto fija en la *Lex Julia de Maritandis Ordinibus* la obligatoriedad de contraer matrimonio a las personas en edad para hacerlo (los hombres entre veinticinco y sesenta años y las mujeres entre veinte y cincuenta), quedando los célibes sin posibilidad de recibir sucesiones testamentarias[283].

En cuanto a la desigualdad en el delito de adulterio, decir que cometía delito aquella mujer casada que mantenía relaciones sexuales con otro hombre que no fuese su esposo, pero si ese hombre con el que cometía adulterio estaba casado, éste no recibía pena alguna ni era culpable de delito. En caso de que el que cometiese adulterio fuera el esposo, el que tenía que presentar acusación del delito era el esposo ofendido, y en este caso sí se podría procesar al cómplice del adulterio. El motivo de esta desigualdad hay que buscarlo en el hecho de que la intencionalidad de la ley es la de preservar la castidad marital de la esposa, y por lo tanto no existe necesidad de juicio al adúltero, que con que se mantuviese alejado de las esposas ajenas ya cumplía con su deber como varón y como casado. Y así lo manifiesta R. Herrera al afirmar que «el adulterio era una de las conductas más graves que podía cometer una mujer, pues atentaba contra el grupo familiar, y además si de la relación adúltera nacía un hijo, este era considerado como un elemento hostil a la familia ya que provocaba la *turbatio sanguinis*»[284].

tandive causa prodierit iudiciove publico damnatus neque in integrum restitutus erit, quive libertus eius mariti uxorisve, patris matris, filii filiae utrius forum fuerit (nec interest, proprius cuius forum an cum alio communis fuerit) quive servís erit (D. 48.5.25, Macer 1 publ.).

281 Suetonio sostiene la intención moralizante de la ley: *«In evolvendis utriusque linguae auctoribus nihil aeque sectabatur, quam praecepta et exempla publice vel privatim salubria, eaque ad verbum excerpta aut ad domesticos aut ad exercituum provinciarumque rectores aut ad urbis magistratus plerumque mittebat, prout quique monitione indigerent»* (Caius Suetonius Tranquillus, *De Vita Caesarum — Divus Augustus,* LXXXIX).

282 M. I. Núñez Paz, *Consentimiento matrimonial y divorcio en Roma, op. cit.* pp. 97-99.

283 C. Herreros Gonzalez, M. C. Santau Pastor, «Matrimonio y prostitución en Roma, ¿uniones de hecho o de derecho?» en *Iberia: Revista de la Antigüedad*, 8, 2005, pp. 89-112.

284 R. Herrera Bravo, «El elemento romano en la configuración jurídica del "adulterio" en el Derecho histórico español», en A. Díaz-Bautista Cremades y J. García Sánchez (eds.), *Fundamentos romanísticos del derecho contemporáneo*, Madrid, 2021, p. 313.

Aunque se ha hecho referencia a la intencionalidad moral de la norma, conviene recordar que la moral sexual en Occidente vendrá derivada del pensamiento cristiano, por lo que las leyes augusteas lo que pretenden es asegurar la paz doméstica, así como preservar los derechos del varón, en este caso a que se respetase lo que era suyo.

En lo referente al divorcio, la novedad de esta ley radica en que la esposa que ha sido agraviada con el adulterio de su esposo puede pedir el divorcio y exigir que le sea restituida la dote por el delito de deshonor cometido contra ella. Al esposo que, denunciando a su esposa por adulterio no se divorcia de ella o recibe un pago en compensación por haberla sorprendido en el delito o por haberlo permitido, se le puede acusar de *lenocinium*, lo que quiere decir que el esposo que sorprendía a la esposa en flagrante adulterio tenía la obligación de divorciarse, quedando relegada la libertad de los cónyuges a seguir o no con el matrimonio o a perdonarse o no la infidelidad. Si la mujer estaba casada en segundas nupcias, el delito de adulterio que hubiese consumado en el primer matrimonio prescribía automáticamente, y no podía ser incausada ni por el primer ni por el segundo marido, ya que con la celebración del segundo matrimonio se sobreentendía que todo lo concerniente al primero prescribía.

La ley establece, además, que había un plazo de sesenta días desde que se descubría el adulterio o desde el divorcio en el que el marido, y nadie más que él, podía iniciar la causa contra la esposa, después del cual podía acusarla cualquier ciudadano romano, aun sin el consentimiento del marido o del *paterfamilias* de la adúltera, pero siempre que fuese parte agraviada en el delito, bien por ser familia o por ser parte implicada, para lo que tendrían cuarenta días después de que pasasen los sesenta que poseía el marido, «pero los que acusan por derecho marital no están libres del riesgo de ser juzgados por calumnia»[285]. Con referencia a esto hay que tener en cuenta el *honor matrimonii*, según el cual, el marido podía salir en defensa de su esposa en la causa, no necesariamente por el honor de ella, sino —habitualmente— por el de él mismo.

En cuanto al marido adúltero, su delito no tiene por qué derivar necesariamente en divorcio, y el que sea infiel a la esposa no importa a la ley a no ser que se interponga una demanda de divorcio. Un rescripto de Septimio Severo y Caracalla da cuenta de una demanda de divorcio interpuesta por Casia, una mujer ultrajada con el adulterio de su marido, en el que se le responde que

> *Publico iudicio non habere mulieres adulterii accusationem, quamvis de matrimonio suo violato queri velint, lex iulia declarat, quae, cum masculis iure mariti facultatem accusandi detulisset, non idem feminis privilegium detulit* [286].

---

285 E. MALDONADO DE LIZALDE, «La Lex Julia de Adulteriis del emperador César Augusto (y otros delitos sexuales asociados)», *op. cit.* p. 378.

286 C. 9.9.1.

Aun reconociendo la indignidad del adulterio cometido por el marido, reconocen, así mismo, que no tiene capacidad para presentar la demanda; podría presentarla, sin embargo, el *paterfamilias* por sentir herido el honor de su familia[287]. La mujer, en cambio, tanto si es condenada en un acto público, como si es sorprendida en adulterio —pero no condenada— queda tachada con la nota de infamia, por lo que la salida que le solía quedar era dedicarse a la prostitución, ya que al quedar su virtud en entredicho pasaba a ser condenada al ostracismo y no podría, ni siquiera, dar testimonio en juicio y, si no estaba casada, no podría ni siquiera recibir una herencia, así como no podría, tampoco, volver a casarse con un romano libre.

Finalmente, concluir que las medidas que impone esta ley van dirigidas a las mujeres de clase alta, ya que solo a ellas afecta la pérdida de herencia, la pérdida de propiedades o las segundas nupcias con un ciudadano libre, y es por esta razón que estas causas eran llevadas directamente al Emperador, al tratarse de hijas o nietas de senadores y prohombres de la alta sociedad romana. La ley trata también de cuestiones como el *lenocinium*, entendido como seducción o alcahuetería, la prostitución, el acoso sexual, la violación (especialmente grave en casos de impúberes y vírgenes), la homosexualidad, penada con una multa, y el *stuprum*, entendido como cualquier inmoralidad de índole sexual, entre las que se incluye el adulterio, y muchas veces se usan los dos términos como equivalentes, sobre todo cuando se aplica el término adulterio a las relaciones entre personas no casadas. A este respecto se pronuncia Giunio Rizzelli, afirmando que, aunque la doctrina romanística usa a veces ambos términos como equivalentes cuando se refieren a la legislación augustea, no es correcto hacerlo así, ya que en un principio es sinónimo de *turpitudo* o *infamia factis*, es decir, que el estupro llevaría consigo, además del delito de carácter sexual, la nota de infamia o de vergüenza, pudiendo tratarse de un acto violento, un acto heterosexual ilícito, un acto homosexual, un *incenstum,* una violación, etc[288]. Es muy interesante la conclusión con la que el autor engloba todo este tipo de delitos para poder afirmar que los estupros son

> *i comportamenti connotati da una genérica negatività, nei quali l'elemento sessuale, pur intuibile o evidente, non asume rilievo autonomo rispetto agli altri caratteri dell'atto, tanto che il termine appare adoperato in senso così lato da consentire al lettore di ricomprendervi un numero indefinito di condotte riprovevoli*[289].

El análisis de estos dos términos permite llegar a la conclusión de que, aunque son diferentes y no se pueden utilizar como sinónimos, sí que son equivalentes y tienen una muy fuerte relación, por lo que se podría afirmar

287 P. Pavón, «*Impp. Severus et Antoninus AA. Cassiae* (CJ 9.9.1). El caso del esposo adúltero», *Studia et documenta historiae et iuris,* 77, 2011, pp. 385-394.

288 G. Rizzelli, «"Stuprum" e "Adulterium" nella cultura augustea e la "Lex Iulia de Adulteriis"», *Bullettino dell'Istituto di Diritto romano «Vittorio Scialoja»*, 29, 1987, pp. 355-366.

289 *Ibid.* p. 367.

que el *adulterium* es un *stuprum* que comete una mujer casada o, dicho de otra manera, que el *stuprum* que comete una mujer casada al mantener relaciones sexuales con otra persona, se puede denominar *adulterium*.

Pero como es bien sabido, la labor legisladora de Augusto en materia familiar no se limita solamente a la *Lex Iulia de Adulteriis*, sino que todavía promulga dos leyes más: la *Lex Iulia de Maritandis Ordinibus* y la *Lex Papia Poppaea*, conocidas conjuntamente como *Lex Iulia et Papia Poppaea*[290], con la finalidad de restaurar los valores tradicionales de la familia romana como institución con la que nace la Urbe. Estas leyes suponen un avance social en el desesperado intento de Augusto de dar al matrimonio y a la familia su valor original, y así, nace un nuevo incentivo para abandonar el celibato consistente en que, excepto para los senadores, se eliminaba la barrera social del matrimonio por clases.

Una de las principales intenciones de Augusto con esta ley es la de eliminar impedimentos al matrimonio y, por lo tanto, conseguir que los ciudadanos romanos se casasen. Sigue sin requerirse legalmente, pues, para la constitución del matrimonio ningún tipo de ceremonia civil ni religiosa, aunque la costumbre continuase llevando a cabo determinadas ceremonias hacia las que la sociedad sentía apego y que eran una manifestación pública de que los contrayentes habían efectuado el consentimiento que hacía efectivo y válido el matrimonio. En esta ley nos encontramos con la figura del *caelebs* que sería

> quien no se hubiese casado en la edad especificada o cuyo matrimonio no fuese un *matrimonium secundum legem Iuliam Papiamve Poppaeam contractum*, es decir, celebrado entre romanos libres, sin ningún parentesco, ni agnaticio ni cognaticio, púberes, manifestando su mutuo consensum, etc[291].

Sobre los *caelibes* ya se había pronunciado la *Lex Iulia de maritandis ordinibus*, que obligaba a los hombres y a las mujeres en edades determinadas a estar casados o prometidos, como ya se ha indicado anteriormente. Se prohibía, pues, a los *caelibes*, como pena, la posibilidad de que fueran beneficiarios de herencias y legados[292]. Esta falta de *capacitas* podía ser remediada si el interesado se prometía o contraía matrimonio dentro de

290 Estas dos leyes se consideran como una única ya que la segunda es una ley rogada por dos cónsules con la que se complementa la primera y, a la vez, dulcifica las restricciones de la *Maritandis Ordinibus*.

291 E. Maldonado de Lizalde, «Lex Iulia de Maritandis Ordinibus. Leyes de familia del emperador César Augusto», en *Anuario Mexicano de Historia del Derecho*, 14, 2002, p. 547.

292 *Quod quis sibi testamento relictum, ita ut iure civili capere possit, aliqua ex causa non ceperit, «caducum» appellatur veluti cecidit ab eo: verbi gratia si caelibi vel Latino iuniano legatum fuerit, nec intra dies centum vel caelebs legi paruerit, vel Latinus ius Quiritium consecutus sit; aut si ex parte heres scriptus vel legatarius ante apertas tabulas decesserit vel peregrinus factus sit* (Tit. ex corp. Ulp., 17, 1).

los 100 días siguientes a la muerte del testador[293]. Sobre la aplicación de estas leyes da cuenta Tácito, afirmando que, en las condiciones en las que se encontraba Roma, era difícil para los ciudadanos acatarlas, y que, aunque la intencionalidad de las mismas era la de estabilizar los matrimonios y aumentar la natalidad, se producía, *de facto*, un rechazo social bastante generalizado[294].

Esta ley manifestaba una serie de prohibiciones tales como el matrimonio de senadores y sus descendientes con libertinas y mujeres del teatro, o hijas de actores o actrices[295]. Los libertos no se podían casar con sus patronos, los ciudadanos romanos no podían contraer *iustae nuptiae* con latinas o peregrinas que no ostentasen la *civitas*, o no se podría, tampoco, dar matrimonio entre interdictos y dementes[296].

Por el bien social, se intenta incentivar la natalidad entre matrimonios legítimos, y se declaran nulas las disposiciones testamentarias particulares que obligan al hijo heredero a mantenerse célibe para poder recibir la herencia. Así mismo, se castiga a los matrimonios que no procrean *(orbi)*[297], y a los que tienen un único hijo y se concede a las mujeres *ingenuae* que tengan más de tres hijos el *ius liberorum*. Este fomento de la natalidad premiaba con

> derechos reservados a los progenitores de los hijos exigidos en virtud del ius trium vel quattuor liberorum. Así como a los célibes y a los orbi se les gravaba con cargas por parte del Estado, a los padres de un determinado número de hijos se les otorgaban concretos privilegios[298].

Acerca de la problemática de la baja natalidad en Roma, es interesante el testimomio de Juvenal, ya que en una de sus Sátiras afirma que solamente

293 R. Astolfi, *La Lex Iulia et Papia*, Padova, 1986, pp. 10-21.

294 *Relatum dein de moderanda Papia Poppaea, quam senior Augustus post Iulias rogationes incitandis caelibum poenis et augendo aerario sanxerat. nec ideo coniugia et educationes liberum frequentabantur praevalida orbitate: ceterum multitudo periclitantium gliscebat, cum omnis domus delatorum interpretationibus subverteretur, utque antehac flagitiis ita tunc legibus laborabatur. ea res admonet ut de principiis iuris et quibus modis ad hanc multitudinem infinitam ac varietatem legum perventum sit altius disseram* (Caius Cornelius Tacitus, *Ab Excessu divi Augusti Historiarum Libri*, III, 25).

295 *Lege Iulia prohibentur uxores ducere senatores quidem liberique eorum libertinas et quae ipsae quarumque pater materve artem ludicram fecerit, item corpore quaestum facientem. Ceteri autem ingenui prohibentur ducere lenam, et a lenone lenave manumissam, et in adulterio deprehensam, et iudicio publico damnatam, et quae artem ludicram fecerit: adicit Mauricianus et a senatu damnatam* (Tit. ex corp. Ulp. 13, 1-2).

296 O. Robleda, *El Matrimonio en Derecho Romano, op. cit.*, pp. 190-195.

297 *«[...] orbi, id est qui liberos non habent»*, (Gai, 2, 111).

298 L. Sanz Martín, «La maternidad y el sacerdocio femenino: excepciones a la tutela perpetua de la mujer en Roma», en *Anuario jurídico y económico escurialense*, 44, 2011, p. 16.

soportarán las incomodidades del embarazo y los dolores del parto las mujeres de clase baja, ya que las de la alta sociedad buscarán la manera de o no ser fértiles o de malograr su embarazo[299].

En cuanto a las penas que esta ley contenía, estaban aquellas destinadas a los *incapaces*[300], por lo que será posible encontrarse con un juego de premios y penas para aquellos que tenían hijos y para aquellos que no los tenían.

> Estas leyes limitaron las adquisiciones *mortis causa* de los no casados *(caelibes)*, que no podían adquirir nada y de los casados sin hijos *(orbi)*, que solo podían adquirir la mitad, exceptuándose los parientes que pueden heredar *ab intestato* [...][301].

En caso de testar un cónyuge sobre el otro, en el supuesto de no tener hijos, solamente podrían recibir una décima parte de la herencia. Entre los premios, quizás el más significativo sea el de promocionar, para cargos públicos, a aquellos que tienen descendencia abundante, así como una carga tributaria menor. Un solo hijo, o haber tenido un hijo ya fallecido, eliminarían esta categoría de *orbi* para el interesado en recibir los bienes dejados en testamento por el cónyuge difunto; eso sí, la descendencia necesaria para poder recibir la herencia, debe ser fruto no solamente de un matrimonio válido, sino también de una unión consentida por la *Lex Iulia et Papia*[302].

Esta *incapacitas* derivada de no tener hijos o de no estar casados, deja de ser tal en caso de que el interesado haya pasado la edad en los que las leyes Julias obligaban a contraer matrimonio así que, el hombre soltero o sin hijos de 60 años y la mujer de 50, vuelven a adquirir la *capacitas* que habían perdido por su soltería o por su infecundidad. Esta disposición favorable a los ancianos tiene escaso recorrido, ya que un senadoconsulto de la época de Tiberio[303], privará de capacidad a aquellos ancianos que, antes de cumplir dicha edad, no la hayan tenido, aun asumiendo posteriormente lo prescrito por la *Lex Iulia et Papia:* quien antes de cumplir la edad prevista es incapaz,

299 *Haec tamen et partus subeunt discrimen et omnisnutricis tolerant fortuna urguente labores, sed iacet aurato uix ulla puerpera lecto. Tantum artes huius, tantum medicamina possuntquae steriles facit atque homines in uentre necandos conducit* (IUVENALIS, *Satura* VI, 592-597a).

300 Dentro de esta categoría, además de los *caelebs y orbi*, se englobaba también a los impotentes, estériles, castrados, apóstatas, hijos de culpables de alta traición y así un largo etcétera.

301 A. D'ORS, *Derecho Privado Romano, op cit.* p. 336.

302 R. ASTOLFI, *La Lex Iulia et Papia, op. cit.*, pp. 21-30.

303 *Qui intra sexagesimum vel quae intra quinquagesimum annum neutri legi paruerit, licet ipsis legibus post hanc aetatem liberatus esset, perpetuis tamen poenis tenebitur ex senatus consulto perniciano. Sed Claudiano senatus consulto maior sexagenario si minorem quinquagenaria duxerit, perinde habebitur, ac si minor sexaginta annorum duxisset uxorem* (Tit ex corp. Ulp., 16, 3).

ya no podrá ser capaz[304]. Los *caelebes* tenían, además, otra serie de prohibiciones derivadas de su condición, como el no poder asistir a festejos y espectáculos públicos[305].

En caso de viudez, estando aún en la edad para poder casarse, que antes se ha indicado, debe el cónyuge viudo volver a contraer matrimonio para no caer en las sanciones impuestas a los *caelebes*, aun cuando en el testamento constase que debería mantenerse célibe para poder recibir la herencia; al igual que lo que sucedía con los hijos, se declara nula la disposición testamentaria por ir *contra legem*. Lo mismo sucedía con las divorciadas, que debían contraer nupcias, pero tenían un período de *vacatio*, de año y medio para éstas y de dos años para aquellas.

La *incapacitas* viene dada también a las denominadas *«feminae probosae»*, que serían aquellas mujeres con comportamientos de inmoralidad sexual y, también, aquellas cuyas acciones fuesen contrarias al pudor y a la decencia públicas. En este apartado tendrían cabida las prostitutas[306], proxenetas[307], actrices[308], adúlteras[309], mujeres *iudicio publico damnatae*[310], así como cualquiera que hubiera sido prostituta, proxeneta o actriz[311].

Este intento de Augusto para fomentar la natalidad y que Roma no se hundiese en la decadencia provocada por las costumbres depravadas, con la finalidad de crear un nuevo orden social basado en su visión de la realidad,

304 R. Astolfi, *La Lex Iulia et Papia, op. cit.*, p. 48.

305 C. Fayer, *La Familia Romana, op. cit.*, pp. 571-577.

306 *Probrum intellegitur etiam in his mulieribus esse, quae turpiter viverent volgoque quaestum facerent, etiamsi non palam* (D. 23.2.41. pr. [Marc. 26 Dig.]).

307 *Mulier, quae evitandae poenae adulterii gratia lenocinium fecerit aut operas suas in scaenam locavit, adulterii accusari damnarique ex senatus consulto potest* (D. 48.5.11.2, Pap. 2 de adult.).

308 *Ait praetor: «qui in scaenam prodierit, infamis est». scaena est, ut labeo definit, quae ludorum faciendorum causa quolibet loco, ubi quis consistat moveaturque spectaculum sui praebiturus, posita sit in publico privatove vel in vico, quo tamen loco passim homines spectaculi causa admittantur. eos enim, qui quaestus causa in certamina descendunt et omnes propter praemium in scaenam prodeuntes famosos esse pegasus et nerva filius responderunt* (D. 3.2.2.5, Ulp. 6 ad ed.).

309 *Quae in adulterio deprehensa est, quasi publico iudicio damnata est. proinde si adulterii condemnata esse proponatur, non tantum quia deprehensa est erit notata, sed quia et publico iudicio damnata est. quod si non sit deprehensa, damnata autem, idcirco notetur, quia publico iudicio damnata est, at si deprehensa quidem sit, damnata autem non sit, notata erit? ego puto, etsi absoluta sit post deprehensionem, adhuc tamen notam illi obesse debere, quia verum est eam in adulterio deprehensam, quia factum lex, non sententiam notaverit* (D. 23.2.43.1, Ulp. 1 ad l. iul. et pap.).

310 *Ceteri autem ingenui prohibentur ducere lenam, et a lenone lenave manumissam, et in adulterio deprehensam, et iudicio publico damnatam, et quae artem ludicram fecerit: adicit Mauricianus et a senatu damnatam* (Tit. ex Corp. Ulp. 13, 2).

311 R. Astolfi, *La Lex Iulia et Papia, op. cit.*, pp. 54-58.

no fueron bien recibidas por el pueblo romano, que veía en ellas una intromisión en su *ius domesticum* y en las tradiciones que habían heredado de sus mayores. Estas leyes Julias no tuvieron apenas efectividad, muy probablemente por reacción social a las mismas y por no ser acordes al sentir general de la sociedad, pero tienen el valor de ser el primer testimonio de Derecho matrimonial escrito en la historia del Derecho romano y, por lo tanto, de la tradición jurídica de Occidente.

6.1. Delitos contra el matrimonio y de carácter sexual

En el año 18 a. C., el Emperador César Augusto promulga la *Lex Iulia de Adulteriis coercendis*, por la que establece dos delitos de carácter sexual que son el *adulterium* y el *stuprum*. Que hasta el momento no se haya legislado acerca de estas materias en Roma, no quiere decir que estuviesen permitidas o toleradas, sino que hasta ese momento eran problemas que se resolvían dentro de casa, en el llamado *consilium propinquorum*[312].

Aunque la postura más extendida es la que postula la idea de que la legislación augustea acerca del matrimonio y delitos sexuales tiene un fuerte carácter machista, existen autores, que marcarán en este aspecto la línea de este estudio, que afirman que estas leyes tenían como finalidad una mayor protección de la mujer, ya que sus delitos estarían tipificados por una ley y deberían ser juzgadas, por lo que la decisión tomada como consecuencia de sus faltas no quedaría al arbitrio del marido o del grupo familiar[313]. Esto no quiere decir que detrás de estas afirmaciones no hubiera paternalismos y que la confrontación con respecto a los mismos actos realizados por hombres fuese equitativa, pero sin duda supuso un avance en los mermados derechos de las mujeres en Roma. Aunque todo esto es en teoría ya que, aun manteniéndose en la compilación justinianea, se trata de una legislación poco acatada por entrometerse en los asuntos más personales de una institución tan importante como la familia que, *de facto*, seguía teniendo una protección social que hacía difícil que el Derecho pudiera inmiscuirse en ella.

El adúltero es aquel que tiene relaciones sexuales con otra persona que no sea su esposa (la etimología del término nos lleva a *alter* o *altera*, es decir, otro). El *stuprum* sería el delito de aquel que atenta contra la honra de una doncella o de una mujer no casada[314]. La infracción más grave que contempla

---

312 E. Maldonado de Lizalde, «La Lex Julia de Adulteriis del emperador César Augusto (y otros delitos sexuales asociados)», *op. cit.* p. 365.

313 A. del Castillo, «Legislación romana y liberación femenina: una relación inconsciente», en *Lucentum*, VII-VIII (1988-1989), p. 164.

314 *Stuprum committit, qui liberam mulierem consuetudinis causa, non matrimonii continet, excepta videlicet concubina* (D. 48.5.35. pr., Mod. 1 reg.) y *Adulterium in nupta admittitur: stuprum in vidua vel virgine vel puero committitur* (D. 48.5.35.1, Mod. 1 reg.).

esta ley es la del adulterio, ya que atenta no solamente contra el honor personal del ofendido, sino que también se considera como un deshonor familiar y social. Acerca de este delito, poco más se puede decir, ya que muchos de los aspectos que interesan han sido tratados ya en el punto anterior.

El contexto en el que se desarrollan estas leyes que regulan el matrimonio y sus delitos asociados nacen en el ambiente de una Roma que ve, por la introducción de las costumbres helénicas, como se debilita cada día más la institución familiar que, al fin y al cabo, es sobre la cual se sustentaba la sociedad romana. Y es esta la razón que lleva a que el Emperador decida elencar una serie de delitos que van contra las buenas costumbres y aplicarle a cada uno una pena.

El primer delito objeto de análisis es el *lenocinium*, seducción, procuración o alcahuetería[315]. Se consideraba delito de lenocinio el ayudar a cometer un adulterio, es decir, ser cómplice, por lo que, si un esposo no denunciaba a la esposa adúltera y a su amante, era acusado de lenocinio, al igual que si tenía tratos con él para sacar algún tipo de beneficio del adulterio, o si cobraba un dinero privadamente como compensación.

Otra situación que conviene analizar, aunque no considerada delito, era la prostitución. Se trataba de una ocupación legal, pero suponía tanto para quien la ejercía como para el cómplice la nota de infamia. La trascendencia de esta ocupación en el día a día de la sociedad romana viene demostrada por la amplitud con la que es tratada por la legislación: el *Digesto* le dedica varios parágrafos, en el libro XXIII, capítulo segundo[316]:

> *Palam quaestum facere dicemus non tantum eam, quae in lupanario se prostituit, verum etiam si qua (ut adsolet) in taberna cauponia vel qua alia pudori suo non parcit.* (D. 23.2.43. pr.)
>
> *Palam autem sic accipimus passim, hoc est sine dilectu: non si qua adulteris vel stupratoribus se committit, sed quae vicem prostitutae sustinet.* (D. 23.2.43.1)
>
> *Item quod cum uno et altero pecunia accepta commiscuit, non videtur palam corpore quaestum facere.* (D. 23.2.43.2)
>
> *Octavenus tamen rectissime ait etiam eam, quae sine quaestu palam se prostituerit, debuisse his connumerari.* (D. 23.2.43.3)
>
> *Non solum autem ea quae facit, verum ea quoque quae fecit, etsi facere desiit, lege notatur: neque enim aboletur turpitudo, quae postea intermissa est.* (D. 23.2.43.4)
>
> *Non est ignoscendum ei, quae obtentu paupertatis turpissimam vitam egit.* (D. 23.2.43.5)
>
> *Lenas autem eas dicimus, quae mulieres quaestuarias prostituunt.* (D. 23.2.43.7)

315 *Lenocinium facere non minus est quam corpore quaestum exercere* (D. 23, 2, 43, 6, Ulp. 1 ad l. iul. et pap.).

316 D. 23.2.43, Ulp. I ad l. iul. et pap.

> *Si qua cauponam exercens in ea corpora quaestuaria habeat (ut multae adsolent sub praetextu instrumenti cauponii prostitutas mulieres habere), dicendum hanc quoque lenae appellatione contineri.* (D. 23.2.43.9).

Toda esta normativa tiene como finalidad delimitar qué actos constituyen prostitución y en qué circunstancias debe llevarse a cabo dicha práctica para que pueda ser considerada como tal. Puede comprobarse que la estancia en determinados lugares públicos, como tabernas, hacían que la ocupación de estas mujeres fuese evidente, pero podrían también darse situaciones en las que, bajo pretexto de servicio al negocio, el propietario tuviese esclavas dedicándose a la prostitución. Aun así, la mujer que comete adulterio de manera continuada y con finalidades crematísticas es considerada prostituta.

Una persona que se dedica a la prostitución no podrá casarse con un ciudadano libre[317], ni tampoco ser beneficiaria de legados o herencias[318], y aunque su oficio no era ilegal[319], convertía a quien la practicase en persona de mala fama.

Es interesante, por su relación con el tema objeto de nuestro estudio, el delito de violación. A grandes rasgos, la violación es la práctica de relaciones sexuales no consentidas por una de las partes. Supone una gran deshonra para la familia, y la justicia es especialmente dura con este tipo de delitos; prueba de ello es que se le permite a la mujer que inicie la acusación si es agraviada con un rapto o violación, prueba significativa si se tiene en cuenta que las mujeres no podían iniciar una acusación a no ser en casos muy graves contra ellas mismas[320]. Al considerarse un agravio y una deshonra contra la familia[321], la acusación, de no haberla interpuesto la agraviada, la podían interponer el padre, el esposo o el prometido, o incluso cualquier extraño[322].

---

317 *Cf.* D. 23.2.42-44.

318 *Mulier, in qua turpis suspicio cadere potest, nec ex testamento militis aliquid capere potest, ut divus hadrianus rescripsit* (D. 29.1.41.1, Tryph. 18 disp.).

319 La prostitución era legal. De hecho, a mediados del siglo I se extablece un impuesto a la prostitución, por lo que, siendo un negocio muy concurrido, era rentable para las arcas del estado, así como para los proxenetas y dueños de tabernae que se lucraban con esta profesión.

320 *Non est permissum mulieri publico iudicio quemquam reum facere, nisi scilicet parentium liberorumque et patroni et patronae et eorum filii filiae nepotis neptis mortem exequatur*.(D. 48.2.1, Pomp. 1 ad sab.).

321 Hasta tiempos del emperador Augusto, quien promulga la *Lex Iulia de vi publica et privata*, este delito estaba castigado como un acto de iniuria.

322 *Qui vacantem mulierem rapuit vel nuptam, ultimo supplicio punitur et, si pater iniuriam suam precibus exoratus remiserit, tamen extraneus sine quinquennii praescriptione reum postulare poterit, cum raptus crimen legis iuliae de adulteris potestatem excedit* (D. 48.6.5.2, Marc. 14 inst.).

Si en juicio se demuestra que la acusación es falsa, se cae en el delito de calumnia, que estaba muy gravemente penado[323].

Está también penado el acoso sexual, como una falta al honor hacia la mujer, algo que atenta contra su buena fama[324], y también el *stuprum*, que englobaría cualquier clase de acción que atentase contra la moralidad a nivel sexual: *«Stuprum committit, qui liberam mulierem consuetudinis causa, non matrimonii continet, excepta videlicet concubina»*[325].

Merece la pena también mencionar el *contubernium*, que sería la unión de tipo conyugal en la que intervendrían los esclavos, tanto entre ellos como con personas libres, lo que supondría que no existiría de esta unión ningún tipo de consecuencia legal[326], llegando hasta el punto de que ni siquiera los hijos propios tendrían relación de parentesco con sus progenitores[327].

Como puede observarse, la labor legislativa de Augusto con respecto al tema matrimonial es muy amplia y completa, dejando escasos vacíos legales con respecto al matrimonio, a la familia y a la moral sexual, si bien es cierto que recoge tradiciones anteriores muy aceptadas socialmente, pero será él quien la dote de una forma jurídica definitiva, detallada de manera especialmente minuciosa.

Acerca de su efectividad, como ya se ha señalado, es poderosamente escasa. Esta legislación rompe de lleno con una tradición que se remonta a los orígenes de Roma según la cual el paterfamilias es *imperator in domo sua* y su poder con respecto a las personas sujetas a su *potestas* es omnímodo. Como era de esperar, la publicación de una serie de leyes no consiguió acabar con este poder, pero sí que empezó a crear una mentalidad de que, incluso dentro de los muros domésticos, una persona no podía disponer a su antojo de la vida de los sujetos a su potestad, sino que debería ejercer ésta siguiendo los dictados de la ley.

---

323 *Qui de ingenuitate cognoscunt, de calumnia eius, qui temere controversiam movit, ad modum exilii possunt ferre sententiam* (D. 40.12.39.1, Paul. 5 sent.).

324 *Si quis virgines appellasset, si tamen ancillari veste vestitas, minus peccare videtur: multo minus, si meretricia veste feminae, non matrum familiarum vestitae fuissent. si igitur non matronali habitu femina fuerit et quis eam appellavit vel ei comitem abduxit, iniuriarum tenetur* (D. 47.10.15, Ulp. 77 ad ed.).

325 D. 48.5.35. pr., Mod. 1 reg.

326 *Cum servis nullum est connubium* (Tit. Ex cor. Ulp. 5, 5).

327 J. C. Ghirardi, «Regulación jurídica de las conductas sexuales extramatrimoniales en el Derecho romano», *op. cit.*, p. 43 s.

7

EL MATRIMONIO Y EL DIVORCIO EN LA LEGISLACIÓN JUSTINIANEA

El emperador Justiniano, además de ser conocido por la expansión militar del Imperio Romano, ha pasado a la historia por ser el compilador, por excelencia, del *Corpus Iuris Romani*. Se trata de la figura de un emperador cristiano que, conocedor de las leyes que configuraron la historia de Roma, supone una gran revolución jurídica y cultural al intentar adaptar el pensamiento cristiano a la realidad jurídica romana.

Es doctrina comúnmente aceptada, por evidente, que la legislación justinianea tiene un profundo carácter religioso. Justiniano es un emperador cristiano, y como tal legisla; pero no solo, sino que la religión ocupa un lugar preeminente en su actividad legisladora. Sirva como ejemplo el comienzo del *Codex*, que lleva por título *«De summa Trinitate et de fide catholica et ut nemo de ea publice contendere audeat»*. Justiniano comienza su Código tratando de cuestiones teológicas, y hasta el capítulo 13 del libro primero, tratará solamente de asuntos religiosos. Es curiosa esta disposición, que se puede considerar importante por abrir el *Codex*, entendiéndose que no es arbitraria su colocación al principio de éste, sino que lo que pretende el emperador es comenzar sentando las bases de lo que él considera que es más importante para el Imperio[328].

Es claro, pues, que la legislación justinianea está influida, de forma clara y directa, por la doctrina eclesiástica de aquel entonces, y esto es una afirma-

328 *En este primer libro el cometido es claro, se trata de instruir a los súbditos del imperio, acerca de la fe, a través de la ley. En este sentido, así como es un deber asumido por el Estado velar por la fe ortodoxa, para los ciudadanos será un deber jurídico seguir la verdadera fe, reprimiendo las herejías y las doctrinas contrarias a la iglesia calificándolas de error, locura, insensatez [...]. Hay una perfecta trabazón entre derecho y fe* (R. González Fernández, «La obra legislativa de Justiniano y la Cristanización del cosmos», *Antigüedad y cristianismo: Monografías históricas sobre la Antigüedad tardía*, 7, 1990, p. 497).

ción generalista. Bajando al terreno de lo concreto, en este caso, a la legislación matrimonial, es uno de los objetos finales de este estudio dilucidar si, como afirma de forma casi unánime la doctrina tradicional, la legislación matrimonial en época de Justiniano tiene una clara influencia cristiana o, por el contrario, mantiene su esencia clásica y el cristianismo no influye en ella.

7.1. La obra legislativa del emperador Justiniano

Si existe una figura clave en la historia del Derecho romano, ese es el emperador Justiniano, no tanto por su labor como legislador, que no se niega, sino por su obra recopiladora del Derecho. Se podría dividir la labor jurídica de Justiniano en cuatro grandes obras, que son denominadas en su conjunto como *Corpus Iuris Civilis*: el Código, el *Digesto* o *Pandectae*, las Instituciones y las Novelas o Constituciones Imperiales. El Código, es una codificación de la leyes existentes, del cual se publica una primera edición en el año 529 y una segunda, bajo el título de *Codex repetitae praelectionis*, que es el que ha llegado hasta la actualidad; el *Digesto* —denominado *Pandectae* en griego, que significa materias ordenadas— es una compilación de cincuenta libros en los que se recoge la obra de treinta y nueve juristas romanos desde el año 30 a.C. y el 230 d. C., está dividido por materias, con la *inscriptio* ante cada uno de fragmentos indicando el autor y la obra a la que pertenece. Esta obra viene promulgada a finales del año 533. Las *Instituta* constituyen una obra divulgativa con la que el emperador pretende educar a los estudiantes en el conocimiento de las leyes, aunque viene promulgado con fuerza de ley, entrando en vigor, al igual que el *Digesto*, el 30 de diciembre del año 533.

Las *Novellae* o Constituciones Imperiales de Justiniano son su verdadera obra legislativa, ya que el Código es una recopilación de Constituciones de etapas precedentes, tomando como partida la compilación del Código de Teodosio, y ordenándolas por materias y no por fechas tal como había hecho este último. Como es bien conocido, no existe una recopilación oficial, sino tres de carácter particular con un número variable de Constituciones. En general, se encuentran en las Novelas cuestiones de Derecho público, así como referentes a cuestiones administrativas. Justiniano es el gran reformador de la administración del Imperio, ya que consideraba que era uno de los tres pilares en los que se sustentaría la fuerza del Estado, junto con la economía y la unidad religiosa. Pero también se encuentran reguladas algunas materias de Derecho privado tales como el matrimonio, instituciones del Derecho sucesorio o la legitimidad de los hijos.

Es importante destacar, para finalizar esta pequeña introducción, la influencia de la emperatriz Teodora en la obra legislativa de Justiniano, especialmente en las Novelas. Teodora era una persona dedicada a las artes escénicas, consideradas abyectas en la Roma de la época. Cuando vuelve de su estancia en África, es modelo de conversión cristiana, dedicándose al retiro y a la oración. Mujer de fuertes convicciones y de gran sentido común, influye en su esposo tanto en el gobierno del Imperio como en el espíritu de la legislación emanada, siempre de marcado carácter cristiano, aunque hubiera divergencias religiosas entre ellos, ya que, aunque cristianos ambos, ella era seguidora de la herejía monofisista[329].

7.2. La legislación matrimonial en las *Novellae*

Hay voces de autoridad que afirman que existen en la historia del Derecho romano dos matrimonios perfectamente diferenciados, no solamente en sus formas, sino en su esencia y entendimiento. Edoardo Volterra afirma que no solamente cambian la concepción social y moral del matrimonio, sino que incluso su estructura jurídica, por lo que poco tendría que ver el matrimonio asentado en las leyes de Augusto con el matrimonio de los romanos cristianos que, a partir de la legislación constantiniana y, sobre todo, de la justinianea, estarían influidos por una nueva doctrina moral que haría a estos emperadores cristianos legislar conforme al nuevo credo[330]. Por su parte, Bonfante afirma que con los emperadores cristianos comienza una lucha abierta en contra del divorcio que, aunque se lleva adelante de manera paulatina, va sentando las bases de una nueva idea de matrimonio que se llevará a plenitud en la Edad Media[331]. Eva Cantarella, sin afirmar que cambia la esencia del matrimonio, afirma que la llegada del cristianismo provoca un cambio de mentalidad profundo con respecto al matrimonio, debiendo los emperadores cristianos hacer un esfuerzo para poder conjugar los principios del cristianismo con respecto al matrimonio, con la mentalidad pagana acerca de un matrimonio basado en la sola *affectio maritalis*[332]. En esta línea se expresarán la mayoría de los autores que tratan en profundidad el tema del matrimonio[333].

---

329 R. GONZÁLEZ FERNÁNDEZ, «Legislación y personalidad de Justiniano: su matrimonio con Teodora», en *Antigüedad y Cristianismo,* VIII, 1991, pp. 169-175.

330 *Le mariage romain, plus que toute autre institution, s'est profondément transformé au cours de l'histoire. Dans les sources nouns trouvons des règles se réfèrant à deux mariages tout à fait different. L'un est le mariage de de l'epoque païene, l'autre le noveau mariage chrétien. Ils diffèrent on seulement quant à la conception sociale et morale, mais aussi quant à la structure juridique* (E. VOLTERRA, *La conception du Mariage à Rome, Reuve Internationale des Droits de l'Antiquitè*, 2, 1955, p 367).

331 *Gli è soltanto con gli imperatori cristiani che incomincia la lotta rivolta direttamente contro il dovorzio, la guerra insomma a viso aperto, il cui esito finale doveva nel Medio Evo, allorchè la nuova religione ebbe trovato la sua espressione giuridica nel diritto canonico, indurre una profonda alterazione nel concetto di matrimonio* (P. BONFANTE, *Corso di Diritto romano, op. cit.* pp. 349).

332 E. CANTARELLA, *Instituciones e historia del Derecho romano, op. cit.*, pp. 297 s.

333 Autores como Orestano, Albertario o Robleda siguen una línea paralela a la doctrina de Volterra, quien no es original al realizar estas afirmaciones, por lo que no creemos con-

En las *Novellae* se puede encontrar una muy rica legislación matrimonial en la que Justiniano va adaptando y modificando las normas precedentes al nuevo mundo que le toca gobernar, ya totalmente empapado de la cultura cristiana. En Novelas del año 536 encontramos afirmaciones propias del Derecho precedente y es importante observar que no se desmarca de la época, tales como que el matrimonio está constituido solamente por la sola *affectio maritalis* de los cónyuges o que el matrimonio es soluble, basándose en la doctrina platónica que afirma que lo constituido por los hombres se debe disolver por los mismos[334].

Dos años después, motivado posiblemente por la costumbre social de establecer los *dotalia instrumenta* y por la influencia de la Iglesia, que era favorable al *consensus* público, Justiniano legisla acerca de la celebración del matrimonio, ya que se habían generado abundantes problemas como saber si los hijos eran legítimos o no, si los matrimonios se habían celebrado, casos de bigamia, etc. Todo esto le lleva a establecer la obligatoriedad de que en todo matrimonio se observase la constitución de la dote, de la donación nupcial y de los escritos dotales, en casos de personas de clase social alta, que no estuvieran entre los altos cargos del Imperio y los ilustres[335]. A quienes no quisieran observar todos estos trámites, el legislador les obliga a contraer nupcias en la Iglesia, ante la presencia de un funcionario eclesiástico y tres o cuatro clérigos que testificasen el matrimonio, debiendo conservar un acta los cónyuges y otra la Iglesia, para asegurar la validez del matrimonio y la legitimidad de la prole[336]. En las clases sociales más bajas no era

veniente analizar cada una de las posiciones. Coinciden todos en afirmar que lo que hace efectivo el matrimonio romano, en cualquiera de sus épocas, es el *consensus*, pero la tensión entre la constitución del matrimonio en base a un consentimiento inicial o a un consentimiento continuado hace pensar en una concepción del matrimonio diferente, tanto a nivel político y social como, sobre todo, jurídico (*Cf.* E. ALBERTARIO, «L'autonomia dell'elemento spirituale nel matrimonio en el posseso romano-giustinianeo», en AA. VV., *Studi di Diritto romano I,* Milano, 1933, pp. 220 ss.; R. ORESTANO, *La struttura giuridica del matrimonio romano dal diritto classico al diritto giustinianeo,* Milano, 1951, pp. 303 ss.).

334 *Nuptias itaque affectus alternus facit dotalium non egens augmento. Cum enim semel convenerit seu puro nuptiali affectu sive etiam oblatione dotis et propter nuptias donationis, oportet causam omnino sequi etiam solutionem aut innoxiam aut cum poena, quoniam horum quae in hominibus subsequuntur, quidquid ligatur, solubile est. Ut autem etiam super indotatis matrimoniis distractione facta poena merito subsequatur, hoc nos adinvenimus primi* (Nov. 22.3).

335 *In maioribus itaque dignitatibus et quaecumque usque ad nostros est senatores et magnificentissimos illustres neque fieri haec omnino patimur, sed sit omnino et dos et antenuptialis donatio et alia omnia quae honestiora decet nomina* (Nov. 74.4.1).

336 *Quantum vero in militiis honestioribus et negotiis et omnino professionibus dignioribus est, si voluerint legitime uxori copulari et non facere nuptialia documenta, non sic quomodocumque et sine cautela effuse et sine probatione hoc agatur, sed veniat ad quandam orationis domum et fateatur sanctissimae illius ecclesiae defensori, ille autem adhibens tres aut quattuor exinde reverentissimorum clericorum attestationem conficiat declarantem, quia sub illa indictione illo mense illa die mensis illo nostri imperii anno consule illo venerunt apud eum*

necesaria ninguna formalidad, dándose por supuesto que los hijos nacidos de esos matrimonios eran legítimos[337]. De todos modos, todas estas formalidades son exigibles únicamente para establecer elementos probatorios de la existencia del matrimonio fundamentalmente, de carácter patrimonial o económico, así como para evitar casos de bigamia, reconocimiento de prole, amén de otras muchas razones más, pero la esencia del matrimonio no va a cambiar, ninguna de las ceremonias o ritos exigibles afectarán al matrimonio en sí, ni siquiera a su licitud, ya que como afirma Bonfante, en toda la historia del Derecho romano se rechaza la necesidad de cualquier ceremonia o pompa para que el matrimonio sea válido[338].

Curiosa la reacción del emperador al querer solucionar la situación de mujeres que, después de haber vivido durante años con un hombre, y habiendo tenido incluso hijos, se quejan de que el hombre las echa de casa y no reconoce la unión; la solución la da al declarar como válidas esas uniones, creando nuevas formas para la validez de la constitución del matrimonio, tales como jurar el *consensus* sobre las Escrituras o hacer un juramento dentro de una iglesia. En el caso de estas uniones de hecho que el emperador legaliza, las mujeres no podrían ser repudiadas a no ser que existieran los motivos previstos por el Derecho para que el marido pudiese pedir el divorcio:

> *Quoniam autem interpellationibus quae nobis fiunt semper omnium assidue mulieres audimus ingemiscentes et dicentes, quia quidam earum concupiscentia detenti ducant in domibus suis, sacra tangentes eloquia aut in orationis domibus iurantes habituros se eas legitimas uxores, taliter eas habentes tempore multo et forte suscipientes filios, deinde dum se satiaverint earum desiderio, aut extra filios aut cum filiis proicientes de suis domibus, iudicavimus etiam hoc oportere sanare: ut si*

in illam orationis domum ille et illa et coniuncti sunt alterutri. Et huiusmodi protestationem si quidem accipere volunt aut ambo convenientes aut alteruter eorum, et hoc agant et subscribant ei et sanctissimae ecclesiae defensor et reliqui tres aut quantoscumque voluerint, non tamen minus trium, litteris hoc significantibus (Nov. 74.4.1).

337 *Quisquis autem in abiecta degit vita, parvae quidem substantiae dominus consistens in novissima vero vitae parte iacens, habeat etiam in his licentiam. Sed neque agricolas aut milites armatos, quos lex caligatos appellat, hoc est viliores et obscuriores, non perscrutamur, quibus civilium causarum ignoratio est et solius circa terram operationis et circa bella concupiscentia causa est studiosa et iuste laudabilis: sic ut in vilibus personis et in militibus armatis obscuris et agricolis licentia sit eis et non scripto convenire et matrimonia celebrare inter utrosque; sintque filii legitimi, qui patrum aut mediocritatem aut militares vel rusticas occupationes et ignorantias adiuvent* (Nov. 74.4.3)

338 *«In antitesi alla solemne celebrazione e alla scrittura da un lato, alla copula dall'altro, giuristi ed imperatoripongono sempre in rilievo il consenso e lo stato di fatto che lo manifesta. Ai testi che ribadiscono con frasi scultorie l'indifferenza della scrittura e della solennità, l'indifferenza delle tabulae, dando risalto in contrasto alla maritalis affectio —concetto di cui è difficile negare la elevatezza e forse la superiorità ética di fronte al nostro matrimonio formale— fa riscontro quasi come un aforisma il testo celebre di Ulpiano, che torna con piccole varianti tre volte nel Corpus iuris, e una di esse nel titolo generale de regulis iuris:"nuptias non concubitus, sed consensus facit"»* (P. BONFANTE, *Corso di Diritto romano, op. cit.* p. 259).

mulier ostendere potuerit modis legitimis, quia secundum hanc figuram vir eam accepit domi ut uxorem legitimam haberet et filiorum legitimorum matrem, nequaquam penitus licentiam ei esse hanc de domo praeter ordinem legis expellere, sed habere eam legitimam et filios suos ei esse. Et illam quidem, siquidem indotata sit, nostrae constitutionis uti bonis, quartam substantiae viri percipiens, sive expellatur sive prius moriatur vir, non perscrutantibus nobis sive repudio utens dimittat eam sive etiam sine hoc: neque enim verisimile est eum mittere repudium qui et ipsas nuptias denegat. Sed si eam inrationabiliter expellat de domo, hoc ipsum sit adversus virum iusta causatio, et mulier hoc facto repudium ei mittat et exigat quartam, si uxor ostensa fuerit extitisse, licet extra dotem convenerit iuriiurando credens. Quid enim agat aliud quae ad dotem non est idonea, quam ut semet ipsam sub omni dote contradat? [339].

Permite también Justiniano el matrimonio entre libertos y personas de cualquier *status* social, con la única condición de que se presenten los *dotalia instrumenta* y el documento de *manumissio* del liberto; es más, aquellos a quienes se les ha concedido el *status* de *cives* se le aplican automáticamente todos los derechos matrimoniales como si hubieran contraído nupcias *secundum legem*[340]. Los hijos nacidos de la unión de dos personas en esta situación, antes de esta disposición, son considerados automáticamente libres, *ingenui* e hijos legítimos con derecho a sucesión, al igual que los nacidos tras la publicación de esta Novela[341].

Es novedad introducida en las *Novellae* de Justiniano la no exigencia para los matrimonios *inter impares honestate personae* la constitución de los instrumentos dotales, los cuales serían necesarios solamente como demostración y objetivación de la *affectio maritalis,* en tres casos: el paso del con-

339 Nov. 74.5.

340 *Propterea sancimus, si quis manumittens servum aut ancillam suam cives denuntiaverit romanos (neque enim aliter licet), sciat ex hac lege, quia qui libertatem accepit habebit subsequens mox et aureorum anulorum et regenerationis ius, et non iam ex necessitate hoc a principibus postulabit neque indigebit omnino ulla scrupulositate, sed libertatis virtute haec omnia subsequentur. Hac nostra lege ex praesenti die incohante: non enim aliquid horum quae prius facta sunt perscrutamur, firmamus ergo omnia praecedentia, ut valeant secundum eos quos facta sunt modos* (Nov. 78.1.).

341 *Et ita rebus et veritate toti efficimur, ut si cui etiam ex serviente muliere procreentur filii et voluerit ille postea mulierem manumittere et dotalia conficere documenta, mox cum ipsa dotis inscriptione et filiis competet libertatis simul et suorum ius, non requirentibus nobis specialem libertatem in filiis fieri et simul manumitti cum matre aut post eam vel ante eam forte libertatem accipere, sed scriptione nuptialium documentorum mox eis etiam libertatem donamus. Quod enim maius utique ostensurus est pater libertatis filiorum indicium quam [quod] uxorem ostendere liberamque simul et legitimam nuptialium documentorum conscriptione? Si enim miles relinquens legatum alicui suarum ancillarum ipsa donatione legati et libertatem dare videatur, quomodo non multo magis pater, si documentum nuptiale conscripserit, habebit proprios filios ex hoc solo et liberos et legitimos successores? Neque enim quilibet eum putaturus erit voluisse filiorum quidem matrem legitimam esse et hoc tam magnum ei donasse opus libidinis, proprios autem filios ex suo natos semine adhuc relinquere servituros* (Nov. 78.4)

cubinato al matrimonio, el matrimonio con una mujer dedicada a las artes escénicas o el matrimonio de una liberta con un hombre libre[342].

Una de las Novelas más ricas en contenido matrimonial es la 117 del año 542[343], en la que normativiza, en sus quince capítulos, muchos aspectos del matrimonio, incluso derogando decisiones suyas precedentes. Vuelve a poner el *affectus* como base del matrimonio, por lo que es posible volver a casarse sin los *dotalia instrumenta*, que quedan reservados para la gente de más alta clase social, aunque si hubiesen contraído nupcias *more affectu* antes de alcanzar la dignidad, su matrimonio sería válido y sus hijos legítimos[344]; en esta novela se establece también que si alguien reconoce como hijos propios a los hijos de una mujer libre, son considerados legítimos sin más, aplicándoseles todas las disposiciones testamentarias que les pudiesen favorecer, todo esto dando por supuesto que se había celebrado un consentimiento matrimonial[345].

El capítulo tercero de la Novela establece que si una persona contrae nupcias por *affectus* y tiene hijos y después lo hace con instrumentos dotales y vuelve a tener hijos, todos ellos, los del primer y segundo matrimonio, son legítimos y participan de igual forma de la herencia del padre[346]. En el capítulo VI, derogando una disposición constantiniana, permite el matrimonio

---

342 C. Fayer, *La Familia Romana, op. cit.* pp. 621-623.

343 *Ibid.*, p. 630.

344 *Quia vero legem dudum protulimus iubentem aut dotalia fieri documenta aut alias probationes procedere factas apud ecclesiae defensores, per quas nuptias competat confirmari, aut certe sacramenta praeberi, in praesenti perspeximus melius disponere ea quae de his pridem sancita sunt. Et propterea iubemus eos qui maximis dignitatibus decorati sunt usque ad illustres non aliter nuptias celebrare nisi dotalia scribantur instrumenta, nisi tamen aliquis antequam mereretur huiusmodi dignitates ex affectu solo duxit uxorem* (Nov. 117.4).

345 *Ad haec autem et illud sancire perspeximus. ut si quis filium aut filiam habens de libera muliere, cum qua nuptiae consistere possunt, ducat in instrumento sive publico sive propria manu conscripto et habenti subscriptionem trium testium fide dignorum, sive in testamento sive sub gestis monumentorum, hunc aut hanc filium suum esse aut filiam, et non adiecerit naturalem, huiusmodi filios legitimos esse et nullam aliam probationem ab eis quaeri, sed omni frui eos iure quod legitimis filiis nostrae conferunt leges, utpote ipso patre, sicuti dictum est, filios proprios eos vocante. Ex hoc enim et cum eorum matre monstratur legitimum habuisse matrimonium, ut neque ab ea pro nuptiarum fide alia probatio requiratur. Si autem pater ex ipsa muliere multos filios habens uni ex eis testimonium quolibet ex praedictis praebuerit modis, sufficere etiam aliis ex eadem muliere natis ad legitima iura patris testimonium uni datum* (Nov. 117.2).

346 *Hoc quoque praesenti constitutioni perspeximus adiciendum, ut si quis ex non scripto per affectum nuptialem uxorem acceperit et ex ea filios procreaverit, soluto autem matrimonio contingat eum etiam aliam ducere coniugem cum dotalibus instrumentis et ex ea similiter filios procreare, nullum circa paternam hereditatem aliis filiis ex indotata coniuge natis praeiudicium fieri, sed cum aliis filiis ex secunda natis uxore, quae cum dotalibus instrumentis copulata est, ad patris et illos hereditatem vocari, cum etiam ex solo affectu possit consistere matrimonium. Quod similiter valere volumus, etiamsi prius quidem cum dotalibus instrumentis iungatur aliquis uxori, post illam vero alteram ducat solo nuptiali affectu* (Nov. 117.3).

de las dignidades del Imperio con las mujeres consideradas *abjectae*, pero exigiendo *dotalia instrumenta* para las más altas dignidades, mientras que todos los demás *dignitatibus decorati* pueden casarse simplemente *cum solo affecto nuptiale*:

> *Illo indubitanter observando, ut Leonis piae memoriae constitutio in omnibus aliis casibus, qui non continentur praesenti lege, propriam habeat fortitudinem. Constantini vero piae memoriae legem ad Gregorium scriptam et super eam factam interpretationem a Marciano piae memoriae, per quam mulierum coniunctiones, quas Constantini lex abiectas vocavit, ad quosdam dignitatibus decoratos prohibentur, nullo penitus modo valere permittimus, sed licentiam volentibus praebemus, etsi quibuslibet magnis dignitatibus decorentur, huiusmodi mulieres cum dotalibus instrumentis sibimet copulare. Reliqui vero citra eos qui maioribus dignitatibus decorati sunt licentiam habebunt huiusmodi mulieres accipere, sive scripto voluerint sive solo affectu nuptiali, si tamen liberae sint et cum quibus licet nuptias celebrare*[347].

En definitiva, la Novela 117 será la que cerrará el aspecto matrimonial en el Derecho justinianeo, y establece lo que había promulgado al principio, que no es otra cosa que el matrimonio lo constituye en esencia el *consensus* y que no hace falta otra cosa más que la *affectio maritalis* para que la unión sea válida y legítima *(Nuptias itaque affectus alternus facit dotalium non egens augmento)*[348] «y que si falte éste, el matrimonio se puede disolver, ya que sobre esta affectio se basa la unión conyugal»[349]. La obligatoriedad de establecer los *dotalia instrumenta* para las clases más altas del Imperio no responde a otra razón que la de respaldar jurídicamente la seguridad del patrimonio de las grandes familias romanas, pero, evidentemente, no tiene nada que ver con lo que el matrimonio es en sí.

En cuanto al divorcio, debemos también detenernos a analizar el contenido de la novela 117, en la que encontramos las causas de divorcio que conoce el Derecho justinianeo. Es preciso recordar que, si Augusto fue el gran legislador romano con respecto al matrimonio, de igual manera lo será Justiniano con respecto al divorcio. En principio hay cuatro casos de disolución del matrimonio: acuerdo de los esposos, por causa razonable o justa, sin ninguna causa o con causa no imputable a ninguno de los cónyuges[350].

---

347 Nov. 117.6.

348 Nov. 22.3.

349 *Cum enim semel convenerit seu puro nuptiali affectu sive etiam oblatione dotis et propter nuptias donationis, oportet causam omnino sequi etiam solutionem aut innoxiam aut cum poena, quoniam horum quae in hominibus subsequuntur, quidquid ligatur, solubile est (Ibid.).*

350 *Distrahuntur itaque in vita contrahentium matrimonia alia quidem consentiente utraque parte, pro quibus nihil hic dicendum est, pactis causam, sicut utrique placuerit, gubernantibus, alia vero per occasionem rationabilem, quae etiam bona gratia vocatur, alia vero citra omnem causam, alia quoque cum causa rationabili* (Nov. 22.4).

Las causas razonables son las que habían promulgado Teodosio y Valentiniano[351], el repudio sin causa alguna estaba prohibido, pero lo introduce en la Novela ya que era un caso común, y en caso de darse, se consideraba válido; pero la labor legislativa original de Justiniano acerca de los supuestos en los que el marido puede repudiar a la esposa son los siguientes, que se encuentran en la Novela 117, capítulo VIII: que la mujer fuese sabedora de una conspiración contra el Imperio y no lo dijese a su esposo[352], en caso de adulterio[353], en caso de asesinato del marido, aun en grado de tentativa[354], en caso de relaciones consideradas íntimas —que no sexuales— en aquellos tiempos[355], el no vivir en el domicilio conyugal[356], y la asistencia a espectáculos públicos sin consentimiento del marido[357]. En cuanto a las causas por las que la mujer puede divorciarse del marido —contenidas en el capítulo IX— se encuentran que el marido conspire contra el Imperio o sea conocedor de una conspiración y no la denuncie[358], que atente contra la vida de la esposa o que no la defienda si otros intentan matarla[359], si atenta contra la castidad conyugal[360], que la hubiese acusado falsamente de adulterio[361], y que llevase a casa regularmente a otra mujer o se encontrase con ella fuera y, siendo reprendido y conminado a enmendarse por personas respetables, hiciese caso omiso[362].

351 *Vid.* notas 118, 118 y 120.

352 *Si contra imperium cogitantibus aliquibus conscia est mulier aut etiam suo viro non iudicet. Si autem vir hoc a muliere denuntiatum tacuerit, liceat mulieri: per quamcumque personam hoc declarare imperio, ut vir nullam ex hac causa repudii inveniat occasionem* (Nov. 117.8.1).

353 *Si contra imperium cogitantibus aliquibus conscia est mulier aut etiam suo viro non iudicet. Si autem vir hoc a muliere denuntiatum tacuerit, liceat mulieri: per quamcumque personam hoc declarare imperio, ut vir nullam ex hac causa repudii inveniat occasionem* (Nov. 117.8.2).

354 *Si quolibet modo mulier vitae viri fuerit insidiata, aut aliis hoc facientibus conscia viro non indicaverit* (Nov. 117.8.3).

355 *Si cum viris nolente marito extraneis convivit aut cum eis lavatur* (Nov. 117.8.4).

356 *Si nolente viro foris domum manserit, nisi forsan apud proprios parentes* (Nov. 117.8.5).

357 *Si circensibus aut theatris aut amphitheatris interfuerit ad spectandum ignorante aut prohibente viro* (Nov. 117.8.6).

358 *Si contra imperium aut ipse cogitaverit aliquid aut cogitantibus conscius non indicaverit imperio aut per se aut per quamcumque personam* (Nov. 117.9.1).

359 *Si quolibet modo vir insidiatus fuerit vitae mulieris, aut aliis hoc volentibus sciens non manifestaverit uxori et studuerit secundum leges ulcisci* (Nov. 117.9.2).

360 *Si maritus uxoris castitati insidiatus aliis eam adulterandam temptaverit tradere.* (Nov. 117.8.3)

361 *Si vir de adulterio inscripserit uxorem et adulterium non probaverit, licere mulieri volenti etiam pro hac causa repudium destinare viro, et recipere quidem propriam dotem, lucrari autem et antenuptialem donationem* (Nov. 117.8.4).

362 *Si quis in sua domo, in qua cum sua coniuge commanet, contemnens eam cum aliis inveniatur in ea domo manens, aut in eadem civitate degtens in alia domo cum alia muliere frequenter manere convincitur, et semel et secundo culpatus aut per suos parentes aut per mulieris aut per alias aliquas fide dignas personas huiusmodi luxuria non abstinuerit,*

Como bien se puede observar, con el paso del tiempo van aumentando las causas de divorcio, ya que aunque el ambiente es cristiano, no existe una doctrina todavía acerca de la indisolubilidad del vínculo, por lo que existen casos en los que los legisladores consideran razonable que un matrimonio se disuelva; aun así, los casos siguen siendo los mismos que antes, en número, y en el contenido poca variación sufren, ya que son los que atentan contra el honor de los cónyuges, pero materializados de forma diferente; lo que sí supone una novedad es la causa de divorcio motivada por que uno de los cónyuges traicione al Imperio. Sin embargo, aunque haya divorcios *de facto* sin causa, éstos están prohibidos por la ley, si bien es cierto que el legislador es bastante tolerante con el tema del repudio, ya que aun no mediando causa, como ya ha quedado dicho, si el matrimonio se disuelve *de facto,* queda *de iure* igualmente disuelto.

licere mulieri pro hac causa solvere matrimonium, et recipere datam dotem et antenuptialen donationem, et pro tali iniuria tertiam partem aestimationis quam antenuptialis facit donatio ex eius substantia percipere (Nov. 118.8.5).

8

UNA NUEVA CONCEPCIÓN DEL DIVORCIO

Aunque la esencia del matrimonio y del divorcio no cambian con el Derecho romano cristiano —siguen siendo situaciones de hecho que dependen exclusivamente de la voluntad de los cónyuges— comienza a surgir una nueva legislación que pretende regular el divorcio por causas justas. Es importante recalcar que, en los primeros siglos del cristianismo, no existe un matrimonio diferente para cristianos y paganos, ya que como afirma uno de los primeros escritores cristianos «los cristianos, de hecho, no se distinguen de las demás personas [...] se casan como todos y engendran hijos, pero no abandonan a su prole»[363]. Ello no quiere decir que con la introducción del cristianismo en el mundo romano las costumbres no vayan evolucionando y que la celebración de las nupcias vaya adquiriendo tintes litúrgicos y se celebre en las comunidades, que serán los nuevos grupos familiares cristianos, basados no en la sangre, sino en la fe común.

Es bien conocida la sentencia que aparece en el evangelio de Mateo en la cual Jesús se pronuncia acerca del divorcio:

> *Et accesserunt ad eum pharisaei tentantes eum et dicentes: Licet homini dimittere uxorem suam quacumque ex causa? Qui respondens ait: Non legistis quia, qui creavit ab initio, masculum et feminam fecit eos et dixit: Propter hoc dimittet homo patrem et matrem et adhaerebit uxori suae, et erunt duo in carne una?. Itaque iam non sunt duo sed una caro. Quod ergo Deus coniunxit, homo non separet. Dicunt illi: Quid ergo Moyses mandavit dari libellum repudii et dimittere? Ait illis: Moyses ad duritiam cordis vestri permisit vobis dimittere uxores vestras; ab initio autem non sic fuit. Dico autem vobis quia quicumque dimiserit uxorem suam, nisi ob fornicationem, et aliam duxerit, moechatur .Dicunt ei discipuli eius: Si ita est causa hominis cum uxore, non expedit nubere*[364].

363 *A Diogneto,* V, 6, en PG 2, col. 1167-1187.

364 Mt, 19, 3- 10.

En principio, y siguiendo la traducción de la Vulgata, el tema quedaría zanjado, pero es necesario tener en cuenta varias cosas. En primer lugar, lo que la Vulgata traduce como *fornicartionem*, responde al término griego *πορνεια*, y sobre los matrices de traducción de esta palabra se ha discutido con largueza. La cuestión es demasiado compleja, por lo que merece un capítulo aparte que se afrontará más adelante.

El divorcio se comienza a regular con el Derecho romano cristiano, y se exigen una serie de causas siempre que el divorcio no sea de común acuerdo, ya que, de serlo, el divorcio sería libre. No sería imaginable en la mentalidad romana la prohibición del divorcio, tan arraigado en la mentalidad romana, ni siquiera limitar de forma exigente su praxis, ya que los emperadores cristianos, a la vez que introducen las ideas cristianas en su hacer político y legislativo, apuestan por la libertad religiosa en el Imperio, siendo el mejor y más claro ejemplo de esto la promulgación, en el año 313, del Edicto de Milán por Constantino y Licinio. El emperador Constantino pone como condiciones para que el marido pueda repudiar a la mujer el que ésta sea adúltera, practique el alcahueterismo o intente envenenar al marido[365]; para que la esposa se pueda divorciar del marido es necesario que éste cometa homicidio, envenenamiento o profanación de sepulcros. En caso de que el divorcio se diese de forma unilateral sin una de estas causas, vendrían impuestas una serie de sanciones relacionadas siempre con la capacidad patrimonial de la mujer (pérdida o restitución de la dote y apropiación de la dote de la segunda esposa por parte de la primera) o con su residencia en el domicilio conyugal o con la deportación[366]. Estas medidas que toma Constantino para limitar el divorcio unilateral son, quizás, las más restrictivas de la historia del Derecho romano, pero cabe señalar que, aun en el caso de que el divorcio se llevara a cabo de manera unilateral y sin mediar *iustae causae*, el divorcio sería igualmente válido, aunque ilícito[367].

---

365 El profesor E. Volterra mantiene que este envenenamiento no sería lo que entendemos como tal, sino el uso de sustancias medicinales o pseudomedicinales con finalidades nigrománticas, por lo que lo que se está condenando aquí es la práctica de la brujería (E. Volterra, *en voz en Novissimo Digesto Italiano*, Torino, 1982, s. v. «*Divorzio*», p. 876).

366 *Mulieri non licere propter suas pravas cupiditates marito repudium mittere exquisita causa, velut ebrioso aut aleatori aut mulierculario, nec vero maritis per quascumque occasiones uxores suas dimittere, sed in repudio mittendo a femina haec sola crimina inquiri, si homicidam vel medicamentarium vel sepulcrorum dissolutorem maritum suum esse probaverit, ut ita demum laudata omnem suam dotem recipiat. Nam si praeter haec tria crimina repudium marito miserit, oportet eam usque ad acuculam capitis in domo mariti deponere, et pro tam magna sui confidentia in insulam deportari. In masculis etiam, si repudium mittant, haec tria crimina inquiri conveniet, si moecham vel medicamentariam vel conciliatricem repudiare voluerit. Nam si ab his criminibus liberam eiecerit, omnem dotem restituere debet et aliam non ducere. Quod si fecerit, priori coniugi facultas dabitur, domum eius invadere et omnem dotem posterioris uxoris ad semet ipsam transferre pro iniuria sibi illata* (C. Th. 3, 16, 1).

367 O. Robleda, *El Matrimonio en Derecho Romano, op. cit.* p. 265.

La afirmación de que la legislación constantiniana es la más restrictiva con respecto al divorcio se fundamenta en que, aunque el resto de los emperadores cristianos regulen el divorcio y exijan causas graves para poder llevarlo a cabo, nunca serán tan pocas y específicas como en el caso de Constantino.

Así, los emperadores Honorio y Constantino II también regulan el divorcio, pero se limitan a disponer que un cónyuge se puede divorciar del otro siempre y cuando existan causas graves; si el juez considera que la causa del divorcio no es grave, se impondrían las sanciones pertinentes, siendo en este caso novedad el hecho de que la esposa no podría contraer segundas nupcias (en caso de contraerlas el primer marido la podría acusar de adúltera) y el marido tendría que esperar dos años para casarse por segunda vez[368]. Los emperadores Teodosio y Valentiniano vuelven a establecer una serie de *iustae causae* para poder divorciarse, pero estableciendo esta vez el número de catorce para cada uno de los cónyuges. Algunos de los ejemplos son si el marido es impotente: *quando aliquis impotens fuerit coire mulieri et agere quae a natura viris data sunt*[369], si cae alguno de los cónyuges en cautividad: *sed etiam captivitatis casus talis est, quale est bona gratia distrahere matrimonium*[370], o si pierde el *status libertatis*, ya que es comparable a la muerte del ciudadano[371]. El divorcio unilateral sin contemplar alguna de las causas que contempla la constitución conlleva solamente penas patrimoniales, y limita en el tiempo las segundas nupcias, debiendo esperar la esposa cinco años para poder contraerlas y el marido solamente uno[372].

Sirvan estos ejemplos para caer en la cuenta de que, si bien los emperadores cristianos comienzan a restringir el divorcio libre a través de justas causas, éstas son tan amplias que cualquier ciudadano podría divorciarse, máxime teniendo en cuenta que solamente son exigibles éstas en caso de discrepancia entre los cónyuges ya que, como ya se ha dicho, el matrimonio de común acuerdo es libre.

368 *Ibid.* p. 266.

369 Nov. 22.6.

370 Nov. 22.7.

371 *Si vero decretum iudiciale libertum aut libertam aut horum filios in servitutem redigat, constat quidem ab initio matrimonium, postea vero apparens servitus separat eos ab invicem, tamquam morte secuta: quoniam praecedentes nos dicunt supervenientem servitutem non procul a morte differre* (Nov. 22.9).

372 E. VOLTERRA, *en voz en Novissimo Digesto Italiano*, Torino, 1982, s. v. «Divorzio», p. 878.

9

EL MATRIMONIO EN LA BIBLIA

Pocos testimonios existen tan valiosos, al analizar el comportamiento humano, que la Biblia. Este conjunto de libros aporta, desde un punto de vista objetivo, la historia del Pueblo de Israel, con todos sus avatares, así como el nacimiento del cristianismo. Esto supone un magnífico retrato de la historia de un pueblo, de sus costumbres, su legislación y su religiosidad, entre otras muchas cuestiones.

Posee, así mismo, la especificidad de que su historia la cuentan ellos mismos, y todo lo que aportan tiene un valor específico para el tema que nos atañe, ya que, tanto de forma directa como indirecta, pone de manifiesto el aspecto moral de una sociedad profundamente religiosa y que, como es evidente, está presente en todos los aspectos de su vida. Es interesante ver como, a lo largo de la historia de la Iglesia y, por lo tanto, de la teología, se ha tomado la Biblia como una colección de preceptos morales que se podrían aplicar a cualquier circunstancia de la vida cristiana, independientemente de su origen o de sus peculiaridades[373]. Tanto es así que, salvando las distancias y, aplicando los métodos de estudio contemporáneos, así como su hermenéutica propia, la Biblia sigue siendo un referente moral tanto para judíos como para cristianos, pudiendo éstos encontrar en las orientaciones escriturísticas una serie de criterios en su actuar que puedan ayudar en la búsqueda de la felicidad y de la plenitud personal[374].

Como se verá más adelante, la concepción de la Ley en el AT es muy amplia, ya que trasciende el mero hecho de regular el comportamiento de

373 G. IRRAZÁBAL, «Biblia y moral. Los criterios de interpretación en el documento de la Pontificia Comisión Bíblica» (2008), *Franciscanum,* 54, 158, 2012, p. 336.

374 *Para los cristianos la Sagrada Escritura no es sólo la fuente de la revelación, la base de la fe, sino también el punto de referencia imprescindible de la moral. Los cristianos están convencidos de que, en la Biblia, se pueden encontrar indicaciones y normas para obrar rectamente y para alcanzar la vida plena* (PONTIFICIA COMISIÓN BÍBLICA, *Biblia y Moral. Raíces bíblicas del comportamiento cristiano*, Roma, 2008, Prólogo. Consultado en https://www.vatican.va/roman_curia/congregations/cfaith/pcb_documents/rc_con_cfaith_doc_20080511_bibbia-e-morale_sp.html el 27/XI/2020).

las personas; el Nuevo Testamento (en adelante NT), por su parte, tratará de resignificar esta Torah, y el comportamiento moral irá más allá del mero cumplimiento de las normas, convirtiéndose el modo de actuar humano, según la perspectiva evangélica, en una cuestión de convencimiento personal basada en una nueva concepción del ser humano. Esta nueva concepción, surgida del evangelio, marcará el obrar cristiano a través de los siglos y será la base con la que la Iglesia irá definiendo los criterios morales propios. Así, el Concilio Vaticano II afirmará que «es deber de la Iglesia escrutar a fondo los signos de la época e interpretarlos a la luz del Evangelio»[375].

9.1. El matrimonio en el Antiguo Testamento

Como ya se ha podido comprobar en lo expuesto hasta ahora, el matrimonio es una institución antigua que regula la relación estable de convivencia entre un hombre y una mujer. Roma no es pionera al hablar de matrimonio, y culturas muy anteriores a ella conocen ya el matrimonio monógamo que Roma legará a través de su Derecho.

Interesa centrarse en la base cultural y religiosa que ve nacer el cristianismo, que no es otra que el judaísmo. El testimonio escrito más importante que existe de la cultura judaica es la Biblia, el conjunto de libros que nos cuentan la historia del Pueblo de Israel desde la creación del Mundo hasta el nacimiento de Jesucristo. Aunque sería complejo entrar en el tema de su datación, es posible afirmar que varios siglos antes del nacimiento de Cristo existen testimonio escritos de un modelo matrimonial monógamo, aunque con numerosos testimonios de poligamia y situaciones irregulares que habrá tiempo de enunciar con algo de detenimiento. Así mismo, es necesario afirmar desde este momento que la creación del ser humano parte de un proyecto en el que Dios no concibe al ser humano sino en la complementariedad de ambos sexos, ya que como bien afirma Julio Lamelas,

> para hablar del Dios, para representarlo, para encontrarlo, no basta el ser humano masculino, es necesaria también la mujer. Y en su unión, con la capacidad de generar, se convierte en símbolo de la obra creadora de Dios e instrumento de su acción[376].

Si hay una idea clara en el AT, es que «Dios comenzó el proceso de revelación bíblica a partir de experiencias religiosas familiares»[377], lo que quiere decir que el desarrollo de este Pueblo, que se manifiesta en la revelación de Yahvé, surge en primera instancia del ámbito familiar.

375 GS 4.

376 J. LAMELAS MÍGUEZ, «La Acción del Hombre en el Mundo como lugar de encuentro con Dios», en AA. VV., *Caminos hacia Dios. XLIII Jornadas de Teología*, Salamanca, 2011, p. 70.

377 J. L. CARAVIAS, *Matrimonio y familia a la luz de la Biblia,* Buenos Aires, 1991, p. 10.

En los profetas se podrá encontrar el término matrimonio como una imagen alegórica de la Alianza de Yahvé con su pueblo. El profeta Oseas será pionero usando el lenguaje matrimonial para referirse a dicha Alianza: «Entonces me casaré contigo para siempre, me casaré contigo en la justicia y en el Derecho, en la ternura y el amor; me casaré contigo en la fidelidad, y tú conocerás al Señor»[378]. Este lenguaje hace conocer al ser humano lo que Dios quiere de ellos a través de palabras y experiencias que puedan entender, y no solo eso, sino que usa los términos de las experiencias vitales más entrañables del ser humano, como en este caso la unión conyugal. Por el contrario, y acudiendo también al plano sentimental, el profeta Jeremías hablará de adulterio cuando se quiera referir a la infidelidad de Israel hacia Yahvé, especialmente los cultos idolátricos a Baal: «Mas como una mujer traiciona a su marido, así me ha traicionado a mí la casa de Israel —dice el Señor—»[379]. Estos son solamente dos ejemplos del lenguaje matrimonial que el AT utiliza para referirse a la relación del Pueblo de Israel con Yahvé[380]. Por un lado, da cuenta de la importancia del matrimonio y de la fidelidad reprobando, así mismo, el adulterio, paralelo a la idolatría y, así, en la literatura rabínica será posible encontrar la idea de que el pacto del Sinaí viene expresado como el matrimonio de Yahvé con Israel, el Cantar de los Cantares afirmará que Dios es el esposo e Israel la esposa, entre otros muchos ejemplos[381].

El matrimonio en el discurso bíblico aparece, como no podía ser de otro modo en la forma de pensar del Pueblo Judío, en orden a la procreación, ya que la peor desgracia que podía suceder en una familia era la esterilidad. De hecho, uno de los más comunes prodigios que Yahvé opera en los suyos suelen ser el dar la fertilidad a la mujer estéril: tenemos muchos ejemplos, de sobra conocidos: Sara[382], Rebeca[383], Raquel[384], Ana[385], e Isabel[386], entre otras muchas. Tal era la importancia que tenía la descendencia dentro del matrimonio y la familia judías, que no es infrecuente encontrarse con el hecho de concebir por medio de sus esclavas: así, Abraham tendrá un hijo de la criada

378 Os, 2, 22-23.

379 Jr 3, 20.

380 Tanto en el profeta Isaías, como en el Cantar de los Cantares, en el libro de los Proverbios, en el Eclesiastés, el libro de Judit, en el de Tobías, encontramos múltiples referencias al paralelismo de esta relación de Yahvé con su pueblo con la experiencia matrimonial en sus múltiples facetas. Isaías se refiere al Pueblo que necesita a Dios como «una mujer abandonada y abatida a quien vuelve a llamar el Señor» (Is 54, 6).

381 F. J. Mateos, F. Camacho, *Evangelio, figuras y símbolos,* Córdoba, 1989, pp. 70 s.

382 Gn 16, 1.18, 9-15.21, 1-7.

383 Gn 25, 21.

384 Gn 29, 31.30, 1.

385 1S 1, 7-20.

386 Lc 1, 7.13-20.

de Sara, Agar[387], así como Jacob tendrá varios de sus hijos con Bahlá y Zilpá, esclavas de sus esposas Raquel y Lía, respectivamente[388]. No es ajena, tampoco, a la praxis del Pueblo Judío, una costumbre como la del incesto, ya que el mismo Abraham, padre de los creyentes, comete un matrimonio incestuoso[389], siendo uno de muchos otros ejemplos. Esta forma de actuar nos hace constatar que la familia judía, al igual que la romana, distaba mucho, en su concepción, de lo que por familia entendemos hoy. En este caso, los hijos eran un bien de la familia, concebida también por el Pueblo Judío como el conjunto de personas y bienes sometidas al poder de un jefe de familia[390], y es ésta la razón por la que, si el padre de familia tiene descendencia con una esclava, al ser esta propiedad de aquel, es hijo legítimo y, por lo tanto, con todos sus derechos como hijo del matrimonio, incluso los hereditarios[391]. Sirva como ejemplo la expulsión de Ismael y su madre, la esclava Agar, del hogar de Abraham, al ver la esposa de éste peligrar la herencia de su hijo Isaac, nacido después del hijo de la esclava. La familia de sangre, pues, lo era solamente para los varones, ya que las hijas pasaban a formar parte de la familia del esposo una vez se casaban. Muestra de ello es la despedida que da Ragüel a su hija Sara cuando ésta parte de la casa paterna: «Ve a casa de tu suegro. Desde ahora ellos son tus padres, como los que te hemos dado la vida. ¡Ojalá puedas honrarlos mientras vivan!»[392]. El hijo fundaba su propio hogar cuando se casaba, pero lo que realmente creaba era una pequeña comunidad doméstica dentro de un ámbito de jurisdicción más grande, que era la del patriarca. Éste sería el varón mayor de la familia o su primogénito y gobernaba sobre la, generalmente, muy amplia familia, en la que estarían los hijos casados, sus mujeres e hijos, las hijas solteras y los siervos y escla-

387 Gn 16, 1-4.

388 Gn 31, 1-24.

389 G. Hepner, «Abraham's incestuous marriage with Sarah a violation of the Holiness Code», *Vetus Testamentum*, 53, 2, 2003, pp. 143-145.

390 «Se estima que en un primer momento la sociedad israelita era matriarcal, es decir, que se transmitían los lazos familiares por vía materna. Ejemplo de ello son los matrimonios de Sara y Abraham o de Tamar y Amnón quienes serían, en ambos casos, hermanos por vía paterna, entendiéndose que la prohibición de casarse entre hermanos que contempla el libro del Levítico hace referencia a los que legalmente son hermanos que, en este caso, de ser una sociedad matriarcal, serían los hermanos por vía materna» (A. Díez-Macho, «La familia en la Biblia», en *Estudios sobre la familia,* Toledo, 1981, p. 115).

391 «La autoridad del padre se extiende a su mujer, sus hijos, sus nietas, sus siervos y a toda la familia, y si él es el jefe, su autoridad se extiende a la tribu. Muchos de los árabes beduinos de este tiempo no tienen otro gobierno más que el patriarcal. Cuando Abraham, Isaac y Jacob vivían en tiendas en la Tierra Prometida, se gobernaban por el mismo sistema. Y cuando la ley de Moisés fue dada a Israel, la autoridad de los padres y específicamente la del padre, aún se reconocía» (Fred H. Wight, *Usos y costumbres de tierras bíblicas,* Michigan, 1999, p. 95).

392 Tb 10, 12.

vos[393]. Estas amplias familias, unidas a otras con las que tuviesen vínculos de sangre, constituían los clanes del Pueblo de Israel[394].

Sería interesante también acercarse al pensamiento rabínico de época veterotestamentaria, ya que los solos datos del AT quedan un poco incompletos si se quiere conocer cómo era exactamente la institución estudiada en esa época, pero su estudio sobrepasa los límites de este tratado. La aportación de las diferentes escuelas rabínicas haría referencia, principalmente, al papel de los padres en el matrimonio, de su descendencia, así como a los impedimentos matrimoniales que, fuera de la consanguinidad y de los matrimonios mixtos, son inexistentes en el AT, e incluso éstos son solamente enunciados, encontrando en la literatura rabínica especificaciones concretas de los grados de parentesco, así como de las generaciones para poder casarse con hijos de extranjeros. También establecerán dichas escuelas las ceremonias que se llevarían a cabo para la celebración tanto de los esponsales como del matrimonio, así como las cantidades a pagar en concepto de dote y demás aspectos secundarios referentes al matrimonio[395].

9.1.1. La legislación matrimonial

Además de las costumbres que la Biblia relata acerca del matrimonio y del divorcio, existe en ella una abundantísima legislación que regula múltiples aspectos de éstos. Es necesario afirmar, para comenzar, que la Biblia —sobre todo sus cinco primeros libros[396]— es una fuente que contiene un Derecho muy desarrollado, aunque no codificado[397]. La vida del judío va a estar regulada por una cantidad muy importante de normas que aparecen, fundamen-

393 M. Schwartz Rodacky, *Los amores en la Biblia,* Madrid, 1997, pp. 129 s.

394 «Existe un muy claro paralelismo entre la concepción judía y la romana de la familia, ya que todo gira en torno al poder omnímodo del *paterfamilias* en ambos casos: "en la sociedad israelita familiar, el 'paterfamilias' tenía poderes absolutos, con el poder de vender a sus hijos, aunque no de matarlos. Era el *baal* de su esposa. Podía entregar en prenda a sus hijos y 'vender' a su hija si no podía darle la dote conveniente, si bien exigiendo que fuera esposa de segundo orden. Los votos de los hijos menores sólo tenían valor bajo la aprobación implícita o explícita de su padre y, la hija, para casarse, necesitaba del consentimiento del padre [...]"» (M. García Cordero, *Teología de la Biblia,* Madrid, 1970, p. 644).

395 *Cf.* C. H. Johnson, «Matrimonio en el judaísmo: tradición y retos en el contexto grecorromano», *Revista Internacional de Derecho Romano*, 31, 2023, pp. 168-178.

396 Los cinco primeros libros de la Biblia llevan por nombre Torah, cuyo significado es Ley. La exégesis bíblica divide todo el Derecho contenido en los primeros cinco libros de la Biblia en seis códigos, pero por su contenido, no porque se trate de un Derecho codificado: Código de la Alianza, Código cultual, Código deuteronómico, Decálogo, Código de santidad y Código sacerdotal. Los dos primeros están datados en el siglo IX a. C., mientras que los últimos, en los siglos VI y V a. C.

397 J. Berman, «The History of Legal Theory and the Study of Biblical Law», *The catholic biblical quarterly*, 76, 2014, pp. 19-39.

talmente, en los libros del Éxodo, Levítico, Números y Deuteronomio, amén de la legislación rabínica, que excede los límites de este estudio[398].

El Derecho del Antiguo Israel es algo trascendente que, a la vez, envuelve todos los aspectos de la vida humana. Tanta importancia tiene la Ley para el judío, que su práctica religiosa se basa en el cumplimiento minucioso de la misma, siendo más agradable a Dios la persona que cumple la Torah de manera más exacta[399]. De hecho, la historia que acompaña a esta obra legislativa se convierte en un hilo conductor con fines pedagógicos para que el judío fiel pueda observar los beneficios del cumplimiento de la Ley[400]. Es más, como bien señala Ska, la vida en Israel es una continua liturgia, ya que la consciencia de la Alianza del Pueblo con Yahvé, concretada en la Ley, hace que ningún aspecto de la vida del israelita se pueda entender sin la presencia de Dios en sus vidas[401]. El Pueblo de la Alianza, lo será en base a cumplir la voluntad de Yahvé, y ésta se concretará a través de un conjunto de normas que denominan *Torah*[402].

Es importante señalar, antes de continuar que, aunque en este estudio se hará referencia a la legislación matrimonial contenida en los libros del AT, la nomenclatura no es exacta, ya que no se puede hablar propiamente de Derecho en este contexto ni época histórica[403]. Ello no quiere decir que el Pueblo de Israel, en el período que nos disponemos a estudiar, no tuviera una serie de normas que, aunque sería inexacto referirse a ellas como Derecho, sí que constituyen, a su modo, una legislación, en tanto en cuanto regulan el modo de vivir de una sociedad, buscando la protección de los ciudadanos de la misma, los dotan de derechos y les exigen obligaciones, todo ello con una moral coherente de trasfondo que actuaría como espíritu de la ley.

En cuanto a la legislación matrimonial, es frecuente encontrarse con numerosas situaciones que afectan a la institución matrimonial, reguladas por el Derecho mosaico. En primer lugar, cabría destacar que el matrimonio es, por lo menos en un primer momento, un contrato entre jefes de familias. Aparecen ejemplos de ello en el libro del Génesis, cuando el criado de Abraham, en nombre de éste, viaja a Padam Aram en busca de una esposa para su hijo. Al llegar allí, negocia el matrimonio con Batuel y Labán, padre y

---

398 J. L. Ska, «The Law of Israel in the Old Testament», en M. Siebeck, *The Exegesis of Pentateuch. Exegetical Studies and Basic Questions*, Tubinga, 2009, p. 198.

399 *Cf.* L. Vegas Montaner, «La Ley en el Antiguo Israel», *Ilu. Revista de ciencias de las religiones. Anejos,* 2004, XI, pp. 119-141.

400 *Cf.* M. Villoro Toranzo, «El Derecho hebreo según el Antiguo Testamento», *Jurídica*, 1, 1979, pp. 207-220.

401 J. L. Ska, *Introducción al Antiguo Testamento*, Santander, 2012, pp. 50 s.

402 J. Blenkinsopp, *El Pentateuco. Introducción a los cinco primeros libros de la Biblia,* Navarra, 2001, p. 254.

403 *Cf.* F. Fernández de Buján, «Vigencia de los "suprema fundamenta iuris romani"», en L. Garofallo y L. Vacca, *Studi in ricordo di Carlo Augusto Cannata*, Napoli, 2021, p. 452.

hermano de Rebeca, respectivamente[404]. Es probable que el esposo tuviese algo de iniciativa para poder elegir esposa, al contrario que ésta, como deja entrever el episodio de los matrimonios de Jacob, siendo él quien negocia su matrimonio con Labán, padre de Lía y Raquel[405]. Este contrato entre familias, o entre jefes de familias, tiene carácter civil, no existiendo ceremonias religiosas para celebrarlo ni siendo necesaria la intervención sacerdotal[406].

El matrimonio es libre entre judíos, aunque no faltan admoniciones en abundantes pasajes de la Escritura que animan a contraer matrimonio bien entre parientes, bien entre miembros del mismo clan, bien entre miembros de la misma tribu:

> Para casarte, busca primero una mujer de tu familia; no te cases con una que no sea de nuestra tribu, porque somos hijos de profetas. Recuerda, hijo, que ya antiguamente nuestros antepasados, Noé, Abrahán, Isaac y Jacob tomaron esposas de entre sus parientes, y recibieron la bendición de los hijos, y su descendencia heredará la tierra[407].

Pero esto no deja de ser una recomendación, ya que existe libertad para casarse entre judíos excepto en dos casos: aquellas mujeres solteras que, por orfandad, no estén sujetas a la autoridad de un jefe de familia, no teniendo tampoco hermanos varones que ostenten dicho *status*, tienen la obligación de tomar por esposo al varón que ellas elijan, con la condición de que sea alguien de su parentela próxima o alguien que pertenezca a los clanes de la tribu de su padre[408]. El segundo caso donde se limita la libertad para casarse es cuando una mujer queda viuda y sin descendencia, estando obligado su cuñado soltero a tomarla por esposa, según la institución del Levirato[409].

Donde no existe ningún tipo de libertad a la hora de escoger cónyuge, es si se pretende hacerlo con alguien ajeno al Pueblo Elegido: los matrimonios mix-

---

404 Gn 24, 28-50.

405 Gn 29, 15-21.

406 V. Rivera Sabatés, «El matrimonio según la Biblia», *Foro, Nueva época,* 13/2011, pp. 190-192.

407 Tb 4, 12b–13.

408 Nm 36, 6.

409 Si dos hermanos viven juntos y uno de ellos muere sin hijos, la viuda no saldrá de casa para casarse con un extraño; su cuñado se casará con ella y cumplirá con ella los deberes legales de cuñado; el primogénito que nazca continuará el nombre del hermano muerto, y así no se borrará su nombre en Israel. Pero si el cuñado se niega a casarse, la cuñada acudirá a las puertas, a los ancianos, y declarará: Mi cuñado se niega a transmitir el nombre de su hermano en Israel; no quiere cumplir conmigo su deber de cuñado. Los ancianos de la ciudad lo citarán y procurarán convencerlo; pero si se empeña y dice que no quiere tomarla, la cuñada se le acercará, en presencia de los ancianos, le quitará una sandalia del pie, le escupirá en la cara y le responderá: Esto es lo que se hace con un hombre que no edifica la casa de su hermano (Dt 25, 5-10).

tos están expresamente prohibidos, además de considerarse una deshonra para la familia y estar mal vistos a nivel social, existiendo una norma clara que así lo dispone:

> Cuando el Señor, tu Dios, te introduzca en la tierra donde entras, para tomar posesión de ella, y expulse a tu llegada a naciones más grandes que tú [...] no emparentarás con ellos: no darás tus hijos a sus hijas ni tomarás sus hijas para tus hijos[410].

Existe una institución en el AT, recogida en el libro del Levítico[411], denominada *goel*, que significa rescate. Consiste dicha institución en que cuando alguien cae en desgracia, y por ello se ve obligado a vender su propiedad o parte de ella, su pariente más cercano tiene la obligación, si tiene la capacidad económica y/o patrimonial para ello, de comprar lo que por necesidad vende su pariente para salir en su rescate y que, a la vez, esos bienes no desaparezcan de la familia. El caso de Rut aporta el testimonio de que en el rescate entra también la muchacha soltera que haya heredado y se haya empobrecido: Noemí cae en desgracia al morir su esposo y sus hijos, quedando a cargo de ella Rut, su nuera. Cuando Booz, pariente de Rut, ejerce el rescate sobre las tierras de Noemí, la toma a ella también por esposa, con el fin de conservar el apellido del difunto marido en su heredad[412].

Existen también dos normas de evidente carácter disuasorio con respecto al matrimonio. Se trata de evitar que los varones abusen de mujeres indefensas y, en caso de que lo hagan, deberán contraer matrimonio con ellas. En primer caso es el de la cautiva de guerra: como era común en los pueblos de la Antigüedad el tomar cautivos de guerra y hacerlos esclavos, éstos perdían todos los derechos y las mujeres eran comúnmente violadas. Por esta razón, la legislación mosaica exige a quien se sienta atraído por una cautiva de guerra que, si desea mantener relaciones sexuales con ella, deberá tomarla por esposa y, en caso de querer divorciarse más tarde de ella, no la podrá vender, ya que no será ya una esclava, sino la esposa de un israelita[413]. El segundo caso en el que un varón está obligado a casarse con una mujer es en caso de violación:

> Si uno encuentra a una joven soltera, la agarra y se acuesta con ella y los sorprenden, el hombre que se acostó con la joven dará a su padre cincuenta monedas de plata y tendrá que aceptarla como mujer por haberla violado, no podrá despedirla en toda su vida[414].

---

410 Dt 7, 1-3.

411 Lv 25, 25.

412 Rt 4, 4-6.

413 Cuando salgas a la guerra contra tu enemigo y el Señor, tu Dios, te lo entregue en tu poder y hagas cautivos, si ves entre ellos una mujer hermosa, te enamoras de ella y quieres tomarla por mujer, la llevarás a tu casa, [...] te unirás a ella, serás su marido y ella será tu mujer. Si más tarde deja de gustarte, la dejarás irse, si quiere, pero no la venderás; no hagas negocio con ella después de haberla humillado (Dt 21, 10-15).

414 Dt 22, 28-29.

En el libro del Levítico es donde se encuentran los impedimentos matrimoniales, consistentes en este caso en la prohibición absoluta del incesto. Conviene recordar que el incesto en aquella época, como ya se ha dicho en la introducción, no tiene los mismos límites que posteriormente, por lo que, siguiendo los criterios actuales, los matrimonios israelitas, sí serían considerados incestuosos en la mayoría de los casos, precisamente por el carácter endogámico de la propia sociedad. Aun así, tienen su normativa restrictiva con respecto al incesto, apareciendo en la legislación bíblica una especificación muy detallada de todos los casos en los que las uniones sexuales se consideran incesto y en las que, por lo tanto, no es posible contraer matrimonio:

> Nadie se acercará a un pariente para tener relaciones sexuales con él. Yo soy el Señor. No tendrás relaciones con tu madre. Es de tu padre y es tu madre; no tendrás relaciones con ella. No tendrás relaciones con la concubina de tu padre. Es carne de tu padre. No tendrás relaciones con tu hermana, por parte de padre o de madre, nacida en casa o fuera. No tendrás relaciones con tus nietas. Son tu propia carne. No tendrás relaciones con la hija nacida a tu padre de su concubina. Es tu hermana. No tendrás relaciones con tu tía paterna. Es de la sangre de tu padre. No tendrás relaciones con tu tía materna. Es de la sangre de tu madre. No ofenderás a tu tío, hermano de tu padre, teniendo relaciones con su mujer. Es tu tía. No tendrás relaciones con tu nuera. Es mujer de tu hijo; no tendrás relaciones con ella. No tendrás relaciones con tu cuñada. Es carne de tu hermano. No tendrás relaciones con una mujer y con su hija, o con dos primas hermanas. Son de la misma sangre; es aborrecible. No tomarás a la vez a una mujer y a su hermana, creando rivalidades al tener relaciones también con ella, mientras vive la otra[415].

Otro impedimento matrimonial concierne solamente a los sacerdotes. Como ya se ha indicado, el matrimonio entre judíos era libre, y no había problemas por tomar como mujer a una viuda o a una mujer repudiada, pero el sacerdote tiene obligación de tomar por esposa solamente una mujer virgen, ya que así lo establece la Ley de Moisés: «Tomará por mujer una virgen. No tomará por mujer una viuda, repudiada, violada ni prostituta, sino una virgen de su pueblo»[416]. Tiene especial importancia en esta medida el tema de la pureza, cuestión capital en la moral y el Derecho del Pueblo de la Alianza. Sin poder detenerse a profundizar sobre el tema, cabe destacar que lo que agrada a Yahvé es considerado puro y lo que no, impuro. Los innumerables preceptos morales que Israel deberá cumplir para agradar a Dios girarán siempre en el dualismo de lo puro y lo impuro[417].

---

415 Lv 18, 6-19.

416 Lv 21, 13-14.

417 La pureza en el AT, entendida siempre en base a la idea de santidad de Yahvé, determina como impuro todo aquello relacionado con los cultos paganos, y se trataría de la impureza ritual que impediría el contacto con Yahvé. Así mismo constituyen impureza determinadas

La mujer soltera que pretenda casarse debe mantener su virginidad hasta el momento del matrimonio, ya que en el libro del Deuteronomio se sostiene que, si el marido en la noche de bodas acusa a su esposa de no ser virgen y está en lo cierto, ésta será condenada a morir lapidada por los hombres del pueblo[418]. Es cierto que no existe ningún fragmento en la legislación mosaica que exija explícitamente que la mujer debe llegar virgen al matrimonio, pero esta norma habla por sí sola, lo mismo que el precepto inmediatamente anterior, que establece que si el marido la acusa injustamente de no ser virgen, deberá pagar a la familia de ella una multa de cien siclos de plata y deberá permanecer con ella toda la vida, no pudiendo repudiarla bajo ningún motivo. La importancia de esta norma no es precisamente insignificante, pues, el no cumplir con ella lleva como consecuencia la pena de muerte.

Por un texto del libro del Deuteronomio, se puede llegar a la conclusión de que el matrimonio era algo considerado como positivo para el Pueblo de Israel, ya que existen incentivos para el varón que contraiga matrimonio: «Si uno es recién casado, no está obligado al servicio militar ni a otros trabajos públicos; tendrá un año de licencia para disfrutar en casa con la mujer con quien se ha casado»[419]. Es muy probable que, dada la importancia que tenía la descendencia en el mundo veterotestamentario, la finalidad de estas exenciones tuviera como finalidad el asegurar una descendencia a la familia lo antes posible[420].

Una de las finalidades de la reunión entre los jefes de familia a la hora de concordar un matrimonio, es la estipulación del *mohar* y de la dote. El primero es el precio que paga el padre del novio al de la novia, por la pérdida económica —por ser mano de obra para la casa— que supone la marcha de la hija del núcleo familiar. Ya se ha visto un ejemplo de *mohar*, el que exige el Deuteronomio a aquel que viole a una mujer, consistiendo en 50 siclos al padre de la misma[421]. Se trata del único caso en el que el mohar viene esti-

prácticas sexuales, el contacto con cadáveres, la efusión de sangre y la enfermedad (*Cf.* J. B. Bauer, en J. B. Bauer, *Enciclopedia de Teología bíblica,* Barcelona, 1967, s. v. «Puro e impuro»); así mismo, la pureza clasifica a la comunidad y vida cotidiana según orden y desorden, y los capacita o incapacita para la vida comunitaria, siendo de capital importancia para el contacto con la divinidad. Es posible liberarse de la impureza de manera ritual (*Cf.* T. Seild, en W. Kasper, *Diccionario enciclopédico de exégesis y teología bíblica, Tomo II,* Barcelona, 2011, s. v. "Pureza"). La pureza proviene, como muchas otras ideas, de religiones anteriores de pueblos vecinos, y muchas veces tiene como finalidad diferenciarse de otras culturas a través de diferentes criterios éticos y morales (*Cf.* F. Kogler, *et al.*, en *Diccionario de la Biblia,* Bilbao, 2012, s. v., «puro/impuro/impureza»).

418 Dt 22, 20-21.

419 Dt 24, 5.

420 *Cf.* G. Cañellas Orpinell, «El matrimonio: praxis del judaísmo bíblico», *Biblia y Fe*, 36, 1986, p. 281.

421 Dt 22, 29a.

pulado por la legislación mosaica, pero se sabe que el siervo de Abraham, cuando va a casa de Batuel a pedir a Rebeca en matrimonio, lleva consigo diez camellos cargados de «las cosas mejores de su señor»[422], que, sin duda, serían para pagar el *mohar*. Así mismo, el profeta Oseas paga por su segundo matrimonio 15 siclos de plata y carga y media de cebada[423], que bien se podría interpretar, así lo hacen muchos exégetas, como el *mohar*.

La dote la aportaba el padre de la novia a ésta, para que entrase a formar parte del patrimonio de los que se iban a casar. En los relatos bíblicos aparecen multitud de ejemplos de entrega de dotes, que no siempre consisten en una cantidad económica, sino que las más de las veces, se trata de esclavos o tierras. El primer ejemplo que aparece en la Biblia es el de las esposas de Jacob, a quienes su padre Labán les da como dote una esclava a cada una[424]. Un ejemplo de tierras puede ser el de Acsá, que recibe de su padre Caleb como dote el desierto del Negueb y dos fuentes[425].

Es preciso aclarar que el pago del *mohar* y de la dote, se llevaban a cabo en el momento de la formalización del contrato nupcial, y no en el momento de la boda, que avendría bastante tiempo después, en la mayoría de los casos. No será posible encontrar, hasta el libro de Tobías, constancia clara de contrato matrimonial por escrito[426], pero sí que es muy probable que existiese desde antes y, sin duda alguna, antes del contrato por escrito existiría un contrato verbal, ya que las palabras «recíbela conforme al Derecho y a lo prescrito por la Ley de Moisés», dan a entender que había alguna formalidad exigida al cerrar el trato entre los jefes de los clanes familiares, máxime si se tiene en cuenta que, como ya se ha indicado, pasa un tiempo considerable entre los desposorios o formalización del contrato y la boda[427].

Una vez pasado el tiempo previsto, en el que le hubiera dado tiempo al esposo a preparar la casa en la que vivirían, los esposos pasaban a vivir en la misma morada, hecho que se celebraba con un banquete y una fiesta de varios días. Como ya ha quedado dicho, no existían ceremonias religiosas o vinculadas a la intervención del sacerdote, razón por la cual solamente aparecerán en la Biblia relatos que indican cómo fue la celebración de determinadas bodas, pero no existe una legislación que regule la ceremonia.

422 Gn 24, 10.

423 Os 3, 2.

424 Gn 29, 24.29.

425 Jc 1, 14-16.

426 Ragüel le tomó la mano y se la entregó a Tobías, con estas palabras: —Recíbela conforme al derecho y a lo prescrito en la ley de Moisés, que manda dártela por esposa. Tómala y llévala sana y salva a la casa de tu padre. Que el Dios del cielo os dé paz y bienestar. Luego llamó a la madre, mandó traer papel y escribió el acta del matrimonio: Que se la entregaba como esposa conforme a lo prescrito en la ley de Moisés (Tb 7, 13-14).

427 *Cf.* V. Rivera Sabatés, *op. cit.*, p. 191.

Existen muchos casos en el AT que ofrecen testimonio de la existencia de la poliginia en el Pueblo de Israel. El primer caso que aporta el AT es el de Lamec, tataranieto de Caín, de quien el libro del Génesis dice que «tomó dos mujeres: una llamada Ada y otra llamada Sila»[428]. Que esta práctica era común lo confirma la historia de Jacob, cuando su suegro Labán le dice que «no es costumbre en nuestro lugar dar la pequeña antes de la mayor. Termina esta semana y te daré también la otra en pago de que me sirvas otros siete años»[429]. Es frecuente, pues, ver este tipo de casos, y no solamente en los primeros libros de la Biblia, sino que personajes como Salomón o David practicaron la poligamia de una manera verdaderamente, por abundante, significativa[430]. No aparece legislación en el AT que avale, de forma clara y directa, la legitimidad de la poliginia, pero sí existe un precepto deuteronomista en el que se da por hecho la poligamia y, por lo tanto, es evidente que se reconoce como situación de hecho y se acepta. Dice así:

> Si uno tiene dos mujeres, una muy querida y otra menos, y las dos, la más querida y la otra, le dan hijos, y el primogénito es hijo de la menos querida, al repartir la heredad entre los hijos no podrá enriquecer al hijo de la primera a costa del hijo de la segunda, que es el primogénito, reconocerá al primogénito, hijo de la menos querida, dándole dos tercios de todos sus bienes, porque es la primicia de su virilidad y es suya la primogenitura[431].

Esta norma, que da los derechos hereditarios al primero de los hijos nacidos, independientemente de quien sea su madre, así como la multitud de ejemplos de polígamos que aparecen en la Biblia[432], permiten llegar a la conclusión de que el matrimonio, aunque muy probablemente fuese idealmente

---

428 Gn 4, 19.

429 Gn 29, 26-27.

430 Del primero sabemos que tuvo setecientas esposas y trescientas concubinas (1Re 11, 3), mientras que del segundo solamente sabemos que tuvo ocho esposas que aparecen en la Biblia (*Cf.* 1S 18, 17-27; 25, 36-42; 1Cr 3, 1-5; 2S 11). Estos datos son referentes a las esposas que tuvo en Hebrón, y alguna de las que tuvo en Jerusalén, pero sabemos que faltan nombres de esposas con las que tuvo hijos en Jerusalén, así como de sus muchas concubinas: «David tomó en Jerusalén otras esposas y engendró más hijos e hijas. Nombres de los hijos que tuvo en Jerusalén: Samúa, Sobab, Natán, Salomón, Yibjar, Elisúa, Elpálet, Nogah, Néfeg, Yafía, Elisamá, Belyadá y Elifálet» (1Cr 14, 3-7); «Después que vino de Hebrón, David tomó en Jerusalén otras concubinas y esposas, que le dieron más hijos e hijas. Los nombres de los hijos que tuvo en Jerusalén son: Samúa, Sobab, Natán, Salomón, Yibjar, Elisúa, Néfeg, Yafía, Elisamá, Elyadá y Elifálet» (2S 5, 13-16).

431 Dt 21, 15-17.

432 Además de los ya citados, podemos nombrar a Esaú, quien se casó con, al menos, cuatro mujeres (Gn 28, 9; 36, 1-3); Gedeón tuvo más de setenta hijos con muchas mujeres (Jc 8, 30); Roboam, amén de sesenta concubinas, y no llegando al nivel de su padre Salomón, contrajo matrimonio con 18 mujeres (2Cr 11, 18-21); Elcaná, padre de Samuel, es bígamo, casado con Ana y Feniná (1S 1, 2).

monógamo[433], no lo era en la práctica, al menos en muchos casos, por lo que la legislación veterotestamentaria lo contempla regulando sus consecuencias.

9.1.2. El divorcio

La legislación mosaica es clara con respecto al tema del divorcio. Existe una norma en el libro del Deuteronomio que afirma que «si uno se casa con una mujer y luego no le gusta, porque descubre en ella algo que le desagrada, le escribe el acta de repudio, se la entrega y la echa de casa»[434]. Este breve precepto aporta varios datos para poder analizar la ruptura de un matrimonio en el mundo del AT. En primer lugar, cabe decir que el divorcio es siempre una decisión unilateral del esposo, que es el único que tiene capacidad de extender el libelo de repudio a su esposa. La mujer, hasta la llegada del Derecho romano, no podrá nunca tomar la iniciativa de divorciarse de su marido[435]. Una segunda cuestión a tener en cuenta es que el divorcio, según esta norma, no requiere de razones objetivas para llevarse a cabo, ya que la premisa de «si encuentra en ella algo que le desagrada» hace que cualquier razón permita un divorcio, aunque haya quien afirme que se refiere a alguna tara física o psíquica, no cabe la más mínima duda de que el divorcio era libre[436].

---

433 Aunque no exista en todo el Antiguo Testamento un posicionamiento firme a favor de la monogamia o en contra de la poligamia, el uso del singular en los textos de la creación de los primeros humanos (Gn 1, 27; 2, 8.15.24) y el elogio de la mujer como bendición para el esposo en los libros sapienciales (Si 26, 1-4; Si 9, 9), así como el ejemplo de virtud de matrimonios monógamos en el libro de Tobías, nos hacen pensar en que el matrimonio ideal del Pueblo de la Alianza es el monógamo (*Cf.* M. Schwartz Rodacky, *Los amores en la Biblia, op. cit.*, pp. 165-168). Así mismo, la interpretación de los textos creacionales del libro del Génesis, nos dan a entender que en la mente del Creador el ideal de pareja es la monógama, ya que expresiones como «serán los dos una sola carne» (Gn 2, 24) o «vamos a proporcionarle una ayuda semejante» (Gn 2, 18) se pueden interpretar como un llamamiento a la unión de un solo hombre con una única mujer, entendiéndose otras formas de unión como consecuencia del pecado deliberado de los primeros seres humano (*Cf.* A. Andreu Rodrigo, en AA. VV., *Enciclopedia de la Biblia,* Barcelona, 1969, s. v. «Matrimonio», pp. 1379 s.).

434 Dt 24, 1.

435 El historiador judío Flavio Josefo da cuenta de que Salomé, hermana de Herodes el Grande, entrega acta de repudio a su esposo Costobar, en contra de las costumbres de su pueblo y haciendo uso, evidentemente, de su condición de sujetos del Derecho romano, al ser un territorio sometido a su autoridad (*Cf.* A. M. Diz Franco, «El repudio de Salomé, ejemplo de "vigencia" social del Derecho romano, en la corte herodiana», *op. cit.,* pp. 7-18).

436 Existe una ya clásica discusión entre dos escuelas rabínicas, Sammay y Hillêl, sobre cuál es la causa justa que justifique el divorcio. La primera de las escuelas afirma que el divorcio solamente estaba permitido en casos de adulterio o de mala conducta, mientras que la segunda autorizaba el divorcio *qualumque causa* (*Cf.* F. B. Gerritzen, en AA. VV., *Enciclopedia de la Biblia, op. cit.*, s. v., «divorcio», p. 972).

Prueba de ello es que la mujer que ha recibido acta de repudio y ha sido expulsada de su hogar conyugal puede volver a casarse, como continúa diciendo el libro del Deuteronomio: «y ella sale de la casa y se casa con otro»[437]. De hecho, tiene libertad para casarse con quien la pretenda, siempre y cuando no sea un sacerdote[438], ya que éste, por razones de pureza, no puede contraer matrimonio más que con una virgen (tampoco podría casarse con una viuda).

Se prohíbe, así mismo, al marido que ha repudiado a una mujer y que ésta, a su vez, haya contraído un segundo matrimonio del que también ha sido repudiada, que se vuelva a casar con ella, calificándolo el libro de Deuteronomio como una abominación por estar ella contaminada[439].

Existen dos casos en los que el marido no puede dar a su esposa el libelo de repudio. El primero de ellos es en el caso de que éste haya acusado injustamente a su mujer de no ser virgen en el momento de contraer matrimonio: el esposo deberá pagar una multa cuantiosa —100 siclos de plata— al padre de la esposa por haber ofendido a la familia poniendo en tela de juicio la honorabilidad de la misma, al pretender dar por esposa a una no virgen y, de igual modo, la esposa deberá permanecer a su lado y no podrá divorciarse de ella en toda su vida[440]. El segundo caso que impide a un varón ejercer su derecho a repudiar a una mujer, es el caso en el que haya violado a una joven soltera, ya que la pena por dicha acción consistirá en pagar una multa de 50 siclos de plata al padre de la joven deshonrada y la obligación de casarse con ella, sin posibilidad de divorciarse de ella en toda la vida[441]. Con mucha probabilidad, estas dos normas tengan carácter disuasorio; tanto el pago de una multa cuantiosa como la obligación en uno de los casos de contraer matrimonio indisoluble y, en el otro, de no poder divorciarse nunca, podrían evitar violaciones o acusaciones en falso con fines poco claros.

El libelo de repudio, del que se ignora por fuentes bíblicas su contenido, se entiende que era un documento obligatorio, ya que en diversos pasajes de la Escritura viene citado[442]. La razón de la obligatoriedad de este documento radica en el hecho de que, si un marido despide a su mujer de casa, y ésta rehace su vida, el marido no pueda desdecirse y reclamar que se haya ido de casa o que esté cometiendo un adulterio. Hay quien afirma que se trata de un documento que tiene como finalidad la protección de la mujer, sobre todo de su primer marido, ya que le proporcionaría un documento en el que

437 Dt 24, 2.

438 Lv 21, 7.

439 Dt 24, 5.

440 Dt 22, 16-20.

441 Dt 22, 28-29.

442 *Vid.* Is 50, 1; Os 2, 1; Jr 3, 8; Mal 2, 10-16.

quedaría reflejado que su primer marido dejaría de tener autoridad sobre ella y, además, evitaría que éste pudiera reclamarla cuando le viniese en gana[443].

9.1.3. El adulterio

Clasificado por algunos exégetas como delito contra el matrimonio, se analiza una figura que es de suma importancia, por su carga negativa, para el Pueblo de Israel y no por poner en jaque el matrimonio, sino por el sentido de la propiedad, como vendrá explicado más adelante. Así, pues, la palabra adulterio significa en el AT

> Por un lado, la mala conducta de la mujer casada [...] y, por otro, las relaciones extraconyugales de un hombre con una mujer casada, pero no con una no casada, viuda o divorciada, ni con una concubina o esclava. Con otras palabras, la mujer sólo podía violar su matrimonio, mientras que el hombre sólo podía violar el matrimonio de otro hombre[444].

El adulterio es una figura muy mal vista en el mundo veterotestamentario, y desde esa negatividad, tiene una importancia capital, ya que dos de los diez preceptos del Decálogo que trasmite Moisés al Pueblo por orden de Yahvé hacen referencia a él: «no cometerás adulterio» y «no desearás la casa de tu prójimo, ni la mujer de tu prójimo [...]»[445]. Como ya se ha señalado, el padre de familia en Israel era el dueño de todas las propiedades que ésta poseía, y como propiedades contaban las personas sometidas a su potestad. Por esta razón, la gravedad del adulterio y su unidireccionalidad radican en que la persona que comete adulterio está atacando a la propiedad de un judío, y no por ser una falta contra la moral sexual que, por otro lado, es bastante laxa en el AT, máxime si se tiene en cuenta que ningún mandamiento del Decálogo hace referencia a conductas de tipo sexual.

Aunque sí es verdad que hay preceptos bíblicos que condenan conductas como la zoofilia[446], el incesto[447], o el travestismo[448], no existen limitaciones sobre las relaciones sexuales extramatrimoniales, ni preceptos que regulen la vida sexual de los casados. Existen, sin embargo, preceptos que tienen

443 *Cf.* A. B. DEROSSE, «A Biblical-Theological and Exegetical survey of divorce and remarriage», en J. PIPER, W. GRUDEN, *Recovering Biblical Manhood & Womanhood. A Response to Evangelical Feminism*, Illinois, 2017, pp. 218 s.

444 E. LIPINSKI, en AA. VV., *Diccionario enciclopédico de la Biblia,* Barcelona, 1993, s. v. «adulterio», p. 23.

445 Ex 20, 14 y Ex 20, 17, respectivamente.

446 Lv 18, 23.

447 Lv 18, 6-21.

448 Dt 22, 5.

que ver con la pureza, donde determinados estados físicos propios de la condición humana limitaban la libertad sexual, como la menstruación de la mujer[449], o el flujo seminal[450], que, muy probablemente, estuviesen sancionadas por motivos médicos o higiénicos, ya que atentan contra la pureza, y por lo tanto se podían solucionar con algún ritual para salir de la impureza, no siendo consideradas como pecado.

La consecuencia de que el adulterio sea un pecado que intenta erradicar el atentado contra una propiedad del varón es que la pena que acarrea sea la más severa, encontrando en la Toráh hasta cuatro normas que exigen la muerte de la adúltera y su cómplice: el libro del Levítico hace una extensa exposición de los casos en los que el varón comete adulterio, condenando a muerte a todo aquel que tenga relaciones sexuales con la mujer de su prójimo, concretando situaciones particulares como la concubina del padre, la nuera, la tía o incluso con la cuñada del propio padre[451]; el libro del Deuteronomio abunda en la idea de la necesidad de matar a quienes cometen adulterio, ya que considera que es la forma de hacer desaparecer el mal del Pueblo Elegido, exigiendo que la muerte sea por lapidación en caso de que la adúltera sea virgen[452]; en caso de que sea una violación, la persona violada no podrá argumentar el haber sido forzada, ya que debía haber pedido ayuda para evitar la violación[453].

Todos los casos aquí descritos son en caso de adulterio probado. En caso de que el marido tenga sospechas de que su esposa está cometiendo adulterio, tiene la capacidad de pedir para ella una prueba llamada oblación de los celos, consistente en una ordalía en la que el sacerdote hace beber a la supuesta adúltera un brebaje preparado por él, cuyos efectos dependerán de su inocencia: en caso de ser culpable, le provocará esterilidad y determinados males físicos visibles y evidentes, mientras que, si es inocente, no le hará el mejunje mal ninguno[454].

De todo lo expuesto, es posible concluir que en el AT no existe una legislación matrimonial que explicite cómo se debe celebrar un matrimonio, los requisitos de los contrayentes ni las fórmulas legales utilizadas, en caso de haber existido.

Aporta, por el contrario, muchos datos relativos a la dote, el *mohar*, la libertad de los israelitas para elegir cónyuge, la prohibición de matrimonios fuera de Israel, la permisión del divorcio y la penalización del adulterio, entre otras muchas otras cuestiones.

449 Lv 18, 19.

450 Lv 15, 2.

451 Lv 20, 10-20.

452 Dt 22, 22-23.

453 Dt 22, 24.

454 Nm 5, 14-28.

Es evidente, pues, que no existe un modelo único de matrimonio en el AT: existen hombres monógamos y bígamos, y en algunos casos que se han tratado, insultantemente polígamos. La mujer es propiedad de su marido o de su padre y, por lo tanto, solo tiene los derechos que tenga quien ostente la potestad sobre ella.

Junto a estos datos de carácter histórico, social y jurídico, existen conclusiones teológicas que conviene también reseñar, ya que ayudan a comprender mejor el espíritu de estas costumbres y normas. En primer lugar, es posible considerar como para el Pueblo de la Alianza el bien más preciado que Yahvé da a los suyos es la descendencia: el judío ve como si su esposa es fértil son un matrimonio bendecido por Dios, mientras que si es estéril padecen una maldición. En el mundo del AT no es comprensible una familia sin hijos[455], expresando el salmista que la fecundidad de la esposa es la principal bendición del Señor para quien le es fiel: «tu mujer como parra frondosa en la intimidad de tu casa, tus hijos como renuevos de olivo alrededor de tu mesa. Ésa es la bendición del varón que respeta al Señor»[456].

El matrimonio, ya monógamo o polígamo, es un medio necesario para la perpetuación de la familia a través de la generación de los hijos: el judío no escatimará medios para tener descendencia, valiéndose de todo lo que tenga a su alcance para ello y, si su esposa es estéril, o bien se casará con otra que sea fecunda, o engendrará a través de una sierva. Solamente en época tardía encontraremos una visión positiva del matrimonio en sí ya que, aunque ya desde un primer momento Dios viene retratado en el AT como padre[457], la importancia radica en la autoridad del padre y en la obediencia filial del hijo, pero el matrimonio viene obviado. Habrá que esperar a la época profética, donde el lenguaje matrimonial aparecerá vinculado a la teología, a través de comparaciones de la relación de Yahvé con su pueblo con lenguaje matrimonial. El primero en utilizar este recurso será el profeta Oseas, que contrae matrimonio con una prostituta para significar, con su acción, el amor que Yahvé tiene por su Pueblo, aun cuando éste no se lo merece, ya que él es abandonado por su mujer, pero sigue enamorado de ella[458]. Tres siglos más tarde, el profeta Jeremías, hará comparaciones con la infidelidad matrimonial

455 1S 1, 9-18.

456 Sal 128, 3-4.

457 Ya en los libros del Pentateuco encontramos testimonio de que los israelitas consideraban a Dios como Padre: «Israel es mi hijo, mi primogénito» (Ex 4, 22); «Sois hijos del Señor, vuestro Dios» (Dt 14, 1); «Olvidas al Dios que te engendró» (Dt 32, 18).

458 Tanto la historia de su matrimonio con Gámer (sobre la que los estudiosos no están de acuerdo sobre si tal matrimonio existió o es un recurso profético) como los discursos reprobatorios a Israel intentan, a través de la identificación del profeta con Dios y de la prostituta con Israel, que el Pueblo entienda, con una relación que forma parte de su día a día, como es el matrimonio, cuál debe ser la actitud del creyente hacia Dios, que no es otra que la de la fidelidad conyugal (*Vid.* Os 2, 4-18; 4, 15-18).

para metaforizar el escaso compromiso de Israel con Yahvé[459]. Poco tiempo después, el profeta Ezequiel utilizará el mismo recurso, poniendo el acento en el amor desinteresado de Yahvé hacia quien no se lo merece siendo, además, no correspondido[460].

No es prudente olvidar los escritos que se engloban bajo el título de Isaías. En la época del exilio de Babilonia, el Deutero Isaías, nos presenta a Jerusalén como la esposa y madre, estéril en un primer momento, y que será, madre de todos aquellos que volverán a Yahvé, marido de la esposa abandonada y abatida, tras el destierro[461]. El Tercer Isaías volverá a utilizar la terminología nupcial para ensalzar la figura de Jerusalén como la esposa amada y predilecta de Yahvé[462].

Es probable que en los últimos siglos antes del nacimiento de Cristo, el judaísmo se decantase por un ideal de matrimonio, aunque no indisoluble, sí preferentemente estable y monógamo. Palabras del profeta Malaquías tales como «cuidad vuestro espíritu y no traicionéis a la esposa de vuestra juventud»[463], o del profeta Miqueas cuando clama en nombre de Yahvé diciendo que «expulsáis a las mujeres de mi pueblo de sus casas queridas y arrancáis de sus hijos mi honor para siempre»[464], nos hacen pensar que el ideal del matrimonio, si no es una unión indisoluble o para toda la vida, sí que, por lo menos, es el de una relación que no puede ser rota por el capricho del hombre. En este mismo sentido se pronuncia el libro del Eclesiástico al denunciar que «la lengua calumniadora ha repudiado a mujeres excelentes»[465]. El Libro de la Sabiduría, llama a la estabilidad del matrimonio al afirmar que «ya no conservan puros ni la vida ni el matrimonio, sino que se matan a traición unos a otros o se infaman con adulterios».[466]

Esta evolución teológica hacia una cada vez mayor estabilidad del matrimonio, que también responde a un cambio de mentalidad social y religiosa, no se traducirá en un cambio en la legislación matrimonial ya que, como se podrá comprobar más adelante, en tiempos de Jesús continúa vigente toda la legislación veterotestamentaria hasta ahora analizada, ya que en varias ocasiones será interrogado por los maestros de la Ley Judía acerca de cómo actuar partiendo de dicha legislación.

---

459 *Cf.* Jr 3, 1-2.6-13.

460 Ez 16, 4-41; 23, 1-49.

461 Is 54, 1-10.

462 Is 54, 6.

463 Mal 2, 15.

464 Miq 2, 9.

465 Eclo 28, 15.

466 Sab 14, 24.

9.2. El matrimonio en el Nuevo Testamento

Jesucristo, motivo y razón de la redacción del NT, nace, vive, lleva a cabo su misión, muere y resucita en el mundo judío. De hecho, Él es un judío, no solamente a nivel cultural, sino que es también un practicante de la religión mosaica, aunque no se pongan de acuerdo los autores sobre en qué secta o grupo judaico fuese educado. De hecho, aparece en contacto con la secta de los bautistas ya que con una ceremonia de las suyas comienza su misión en el río Jordán[467], y enzarzado en diatribas teológicas con los fariseos[468] y saduceos[469], así como contando entre sus seguidores más cercanos con zelotas[470], mostrando una clara oposición hacia los fariseos, según el testimonio de los evangelios[471].

Por ser un judío de su tiempo, y religioso practicante, se entiende, basándose en las fuentes que existen a disposición, que Jesús participaría en todas aquellas ceremonias sociales y religiosas tanto obligatorias como fiel de la religión, como de compromiso, por llevarse a cabo para celebrar algún acontecimiento de alguna persona cercana. Se puede saber, por lo tanto, que Jesús acude como invitado, según relata el evangelista Juan, a la boda de unos amigos de la familia en Caná[472]. Pero no solamente acude como invitado a bodas, sino que utiliza el símil matrimonial en diferentes pasajes para hacer entender realidades trascendentes a sus discípulos. Así, se puede observar cómo Jesús pone la boda como ejemplo de momento festivo[473], o

467 *Cf.* Mt 3, 13-17; 1, 9-11; Lc 3, 21-22; Jn 1, 19-37.

468 *Cf.* Mt 9, 11-17; 12, 2-8.24-45; 15, 1-20; 16, 1-4; 19, 3-12; 22, 15-22.34-46; 23, 1-39; Mc 2, 18-28; 7, 1-16; 8, 11-12.10, 2-12; 12, 13-17; Lc 5, 16-39; 6, 7-12; 11, 39-54; 13, 31-35; 14, 1-6; 15, 2-32; 16, 14-19; 17, 20-21; 19, 39-40; Jn 8, 3-30; 9, 13-34.40-41.

469 *Cf.* Mt 16, 1-4; 22, 23-33; Mc 12, 18-27; Lc 20, 27-38.

470 *Cf.* Mt 10, 14; Mc 3, 18, Lc 6, 15.

471 Hay autores que opinan que Jesús era cercano a los fariseos, y que las diatribas que llegan a nosotros a través de los evangelios pueden tener una violencia exagerada, así como que hay un interés redaccional en marcar distancias entre Jesús y los fariseos (*Vid.* Antonio Piñero, «En los comienzos del cristianismo», *Ilu. Revista de ciencias de las religiones,* 12, 2007, pp. 269-278). Así mismo, hay quien incluso afirma que Jesús fue, muy probablemente, un miembro de la secta farisaica ya que, apoyados en los textos griegos de Mateo, Jesús puede entenderse como un maestro fariseo que enseña a otros fariseos, razón por la que es tan frecuentemente interpelado por ellos (*Cf.* N. Gordon, *The Hebrew Yeshua Vs. the Greek Jesus: New Light on the Seat of Moses from Shem-Tov's Hebrew Matthew,* Atascosa (Tx), 2005, pp. 107-110).

472 Jn 2, 2-12.

473 «¿Pueden los invitados a la boda hacer duelo mientras el novio está con ellos? Llegará un día en que les arrebaten el novio y entonces ayunarán» (Mt 9, 15). Este episodio viene también referido en Mc 2, 19 y Lc 5, 34.

que compara el Reino de Dios con un banquete de bodas[474]. De igual modo, la boda es el lugar escogido por Jesús como escenario de alguna de sus parábolas, como la de las vírgenes necias[475], así como la de los invitados a la boda del hijo del rey[476].

Estos ejemplos, escasos, que aportan los evangelios, no dejan, precisamente por su exigüidad, de tener una importancia muy significativa. La comparación del Reino de Dios con un banquete nupcial o el haber escogido una fiesta de bodas como escenario de su primer milagro, llevan a pensar que la realidad matrimonial es considerada como muy positiva para el Maestro de Nazaret[477]. Por otro lado, se comprende que las ceremonias nupciales son algo común entre la gente de su cultura, y son de sobra conocidas, ya que al hacer este tipo de comparativas busca que lo que es más abstracto o difícil de entender (*v. gr.* el concepto de Reino de Dios) se hagan asequibles por el elemento comparable.

9.2.1. La posición de los evangelios

Los evangelios sinópticos ofrecen cuatro textos con contenido muy preciso sobre el matrimonio y el divorcio, que llegan a unas conclusiones casi idénticas. Es muy importante señalar, ya que la temática de este estudio podría llevar a equívocos sobre la cuestión, que la aportación de los evangelios al tema del presente estudio radica en el tema del divorcio, ya que no será posible encontrar en sus páginas ninguna apreciación de Jesús con fuerza normativa acerca del matrimonio, pero sí, como se podrá comprobar, sobre el divorcio. Volviendo a estos cuatros textos, es absolutamente necesario conocer del contexto en el que surgen los mismos, ya que, si no, es imposible hacer un análisis objetivo de la cuestión, que como se ha ya adelantado, es harto compleja[478]. Con lo que respecta a dos de ellos, Lc 16, 18[479] y Mt 5, 32[480], presentan a Jesús pronunciándose acerca del cumplimiento de

474 «El reino de Dios se parece a un rey que celebraba la boda de su hijo» (Mt 22, 2).

475 Mt 25, 1-13.

476 Mt 22, 2-14.

477 *Cf.* C. Quelle, «El Matrimonio: perspectiva evangélica», *Biblia y Fe,* 36, 12, 1996, pp. 289 s.

478 «L'interpretazione dei Loghia sul ripudio è uno dei punti più problematici dellèsegesi neotestamentaria con notevoli recadute sul piano della riflessione teologica. Emerge la necessità di una sempre maggiore attenzione ai dati neotestamentari per contribuire all'approfondimento della teologia del matrimonio» (G. Lorusso, «L'indissolubilità del matrimonio nei Sinottici e in Paolo», *Apulia theologica*, 2016, 1, p. 152).

479 *Quien repudia a su mujer y se casa con otra comete adulterio; quien se casa con una mujer repudiada comete adulterio.*

480 *Pues yo os digo que quien repudia a su mujer —salvo en caso de concubinato— la induce a adulterio, y quien se case con una divorciada comete adulterio.*

la Ley, mientras que los otros dos, Mc 10, 2-12[481], y Mt 19, 3-12[482], son una respuesta que Jesús da ante una pregunta capciosa de los fariseos.

Es importante ver el contexto de cada uno ya que, sobre todo en los dos primeros textos, se puede comprobar en qué lugar sitúa Jesús —o el evangelista— el tema, dando así pistas sobre la importancia de la cuestión. El primero de ellos, el lucano, está insertado entre dos parábolas, exclusivas del evangelio de Lucas: la parábola del criado infiel y la del rico Epulón y el pobre Lázaro. En medio de ambas, un reproche a los fariseos[483], y después de esto, la sentencia sobre el divorcio. El reproche a los fariseos se entiende bien: ambas parábolas tienen un trasfondo económico, y se les reprocha a los fariseos que sean especialmente amigos del dinero, y aprovecha para enseñar acerca de la Ley, pues de ésta son maestros los fariseos, y quizás por esta razón el evangelista decide colocar la sentencia sobre en divorcio en este lugar. Recuerda, así, la Ley en contra de la praxis habitual, es decir, tolerar el divorcio, pero prohibir las segundas nupcias, ya que en ningún momento se prohíbe el divorcio, sino que tacha de adúltero a quien contrae segundas nupcias, entendiendo que la praxis de la comunidad para la que escribe

481 Llegaron unos fariseos y, para ponerlo a prueba, le preguntaron: —¿Puede un hombre repudiar a su mujer? Les contestó: —¿Qué os mandó Moisés? Respondieron: —Moisés permitió escribir el acta de divorcio y repudiarla. Jesús les dijo: —Porque sois obstinados Moisés escribió semejante precepto. Pero al principio de la creación Dios los hizo hombre y mujer, y por eso abandona un hombre a su padre y a su madre, [se une a su mujer] y los dos se hacen una sola carne. De suerte que ya no son dos, sino una sola carne. Así pues, lo que Dios ha unido que no lo separe el hombre. Una vez en casa, los discípulos le preguntaron de nuevo acerca de aquello. Él les dijo: —Quien repudia a su mujer y se casa con otra comete adulterio contra la primera. Si ella se divorcia del marido y se casa con otro, comete adulterio.

482 Se acercaron unos fariseos y, para ponerlo a prueba, le preguntaron: —¿Puede un hombre repudiar a su mujer por cualquier cosa? Él contestó: —¿No habéis leído que al principio el Creador los hizo hombre y mujer? Y dijo: por eso abandona un hombre a su padre y a su madre, se une a su mujer y los dos se hacen una sola carne. De suerte que ya no son dos, sino una sola carne. Así pues, lo que Dios ha unido que no lo separe el hombre. Le replicaron: —Entonces, ¿por qué Moisés mandó darle el acta de divorcio al repudiarla? Les respondió: —Por vuestro carácter inflexible os permitió Moisés repudiar a vuestras mujeres. Pero al principio no era así. Os digo que quien repudia a su mujer —si no es en caso de concubinato— y se casa con otra, comete adulterio. Los discípulos le dijeron: —Si ésa es la condición del marido con la mujer, más vale no casarse. Y él les respondió: —No todos pueden con esa solución, si no son los que reciben tal don. Pues hay eunucos que son así de nacimiento; los hay castrados por los hombres y los hay que se han castrado por el reinado de Dios. El que pueda con ello que lo acepte.

483 Los fariseos, muy amigos del dinero, oían todo esto y se burlaban de él. Él les dijo: —Vosotros pasáis por justos ante los hombres, pero Dios los conoce por dentro. Pues lo que los hombres exaltan lo aborrece Dios. La ley y los profetas duraron hasta Juan. A partir de entonces se anuncia la Buena Noticia del reinado de Dios y todos quieren forzar el acceso. Es más fácil que pasen cielo y tierra antes de que deje de cumplirse una sola letra de la ley. Quien repudia a su mujer y se casa con otra comete adulterio; quien se casa con una mujer repudiada comete adulterio (Lc 16, 14-18).

Lucas —los judíos cristianizados— es la de la normalización del divorcio y las segundas nupcias[484].

El otro caso en el que aparece la cláusula sobre el divorcio dentro de un discurso sobre la Ley, es el caso de Mt 5, 32. En este caso, además, se encuentra, en un contexto más amplio —el del capítulo— dentro del ámbito de uno de los pilares de la predicación del Reino: el Discurso de la Montaña con la proclamación de las Bienaventuranzas[485]. Después de éstas, siguen en el capítulo las denominadas «seis antítesis», que versan, por el orden que sigue, de los siguientes temas: el homicidio, el adulterio, el divorcio, los juramentos en falso, la Ley del Talión y el amor al prójimo[486]. Como se puede observar, todas hacen referencia a la Ley. Es curioso ver como Jesús entra en polémica, no con la Ley —a la que sí hace referencia— sino con la tradición derivada de ésta. Se puede afirmar que Jesús está explicándoles a los discípulos lo esencial de la Ley, y pretende despachar de esa esencia todos los añadidos de una tradición pesada e interesada, si bien es cierto que anula dos preceptos explícitos de la Ley: el del Talión y el de la permisión del divorcio. En cuanto al tema que ocupa a este estudio, en estas seis antítesis, dos de ellas le competen, y no son otras que las referentes al adulterio y al divorcio. La primera de ellas no hace más que incidir en los mandamientos sexto y noveno del decálogo, en los que se manifiesta que el adulterio no se da solamente de obra, sino también de pensamiento o intención[487]. Los versículos siguientes, en los que Jesús exige la eliminación de todo aquello que hace pecar al ser humano, no hacen sino remarcar la importancia de ir más allá en el cumplimiento de la Ley, poniendo los medios necesarios para no caer en su incumplimiento. En cuanto a la sentencia contra el divorcio, tercera antítesis, se retorna a un problema similar al que venía planteado en el evangelio de Lucas. En primer lugar, no aparece de manera directa una prohibición clara del divorcio, sino que la frase evangélica afirma que «quien repudia a su mujer [...] la induce al adulterio»[488]. Se trata, como bien se puede observar, de una recomendación moral, no de una prohibición; de hecho, se trata de una advertencia en la que avisa al que pretende divorciarse de su mujer que su falla moral va a ser poner a su esposa, por haberla repudiado, en la necesidad de cometer adulterio. En segundo lugar, el evangelista presenta a sus

484 M. Theobald, «Jesús habla sobre el divorcio: ¿Ley o Evangelio?», *Selecciones de Teología,* 35, 139, 1996, p. 6.

485 Mt 5, 1-12.

486 Mt 5, 21-47.

487 «Habéis oído que se dijo: No cometerás adulterio. Pues yo os digo que quien mira a una mujer deseándola ya ha cometido adulterio con ella en su corazón» (Mt 5, 27-28)

488 Mt 5, 32a.

lectores la prohibición moral, esta vez sí, de contraer segundas nupcias, ya que «quien se case con una divorciada comete adulterio»[489].

Estos dos testimonios que se han analizado no prohíben, como hemos visto, el divorcio, aunque sí advierten de la gravedad moral que supone el divorcio por las consecuencias que éste puede conllevar, y es evidente que en el trasfondo de sus palabras está la clara recomendación de no divorciarse. Sí que son contundentes los evangelistas a la hora de condenar las segundas nupcias.

Es preciso, a continuación, analizar las dos respuestas que da Jesús a las preguntas capciosas de los fariseos acerca del divorcio —se trata de textos paralelos— siendo posiblemente el de Marcos el más original, ya que Mateo bebe, con mucha probabilidad de dos fuentes: la de la tradición de Marcos y la de los discursos[490]. Comenzando con el texto de Marcos, en el que claramente se pone en boca de Jesús una defensa clara de la indisolubilidad del matrimonio, se afirma que tanto el divorciado como la divorciada que contraen un segundo matrimonio son adúlteros, lo que quiere decir que el primer matrimonio no deja de existir. Llama la atención que, ante la pregunta de los fariseos, lo primero que Jesús les pregunta es qué es lo que dice la Ley acerca del tema —ya que ellos son los expertos de la Torah— y en este caso Jesús va a ir contra la Ley mosaica, erigiéndose en intérprete auténtico de la misma al afirmar «porque sois obstinados Moisés escribió semejante precepto»[491]. La pregunta y la respuesta de Jesús a los fariseos están encaminadas a dejarles muy claro que ellos no son quienes para crear una norma moral que permita el divorcio y las segundas nupcias, e incluso hay autores que afirman que lo que Jesús está indicando a los fariseos tiene que ver con el orden público y las disposiciones jurídicas oportunas, no teniendo en este caso las autoridades religiosas o los maestros de la Ley nada que decir[492]. Otros autores afirman que este posicionamiento de Jesús radica en algo más importante: la dignidad de la persona. Quien esto afirma, lo hace basándose en que el matrimonio judío tenía un único fin, que era el de la procreación, y por esta razón estaban permitidos el divorcio, las segundas nupcias y la bigamia; el matrimonio que concibe Jesucristo tiene como finalidad el alcanzar la mejor expresión del ser humano a través de la complementariedad de ambos sexos, llegando a ella a través de un consentimiento mutuo, de la libertad de

---

489 *Ibid.* 32b.

490 BALTENSWEILER, *Il matrimonio nel Nuovo Testamento,* Brescia, 1981, pp. 69 ss.

491 Mc 10, 6.

492 La respuesta de Jesús [...] va dirigida a los fariseos, que discuten los motivos por los que pueden ellos permitir el divorcio, y la respuesta de Jesús es que no tienen en absoluto poder semejante sobre el matrimonio. Está a nivel de lo público y judicial (W. W. BASSET, *El matrimonio, ¿es indisoluble?*, Santander, 1971, p. 27.

los que deciden casarse[493]. Sea como fuere, es posible hallar en el evangelio de Marcos una clara posición de Jesús en contra del divorcio.

No sería conveniente olvidar los destinatarios de cada uno de los evangelios, ya que el mensaje no puede ser igual para unos que para otros. En el caso que nos ocupa, Marcos escribe para los gentiles, a saber, griegos y romanos, y se nota en este pasaje por un dato muy relevante: Jesús habla del repudio tanto por parte del marido como por parte de la mujer, dato muy significativo, ya que el repudio por parte de la mujer en el Pueblo Judío, como ya ha quedado dicho, era impensable, pero Marcos escribe para quienes están sometidos al Derecho romano, que permite el divorcio unilateral, tanto por parte del marido como de la esposa.

El último texto que es imprescindible tratar es el que más complicaciones ha generado a lo largo de la historia de la teología y del Derecho canónico. En Mt 19, 3-12, aparece un texto muy similar al de Lucas (pregunta de los fariseos, respuesta de Jesús, referencia a la Ley en contestación a la pregunta de los fariseos y contestación de Jesús cerrando el asunto), pero existe un matiz que no sería riguroso pasar por alto. La pregunta de los fariseos no es si el varón puede divorciarse de su mujer, como en Marcos, sino que aquí la pregunta va más allá al querer despejar la duda acerca de si «un hombre puede repudiar a su mujer por cualquier motivo»[494]. Los destinatarios del evangelio de Mateo son los judíos, bien conocedores de la Torah, y eran sabedores de que la premisa «si descubre en ella algo que le desagrada»[495], daba carta blanca a quien se quisiera divorciar por cualquier motivo. De hecho, no le preguntan a Jesús si un hombre puede repudiar a su esposa, algo que dan por hecho, sino que lo interrogan acerca de los motivos por los cuáles se puede llevar adelante el divorcio.

La respuesta de Jesús a esta pregunta es similar a la de Marcos, pero contiene una cláusula adicional, que pasa a la historia tanto de la teología como de la exégesis como «excepción mateana»[496]. Jesús afirma que quien repudia a su mujer y se casa con otra, comete adulterio, excepto en caso de *πορνεια.* Aparecen aquí, con esta excepción, tres cuestiones que, necesariamente, se deben afrontar: las dificultades textuales, el significado del término porneia y la dificultad exegética de la finalidad de la excepción. Las primeras, las textuales, son obvias: en los tres sinópticos solamente aparece la excepción en uno de los tres autores, razón por la cual es necesario preguntarse, bien por qué dos de los evangelistas omiten algo dicho por Jesús, bien por qué Mateo añade una excepción, *motu proprio*, a una sentencia perfectamente clara de Jesús. La exégesis intenta dar respuesta a estas preguntas, pero ninguna

493 C. Quelle, «El Matrimonio: perspectiva evangélica», *op. cit.*, pp. 295-297.

494 Mt 19, 3.

495 Dt 24, 1.

496 Mt 19, 9.

de ellas es definitiva, máxime teniendo en cuenta la dificultad de encontrar una preeminencia objetiva de cualquiera de los textos sinópticos sobre los otros, cayendo muchos autores en el peligro de dar por válido al evangelista que interesa para defender una posición ya prefijada[497]. La tercera dificultad, conviene dejar la segunda para el final, por ser más compleja, es la dificultad exegética que conlleva la excepción, es decir, cuál es la finalidad de la cláusula de excepción. Vuelve a aparecer el mismo problema de antes, aunque, con mucha probabilidad, en este caso la solución sea posible encontrarla en los destinatarios de cada uno de los evangelios, es decir, Mateo quiere dar respuesta a una problemática que, con muchísima probabilidad, se da en su comunidad, pudiendo servirnos como prueba el hecho de que, al contrario de lo que sucede en Lucas, aquí el hombre divorciado comete adulterio al casarse con cualquier mujer, esté ésta divorciada o no, y es bien sabido que para el mundo judío solamente se cometía adulterio por ofensa al marido casado, nunca se cometía adulterio con una mujer soltera, ya que no había varón agraviado[498].

Sin embargo, el problema de más difícil solución en este pasaje es el significado de la palabra porneia ya que, dependiendo del mismo, puede variar mucho la doctrina cristiana sobre el matrimonio y el divorcio. Kyle Harper afirma que el significado del término, en griego clásico, hace referencia al proxenetismo, mientras que Pablo, primer autor cristiano en hacer uso del

497 La exégesis de principios del siglo XIX, que intenta condensar L. Hug, sostiene que esta excepción nos llega a través de notas de los primeros evangelios escritos, que acabarían añadiéndola a los mismos como originales, pero siéndolo solamente el de Mt 5, 32: «*Sufficiunt eae rationes, quae a nobis lucusque enumeratae sunt, ut exceptionem c. XIX, positam tamquam additamentum rejiciamus, quod posterior manus inverit: quid enim aliud sentiré liceat de verbis, quae in codicibus atque versionibus antiquis mutata scriptura diverse leguntur*» (*Cf.* L. Hug, *De vinculo conjugii christiani indissolubili. Commentatio exegetica*, Friburgo, 1816, p. 8); todavía en la exégesis actual, es difícil poner de acuerdo con los exégetas en este tema. Un ejemplo lo tenemos en Robert Stein, quien afirma que el Evangelio de Marcos expresa las *ipsissima verba Jesu*, tanto por su antigüedad como por la coincidencia del texto con la enseñanza acerca del divorcio contenida en los otros sinópticos, siendo el texto de Marcos utilizado por Mateo para la redacción de su evangelio (*Cf.* R. H., Stein, «Is it lawful for a man to divorce his wife?», *Journal of the evangelical theological society*, 22, 2, 1979, pp. 116-118); por su parte, Charles Ryrie, afirma que, al provenir los tres evangelios de la misma fuente, Marcos y Lucas enunciarían la norma general, mientras que Mateo incidiría incluso en los detalles, de ahí que añada la excepción, pero no por propia iniciativa, sino recogiendo *ipsissima verba* (*Cf.* C. C., Ryrie, «Biblical teaching on divorce and remarriage», *Grace Theological Journal*, 3, 2, 1982 p. 183).

498 C. Bernabé Ubieta, «Redefiniendo el patrón de masculinidad y las relaciones matrimoniales de la casa-familia en la comunidad mateana (Mt 19, 1-12)», *Qol. Revista Bíblica Mexicana*, 50, 2009, p. 11-13. En este mismo sentido se expresa Raymond F. Collins, afirmando que: «*today very few schoolars would take the approach that the exception was included whithin the teaching of Jesus on divorce that was handed down by the earliest Christian witness. Redactional analysis of Matthew's góspel generally inclines them towards the view that the exception clause arose as a response to the particulars needs of the Matthean community*» (R. F. Collins, *Divorce in the New Testament*, Minnesota, 1992, p. 185).

término, lo hace para significar con él cualquier tipo de relación sexual que esté fuera de la Ley, por lo que dentro del mismo podrían entrar el incesto, la violación, el adulterio, etc[499]. Hay muchas más opiniones acerca de la traducción del término, y así será posible encontrar quien defienda que el mismo se puede traducir por prostitución, por alcahuetería o, incluso, por matrimonios inválidos. Esta última opción es seguida por quienes pretenden defender un significado de indisolubilidad absoluta en las palabras de Jesús desde un punto de vista moral, pero no tiene mucho recorrido a nivel filológico ni exegético. De todas formas, estas posiciones no aportan demasiado al objeto de este estudio, ya que se trata de interpretaciones que nunca alcanzarán un consenso.

Hoy en día hay, prácticamente, unanimidad al afirmar que los fariseos lo que están es intentando posicionar a Jesús a favor de las corrientes de una de las dos escuelas rabínicas del momento, Hillel y Sammai, las cuales, a pesar de estar ambas a favor del repudio de la mujer por parte del esposo, no se ponen de acuerdo en si éste puede despedir a aquella por cualquier motivo o se necesita una causa justificada. Hillel era más laxa, y entendían que las palabras deuteronómicas daban carta blanca a quien se quisiese divorciarse de su mujer, mientras que Sammai solamente permitía el repudio en caso de observarse en la esposa un comportamiento sexual inadecuado o adulterino[500]. Jesús se posicionaría, en caso de aceptar el inciso mateano, con la escuela de Sammai, no aceptando las segundas nupcias de la persona divorciada a no ser por causa de *πορνεια*.

Como conclusión a este apartado, afirmar que, bajo el punto de vista de quien esto escribe y, teniendo en cuenta que Jesús, por lo menos en los evangelios, no se adentra en cuestiones de orden político, y el matrimonio lo era, muy probablemente se pronuncie acerca del divorcio como una medida de protección de la mujer ya que, como ya se ha indicado anteriormente, en el ambiente en el que se escriben los evangelios, una mujer divorciada quedaría abocada a la prostitución o a la mendicidad[501]. Aunque pueda llamar la atención que la prohibición del divorcio sea una medida de protección hacia

---

499 *Cf.* K. Harper, «*Porneia*: The Making of a Christian Sexual Norm», *Journal of Biblical Literature*, 131, 2, 2012, pp. 366-379.

500 J. Jeremías, *Teología del Nuevo Testamento,* Salamanca, 1977, pp. 262 s.

501 Mi afirmación con respecto a este tema no es caprichosa. Como he estudiado para su posterior divulgación, existen muy numerosas posiciones acerca de la interpretación de estos pasajes, ya que lo que está en juego no es cuestión baladí. De las muchas opciones que hay acerca del tema, esta es la que más me convence, ya que es la que mejor encaja en el eje temático del evangelio de Mateo, que no es otro que el Reino de Dios, en el que se pone el acento sobre la liberación de los pobres y oprimidos y se hace un llamamiento a la igualdad entre las personas. La negativa de Jesús al divorcio por parte del marido, con lo que conllevaría para la esposa, encaja perfectamente con esta postura (*Cf.* A. M. Diz Franco, «Reflexiones teológico-jurídicas en torno a Amoris Laetitia», *Compostellanum*, LXIV, 1-2, pp. 380-383).

la mujer, realmente sí lo es, ya que en un mundo pensado para los varones y donde la mujer sin la protección del varón cuenta poco o nada, el impedir que un marido la despida sin mediar razón alguna evitaría situaciones de desprotección objetiva de la mujer repudiada.

9.2.2. La doctrina paulina acerca del matrimonio y del divorcio

Después de haber analizado los datos que los evangelios proporcionan, es importante estudiar la doctrina que Pablo de Tarso transmite a sus comunidades en su afán evangelizador. Este testimonio es realmente importante, pues da idea de cómo era entendido el matrimonio en el cristianismo más primitivo, ya que se trata del pensamiento del primer escritor cristiano que llega hasta día de hoy. Sin embargo, es importante subrayar, ya que se encuentra en el epistolario información contradictoria entre los diferentes escritos, que Pablo no siempre escribe para sentar cátedra, sino que sus escritos responden a necesidades particulares surgidas en cada una de las comunidades[502]. Aun así, contiene abundante materia referente al matrimonio y al divorcio, que resulta imprescindible abordar para el objeto de este estudio. Es importante tener en cuenta, también, que no todas las cartas son originarias de Pablo de Tarso. De hecho, de las que analizaremos, son protopaulinas la Primera Carta a los Tesalonicenses y la Primera carta a los Corintios, mientras que la Carta a los Colosenses, así como Efesios, Timoteo y Tito pertenecen a la clasificación de deuteropaulinas, es decir, que han sido escritas por alguno de los seguidores de Pablo[503]. No es especialmente relevante para este estudio que las cartas sean originales de Pablo o no, ya que con lo que sí concuerdan los autores es en que recogen, ya sea por propia mano del apóstol, bien por sus seguidores, el pensamiento paulino. Así mismo, la Tradición de la Iglesia las ha considerado paulinas, por lo que se tienen en cuenta a la hora de elaborar una doctrina acerca del matrimonio, al tratarse de textos inspirados recogidos en el canon de las Escrituras.

Lo primero que es preciso tener en cuenta es que Pablo va a ser el primer escritor cristiano que, como innovación, propondrá una nueva teología moral referente al trato del cristiano con su propio cuerpo, en contraposición con el

502 R. Fabris, *Pablo. El Apóstol de las gentes*, Madrid, 1999, pp. 520-530.

503 «Hoy se está imponiendo cada vez con más fuerza entre los estudiosos de S. Pablo una clasificación de sus cartas a partir de la autenticidad de estas. Es la división en dos grandes bloques: A) Cartas de la primera época paulina (a las que hoy se llama con frecuencia "protopaulinas"); son las que tienen por responsable directo al propio Pablo y habrían sido escritas antes del año 60: 1Tes, 1-2 Cor, Gal, Rom, Flp y Flm; y B) Cartas de la segunda época paulina (también llamadas "deuteropaulinas"); forman este grupo Col, Ef, 1-2 Tim, Tit y 2 Tes y probablemente fueron escritas por discípulos de Pablo después de la muerte del apóstol» (*La Biblia,* ed. Casa de la Biblia, 1992, p. 1699).

mundo grecorromano, defendiendo la sacralidad del cuerpo como creación de Dios y habitación del Espíritu Santo, e invitando a huir de los excesos carnales como la fornicación y el adulterio[504]. En la Primera Carta a los Tesalonicenses, Pablo da una serie de orientaciones a los cristianos acerca de cómo comportarse tanto en su vida matrimonial como en la sexual[505]. Está claro que con Pablo nace un nuevo paradigma en cuanto a la concepción del cuerpo, y que con las indicaciones que encontramos en sus escritos, es posible percibir que establece un ideal de la vida moral, «brillando con esplendor la nueva moral sexual del cristianismo»[506]. No conviene perder de vista su formación judía, ya que está en la base de esta nueva concepción moral acerca del cuerpo y de la sexualidad, encontrando en el v. 8 la afirmación de que «Dios no nos ha llamado a la impureza, sino a la santidad»[507]. La forma en la que cada cual trata su propio cuerpo y se relaciona sexualmente con los demás va a decir mucho, en la nueva teología paulina, sobre cómo es la relación del cristiano con Dios[508]. Es de especial relevancia, así mismo, darse cuenta del contexto en el que Pablo escribe sus cartas, en especial ésta que ahora se estudia, ya que la expectación de una Parusía inminente está detrás de todo el relato: el convencimiento de estar viviendo los últimos días antes de la llegada definitiva del Señor hace que el apóstol, como se verá, invite a sus seguidores a que no se muevan demasiado y que permanezcan, si es posible, en el estado en el que se encuentran, ya que el tiempo se acaba[509].

504 Ésta es la voluntad de Dios: que seáis santos. Que os abstengáis de la fornicación; que cada uno sepa usar de su cuerpo con respeto sagrado, no por mera pasión, como los paganos que no conocen a Dios; que en este asunto nadie ofenda o perjudique a su hermano, porque el Señor castiga tales ofensas, como os lo tenemos dicho e inculcado. Dios no os ha llamado a la impureza, sino a la santidad. Por tanto, quien lo desprecia, no desprecia a un hombre, sino a Dios, que además os dio su Espíritu Santo (1Tes 4, 3-8).

505 La comunidad de Tesalónica, a la que se dirige Pablo en esta epístola, está formado por cristianos recién convertidos del paganismo, razón por la cual el apóstol incide de forma extensa acerca del comportamiento sexual de esos neoconversos, ya que el ambiente socio religioso del que provienen carece de una moral sexual, siendo importante este aspecto para el cristianismo, por lo que podemos intuir que existían problemas concretos de esta índole en la comunidad tesalonicense.

506 J. Holzner, *San Pablo. Heraldo de Cristo*, Barcelona, 1989, pp. 252 s.

507 1Tes 4, 8.

508 «El significado teológico del cuerpo del creyente es una consecuencia del bautismo [...] Debe ser salvaguardado de cualquier comportamiento que traicione o no refleje ese significado teológico porque impurifica y contamina no sólo el cuerpo físico sino, sobre todo, al cuerpo de Cristo, dada la estrecha relación simbólica que existe entre ambos cuerpos. Una relación sexual inadecuada tiene un significado religioso porque responde a unos valores religiosos y, por tanto, crea una comunión con esos valores» (C. J. Gil Albiol, «Pablo y los "comportamientos sexuales inadecuados» (porneia), *Reseña bíblica: Revista trimestral de la Asociación Bíblica Española,* 54, 2007, p. 4).

509 T. Suárez Pérez, *Pablo, apóstol de los gentiles,* Valencia, 2002, pp. 134–136.

Por otro lado, es necesario darse cuenta de quiénes son los destinatarios de la carta que nos ocupa: la comunidad de Tesalónica está formada por cristianos convertidos del Paganismo, y las advertencias que hace acerca tanto de la moral sexual como de la praxis doméstica, hacen referencia a lo que los miembros de esta comunidad conocen. Pablo, cristiano proveniente del mundo judaico, ve en la praxis sexual de los paganos el *summum* de la impureza y, por otra parte, los exhorta teniendo en cuenta cuál es su praxis social[510]. En Tesalónica existe una comunidad judía en la que Pablo intenta predicar el evangelio, con escaso éxito, encontrando más predicamento entre los paganos, quienes formarán la primera comunidad cristiana del lugar, a quienes el apóstol alienta contra el posible desánimo que les puede invadir por la hostilidad del ambiente en el que viven[511]. Estas razones harán que Pablo haga especial hincapié en el respeto tanto del propio cuerpo, teniendo una actitud sexual moderada, en contraposición con las costumbres paganas, como con la propia esposa.

En la Primera Carta a los Corintios, Pablo hace un verdadero tratado acerca del matrimonio y de la familia. La comunidad cristiana de Corinto es compleja, ya que, aun estando en paz con el ambiente que los rodea, sufre en su interior divisiones que conllevan al seguimiento de diversos líderes carismáticos dentro de la propia comunidad. Así mismo, la diferencia de clases hacía que se estableciesen diferencias incluso en la celebración de la mesa del Señor, y la coexistencia de varones y mujeres a la cabeza de la asamblea también suponía un punto de choque en la comunidad. El lector se encuentra, pues, ante una comunidad de procedencia cultural similar, ya que eran paganos provenientes del ambiente grecorromano, pero su carácter híbrido se debía a las dispares situaciones socioeconómicas de los miembros[512].

Todo el capítulo séptimo de esta epístola está dedicada al tema matrimonial y comienza haciendo un *excursus* muy elocuente sobre lo que el apóstol considera que debe ser un matrimonio entre cristianos[513]: el matrimonio debe ser monógamo, deben los cónyuges cumplir con su deber matrimonial —ya que el cuerpo del marido pertenece a la esposa y viceversa—, y deben dedicarse, como pareja, a la oración.

---

510 R. Trevijano, «Matrimonio y divorcio en la Sagrada Escritura», en T. García Barberena (Dir.), *El vínculo matrimonial. ¿Divorcio o indisolubilidad?,* Madrid, 1978, pp. 51 s.

511 R. Fabris, *Pablo. El apóstol de las gentes,* Madrid, 1999, pp. 248-255.

512 G. Alberigo, *La Teología de San Pablo,* Salamanca, 2005, pp. 41 s.

513 En cuanto a lo que escribíais, que es mejor que el hombre no tenga relaciones con la mujer, os digo que, para evitar la inmoralidad, cada hombre tenga su mujer y cada mujer su marido. Cumpla el marido su deber con la mujer y lo mismo la mujer con el marido. La mujer no es dueña de su cuerpo, sino el marido; lo mismo el marido no es dueño de su cuerpo, sino la mujer. No os privéis uno de otro, si no es de mutuo acuerdo y por un tiempo, para dedicaros a la oración. Después uníos de nuevo para que Satanás no os tiente aprovechándose de vuestra incontinencia. Lo digo como concesión, no como obligación, pues desearía que todos fueran como yo; sólo que cada uno recibe de Dios su carisma, unos uno y otros otro (1 Cor 7, 1-7).

Es importante señalar que recomienda que los esposos mantengan relaciones sexuales, pero es importante matizar que lo hace, después de defender la superioridad del celibato o la virginidad al matrimonio, como un remedio contra la concupiscencia o contra la impureza[514]. Este llamamiento al matrimonio como remedio contra la impureza lo es, principalmente, en atención a la inmoralidad dominante, es decir, que los usos y costumbres paganos de la mayoría de miembros de la comunidad corintia verían como extraña esta nueva concepción de la sexualidad que Pablo les propone[515]. Así mismo, y esto también llamaría la atención de los destinatarios de la carta, proclama una verdadera igualdad del varón con respecto a la mujer dentro del matrimonio, y esta igualdad lo es con respecto a la sexualidad, al cuerpo y a la propia persona: en el matrimonio entre cristianos uno deja de pertenecerse para pasar a ser posesión del otro[516]. Puede, pues, ser de provecho el matrimonio para cualquiera de los cónyuges con el fin de evitar la impureza, y aquí es preciso situarse ante la pregunta de si el apóstol considera que el fin esencial del matrimonio es la prevención de los pecados que atentan contra la impureza. Es difícil dar una respuesta definitiva a esto, pero atendiendo a varias afirmaciones referidas a este tema en este fragmento de la Carta a los Corintios, no es posible dejar de afirmar sin duda que, por lo menos, el *remedium concupiscentiae* es uno de los fines del matrimonio. Se basa, pues, esta afirmación en varios aspectos: primeramente, la afirmación de que es mejor casarse que abrasarse por el deseo[517], da una visión del matrimonio con un cierto regusto a mal menor, ya que el resultado del planteamiento paulino sería que aunque es mejor para el hombre renunciar al matrimonio, es mejor casarse que abrasarse por el deseo; en segundo lugar, porque la *procreatio filiorum*, tan importante para la teología del AT, no viene ni siquiera mencionada por el apóstol; en tercer lugar, porque el contacto físico que requiere el matrimonio, y al cual dice a los esposos que no deben renunciar[518], sigue teniendo tintes de impureza, por lo que les anima a que solamente se priven el uno del otro en caso de un tiempo de oración. Es evidente que la visión negativa del matrimonio que predominará en los Padres de la Iglesia, como se estudiará en el próximo capítulo, tiene como base la doctrina paulina derivada, principalmente, de este fragmento de la Carta a los Corintios[519].

514 Es importante el término original que se utiliza para lo que las Biblias con las que trabajamos traducen por impureza, concupiscencia, lujuria, etc., y que no es otro que el de *πορνεια* y que tanto trabajo ha dado, y sigue dándole, a la exégesis, como ya hemos visto.

515 B. Orchard *et al.*, *Comentario a la Sagrada Escritura, IV, Nuevo Testamento,* Barcelona, 1959, p. 193.

516 *Cf.* J. Velasco Arias, «El matrimonio en la comunidad paulina de Corinto», en *El matrimoni i l'ús dels béns en la Bíblia*, Barcelona, 2008, p. 242.

517 1 Cor 7, 8.

518 *Ibid.* v. 5.

519 A. Rubinos, *Leyendo a San Pablo,* Barcelona, 1954, pp. 137-139.

Esta visión negativa no la comparten otros muchos autores; sin ir más lejos, Heinrich Baltensweiler aporta tres razonas según las cuales, la visión de S. Pablo acerca del matrimonio es positiva, basándose también en este mismo texto que se está estudiando: rechaza el ascetismo contrario al matrimonio presente en Corinto, que el pecado pueda alejar al ser humano de la pureza es un hecho positivo y que Pablo está influenciado por el judaísmo en cuestiones relativas al matrimonio y a la sexualidad, siendo la valoración del pensamiento hebreo sobre el matrimonio muy positiva[520]. Que la visión del matrimonio sea positiva o no, es indiferente a la hora de afirmar que, tanto en 1Tes como en 1Cor Pablo presenta el matrimonio como un remedio de la *πορνεια*[521]. La opción celibataria, reconocida por Pablo como un don y, a la vez, superior en dignidad al matrimonio, debe verse desde un doble prisma: el escatológico y el cristológico. El primero, ya que la recomendación de Pablo de que cada cual permanezca en su estado, animando a los solteros a que no se casen, lo mismo que a las viudas, responde a la idea de que el tiempo se acaba, que la Parusía es inminente y que no merece la pena cambiar nada, ya que suficiente preocupación supondrá este acontecimiento para añadir una preocupación extra, que sería la del matrimonio, con las cargas que éste conlleva; el acento cristológico lo encontramos en que Pablo defiende la idea de que, para mejor servir a Cristo, es preferible estar libre de cualquier atadura terrena, pudiendo estar disponible plenamente para la comunidad si no existen lazos conyugales[522].

Finalmente, es preciso analizar lo que Baltensweiler denomina «códigos familiares», y que estarían presentes en Col 3, 18-19, Ef 5, 22-32, 1Tim 2, 8-32 y Tit 2, 1-4[523]. Estos códigos tratarían de regular, desde la óptica de un cristianismo naciente, las relaciones familiares y las relaciones de los cristianos en la comunidad. Será en estos códigos donde se encontrarán las tan polémicas frases referentes a la sumisión que la esposa debe al marido y que popularmente son atribuidas a S. Pablo[524]. Lo primero que cabe afirmar, es

520 H. Baltensweiler, *Il matrimonio nel Nuovo Testamento, op. cit.*, pp. 191-194.

521 «Las normas sobre matrimonio en 1 Tes 4, 3-8 y en 1 Cor 7, 2 están bajo el signo de la "evitación de la porneia", término utilizado para designar toda clase de relaciones sexuales ilícitas. Esta advertencia general aparece en diversas formulaciones tradicionales que formaban parte de instrucciones o paréntesis entre los primeros cristianos» (W. A. Meeks, *Los primeros cristianos urbanos,* Salamanca, 2012, p. 173).

522 G. Alberigo, *La Teología de San Pablo, op. cit.*, pp. 75–80.

523 H. Baltensweiler, *Il matrimonio nel Nuovo Testamento, op. cit.*, pp. 245–277.

524 Mujeres sed sumisas a vuestros maridos, como conviene en el Señor» (Col 3, 18); Sed sumisos unos a otros en el temor de Cristo: las mujeres, a sus maridos, como al Señor; porque el marido es cabeza de la mujer, como cristo lo es de la Iglesia» (Ef 5, 21-23); Que la mujer aprenda sosegadamente y con toda sumisión. No consiento que la mujer enseñe ni que domine sobre el varón, sino que permanezca sosegada [...] aunque se salvará por la maternidad, si permanece en la fe, el amor y la santidad, junto con la modestia (1Tim 2, 11-12.15); Las ancianas, igualmente, sean, en su comportamiento, como conviene a

que ninguno de estos consejos pertenece a cartas protopaulinas, por lo que no se trataría necesariamente de un pensamiento de Pablo. Tal afirmación hunde sus raíces en la visión totalmente contraria que encontramos en un testimonio protopaulino, como es el ya analizado de 1Cor, en el cual el apóstol manifiesta la igualdad y reciprocidad que debe existir entre el marido y la esposa al afirmar que «el marido cumpla con su obligación conyugal con la mujer, e igualmente la mujer con el marido. La mujer no es ya dueña de su cuerpo, sino el marido; como tampoco el marido es dueño de su cuerpo, sino la mujer»[525]. Esta reciprocidad para el cumplimiento del débito conyugal, aunque tiene sus antecedentes en el pensamiento judío[526], hace entrever que Pablo no pide sumisión de la esposa al marido, ya que de ser así lo exigible para la posesión del cuerpo y para el débito conyugal no sería recíproco.

En segundo lugar y, como ya ha sido referido al principio del estudio sobre Pablo, hay que entender estos primeros escritos cristianos dentro del ámbito en el que se escriben. El autor sagrado no pretende sentar cátedra acerca del comportamiento que los esposos deber tener entre ellos, sino que se hace eco de las costumbres propias de su tiempo, aunque tenga tintes cristianos, al afirmar que esa sumisión debe ser «en el Señor» o «como es correcto en el Señor»[527].

En tercer lugar, hay que encuadrar estos códigos, como toda la teología paulina, bajo el criterio de la Parusía inminente, como se ha ya indicado, por lo que, teniendo en cuenta que reproducen los esquemas sociales propios de tu tiempo y lugar de redacción, el autor no está más que repitiendo la máxima paulina de que cada uno permanezca en su estado, pidiendo también a los esclavos que se sometan a sus señores o a los hijos a sus padres, no pretendiendo nunca mudar las condiciones sociales existentes en base a una nueva doctrina cristiana, simplemente les pide que vean en la persona a la que están sometidos la autoridad de Cristo, muy probablemente para hacerles más llevadera la carga de esta sumisión[528].

En estos códigos familiares no es posible encontrar más que una aceptación por parte de los líderes de las comunidades paulinas de las estructuras sociales, enunciando —simplemente— cuáles son las obligaciones de cada

---

personas religiosas; no sean calumniadoras, ni se envicien con el vino; sean maestras del bien, que inspiren buenos principios a las jóvenes, enseñándoles a amar a sus maridos y a sus hijos, a ser sensatas, puras, a cuidar de la casa, a ser bondadosas y sumisas a sus maridos, para que la Palabra de Dios no sea maldecida (Tit 2, 3-5).

525 1Cor 7, 3-4.

526 *Cf.* A. Piñero, *Guía para entender a Pablo de tarso. Una interpretación del pensamiento paulino*, Madrid, 2015, p. 269.

527 *Cf.* C. Bernabé, «Evolución de la Iglesia en la tradición post-paulina», *Aula de Teología,* 2017, pp. 8-9.

528 *Cf.* J. A. Fitzmyer, *Teología de San Pablo. Síntesis y perspectivas, Madrid, 2008, pp. 193 s.*

uno de los miembros de la familia[529]. Es más, las relaciones entre esposos que marcan estos códigos familiares deben ser vividas desde el amor, y de ahí las constantes alusiones «al Señor» como partícipe, también, de la relación conyugal[530].

En cuanto al divorcio, tema que también se trata en los escritos paulinos, aparece una continuidad con la materia que aparece en los evangelios y el contenido de las cartas no pretende innovar ni poner en tela de juicio lo que los testimonios evangélicos proporcionan como original de Jesús. En 1Cor 7, 10 Pablo rechaza de lleno el divorcio, sin excusas, y lo hace apoyándose en un mandato del Señor, dejando así claro que no está usando su autoridad para pedir a los fieles que cumplan con esta norma, sino que ésta lo supera, pues proviene de la autoridad divina.

Al analizar el capítulo 7 de la Carta a los Corintios, es imposible no establecer una clara relación entre la prohibición del divorcio y el hilo argumental de dicho capítulo: Pablo llama a que cada cual permanezca en el estado en el que está, y cuando dice «que la mujer no se separe del marido; y si se separa, quédese sin casar, o reconcíliese con el marido; y que el marido no abandone a su mujer»[531], es evidente que les está pidiendo que no cambien su modo de vida, y en el caso de que éste irremediablemente cambie —es decir— que, efectivamente se divorcien —no vuelvan a contraer matrimonio—[532].

Es importante señalar, así mismo, que «el apóstol acepta con alguna excepción la estricta doctrina de Jesús sobre el divorcio»[533], y que esta negativa de los dirigentes de las comunidades paulinas a conceder el divorcio a aquellos que no querían seguir con su matrimonio va a resultar una cuestión del todo chocante tanto en el ambiente pagano como en el judío, ya que en ambas culturas el divorcio era un derecho adquirido que ya formaba parte de la tradición jurídica y social. Es más, esta norma se podía entender, en los círculos a los que llegó, como una radicalización de la monogamia o, incluso, como una norma distintiva de las comunidades cristianas, ya que no era concebible que, por lo menos el varón, no pudiese repudiar a su esposa[534].

Una pista de la motivación de esta norma la ofrece Pablo en la Carta a los Romanos, en la que dice que

> la mujer casada se debe a su marido mientras éste vive; pero si éste muere, queda liberada de la ley del marido. De modo que, mientras vive el marido, es con-

529 J. Comblin, *Pablo: trabajo y misión,* Bilbao, 1994, p. 74.

530 A. Sarmiento, «El "misterio" del matrimonio cristiano: sentido e implicaciones de la sacramentalidad del matrimonio», *Cuadernos de Pensamiento,* 27, 2014, pp. 19-20.

531 1Cor 7, 10-11.

532 G. Barbaglio, *La teología de San Pablo, op. cit.*, p. 76.

533 A. Piñero, *Guía para entender a Pablo de Tarso, op. cit.*, p. 270.

534 W. A. Meeks, *Los primeros cristianos urbanos, op. cit.*, p. 174.

siderada adúltera si se une a otro hombre; pero si el marido muere, queda libre de la ley, de manera que no es adúltera si se une a otro hombre[535].

Esta consideración del apóstol, de clara reminiscencia judía, pone en comparación la ley a la que está sujeto el creyente en su relación con Dios a la ley, que representa el marido con respecto a la esposa[536]. Es necesario, sin embargo, dar luz a este escrito paulino con lo que aporta 1Cor7, en la que el apóstol pregona la igualdad de ambos cónyuges tanto en sus derechos y deberes maritales como a la hora de juzgar como adúlteros los actos tanto de la esposa como del esposo, siendo una novedad con respecto a la legislación mosaica en la que, como ya se ha visto, solamente podía cometer adulterio la esposa. Así mismo, prohíbe explícitamente a la esposa que se vuelva a casar, aun en caso de que se divorcie, aunque no está del todo claro que esta prohibición afecte también al marido, ya que no se menciona en ninguno de los escritos de Pablo.

Como se puede observar, no existe en la teología paulina novedad sustancial en tema del divorcio de los cristianos, y sigue la línea marcada por la enseñanza de los evangelios: acepta la negativa de Jesús a que un marido dé carta de repudio a su esposa; pero Pablo sí que va a aportar algo que pasará a la historia como «privilegio paulino». Se trataría de que, en caso de los matrimonios mixtos, la parte cristiana podría divorciarse de la no cristiana, aunque la recomendación del apóstol sigue siendo que el matrimonio permanezca unido, pero en caso de que sea necesaria una separación, el divorcio estaría permitido[537]. La solución que da Pablo para los problemas surgidos entre matrimonios mixtos es la de que es posible un divorcio en caso de que la convivencia entre las partes, por causa de la disparidad de creencias, resulte insostenible, invitando a la parte cristiana a que recupere su libertad para así poder vivir en paz[538]. Que el apóstol permita el divorcio en el caso de los matrimonios mixtos no quiere decir que anime a los creyentes a divorciarse en caso de que estén casados con no creyentes, sino que los anima a seguir juntos, precisando que el no creyente se santifica por su matrimonio con la parte cristiana. Una vez más, aparece Pablo rompiendo con la tradición judía,

---

535 Rom 7, 2-3.

536 H. Crouzel, *La Iglesia primitiva frente al divorcio,* Madrid, 2015, pp. 8-9.

537 «A los demás les digo yo, no el Señor que, si un hermano tiene una mujer o creyente y ella consiente en vivir con ella, no se divorcie de ella. Y si una mujer tiene un marido no creyente y él consiente en vivir con ella, no se divorcie de él. Pues el marido no creyente queda consagrado a Dios por la mujer, y la mujer no creyente por el marido cristiano. De este modo, vuestros hijos pertenecen a Dios, mientras que de otra forma no pertenecerían. Pero si la parte no creyente quiere separarse, que se separe; en tal caso, el hermano o la hermana quedan libres, pues el Señor os ha llamado a vivir en paz. Porque, ¿sabes tú, mujer, si salvarás a tu marido? O, ¿sabes tú, marido, si salvarás a tu mujer?» (1Cor 7, 12-16).

538 R. Fabris, *Pablo. El apóstol de las gentes, op. cit.*, pp. 375 s.

ya que, para ésta, los matrimonios mixtos estaban considerados como una deshonestidad y un crimen, aunque en este caso pesase más el hecho de que el matrimonio fuese con alguien extranjero, que no por motivos de fe. De hecho, los cristianos provenientes del judaísmo que se casaban con una cristiana proveniente de comunidades paganas, era acusado de haber atentado una unión matrimonial fornicaria, y es probable que lo dictado por Pablo con relación a los matrimonios mixtos tenga de trasfondo esta problemática[539].

539 J. Holzner, *San Pablo. Heraldo de Cristo, op. cit.*, p. 146.

10

LA CUESTIÓN MATRIMONIAL EN LOS PRIMEROS SIGLOS DEL CRISTIANISMO

Un antiguo escrito cristiano, anónimo, de finales del siglo II y que lleva por título *A Diogneto*, afirma que «los cristianos, en efecto, no se distinguen de los demás hombres ni por su tierra, ni por su habla, ni por sus costumbres. [...] Se casan como todos y tienen hijos; como todos engendran hijos, pero no exponen a los que nacen»[540]. Este vetusto testimonio, ya citado, da a entender que los cristianos primitivos eran gente corriente, que no se diferenciaban en lo social del resto de sus coetáneos, pero que su fe hacía que el sentido último de su existencia fuera el valor de la vida, por encima de todas las cosas, como un regalo de Dios. Será necesario, por lo tanto, tener en cuenta, ya en primer lugar, que no va a ser posible encontrar en los primeros escritos cristianos ninguna novedad absolutamente rompedora ni con la tradición matrimonial romana, que ya se ha expuesto, ni una ruptura con la tradición bíblica que señalada en las páginas precedentes, sino que «la Iglesia considera como propia la idea de que los fieles estén sometidos a la legislación romana, y así las cuestiones del matrimonio se llevaban al tribunal civil»[541], por lo que en el presente estudio se tratará de ver solamente cuál es la valoración moral que los primeros cristianos hacen del matrimonio, así como del divorcio y de las segundas nupcias. Es importante señalar, ya desde este momento, que la concepción del matrimonio es siempre, para los autores cristianos de los primeros siglos, algo que no pertenece al ámbito jurisdiccional de la Iglesia, ya que acatan la autoridad del Derecho romano

540 A Diogneto, V, 1.6, en PG 2, col. 1167-1187.

541 E. Schillenbeeckx., *El matrimonio realidad terrena y misterio de salvación*, Barcelona, 1968, p. 215.

y a nivel legal no se cuestionan siquiera entrometerse; esto no quiere decir que no se empiece a configurar una idea de lo que los cristianos consideran matrimonio a nivel moral, pero el marco jurídico lo sigue marcando el Derecho civil. Habrá que esperar hasta el siglo XII, como se podrá estudiar más adelante, para que empiece a haber una doctrina canónica seria sobre el matrimonio.

10.1. La doctrina sobre el matrimonio y el divorcio en los Padres de la Iglesia

No se puede entender el matrimonio, ni cualquier otra cuestión que forme parte de la fe cristiana, sin recurrir al testimonio de los primeros pensadores cristianos, que la Tradición ha llamado Padres de la Iglesia. El estudio de sus escritos es determinante para todo aquel que quiera adentrarse en la comprensión del Mundo occidental después del nacimiento de Cristo, y no solamente en lo tocante a cuestiones religiosas, ya que se está hablando de varias generaciones de escritores que han cimentado, asentado y desarrollado una cultura propia, tal es el cristianismo. Así, se puede afirmar, sin temor a equivocarse, que los Padres de la Iglesia son protagonistas y, a la vez, testigos de la Tradición, ya que transmiten lo que han recibido y, a través de ello, van forjando la propia Tradición de la Iglesia[542].

No se puede, pues, afrontar un estudio serio acerca del matrimonio sin hacer un minucioso estudio acerca de la posición de estos primeros escritores cristianos sobre el tema. Como bien señala Romero Pose,

> los problemas del presente invitaban a la mayoría de los teólogos —no a todos— a volver la vista atrás para recoger y dejarse iluminar por la herencia de un pasado. La inmediatez del hoy obligó a indagar apasionada más que serenamente cuál ha sido la praxis de la Iglesia con relación al matrimonio y, sobre todo, el parecer de los primeros escritores cristianos sobre el divorcio y la iteración de nupcias[543].

542 *«Nella nostra coscienza cristiana, i Padri appaiono sempre legati alla Tradizione, essendone stati contemporaneamente protagonisti e testimoni. Essi sono più vicini alla freschezza delle origini; alcuni di loro sono stati testimoni della Tradizione apostolica, fonte da cui la Tradizione stessa trae origine; specialmente quelli dei primi secoli possono considerarsi autori ed esponenti di una tradizione «costitutiva», della quale nei tempi posteriori si avrà la conservazione e la continua esplicazione. In ogni caso i Padri hanno trasmesso ciò che hanno ricevuto, «hanno insegnato alla Chiesa ciò che hanno imparato nella Chiesa»; «ciò che hanno trovato nella Chiesa hanno tenuto; ciò che hanno imparato hanno insegnato; ciò che hanno ricevuto dai Padri hanno trasmesso ai figli»* (Congregazione per l'Educazione Cattolica, *Istruzione sullo studio dei Padri della Chiesa nella formazione sacerdotale* (10/XI/1989), 19).

543 E. Romero Pose, «Matrimonio y familia en la época patrística», en *La siembra de los Padres,* Madrid, 2008, p. 140.

Es por esta razón que este estudio debe ir, fundamentalmente, al estudio de las propias fuentes, ya que se corre el riesgo de dejarse llevar por ciertas exégesis que se posicionan ideológicamente a favor o en contra de ciertos postulados, dependiendo de la propia sensibilidad, conveniencia o doctrina, ya que como afirma H. Crouzel,

> la opinión de los Santos Padres de presenta de una manera tan sucinta que puede llegar a desfigurarse, si el autor no tiene en cuenta el contexto inmediato o la intención del pasaje y, más todavía, la forma de pensar del teólogo estudiado[544].

Es fundamental, por tanto, acercarse con objetividad a los textos de los Santos Padres para ver cómo era concebido el matrimonio en estos primeros siglos del cristianismo, teniendo desde este momento muy claro que no se va a encontrar un discurso unánime ni una doctrina oficial de la Iglesia acerca del matrimonio ni del divorcio, sino que aparecerán opiniones de muy diversa índole influidas, fundamentalmente, por las circunstancias sociopolíticas y geográficas en las que vivían estos escritores[545].

El primer autor en escribir acerca del matrimonio es Ignacio de Antioquía quien, en su carta a Policarpo de Esmirna, se refiere a algunas cuestiones referentes al ámbito matrimonial, con un muy marcado trasfondo paulino: pide a las esposas que se contenten con sus maridos, y a éstos que amen a sus esposas; también señala la dimensión comunitaria del matrimonio, pidiendo a los que se van a casar, que no lo hagan sin el conocimiento del obispo, para que dicha unión no sea solamente para satisfacer los propios deseos, sino que sea «conforme al Señor»[546]. De igual modo, mantiene la superioridad de la vida celibataria con respecto a la matrimonial, siendo ésta para aquellos que no se pueden contener, siendo las personas continentes las que en mayor perfección moral viven.

El Pastor de Hermas, apócrifo apocalíptico del siglo II, sigue la doctrina paulina acerca del matrimonio, del divorcio y de las segundas nupcias a pies juntillas[547], con la salvedad de que lo que S. Pablo decía a las viudas con refe-

544 H. Crouzel, *La Iglesia primitiva frente al divorcio, op. cit.*, pp. XXII s.

545 Seguiremos para nuestro estudio el orden que establece H. Crouzel — figura de referencia al estudiar el tema matrimonial en los Padres de la Iglesia — en la obra que, abundantemente, hemos citado y seguiremos citando: prenicenos, orientales de los siglos IV y V y occidentales de los siglos IV y V.

546 *Sororibus meis dicito, ut Dominum ament, et maritis contentae sint carne ac spititu. Similiter et fratribus meis manda in nomine Jesu Christi, ut diligant conjuges suas sicut Dominus Ecclesiam. Si quis potest in castitate manere, ad honorem ejus, qui Dominus est carnis, in humilitate maneat. Si glorietur, periit. Et se si in majorem episcopo censeat, interiit. Decet vero, ut sponsi et sponsae de sententia episcopi conjugium faciant, ut nuptiae secundum Dominum sint, non secundum cupiditatem. Omnia ad honorem Dei fiant* (Ignatius Antiochenus, *Epistola Ad Polycarpum*, V, PG 5, p. 723 B).

547 *«[...] Et dixi illi: Domine, Permitte me pauca verba tecumloqui. Dic, inquit. Et dico illi: Domine, si quis habuerit uxorem fedelem in Domino, et hanc invenerit in adulterio, nunquid peccar vir, si convivat cum illa? Et dixi mihi: Quandiu nescit peccatum ejus, sine crimine est*

rencia al matrimonio, el autor de El Pastor lo aplica también a los varones: se pueden casar y no cometen pecado al hacerlo, aunque es preferible que se mantengan como están, ya que así agradarán más a Dios[548].

Sí que se podría añadir como novedad que el autor de esta obra obliga al cónyuge que es agraviado con el adulterio a que se separe de la parte adúltera, ya que de no hacerlo se convertiría en cómplice de su pecado y pagaría las consecuencias morales de ello: *«particeps moechationes ejus»*. Es el primer escrito cristiano, y no será el único, que exige la separación de los cónyuges en caso de adulterio, lo que resulta curioso al no existir ni en la legislación veterotestamentaria ni en los escritos neotestamentarios argumentos que manden hacer tal cosa, pero, como habrá tiempo de comprobar, será común entre los Padres de la Iglesia esta medida de separación forzosa en caso de pecado sexual de uno de los cónyuges[549].

No es posible continuar este estudio sin detenerse, aunque muy brevemente, en tres textos apócrifos neotestamentarios. Se trata de los Hechos de Pedro, los Hechos de Andrés y los Hechos de Tomás. En los tres textos aparece una firme oposición al matrimonio, basándose en las palabras de Pablo animando a los fieles de Corinto a que no se casen. De hecho, en el primero, Pedro incita a las esposas a abandonar a sus maridos y predica en contra del matrimonio; en el segundo, Andrés se opone al matrimonio, causa que le llevaría al martirio; y en el tercero, Tomás pide que se renuncie al matrimonio y, también, que las esposas abandonen a sus maridos[550].

---

vir vivens cum illa. Si autem scierit vir uxorem suam deliquisse, et non egerit poenitentiam mulier, el permanet in fornicatione sua, et convivit cum illa vir; reus erit peccati ejus, et particeps moechationis ejus. Et dixi illi: Quid ergo, si permanserit in vitio suo mulier? Et dixit: Dimittat illam vir; et vir per se maneat. Quod si dimisserit mulierem suam et aliam duxerit, et reverti; nonne recipietur a viro suo? Et dixit mihi: Imo, si non receperit eam vir suus, peccat, et magnum peccatum sibi admittit; sed debet recipere peccatricem quae poenitentiam egit; sed non saepe. Servis enim Dei poenitentia una est. Propter poenitentiam ergo non debet, dimissa conjuge sua, vir aliam ducere. Hic actus similis est, et in viro et in muliere [...]» (Sancti Hermae, *Pastor*, Liber II, Mandatum IV, Cap. I, en PG 2, pp. 917-920).

548 *Si vir vel mulier alicujus decesserit, et nupserit aliquis illorum; numquid peccat? Qui nubit, non peccat, inquit; sed si per se manserit, magnum sibi conquirit honorem apud Dominum. Serva ergo castitatem et pudicitiam; et vives Deo [...]* (*Ibid.* Cap. IV, pp. 921 s.).

549 Esta curiosa medida llama la atención de los estudiosos al no existir precedentes a dicha norma. Algunos plantean la posibilidad de que existiera una norma judaica al respecto, por lo menos a finales del AT, que explicaría por qué José había decidido, siendo un hombre justo, repudiar a María en secreto, ya que, con los datos que tenemos y la legislación veterotestamentaria conocida, no tendría obligación de hacerlo (H. Crouzel, *La Iglesia primitiva frente al divorcio, op. cit.*, pp. 43-49).

550 Estos apócrifos pertenecen, muy probablemente, a sectas cristianas primitivas que iban haciendo camino e interpretando, a su manera, las disposiciones contenidas en los escritos del NT influenciados por sus propias circunstancias y condicionantes históricos y sociopolíticos. El autor de los Hechos de Pedro es, probablemente, doceta; en cuanto a los Hechos de Andrés, Eusebio de Cesarea afirma que es una obra de herejes; y el autor

El filósofo y apologeta Justino cuenta la historia de una conversa de vida licenciosa quien, tras cambiar de vida, pretende que también lo haga el marido pero que, ante la negativa de éste, decide entregarle el libelo de repudio para no contaminarse con su mala conducta[551]. Esta opción, no contemplada expresamente por S. Pablo, quien permitía al esposo cristiano casado con una pagana el divorciarse en caso de que ésta no quisiese continuar con el matrimonio, hace que la historia de Justino sea original, ya que concluye la historia manifestando que el marido no quiere el divorcio y denuncia a la esposa por ser cristiana[552]. Se entiende, pues, que Justino anima a divorciarse al que está casado con cónyuge adúltero, pero no se pronuncia acerca de la posibilidad de casarse de nuevo tras esta separación forzosa. Sin embargo, en su Primera Apología, leemos *«qui ducit repudiatam ab altero viro, moechatur»*[553], por lo que no será posible para un cristiano contraer segundas nupcias después de haberse separado, ni le será permitido, por consiguiente, a persona soltera casarse con quien haya cesado su matrimonio por separación o divorcio.

El filósofo Atenágoras va más allá, y se pronuncia en contra de las segundas nupcias, ya que sigue la máxima de que lo preferible es permanecer como se nació y, como concesión, casarse una sola vez, ya que contraer segundas nupcias lo considera un adulterio encubierto, haciendo quizás referencia a la legislación matrimonial romana[554]. Este adulterio decente, al no especificar que sea tras un divorcio y, al mismo tiempo, al presentar la virginidad como estado de vida mayor y el matrimonio como una concesión, sería aplicable también a las segundas nupcias de aquellos que quedan viudos, por lo que solo podría casarse el cristiano una sola vez, estando el casado unido a su cónyuge incluso más allá de la muerte.

Las sectas cristianas del siglo II, fundamentalmente las encratitas y los gnósticos valentinianos, manifiestan un profundo rechazo hacia el matrimonio. El

---

de los hechos de Tomás pertenecería a la secta siríaca de corte gnóstico de Bardesano de Edesa (*Cf.* J. QUASTEN, *Patrologia I. Hasta el Concilio de Nicea,* Madrid, 1968, pp. 139-145).

551 *Mulier quedam cum viro degebat intemperanti, intemperans et ipsa prius; sed postquam Christi doctrinam cognovit, ipsa ad meliorem frugem se recepit, ac viro ut similiter sese colligeret persuadere conata est, Christianam illi doctrinam exponens, et futura his, qui libidinose ac praeter rectam rationem vixerint, inaeterno igne supplicia denuntians. Verum ille in iisdem flagitiis permanens, factis suis alienavit a se uxoris animum. Impium enim esse mulier existimans cum eo deinceps viro, qui praeter naturae legem, praeterque jus undecumque voluptatis vias exquireret, tori consortio jungi, discedere a conjugio voluit. Sed suorum auctoritatem revetira, qui suadebant ut adhuc maneret. At postquam illius vir Alexandriam profectus, pejora facere nuntiatus est, verita illa ne inique et impie factorum particeps fieret, si in conjugio maneret, victusque ac tori consors esset, misso eo, quod vocatis, repudio, discessit [...]* (JUSTIN, *S. Justini philosophi et martyris, Apologia secunda*, 2, en PG 6, p. 443).

552 *«[...] repudium non obsequenti nuntiantem accusat, quod esset Christiana» (Ibid).*

553 S. JUSTINI PHILOSOPHI ET MARTYRIS, *Justini philosophi et martyris, Apologia prima*, 15, en PG 6, p. 350.

554 *«[...] ut quisque vel qualis natus est, maneat, vel unicis nuptiis. Secundae enim decorum adulterium»* (ATHENAGORAE PHILOSOPHI CHRISTIANI, *Legatio pro christiani,* 33, en PG 6, p. 967).

escritor Julio Casiano, escribe una obra titulada *Sobre la continencia*, en la que condena todo tipo de relación sexual, por lo que los cristianos estarían llamados, según sus teorías, al estado de eunucos y a permanecer célibes[555]. Por su parte, Ptolomeo Valentiniano, afirma que, en contra de lo que dice la perícopa de Mateo, que la norma mosaica del repudio de la esposa es contraria a la Ley de Dios, y que por lo tanto es una concesión humana en contraposición a ésta[556].

Con los escritores alejandrinos se da un paso adelante y se comienza a encontrar en sus textos ideas un poco más elaboradas con respecto al matrimonio, al divorcio y a las segundas nupcias. El primer autor que es preciso tratar es Clemente de Alejandría, quien sigue la línea que afirma que un único matrimonio es lo ideal, afirmando en su obra *Stromata* que el que despide a su mujer está ya cometiendo adulterio hacia ella[557]. Es, probablemente, el primer autor cristiano que se refiere al matrimonio de una forma tan positiva que lo considera como la presencia de Dios, afirmando que el matrimonio y su descendencia son los dos o tres que se reúnen en nombre de Cristo[558], y que el matrimonio no puede ser algo malo —contradiciendo muchas de las posiciones de los rigoristas de la época— cuando es algo querido por Dios[559]. Es, de hecho, el único de los Padres que considera el matrimonio como mejor condición para el ser humano que la virginidad[560]. Es, sin embargo, un autor que afirma que las segundas nupcias son una concesión del apóstol Pablo a aquellos que no se pueden contener, no teniendo que considerar pecador a aquel que las contrae[561]. No se trata de la conducta querida por el Evangelio, pero no constituye un pecado al no estar prohibido por la Ley[562].

---

555 *Cf.* J. Quasten, *Patrología I. hasta el Concilio de Nicea, op. cit.*, p 270. *La Iglesia primitiva frente al divorcio, op. cit.*, pp. 171 s.

556 H. Crouzel, *La Iglesia primitiva frente al divorcio, op. cit.*, pp. 171 s.

557 *[...] Quod autem consulit Scriptura uxorem ducere, et nec ac conugio unquam permittit discedere, legem aperte constituit: Non dimittes uxorem, praeterquam propter fornicationem. Adulterium autem existimat conjungi matrimonio, dum vivit alter ex separatis»* (Clemens Alexandrinus, *Stromatum Libri* II, XXXIII, en PG 8, col. 1095).

558 *Quinam sunt autem illi duos et tres, qui congregantur in nomine Domini in quorum medio est Dominus? Annon virum et mulierem et filium tres dicit, quoniam mulier cum viro per Deum conjungitur?* (Clementis Alexandrini, *Stromatum Libri III,* X, col. 1170).

559 *Ibid.* XIV, col. 1195.

560 *Ibid.* VII, XII, col. 1171.

561 H. Crouzel (*La Iglesia primitiva frente al divorcio, op. cit.* p. 82) afirma que estas segundas nupcias son las derivadas de la viudez, pero en el texto original no encontramos datos de ello. Entendemos que, aunque califique el divorcio como un adulterio, ésta no es razón para afirmar que después de un repudio no se puedan seguir unas segundas nupcias, máxime teniendo en cuenta que se trata solamente de una concesión paulina, aunque esté lejos del ideal, que sería un único matrimonio.

562 *Et si qcui Apostolus prpter intemperantiam et ustionem, veniam secundi concedit matrimonii: nam hic quoque non peccat quidem ex Testamento (non est enim a lege prohibitus), non implet autem summam illam vitae perfectionem, quae agitur ex Evangelio* (Clementis

Más llamativa es la posición de Orígenes, quien considera que los cónyuges deben saber superar la pasión egoísta incluso en el acto conyugal, que se debe realizar de manera moderada y con vistas a la procreación, por lo que distingue dos tipos de personas que aspiran al matrimonio: los perfectos, que son los que se casan únicamente con la finalidad de poder tener descendencia y los fieles simples, que encuentran en el matrimonio el remedio para saciar la concupiscencia[563]. Es más, el hombre y la mujer están llamados desde el principio a la virginidad, que es signo de la condición eterna a la que están llamados, por lo que la relación sexual no es más que una concesión divina para la debilidad humana. La consumación del matrimonio no es más que una esclavitud a la que se debe renunciar y, siendo las relaciones sexuales la manifestación de las pasiones, deben renunciar a ellas las personas adultas, ya que la pasión es una debilidad propia de la juventud.

Metodio de Olimpo, el gran opositor de Orígenes escribe una obra llamada *El Banquete*, en el que hace un elogio acerca de la virginidad. Valora también el matrimonio, pero continente, y habla de la Iglesia como esa madre virgen que engendra y educa hijos castamente. Así, la Iglesia sería ese prado sembrado con las flores de la virginidad, el matrimonio y la continencia[564]. En dicha obra hace un recorrido por la historia del matrimonio, viendo como de institución de Derecho natural se va fraguando y perfeccionando a través de los siglos, eliminando elementos como la poligamia o abominando de otros como el incesto, hasta llegar a su estado de mayor madurez con el matrimonio cristiano, aunque, curiosamente, termine su discurso defendiendo la virginidad como mayor estado de perfección[565].

Eusebio de Cesarea se manifiesta acerca del matrimonio como otros muchos padres de forma negativa: el matrimonio es consecuencia del pecado original y es solamente admisible en vista de la procreación de los hijos[566].

El primero de los escritores cristianos latinos, Tertuliano, es muy prolífico en cuanto al tema matrimonial. Su testimonio es doblemente significativo, ya

---

ALEXANDRINI, *Stromatum Libri* III, XII, en PG 8, col. 1183).

563 ORÍGENES, *Homiliae*. 5, 4, en PG 12, p. 192.

564 S. METHODIUS EPISCOPUS, *Convivium decem virginum,* en PG 18, pp. 240-311.

565 J. GRANADOS, *Una sola carne en un mismo espíritu: Teología del Matrimonio,* Madrid, 2014, p. 333.

566 *Cur maledicta, nisi quia in iniquitatibus conceptus est? Consequens enim erat maledictionem subsequi peccatum. Iisdem usus verbis est Jeremias: Maledicta dies in qua natus sum et nox in qua concepit me mater mea. Beatum enim fuisset, non peccare primam mulierem, et corrputae proli operam non dare, ac manere in paradiso divinis angelis similem; sed invidia diaboli mors intravit in mundum. Generatio autem per sanguinem et carnem morti ministrabat, ad continuam mortalis generis successionem. Quamobrem conceptio utpote morti subjecta a beatis viris incausabatur* (EUSEBIUS PAMPHILIUS, *Comentaria in Psalmos,* III, 2, en PG 23, col. 439).

que, por una parte, se trata de una persona casada y, por otra, su pensamiento —que derivará del cristianismo al montanismo— será fruto de una muy profunda cultura retórica, filosófica, histórica y jurídica[567]. Es muy de valorar su testimonio, ya que era una persona casada que amaba a su esposa, por lo que cuando habla del matrimonio lo hace en carne propia. Pero aun así hay dos fases en su pensamiento: la primera de ellas valora de manera muy positiva la vida conyugal, y llega incluso a decir que el matrimonio es un camino que conduce a los seres humanos a Dios[568]. En el primer libro de *Ad Uxorem,* Tertuliano trata de convencer a su esposa de que, una vez enviude, no se case otra vez, a no ser que la pasión la obligue a ello[569], pero en el segundo libro de la misma obra reprocha a cristianas que se divorcian que no se casen en el Señor, es decir, con paganos, de lo que se puede concluir que existía para él, o tal era la costumbre de la Iglesia de Roma, de que pudiesen casarse los divorciados una segunda vez[570]. En la segunda etapa de su vida, convencido por las ideas montanistas y, finalmente, separado de la Iglesia, su idea es totalmente desfavorable al matrimonio, afirmando que solamente se justifica como remedio para la concupiscencia, ya que ante el fin del mundo no es necesario continuar con la propagación de la especie. Pero va más allá, y en su obra *De pudicitia*, afirma que S. Pablo solamente toleró el matrimonio, por lo que no constituye un pecado, pero sí una mancha en el alma del cristiano. Consiguientemente, no tienen cabida ni sentido, ni tras la viudez —aunque toleradas pero absurdas— ni tras el divorcio, las segundas nupcias[571].

567 R. Trevijano, *Patrología,* Madrid, 1994, pp. 115-124.

568 *Non quidem abnuimus coniunctiouem uiri et feminae, benedictam a Deo ut seminarium generis humani et replendo orbi et instruendo saeculo excogitatam, atque exinde permissam, unam tamen. Nam et Adam unus Euae maritus et Eua una uxor illius, una mulier, una costa* (Q. Sept- Flor. Tertulliani, *Ad uxorem libri duo,* I, 2, en PL 1, p. 1389).

569 *Nam etsi non delinquas renubendo, carnis tamen pressuram subsequi dicit. Quare facultatem continentiae, quantum possumus, diligamus; quam primum obuenerit, inbibamus, ut quod in matrimonio non ualuimus, in uiduitate sectemur. Amplectenda occasio est, quae adimit quod necessitas imperabat* (*Ibid*. VII, p. 1398).

570 *Hoc loco dicet aliquis: quid ergo refert inter eum, qui in matrimonio gentili a Domino allegitur, et olim id est ante nuptias fidelem, ut non proinde carni suae caueant, cum alter a nuptiis infidelis arceatur, alter in eis perseuerare iubeatur? Cur, si a gentili inquinamur, non et ille diiungitur, quemadmodum iste non obligatur? Respondebo, si spiritus dederit, ante omnia allegans Dominum magis ratum habere matrimonium non contrahi quam omnino disiungi; denique diuortium prohibet, nisi stupri causa, continentiam uero commendat. Habet igitur ille perseuerandi necessitatem, hic porro etiam non nubendi potestatem* (Q. Sept- Flor. Tertulliani, *Ad uxorem libri duo,* II, 2, en PL 1, p. 1405 s..).

571 *Interea et diuortium prohibens pro eo aut uiduitatis perseuerantiam aut reconciliationem pacis dominico praecepto aduersus moechiam procurat, quia qui dimiserit uxorem praeter causam moechiae, facit eam moechari, et qui dimissam a uiro ducit, moechatur. Quanta remedia Spiritus sanctus instaurat, ne id scilicet denuo admittatur quod ignosci denuo non uult? Iam si usquequaque optimum dicit homini sic esse: Iunctus es uxori, ne quaesieris solutionem, ut moechiae locum non des: Solutus es ab uxore, ne quaesieris uxorem, ut opportunitatem tibi serues* (Q. Sept- Flor. Tertulliani, *De pudicitia*, 16, en PL 2, 1012).

A mediados del siglo II, Novaciano escribe su *De bono pudicitiae*[572], en el que hace un canto a la fidelidad, así como a la unidad que configuran las dos personas que conforman el matrimonio. Acepta el divorcio por causa de adulterio y, probablemente, de lo que se puede colegir de sus escritos, aunque no venga expresado de forma literal y directa, seguiría un pensamiento bastante extendido por los escritores cristianos de la época, como se verá, estando a favor de que la persona agraviada por el adulterio despida a la parte adúltera[573]. Para él, el estado perfecto del cristiano es siempre la castidad, ya que distingue entre los diferentes estados de vida que se pueden observar, y no serían otro que la virginidad, la continencia y el matrimonio, siendo las dos primeras las mejores y que están por encima de cualquier ley humana[574].

Es de reseñar el testimonio de Lactancio, pues claramente se posiciona en contra de la legislación romana al afirmar que, aunque las leyes civiles afirman que solamente la mujer puede cometer adulterio al tener relaciones con otro hombre, lo mismo debe serle aplicado al varón[575]. No es de extrañar

572 Aunque esta obra lleva por autor a Cipriano de Cartago, estudios recientes han demostrado que se trata de una obra de Novaciano (*Cf.* R, TREVIJANO, *Patrología, op. cit.*, pp. 143-147).

573 *[...] Nam et ideo vir sus feminae est, ut praeter eundem alterum nesciat, et ideo viro reddita est mulier, ut subjecto quod fuerat ei proprium, nihil requirat alienum. Sic et duo, inquit, erunt in carne una, ut in unum redeat quod unum fuerat ei proprium, nihil requirat alienam [...] Nemo enim carnem suam odio habet, sed nutrit et fovet eam, sicut et Christus Ecclesiam. Charitatis cum pudicitia ex hoc magna praescriptio, si uxores diligendae sunt a viris suis sicut et Christus dilexit Ecclesiam; et ita uxores maritos debent diligere, ut Ecclesia diligit Christo.*
Hanc sententiam Christus quando uxorem dimitti non nisi ob adulterium dixit: interrogatus, tantum honorem pudicitiae dedit. Hinc nata est illa sententia: Adulteras non sinetis vivere. Hinc Apostolus dicit: Haec est voluntas Dei, ut abstineatis vos a fornicatione. Hinc est illud dicit : Membra Christi, membris meretricis non esse jungenda. Hinc traditur Satanae in interitum carnis qui, pruculcato jure pudicitiae, vitia carnis exercet. Hinc merito regnum coelorum non tenent adulteri ; hinc est omne peccatum extra corpus esse, solum adulterum peccare in suum corpus : hin caeterae praeceptoris auctoritates, quas nunc recolere omnes non est necesse, apud vos praesertim qui illas nostis frequenter et facilis ; quae licet descripta non sint, queruli tamen de his non potestis esse. Adulter enimnon habet excusationem, aut habere potuit, quia ducere licebat uxorem (CYPRIANUS CARTHAGINENSIS [Dubia], *Liber de disciplina et bono pudicitiae*, V-VI, en PL 4, col. 822 s.)

574 *Sed enim pudicitia locum primum in virginibus tenet, secundum in continentibus, tertium in matrimoniis»* (*ibid.* IV, col. 822) y más adelante: *"Sed sicut matronis jura praescripta sunt nexae, ut divelli inde non possint, virginitas vero et continentia extra jus omne sunt: nihil ad virginitatem de matrimoniorum legibus pertinet, altitudine sua transcendit omnes"* (*Ibid.* VII, col. 823).

575 *Non enim, sicut juris publici ratio est, sola mulier adultera est, quae habet alium, maritus autem, etiam si plures habeat, a crimine adulterii solutus est. Sed divina lex ita duos in matrimonium, quod est in corpus unum, pare jugi conjungit, ut adulter habeatur, quisquis compagem corporis in diversa distraxerit* (LUCII CAECILII FIRMIANI LACTANTII, *Divinarum Institutionum,* 6, 23, p. 719).

este pensamiento pues, la obra de la que lo extraemos, «tiene como finalidad el demostrar la falsedad de la religión y especulación paganas y exponer la verdadera doctrina y religión»[576]. De igual modo, proclama que no está permitido a una persona el casarse con otra, a no ser por razón de divorcio, que solamente estaría contemplado en caso de adulterio[577]. Estas palabras de Lactancio se podrían interpretar como una concesión de segundas nupcias a aquellos que han disuelto su matrimonio por causa del adulterio de una de las partes, pues al afirmar que es adúltero quien se casa con la repudiada, excepto que ésta lo haya sido por causa de adulterio, está afirmando que no comete adulterio quien contrae las segundas nupcias con persona que ha sido agraviada con adulterio y por ese motivo se hubiera previamente divorciado.

El siglo IV es considerado por los patrólogos como la edad de oro de la Patrística griega. La situación política ha cambiado, y la religión cristiana comienza a ir de la mano del gobierno de Roma, por lo que la doctrina cristiana comienza a entrar de lleno, por una parte, en las instituciones públicas, mientras que, por otra, el cristianismo se va adaptando a las costumbres y usos sociales del mundo en el que se expande[578]. De estos escritores postnicenos puede ser interesante comenzar por Atanasio de Alejandría quien, en una obra recientemente atribuida a él, *De virginitate*, hace un canto al estado de virginidad como el superior y mejor de los estados para un cristiano, sin menoscabar la dignidad del matrimonio, siguiendo la doctrina, casi generalizada, de los Padres prenicenos[579]. Esta misma idea viene plasmada en su *Epístola a Amún*, en la que ensalza el matrimonio, pero deja claro que el estado de perfección se consigue a través de la virginidad[580].

576 J. Quasten, *Patrología I. Hasta el Concilio de Nicea, op. cit.*, pp 688 s.

577 *Sed tamen ne quis divina praecepta circunscribere se putet posse, adduntur illa, ut omnis calumnia, et occasio fraudis removeatur, adulterum esse, qui a marito dimissam duxerit, ut alteram ducat; dissociari enim corpus et distrahi deus noluit* (Lucii Caecilii Firmiani Lactantii, *Divinarum Institutionum,* 6, 23, en PL 6, col. 720).

578 H. Crouzel, *La Iglesia primitiva frente al divorcio, op. cit.*, pp. 159–161.

579 *Audi, ancilla, Christi, et quicunque salutem quaerunt, et auscultant verba oris meil: et accipiant aures tuae a Deo inspiratos sermones. Hoc enum mysterium inquit divus paulus, magnum est, eo quod omnis, qui agglutinatur uxori, ambo unum corpus sint. Ita quoque omnis vir sive mulier agglutinatus Domino, unus spiritus est. Si enim qui mundo copulantur, relinquunt patrem et matrem, ut mortalibus hominus copulentur; quanto magis virgo continens relinquere debet terrestria omnia, et Domino soli agglutinari? [...]* (S. P. N. Athanasii, *De virginitate, sive acesi*, 2, en PG 28, p. 254).

580 *Beatus qui in juventute libero junctus matrimonio, natura ad liberorum procreationem usus est: quod si ad libidinem, fornicatores et moechos, quod apud Apostolorum memoratur, supplicuum excipiet. Nam duplex cum sit via in vita, alia quidem inferior vulgariorque, matrimonii scilicet; alia vero angelica et suprema omnium, nempe virginitatis* (S. P. N. Athanasii, *Epistola ad Amunem monachum,* en PG 26, col. 1174).

Basilio de Ancira, en su obra *De vera virginitatis integritate*, atribuida durante siglos a Basilio el Grande, escribe un tratado acerca de la virginidad como matrimonio místico con Cristo, y a través de las imágenes que va utilizando, plasma su pensamiento acerca del matrimonio, haciendo un canto a la fidelidad conyugal y manifestándose absolutamente contrario a las segundas nupcias y al divorcio[581].

En cuanto a Basilio de Cesarea no es una excepción al manifestarse en contra del divorcio, excepto en caso de adulterio[582], y esta oposición al divorcio es firme, tanto que en una de sus homilías incide en la importancia de mantenerse unidos aun cuando el carácter del cónyuge sea áspero, o las circunstancias en las que vive el matrimonio sean adversas. Exhorta, pues, a los cónyuges a que cumplan con sus deberes y que se cuiden y se traten bien mutuamente, pero, de no ser así, no se les permite divorciarse ya que por medio del matrimonio se han constituido en una unidad[583]. En lo referente a las segundas nupcias después de una separación, Basilio da su respuesta a través de una serie de cartas dirigidas al obispo Anfiloquio, cartas denominadas como canónicas por contener decisiones disciplinares puntuales para resolver las dudas de quien a ellos acudía por medio del método epistolar, siendo su género canónico y no epistolar, ya que escriben con la potestad normativa que les permitía su cargo pastoral[584]. En la Epístola 188, canon IX, Basilio habla acerca del divorcio, oponiéndose radicalmente a él, excepto en caso de adulterio. La curiosidad del pensamiento que se desarrolla en este canon es que pide que la mujer que ha cometido adulterio no sea readmitida en casa del marido; por el contrario, la mujer que despide al marido sea cual sea la razón, es considerada una adúltera, mientras que la mujer que se uniese a dicho marido abandonado o despedido por su esposa no sería considerada adúltera, ya que no es ella la que aparta al hombre del matrimonio, sino su primera esposa, quien lo ha despedido[585]. Curiosa esta normativa, que se aparta de manera ostensible de

581 *[...] Jam vero nonns audis eum adulterari, qui etiam dimissam duxerit? Etsi enim, inquit, proprter culpam fuit dimissa, vivit tamen vir ejus* (Basilius Magnus, *De vera virginitatis integritate, ad Letoium Melitinensem episcopum,* 41, en PG 30, col. 751).

582 *Quod vir ab uxore, aut uxor a viro non debeat separari, nisi alter deprehendatur in adulterio, aut pietatis sit impedimento»*(Basilium Magnum, *Moralium,* Regula LXXIII, en PG 31, col. 850).

583 *Viri, diligete uxores. Quanvis externi inter vos sitis, tamen in conjugii societatem convenistis. Hoc naturae vinculum, hoc jugum per benedictionem impositum, distantium sit conjunctio* (Basilium Magnum, *Homilia VII in Hexaemeron*, 5, en PG 29, col. 159).

584 J. Torres, «De epístolas privadas a cánones disciplinarios: las "Cartas canónicas" de Basilio de Cesarea», en AA. VV., *Lex et Religio. IX Incontro di studiosi dell'antiquitá cristiana,* Roma, 2013, p. 437. Autores como H. Crouzel (*La Iglesia primitiva frente al divorcio, op. cit.*, pp. 171-173), no están del todo de acuerdo con esta definición de las cartas como canónicas, ya que considera que, aunque posteriormente el contenido de las mismas se ha dividido en cánones, se trata de escritos epistolares con la finalidad de dar respuesta a situaciones concretas, pero nunca con la intención de codificar Derecho.

585 *Aeque viris et mulieribus convenit secundum sententiae consecutionem quod a Domino pronuntiatum est, non licere a matrimonio discedere, nisi ab fortinactionem. [...] Consue-*

la de todos los Santos Padres estudiados hasta ahora. Cabe la posibilidad de que Basilio plantee esta norma influida por la legislación civil romana, ya que más adelante, en el canon 21, afirma que no se puede llamar adúltero a aquel que mantiene relaciones sexuales o se casa en segundas nupcias con una mujer soltera[586]. La normativa emanada de estos cánones de Basilio es claramente desigual entre el marido y la mujer, ya que numerosos cánones apuntan a que la mujer casada que ha sido despedida por el marido sea cual sea la causa, permanece casada y, por lo tanto, no puede contraer nuevas nupcias en ningún caso, mientras que hacia el marido abandonado se es más condescendiente, llegando incluso a afirmar que habría que examinar cada caso en particular[587]. Dentro de los casos que trata Basilio Magno, es preciso destacar el contenido de dos cánones por su originalidad: el primero de ellos es el canon 26, que habla de la fornicación y que marca una clara diferencia de ésta con el matrimonio, subrayando que no se deben casar los que han fornicado, y que la unión carnal no es matrimonio ni comienzo del mismo, por lo que se debe buscar su separación y solamente dejar que se casen, para evitar males mayores y como concesión, después de que pasen un tiempo de penitencia pública[588]; el segundo canon a tratar es el 22, que trata el tema del matrimonio por rapto, considerado por el autor como inválido, ya que en caso de que ella estuviera prometida habría que devolvérsela a su prometido y en caso de que no lo estuviera, habría que devolvérsela a su familia, que decidirá si casarla con su raptor o mantenerla con ellos[589]. De estos cánones de Basilio se pueden extraer varias conclusiones: el matrimonio no se puede disolver, a no ser por causa de

tudo autem etiam adulteros viros et in fornicationibus versantes jubet a milieribus retinero. Quare quae una cum viro dimisso habitat, nescio an possit adultera appelari. Crimen enim hic attingit mulierem, quae virum dimisit, quanam de causa a conjugio discesserit (BASILIUS MAGNUS, *Epistola XXXVIII, canonica prima,* c. IX, en PG 32, p. 678).

586 *Si vir una cum uxore habitans, postea matrimonio con contentus, in fornicationem inciderit; fornicatorem eum judicamus, ipsumque longius producimus in impositis poenis: sed tamen canonem non habemus, qui in eum adulterii subjiciat, si in solutam a matrimonio peccatum commissum sit* (BASILIUS MAGNUS, *Epistola CXCIX, canonica secunda,* c. XXI, en PG 32, col. 722).

587 *Vid.* Cánones 31, 35, 36 (PG 32, p. 727), 46 (p. 730), 48 (p. 738). En ellos se abunda en la casuística referente a las causas de los despidos y abandonos, impidiéndose siempre a la mujer que tome nuevo matrimonio e insistiendo en que permanece casada a su marido.

588 *Fornicatio matrimonium non est, sed en matrimonii quidem initium. Quare si fieri potest, tu qui fer fornicationem initium. Quare si fieri potest, tu qui per fornicationem conjuncti sunt, separentur, id quidem optimum est. Sin autem eis omnino placeat conjugium, fornicatienis quidem poenam agnoscant; sed minime separentur, en quid deterius accidat* (BASILIUS MAGNUS, *Epístola CXCIX, canonica secunda,* c. XXVII, en PG 32, p. 723).

589 *Qui ex raptu mulieres habent, siquidem aliis jam desponsas abripuerint, ante admittendi non sunt, qua, ab eis ablatae sint et eorum quibus ab initio desponsae erant, potestati redditae, utrum esa velim accipere, an desistere. Si quis autem vacantem acceperit, auferre quidem oportet, suisque restituere, et ipsorum voluntati permittere, sive sint parentes, sive fratres, sive quivis alii puellae moderatores: ac si ei quidem tradere velint, oportet matrimonium constituere: sin autem renuerint, nequaquam vim inferre. Eum autem qui ex stupro,*

adulterio, pero el adulterio solamente se puede imputar a la esposa, nunca al esposo, quien estaría libre de casarse una segunda vez si ha sido abandonado o despedido por su esposa. El matrimonio es concebido como una unión que debe ser libre, de ahí la prohibición del matrimonio por rapto, y la consumación carnal previa a la unión marital no constituye matrimonio y, en caso de darse dicha unión carnal, debe intentar que no derive en matrimonio. Trata también el tema de las nupcias de viudos, siendo más flexible con ellos que con ellas, no viendo con buenos ojos las terceras nupcias y sucesivas, pero permitiéndolas como mal menor[590]. Estos cánones son, por lo tanto, de suma importancia para la historia del matrimonio cristiano, ya que se empiezan a poner en valor dos aspectos que serán de especial trascendencia para el desarrollo teológico y canónico del matrimonio como sacramento, que no son otros que la libertad y la consumación carnal.

Así como Basilio escribe, muy probablemente, valorando de manera más que positiva la legislación civil, Gregorio Nacianceno se declara frontalmente en contra de ella a la hora de calificar el adulterio, pues le parece inadmisible que solamente la mujer pueda cometer adulterio cuando el varón, atentando contra el matrimonio, no tenga ningún castigo de la ley civil, poniendo como superior la ley divina por considerarla equitativa entre ambos sexos[591]. No es la única ocasión en que se muestra claramente en contra de la legislación romana por considerarla contraria a la fe cristiana. De hecho, en la carta 144, manifiesta que el repudio es contrario a la ley cristiana, aunque los romanos no lo consideren así[592].

---

sive atenti sive violento, uxorem habet, necesse est fornicationeis poenam agnoscere (Basilius Magnus, *Epístola CXCIX, canonica secunda,* c. XXII, en PG 32, pp. 722 s.).

590 *Trigamiae lex non est. Quare lege matrimonium tertium non contrahitur. Ac talia quidem, tu Ecclesiae inquinamenta, habemus. Sed condemnationibus publicis non subjicimus tu soluta fornicatione magis eligenda* (Basilius Magnus, *Epístola CXCIX, canonica secunda,* c. L, en PG 32, p. 734).

591 *Quaestio haec, inquit, quam proposuisti, ad pudicitiae cultum et honorem spectare mihi videtur, responsionemque humanam et commodam postulare. Circa hanc enim plerosque male affectos cerno, ac legem eorum iniquam, nec sibi constantem. Quid enim causae fuit, cur mulierem coercerent, marito contra indulgerent, eumque leberum relinquerent? Et mulier quidem, quae improbum consilium adversus viri sui cubile susceperit, adulterii piaculo constringatur, acerbissimisque legum poenis excrucietur; vir autem, qui fidem uxori datam per adulterium violaverit, nulli supplicio obnoxius sit? Hanc legen haudquaquam probo, hanc consuetudinem minime laudo. Viri erant, qui han legem sauxerunt, ac propterea adversus mulieres lata est* (Gregorius Nazianzenus, *Oratio XXXVII In Mattheum,* VI, en PG 36, p. 290).

592 *Haud ubique properatio laudanda est. Ac propterea de viri cumprimis honorandi Veriani filia responsum huc usque distuli, tu tempori ad correctionem aliquid darem, simul etiam quod divortium istud minime boniati tuae probari, ex eo conjecturam fecissem, quod nobis, quos in hujusmodi rebus haud celeres ac praecipites esse sciebas, percunctationis negotium commiseras* (Gregorius Nazianzenus, *Epistola CXLIV,* en PG 37, col. 246).

Siguiendo el pensamiento de Basilio, su posición acerca de las segundas nupcias es la de considerarlas como una concesión, mientras que las terceras serían una abominación[593]. Es interesante esta apreciación, ya que deja claro que el matrimonio es monógamo y que no hay posibilidad de casarse después de una separación, pero como mal menor permite las segundas nupcias, que considera como *«venia et indulgentia»*, es decir, que estaría permitida, aun no siendo lo más acorde con los preceptos de la Escritura, de lo que es consciente.

Contra las leyes humanas se pronuncia también el obispo Asterio de Amasea quien, al igual que Gregorio, rechaza la desigualdad legal que existe para penalizar el adulterio según sea aplicable al varón o a la mujer[594]. Es un Padre con una amplia formación en la cultura pagana, demostrando un notable dominio de los escritores clásicos[595], por lo que no debe sorprender su rechazo de la ley civil en este aspecto, en tanto en cuanto sigue mostrando la desigualdad entre marido y mujer, ya que sus recriminaciones a la no penalización del adulterio masculino vienen motivadas por atacar lo que es de otro varón.

Aunque no abunda mucho sobre el tema, es interesante ver el pensamiento de Anfiloquio de Iconio acerca del matrimonio. Dos breves apreciaciones demuestran que tenía en alta estima esta institución, ya que ataca frontalmente a aquellos que se oponen al matrimonio por motivos ascéticos[596], muy probablemente como respuesta a los euquitas, e insta a las viudas jóvenes a que contraigan nuevas nupcias para poder tener descendencia[597].

Continuando por los escritores sirios, es necesario detenerse en Apolinar de Laodicea, quien en su *Comentario sobre Mateo* se expresa acerca de la separación en caso de adulterio. Es uno de los autores que hablará de la

---

593 *Hoc enim sermone secundas nuptias mihi dissuadere videtur. Si enim duo Christi sunt, duo quoque viri sint, et duae uxores: si autem ununus Christus, unum Ecclesiae caput, una etiam caro sit, secunda autem respuatur. Quod si secundam prohibeat, de tertia quid dicendum est? Primum lex est, secundum venia et indulgentia, tertium iniquitas. Qui autem hunc numerum excedit, porcinus plane est* (GREGORIUS NAZIANZENUS, *Oratio XXXVII In Mattheum*, VI, en PG 36, col. 291).

594 *Haec porro continentiae lex non feminis tantum, sed etiam viris a Deo lata est. Qui vero saecularibus legislatoribus adherentes, leberam viris libidinandi facultatem relinquunt, nec rem crimini ducunt, severi quidem judices sunt et arbitri castitatis muliebris, ipsique nihilominus summa impudentia in multa insaniunt corpora, ac juxta proverbium, aliorum medici infinitis ulceribus scatent […] Si qui autem Romanis auscultantes legibus, permissam scortationem ac crimine vacare existimat, gravem errorem errant, ignorantque, leges divinas ab humanis nimium quantum distare doctrinis ac placitis* (ASTERIUS AMASENUS, *Homilia V in Mattheum XIX*, 3, en PG 40, pp. 238 s.).

595 QUASTEN, J., *Patrología II. La edad de oro de la literatura patrística, op. cit.* p. 315.

596 *Ibid.* p. 312.

597 *Quod si junior vidua filio careat, aequum fuerit, tu stimulante prolis desiderio ad secundas nuptias prosiliat* (ANPHILOCHIUS ICONIENSIS, *Oratio in occursum Domini, VII,* en PG 39, p. 55).

disolución del vínculo por causa de adulterio[598], por lo que se podría entender que, aunque no habla específicamente sobre ello, ante matrimonio disuelto, sí se podrían contraer segundas nupcias.

Un autor muy prolífico acerca del tema objeto de este estudio será S. Juan Crisóstomo. De hecho, se puede apreciar que su obra aporta materia suficiente para poder entender claramente su pensamiento, que constituye, quizás, el primer tratado acerca del matrimonio cristiano. En primer lugar, su discurso acerca del matrimonio en comparación con la virginidad no difiere del de la mayoría de los Padres: la virginidad, para él, es superior al matrimonio, haciendo hincapié en el peso que el matrimonio conlleva para el ser humano, así como que los que no son capaces de ser castos deben casarse[599]. Pero, a la vez, y no abundando sobre el argumento del matrimonio como *remedium concupiscentiae*, es el primer Padre griego que hace un discurso acerca del matrimonio como lugar del amor, como institución que proporciona a los esposos una ayuda mutua, y que consiste en una complementariedad vital entre el varón y la mujer[600]. El marido es cabeza de la familia, y, por lo tanto, también de la mujer[601], aunque esto no sea razón por la cual el marido pueda maltratar a la mujer, sino que debe ser tratada con amor, pues al estar sujeta la mujer al marido está compartiendo, como miembro de un cuerpo, la vida, dependiendo de su cabeza[602], pero esto no supondría una justificación para

598 Él llama adulterio al hecho de no estar unido a su propia esposa: ya que no está con su propia esposa el que la ha dejado. Por eso «comete adulterio sobre ella», es decir, sobre la segunda mujer que introduce además de la que ha sido unida según la naturaleza, si ella ha dejado a su propio marido, ¿Cómo no estaría de acuerdo la ley, ella que ha dicho: «No cometerás adulterio»? Diremos que la ley ha prohibido el adulterio manifiesto, en el caso en que algún otro corrompe a la esposa, pero el Salvador ha prohibido también aquel que no se confiesa a los ojos de todos, que no es conocido de forma natural, que no se ha evidenciado como adulterio. De aquella que sin duda ha fornicado, Cristo permite alejarse, porque ella ha disuelto la comunidad natural de vida y porque esto no está ya en el poder del marido (Apolinar de LAODICEA, «*Comentario sobre Mateo» (fragmento),* en CROUZEL, H., *La Iglesia primitiva frente al divorcio, op. cit.* p. 216).

599 «*Quomodo igitur quae viro uno non contentae, alterum qui non est deus superinducunt, castae esse possunt? Itaque primum eamobrem virgines non sunt: deinde quod matrimonium damnando ad declinandas nuptias sunt progressae: nam cum eas vitiosas esse sanxerint, proemia sibi virginitatis praeripuerunt*» (IOHANNES CHRYSOSTOMUS, *De Virginitate*, 1, en PG 48, col. 533).

600 JOHANNES CHRYSOSTOMUS, *Homiliae in Matthaeum*, XVII, 4, en PG 57, col. 259.

601 *Vir enim imperat, mulier autem subjecta est: sicut Deus ab initio ad eam dixit: Ad virum tuum conversio tua, et ipse tibi dominabitur. Quia enim secundum ragionem dominii ad imaginem factus est, non ad formam, vir autem dominatur omnibus, mulier vero subjecta est* (JOHANNES CHRYSOSTOMUS, *Homilia VIII in Genesin,* 4, en PG 53, col. 73).

602 *Mulier est secundus principatus. Neque igitur ipsa exigat aequalitatem honoris; est enim sub capite: neque ille eam despiciat tamquam subjectam; est enim corpus: si capus corpus descpiciat, ipsum quoque peribit: sed afferat dilectionem quae tamquam in aequilibrio respondeat obedientiae* (JOHANNES CHRYSOSTOMUS, *Homilia XX in Epistolam ad Ephesios*, 4, en PG 62, col. 140 s.).

afirmar que la esposa esté sujeta al varón como los esclavos, sino que, libremente, le sigue[603]. De hecho, presenta el matrimonio como una comunidad de vida total, afirmando que el propio cuerpo no pertenece a la persona, sino al cónyuge, y lo hace sin ambages, de forma clara: el marido y la esposa no tienen derecho ni sobre su cuerpo, ni sobre sus bienes, ni sobre su dinero: todo forma parte de un proyecto de vida común[604].

En cuanto al tema del divorcio, se puede apreciar en algunas de sus obras, como por ejemplo en el tratado *De Virginitate*, que se manifiesta favorable a la separación de los cónyuges, pero sin posibilidad de poder casarse una segunda vez, haciendo, eso sí, un alegato en favor de la virginidad como un estado muy superior al matrimonio y más beneficioso para las mujeres[605]. No está, de todas formas, de acuerdo con el divorcio, del que dice que no pertenece a la Ley de Dios, sino que fue concebido como una concesión para el Pueblo del AT, para evitar males mayores[606]. Aun así, deja claro que en caso de adulterio el repudio está permitido, ya que Dios no es tan duro, sino

603 *Nihil est his vinculis magis tyrannicum, et maxime marito et uxori. Nam famulum quyidem poterit quispiam metu alligare, imo vero ne illum quidem; fortasse enim sesiliet et abibit: vitae autem sociam, liberorum matrem, et quae est causa et occasio omnis laetitiae, non oportet metu et minis ligare, sed dilectione et affectione* (*Ibid.*, 2, p. 137).

604 *Uxori vir debitum reddat; similiter et mulier viro. Quid est autem debitus honor? Mulier non habet potestatem sui corporis, sed et ancilla et domina viri est. Si defeceris ab ea quae convenit servitute, Deum offendis: si autem abscedere vis, cum vir hoc permiserit, saltem ad breve tempus fiat. Propterea et debitam rem vocavit, ut ostenderet nullum esse sui dominum, sed esse alterum alterius servum. Cum ergo videris meretrice te ad peccatum allicientem, dic: Non est meum corpus, sed uxoris. Eadem dicat uxor illis, qui castitatem suam violare satagunt: Corpus meum non est meum, sed viri. Si vero nec maritus nec uxor potestatem corporis habent, multo minus pecuniarum* (Johannes Chrysostomus, *Homilia XIX in Epistolam primam ad Corinthios,* en PG 61, p. 152).

605 *Videm eam inter gemina bella deprehesam? Nam aut libidinis vim ferre cogitur, aut si id nolit assentandum est injurio, eique se ad quaelibet praebendum, seu plagis afflicere velit, seu convinciis vexare, seu vernarum lubidrio exponere, seu aliud quid ejusmodi: multae enim viris ulciscendarum uxorem viae adinventae sunt. Quae si non perferat, agenda infructuosa continentia est: infructuosa, inquam, quae nihil promissionis adjunctum habeat. Neque enim sanctimoniae studio suscepta est, sed propter dissidium cum viro: nam, maneat, inquit innupta, aut viro reconcilietur. At quid, si nolet in gratiam redire? Habes alterum effugium atque evasionem. Quamnam? Ejus mortem exspecta. Ut enim virgini, cui perenne vivens atque inmortalis sponsus sit, nubere nunquam licet: sic maritae tum demum, cum vir obierit. Nam si fas esset, eo etiam vivo ab eo ad alium, iterumque ab illo ad alium transire, quid matrimonio opus esset, viris promiscue altero alterius uxore utentibus, atque cum omnibus coeuntibus? Quo pacto autem non et studium erga contubernales periret, hoc hodie, eras illo, ac rursum alio cum eorum uxore consuescentibus? Merito id Dominus adulterium vocavit* (Johannes Crysostomus, *De Virginitate,* XL, en PG 48, pp. 562 s.).

606 *Quod enim haec lex non e praecipius esset, audi qui Servator dicat: Moyses ad duritiam cordis vestri haec scripsit, ne intus maetaretis, sed ejiceretis. Quia vere ille iram omnem sustulit, non credem modo vetans, sed iram etiam excludens: facile hand inducit legem* (Johanne Crysostomus, *Homilia XVII in Mathaeum,* IV, en PG 57, p. 259).

que es flexible permitiendo esto[607]. Y no solamente está permitido, sino que, interpretando el inciso mateano como la mayoría de los Padres, lo considera una obligación, ya que el convivir con cónyuge adúltero convertiría en impura a la parte agraviada[608]. Pero el obispo constantinopolitano va más allá, y en dos frases de la *Homilía XIX sobre la Primera Carta a los Corintios*, expresa su pensamiento acerca de las segundas nupcias aun sin mencionarlas directamente: el hombre que ha sido agraviado con el adulterio de su esposa ve como «su matrimonio está ahora disuelto» y, por lo tanto, no son ya un matrimonio, ya que, «el marido, no es ya marido»[609]. Sobre el tema del adulterio, el Crisóstomo abundará en sus homilías acerca del matrimonio, ya que en la primera de ellas calificará como tal no solamente el mantener relaciones sexuales con mujeres casadas, sino también el hacerlo con prostitutas, esclavas o mujeres solteras, haciendo hincapié en que el adulterio no lo es solamente debido a quien es ofendido, sino también en razón de quien ofende[610]. De todas formas, es muy probable que la posibilidad de contraer segundas nupcias después de un repudio por adulterio le fuese permitido solamente al marido, ya que en la segunda homilía sobre el matrimonio afirma que la mujer está unida por la ley a su marido y que, aun habiendo recibido el libelo de repudio, si contrae nuevas nupcias es una adúltera[611]. Finalmente, en la homilía tercera, exhorta a sus fieles a observar las leyes cristianas y a diferen-

607 *Non hoc vero tantum, sed alio quoque modo legem fecil levem. Nam relinquit ei unum repudii modum, dicens, Excepta causa fornicationis; siquidem in eadem perstat decori ragione. Si enim jussisset cum pluribus mixtam retinere, rursus in adulterium res convertebatur. Viden quomodo haec cum prioribus consonent? Qui enim uxorem alienam impudicir oculis non respicit, non fornicabitur; si non fornicetur, viro preiculum, si ejiciat, intentans: nam fornicationis illius sese reum constituit* (*Ibid*. P. 260).

608 *Itaque fornicationis ob causam licet dimittere. Vides benignitatem Dei ac sollicitudinem. Si gentilis sit, inquit, uxor, ne ejicias: sin meretrix, id facere non prohibeo. Si in me, inquit, impia fuerit, ne ejicias: si te injuria affecerit, nemo prohibet, quo minus ejicias. Ergone Deus tantum nobis honorem detulit, et nos illum pari cultu non dignabimur, sed a nostris eum uxoribus affici contumelia sinemus: idque cum maximum paratum supplicium noverimus, si salutem uxorum neglexerimus?* (Johannes Crysostomus, *Oratio II adversus Judaeos*, 3, en PG 48, p. 860).

609 *«Illie vero matrimonium jam solutum est»* y *«Praetera autem post fornicationem maritus non est ultra maritus: hic autem mulier, licet idola colat, viri jus non amittit»* (Johannes Crysostomus, *Homilia XIX in Epistolam primam ad Corinthios,* en PG 61, p. 154 s.). Autores contemporáneos a Juan Crisóstomo siguen esta línea, hablando del adulterio o la fornicación como causas de disolución del matrimonio. En concreto, Teodoreto de Ciro afirma que la ley impide disolver un matrimonio excepto en caso de fornicación (Theodoretus Cyrensis, *Interpretatio Epistolae ad Ephesios,* en PG 82, pp. 505 ss.).

610 *Ego sive cum vulgari scorto, sive cum ancilla, sive alia quapiam miliere non maritata, illegitimo quoque congressu jungatur, cum uxorem habeat, adulterium hoc esse contendo* (Johannes Crysostomus, *De verbis illis apostoli,* 4, en PG 51, col. 213).

611 *Mulier alligata est legi quanto tempore vixerit vir illius: atque adeo etiamsi libellu repudii det, etiamsi domum relinquat, etiamsi ad alium abeat, legi adscricta adulteraque est* (Johannes Chrysostomus, *In illum locum*, 1, en PG 51, col. 218).

ciarlas claramente de las civiles, pues el incumplimiento de éstas acarrea una multa, mientras que de aquellas ha de juzgar Dios al cristiano[612].

Epifanio de Salamina acepta las segundas nupcias de aquellos que, por debilidad, han despedido a sus esposas por causas justas y, aunque no es la situación perfecta, no está apartado de la Iglesia, señalando que no se trata de una bigamia, sino que se une legalmente a una segunda mujer tras la separación de la primera[613].

Cirilo de Alejandría trata acerca de la santificación del matrimonio humano por medio de la presencia de Cristo y de su Madre en las Bodas de Caná[614]. Sin embargo, este matrimonio, aunque honorable, es consecuencia del pecado original y un remedio contra los apetitos carnales de los seres humanos[615]. Afirma, así mismo, que la esposa no se debe despedir, pues existe una comunidad de vida entre los cónyuges, una unidad tanto corporal como espiritual[616]. Como el resto de los Padres, asume como norma general la prohibición del divorcio, y lo justifica solamente en caso de adulterio, siguiendo

612 *Quando igitur uxorem ducturus es, non solum civile jus, verum etiam ecclesiasticum legito: nam secundum hoc, non illud, extrema die judicandus a Deo est: et illo contempto saepe numero pecuniis tantum mulctaberis, hoc autem calcato in animae supplicium incides et ignem inextinguibilem* (JOHANNES CRYSOSTOMUS, *Laus Maximi*, 1, en PG 51, col. 226).

613 *Caeterum in populo, propter ejus imbecillitatem, tolerari istud potest, ut qui uxore prima contenti esse non possint, ea mortua secunda sibi copulent. Quanquam qui una duntaxat habuit, majori Ecclesiae judicio honore dignus est. Sed cui morta una non sufficit, cum occasione aliqua stupri adulteriique, aut alterius flagitii, cum ea divortium fecerit, is si alteram uxorem duxerit, aut alteri viro mulier nupserit, sacrarum Litterarum auctoritas ab omni culpa illos absolvit, neque ab Ecclesia, au t aeterna vita rejicit, sed propter imbecillitatem tolerandos existimat. Non ita tamen, duas ut altera superstite uxores simul habeat, sed ut ab una separatus, alteram sibi leginime, si lubet, adjungat* (EPIPHANIUS CONSTANTIAE IN CYPRO EPISCOPUS, *Adversus haereses*, LXIX, en PG 4, col. 1023-1026).

614 *Praesentia sua nuptias cohonestavit, ipse gaudium et laetitia cum sit universorum, ut veterum partus tristiam depelleret: Si quis enim in Christo, nova creatura est. Et Vetera transierunt, ut Paulus inquit, et facta sunt nova. Venit itaque una cum suis discipulis ad nuptias* (CYRILLUS ALEXANDRINI ARCHIEPISCUPUS, *Commentarium in Evangelium Joannis*, II, en PG 73, col. 226).

615 *Honorabiles sunt sine dubio nuptiae, et extra omnem calumniam apud Deum. Attamen si quis congujii ineundi causam vestiget, carnis cupiditatem esse comperiet; quanquam res acta peccati loco non habetur. Punitur vero copula, nisi astipulantem habeat legem, et nisi liberorum susceptio, verus rei finis sit. Ergo quod attinet ad solas cupiditates carnalesque motus, in iniquitatibus nos concipimur, et in peccatis appetum matres. Quod si radicem habet affectum carnalem corporum genitura, sequitur tu ea res plane sit morbida, et quidquid ex ipsa sequitur* (CYRILLUS ALEXANDRINUS ARCHIEPISCUPUS, *Expositio in Psalmos*, L, en PG 69, col. 1091).

616 *Cogita, quoniam ipsa est particeps seu socia tua, et uxor testamenti seu foederis tui, hoc est, una caro tecum, et juxta legem contubernalis, et non aliter fabricatus est eam Deus. Est porro, et propemodum corpore et anima vir commiscetur cum ea quam ipsi legis religio copulavit* (CYRILUS ALEXANDRINUS ARCHIEPISCOPUS, *Commentarius in Malachiam prophetam*, XXVIII, en PG 72, col. 324).

el inciso de Mateo[617]. No es original, tampoco, al afirmar que retener a una esposa adúltera es una necedad, de lo que se colige que está entre los Padres que sostiene que se debe despedir a la esposa adúltera[618]. También considera, en caso de que la esposa se case una segunda vez, que el matrimonio está disuelto, poniendo énfasis en que no cualquier repudio disuelve un matrimonio, sino solamente aquel que es provocado por el adulterio[619].

En cuanto a los autores latinos de los siglos IV y V, son algunos los que tratarán de forma seria y profusa el tema del matrimonio, el divorcio y las segundas nupcias. El primer autor de peso en tratar el tema es Hilario de Poitiers, quien considera que la esposa repudiada queda expuesta al pecado, obligada como está a casarse con otro, de lo que se concluye, tácitamente, que las segundas nupcias están consideradas como un adulterio[620]. Es un firme defensor del matrimonio, aprovechando dicha defensa para atacar las posturas maniqueas contrarias a la unión conyugal, como lo demuestran sus dos homilías acerca de las bodas de Caná[621].

San Ambrosio de Milán es un firme defensor de la castidad, razón por la que es conocido en la tradición católica como el *«doctor virginitatis»*. Se trata de un autor que no es especialmente prolífico en cuanto al tema que aquí se trata, y afirma que el matrimonio es un estado digno, pero que está siempre al servicio de la continuación de la obra creadora de Dios, haciendo un comentario muy acertado del Génesis afirmando que el ser humano no es bueno si no en la unidad de lo masculino y lo femenino, por lo que Adán y Eva reflejan la pluralidad de Dios, que siendo uno, se refiere a sí mismo

617 *Nuptias non veluit divina evangelica praedicatio, quia Deus, ut reor, ad humanae naturae modulum praecepta sua accommodabat. Ait enim Phariseis tentantibus Dominus, cum sciscitarentur utrum liceret dimittere uxorem propriam, exepta fornicatione; ait, inquam, Dominus, quod qui dimiserit uxorem suam extra causam fornicationis, facit eam moechari* (Cyrilus Alexandrinus Archiepiscopus, *Explanatio in Epistolam I ad Corinthios*, VII, en PG 74, col. 874).

618 *Nam, quae justis de causis a vito disjuncta est, et alterius viri concubitum passa, eam legitimam sibi uxore asciscere, haud tantum est, imo vero stultissimum: nam: qui habet adulteram, inquit, stultus est et impius* (Cyrilus Alexandrinus Archiepiscopus, *De adoratione in spiritu et veritate*, VIII, en PG 68, col. 583).

619 *Sapientem uxorem dimittens copiam ei dat alii nubendi, quod est moechationis genus, quasi nondum dissoluto vinculo. Non enim repudii libellus apud Deum matrimonium solvit, sed mala agendi ratio* (Cyrilus Alexandrinus Archiepiscopus, *Commentarii in Matthaeum fragmenta*, VII, en PG 74, p. 380).

620 *Nam cum lex libertatem dandi repudii ex libelli auctoritate tribuisset, nunc marito fides evangelica non solumvoluntatem pacis indixit, verum etiam reatum coactae in adulterium uxoris imposuit, si alii ex discessionis necessitate nubenda sit: nullam aliam causam desinendi a conjugio praescribens, quam quae virum prostitutae uxoris societate polluere* (Hilarius Pictaviesis, *In Evangelium Matthei commentarius,* IV, en PL 9, p. 939 s.).

621 *Cf.*, A. di Berardino, *Patrología III. La Edad de Oro de la Patrística latina,* Madrid, 1986, p. 154. Las homilías, que no reproducimos por la extensión de argumentos que en ellas abundan sobre nuestro tema, están disponibles en PL 9).

como «nosotros»[622]. Establece una clara distinción entre el matrimonio entre cristianos y el matrimonio con una parte cristiana, afirmando que el primero es un matrimonio de Dios y el segundo no[623], por lo que solamente cuenta como matrimonio el cristiano, no habiendo problemas para el repudio y las segundas nupcias en el matrimonio que denomina como «no de Dios». En cuanto a los pecados que afectan al matrimonio, expone con sucinta claridad que lo que de pecaminoso es imputable a la mujer, lo es también al marido[624], aunque advierte a los varones de que no deben repudiar a sus esposas, aunque lo permitan las leyes humanas, poniendo el acento en que la Ley divina no lo permite[625]. Considera las segundas nupcias tras el repudio un adulterio y[626], aunque permite que la viuda se case, considera que obra mejor la que se mantiene soltera tras la muerte de su esposo[627].

---

622 *Item alia quaestio, quia dixit Dominus: Non est bonum solum esse hominem. Primo omnium cognosce quia in superioribus, ubi hominem fixit Deus de limo terrae, non addidit: El vidit Deus quia bonum est, quemadmodum in singulis operibus suis. Nam si dixisset illic bonum esse, quia homo factus est, inveniretur hoc esse contrarium, ut hic non esse bonum diceret, cum in superioribus bonum esse dixisset. Sed hoc ibi cognosce, ubi solum Adam fecit. Caeterum ubi communiter comprehendit et virum et mulierem factos, licet ne ibi quidem dixerit specialiter: tamen quia postea habes: Vidit Deus omnia quae fecit, et ecce erant bona valde, evidenter declaratur bonum esse quod et vir sit factus, et mulier* (AMBROSIUS, *De paradiso*, X, en PL 14, col. 314).

623 *Quidam enim putant omne conjugium a Deo esse, maxime quia scriptum est: quae Deus conjunxit, homo non separet. Ergo si omne conjugium a Deo est, omne conjugium non licet solvi. Et quomodo Apostolus dixit: quod si infidelis discedit, discedas? In quo et mirabiliter noluit apud Christianos causam residere divortii, et ostendit non a Deo omne conjugium; neque enim Christianae gentilibus Dei judicio copulantur; cum Lex prohibeat* (AMBROSIUS MEDIOLANENSIS EPISCOPUS, *Expositio Evangelii secundum Lucam,* VIII, 2, en PL 15, col. 1765).

624 *Sed et vos moneo, viri non commisceri adulterino corpori (qui enim se jungit meretrici unum corpus est) nec dare hanc occasionem separationis mulieribus. Nemo sibi blandiatur de legibus hominum. Omne stuprum adulterium est, nec viro licet quod mulieri non licet. Eadem a viro, quae ab uxore debetur castimonia. Quidquid in eam quae non sit legitima uxor, commissum fuerit adulterii damnatur crimine. Ergo advertistis quid debeatis cavere, ne quis sacramentis se indignum praebeat* (AMBROSIUS MEDIOLANENSIS EPISCOPUS, *De Abraham,* I, IV, PL 19, col. 350).

625 *Dimittis ergo uxorem quasi jure, sine crimine; et putas id tibi licere, quia lex humana non prohibet; sed divina prohibet. Qui hominibus obsequeris, Deum verere. Audi legem Domini, cui obsequuntut etiam qui leges ferunt: Quae Deux conjunxit, homo non separet* (AMBROSIUS MEDIOLANENSIS EPISCOPUS, *Expositio Evangelii secundum Lucam,* VIII, 5, en PL 15, p. 1767).

626 *Et haec viro tibi debuit displicere, cui adultero fidem servat? Pone, si nubat. Necessitatis illius tuum crimen est; et conjugium quod putas, adulterium est* (*Ibid.* 6).

627 *Neque vero si qua in secundas nuptis inciderit, quas utique Apostolica praecepta non damnant, quasi fructu pudoris omisso, si rursus soluta fuerit viro, ab affectu viduitatis arcetur. Habebit illa quidem vel serae meritum castitatis, sed probatior erit quae alterius non fuerit experta conjugium; in illa enim eminet studium castitatis: huic aut senectus, aut pudor modum videtur fecisse nubendi* (AMBROSIUS MEDIOLANENSIS EPISCOPUS, *De viduis,* II, 10, en PL 16, pp. 237 s.).

Un aparte merece el Pseudo Ambrosio, conocido popularmente como *Ambrosiaster*. Se trata de un escrito anónimo de la segunda mitad del siglo IV que comenta las cartas paulinas y que, durante la EM, fue atribuido —por llevar los escritos su nombre— a Ambrosio de Milán. Se trata de una obra muy interesante para este estudio ya que se trata del único escrito patrístico que permite, de manera explícita, las segundas nupcias de los divorciados. Sigue la doctrina paulina acerca del matrimonio y el divorcio en sus obras, pero en el comentario a 1Cor 7 manifiesta claramente que la mujer no puede contraer segundas nupcias tras ser repudiada ni tras abandonar al marido por causas justas, mientras que el marido sí puede casarse después de haberse divorciado[628]. Es muy probable que este autor escriba bajo la influencia de la legislación romana, ya que contempla varias causas de divorcio, como lo hacía la legislación civil y, al igual que ésta, presenta causas diferentes para el varón y para la mujer. Es el mismo Ambrosiaster el que da la clave de tal diferencia: el hombre no puede estar ligado de igual forma a la ley que la mujer[629].

Tambien Cromacio de Aquileya, aunque se mantiene contrario al divorcio, da la posibilidad de que los que se divorcian, *fornicationis causa,* pueden casarse una segunda vez. Sin embargo, aquel que se divorcia y vuelve a casar sin mediar en el divorcio la única causa que lo permite, están atentando contra las leyes divinas[630].

Un autor prolífico en tema matrimonial y que, por su autoridad intelectual, merece un cierto detenimiento, es Jerónimo de Estridón. Considera el matrimonio, a grandes rasgos, como un impedimento para la vida de oración y para alcanzar la santidad, ya que el estado de mayor perfección es la castidad y la virginidad, y encuentra incompatibilidad entre el matrimonio y la práctica

628 *Hoc Apostoli consilium est, ut si discesserit propter malam conversationem viri, jam innupta maneat.. Aut viro suo reconciliari. Quod si continere se, inquit, non potest, quia pugnare non vult contra carnem, viro reconcilietur; non enim permittitur milieri, ut nubat, si virum suum causa fornicationis dimiserit, aut apostasiae, aut si illicita impellendae lascivia, usum quaerat uxoris: quia inferior non omnino haec lege utitur, qua potior. Si tamen apostataverit vir, aut usum quaerat uxoris invertere, nec alii potest nubere mulier, nec reverti ad illum. Et virum uxorem non dimittere. Subauditur autem, excepta fornicationis causa. Et ideo non subjecit dicens, sicut de muliere; quod si discesserit, manere sic; quia viro licet ducere uxorem, si dimiserit uxorem peccantem: quia non ita lege constringitur vir, sicut mulier; caput enim mulieris vir est* (Ambrosiaster, *Commentarium in Epistolam B. Pauli ad Corinthios primam,* VII, PL 17, col. 230).

629 *Mulier vincta est lege, quandiu vivit vir ejus. Haec idcirco prosequitur, ut doceat quia milier, etiamsi a viro fuerit ejecta, nubendi licentiam non habet* (*Ibid*. p. 237).

630 *Unde non ignorent, quam grave apud Deum damnationis crimen incurrant, qui per effrenatam libidinis voluptatem (absque fornicationis causa) dimissis uxoribus, in alia volunt transire conjugia. Quod idcirco se credunt impune committere, quia humanis et saeculi legibus id videtur permissum, nescientes, in hoc se gravius ac magis delinquere, quia humanas leges divinis praeferant; ut quod illicitum Deus esse constituit, ideo licitum credant quia ab homine sit libere permissum* (Chromatius Episcopus Aquileiensis, *Tractatus in Evangelium S. Matthaei*, X, en PL 20, pp. 351 s.).

de las virtudes cristianas, ya que se trata de un mal menor que solo encuentra justificación si evita el peligro de fornicación[631]. La misión de los esposos es santificarse, llegar juntos a la santidad caminando hacia Dios, pero en ningún caso hace referencia al amor como algo que forma parte del matrimonio. Esta visión del matrimonio está claramente marcada por el estado de inferioridad al que Jerónimo piensa que está sometido con respecto a la virginidad, tanto es así que llega a afirmar que cómo no va él a valorar el matrimonio si de él es de donde nacen las vírgenes[632]. El matrimonio es, pues, algo que Dios concede y permite, pero está cargado de una profunda negatividad, siendo considerado como una de las consecuencias del pecado original[633], y para disuadir a mujeres que permanecían en la virginidad de contraerlo, no duda en elencarles las cargas y fatigas que el matrimonio conlleva[634], y lo propio hace con las viudas, recordándoles los padecimientos que sufieron a causa de su matrimonio para, así, disuadirlas de que contraigan segundas nupcias[635]. El matrimonio es, pues, aunque permitido por Dios, un motivo de impureza y causa de indignidad para estar al servicio del Señor[636]. Esta negatividad no consiste en un análisis del matrimonio como una realidad aislada, sino que es consecuencia de su comparación con la virginidad, que la mayoría de los Santos Padres —y Jerónimo no es una excepción— consideran como el estado de perfección, mientras que el matrimonio es solamente

631 *Bonum est, inquit, homini mulierem non tangere. Si bonum est mulierem non tangere, malum est ergo tangere*: *nihil enim bono contrarium est nisi malum. Si autem malum est, et ignoscitur, ideo conceditur, ne malo quid deterius fiat. Quale autem illud bonum est, quod conditione deterioris conceditur? Nunquam enim subjecisset, unusquisque uxorem suam habeat, nisi praemisisset, propter fornicationem autem. Tolle fornicationem, et non dicet, unusquisque uxorem suam habeat [...] Quomodo igitur qui ignem tetigerit statim aduritu: ita viri tactus et feminae sentit naturam suam, et diversitatem sexus intelligit* (Eusebius Hieronimus, *Adversus Jovinianum*, I, 7, en PL 23, col. 229).

632 *Laudo nuptias, laudo coniugium, sed quia mihi virgines genera: lego de spinis rosam, de terra aurum, de concha margaritam. Nunquid qui arat, tata die arabit? Nonne et laboris sfruge laetabitur? Plus honorantur nuptiae, quando quod de illis nascitur plus amatur* (Eusebius Hieronimus, *Epistola XXII, Ad Eustochium, Paulae filiam,* XX, en PL 22, col. 406 s.).

633 *Et ut scias virginitatem esse naturae, nuptias post delictum: virgo nascitur caro de nuptiis, et in fructu reddens, quod in radice perdiderat (Ibid).*

634 *[...] nec enumeraturum molestias nuptiarum, quomodo uterus intumescat, infans vagiat, cruciet pellex, domus cura sollicitet, et omnia quae putantur bona, mors extrema praecidat. Habent enim et maritatae ordinem suum, honorabiles nuptias, et cubicule immaculatum* (*Ibid*. col. 394).

635 *Quid angustiarum habeant nuptiae, didicisti in ipsis nuptiis: et quasi coturnicum carnibus usque ad nauseamsaturata es*: *amarissimam choleram tuae sensere fauces. Egessisti acescentes et morbidos cibos*: *relevasti aestuantem stomachum. Quid vis rursum ingerere, quod tibi noxium fuit?* (Eusebius Hieronimus, *Epistola LIV Ad Furiam*, IV, en PL 22, p. 251).

636 *Infelix Simon, quia post baptismum de antiquo matromonio cogitabat, nec ad virginalem venerat puritatem, Petri consortio indignus fuit* (Eusebius Hieronimus, *Epistola LXIV Ad Fabiolam. De veste sacerdotali,* VII, en PL 22, p. 612).

para aquellos que no consiguen dominarse[637]. De hecho, cuando es acusado de oponerse al matrimonio, o ser contrario a que los cristianos se casen, responde enérgica y literalmente que él no está en contra del matrimonio, y anima a casarse a aquellos que no son capaces de dormir sin estar acompañados[638]. La motivación de Jerónimo al establecer estas afirmaciones no es otra que la del ejemplo de Jesús, Hijo de Dios, y de su madre María, quienes permanecen vírgenes durante toda su vida[639]. Aun así, considera que el matrimonio es don de Dios, pero afirma que no tienen por qué ser los dones divinos iguales entre sí, de hecho, son diferentes, y como tales son queridos por Dios[640].

En cuanto al divorcio, se presenta, como no podía ser de otro modo, contrario a él. Analizando la Ley mosaica que lo permitía, afirma que, como la acusada de adulterio era condenada a morir apedreada, se concede el divorcio, que califica de lamentable, para evitar un mal mayor, que es la muerte de una persona[641]. En cuanto a la doctrina cristiana acerca del divorcio, la expone con meridiana claridad: una dama cristiana no debe divorciarse y, en caso de ser repudiada, debe mantenerse célibe, siendo este precepto el mismo para los varones que para las mujeres, recordando la gran diferencia que existe entre las leyes humanas y las divinas, calificando las primeras de

637 *[...] sed ita nuptias recipimus, ut virginitatem, quae de nuptiis nascitur, praeferamus. Numquid argentum non erit argentum, si aurum argento pretiosus est? Aut arboris et segetis contumelia est, si radici et foliis, culmo at aristis, poma praeferantur et frutus? Ut poma ex arbore, frumentum e stipula, ita virgininitas e nuptiis* (Eusebius Hieronimus, *Adversus Jovinianum*, I, 3, en PL 23, col. 223).

638 *Porro si non vult scribere, et tantum maledictis agendum putat, audiat tot interjacentibus terris, fluctibus, pupulis, saltem Echo clamoris mei: Non damno nuptias, non damno conjugium. Et ut certius sententiam meam teneat, volo omnes qui propter nocturnos forsitan metus soli cubitare non possunt, uxores ducere* (Eusebius Hieronimus, *Epistola L ad Domnionem,* V, en PL 22, p. 516).

639 *Christus virgo, Mater virginis nostri Virgo perpetua, mater, et virgo. Jesus enim clausis ingressus est ostiis, et in sepulcro ejus, quod novum, et in petra durissima fuerat excisum, nec antea quis, nec postea positus est* (Eusebius Hieronimus, *Espistola X LVIII ad Pammachium*, XXI, en PL 23, col. 510).

640 *Sed unusquisque, ait, habet proprium donum ex Deo. Alius quidem, sic, alius autem sic. Quam sententiam nos exponentes, haec intulimus: Quid inquit, velim, perspicuum est. Sed quoniam in Ecclesia diversa sunt dona, concedo et nuptias, ne videar damnare naturam. Simulque considera, quod aliud donum virginitatis sit, aliud nuptiarum. Si enim cadem esset merces nuptarum et virginum, nequaquam dixisset post praeceptum continentiae: Sed unusquisque proprium habet donum ex Deo: alius quidem sic, alius autem sic. Ubi proprietas singulorum est, ibi altrinsecus diversitas. Concedo et nuptias esse donum Dei, sed inter donum et donum magna diversitas est* (*Ibid*. 4, col. 496).

641 *In posteriori parte locum istum plenius Salvatorem exponit, quod moses libellum repudii dari jusserit propter duritiam cordis maritorum, non dissidium concedens, sed auferens homicidium. Multo enim melius est, licet lugubrem evenire discordiam, quam per odium sanguinem fundi* (Eusebius Hieronimus, *Commentariorum in Evangelium Matthaei ad Eusebium,* XXX, en PL 26, col. 39).

injustas, ya que son lesivas para la gente de baja extracción social y para las mujeres, mientras que las leyes divinas son iguales para todas las personas, independientemente de su género o de su procedencia social[642]. Acerca de las segundas nupcias tras la viudez, se muestra absolutamente contrario a ellas, al igual que tras una separación. No podía ser de otro modo, vista la poca estima en la que tiene al matrimonio, por lo que unas segundas nupcias serían como tropezar dos veces con la misma piedra[643]. Va más allá, al calificar a las viudas que contraen segundas nupcias de impuras y, por tanto, de indignas de recibir la ayuda económica de la Iglesia, haciendo una extraña comparativa entre lo que se le debe exigir al candidato al episcopado con lo que se le debe exigir a una viuda para que sea digna de auxilio[644].

Merece especial atención el Papa León Magno ya que, aun no siendo muy prolífico en tema matrimonial, hace referencia al matrimonio y al concubinato según las leyes romanas, por lo que es digno de interés. En una carta a Rústico de Narbona, en la que éste interroga al pontífice acerca de las *iniustiae nuptiae*, éste hace una clara diferencia entre el concubinato y el matrimonio, siguiendo el esquema jurídico romano para poder llegar a la conclusión de en qué casos sería legítimo un divorcio y en cuáles no[645]. Así pues, considera que el matrimonio legítimo se da entre dos personas libres y de igual condición social, por lo que, si una joven se casa con un hombre que tiene

642 *Praecepit Dominus uxorem non debere dimitti, excepta causa fornicationis: et si dimissa fuerit, manere innuptam. Quid quid viris jubetur, hoc consequenter redundat in feminas. Neque enim adultera uxor dimittenda est, et vir moechus tenendus. Si quis meretrici jungitur, unum corpus facit: ergo et quae scortatori impuroque sociatur, unum cum eo corpus efficitur. Aliae sunt leges caesarum, aliae Christi: aliud Papianus, aliud Paulus noster praecepit. Apud illos viris impudicitiae frena laxantur: et solo stupro atque adulterio condemnato, passim per lupanaria et ancillulas libido permittitur: quasi culpam dignitas faciat, non voluntas. Apud nos, quod non licet feminis, atque non licet viris; et eadem servitus pari conditione censetur* (Eusebius Hieronimus, *Epistola LXXVII ad Oceanum. De morte fabiolae,* III, en PL 22, col. 691).

643 *Supra scripsetat qualis vidua esse deberet: unius uxor, quae liberos educavit, quae in bonis operibus habuit testimonium, quae tribulantibus de sua substantiola subministravit; cujus spes Deus est, et quae permanet in obsecratione, et orationibus nocte ac die* (Eusebius Hieronimus, *Epistola CXXII ad Geruchiam. De monogamia,* III, en PL 22, col. 1047).

644 *Simulque considera, quod vidua non eligatur nisi unius viri uxor: et nos putamus Sacerdotum hoc tantum esse privilegium, ut non admittatur ad altare, nisi qui unam habuerit uxorem. Non solum enim ab officio Sacerdotii digamus excluditur; sed et ab alemosyna Ecclesiae, dum indigna putatur stipe, quae ad secunda conjugia devoluta est* (*Ibid*. V, col. 1050).

645 *Non omnis mulier juncta viro uxor est viri, quia nec omnis filius haeres est patris. Nuptiarum autem foedera inter ingenuos sunt legitima ei tinter aequales; multo prius hoc ipsum Domino constituente quam initium Romani juris existeret. Itaque aliud est uxor, aliud concubina; sicut aliud ancilla, aliud libera* (Leo Magnus, *Epistola CLXVII ad Rusticum Narbonensem episcopum,* IV, en PL 54, p. 1204).

una concubina o con una persona *sine concubitu*, no se trataría de un caso de bigamia, ya que la primera unión no estaría considerada matrimonio[646].

El último autor que es imprescindible tratar es Agustín de Hipona. Quizás sea el Santo Padre que más ha escrito sobre el matrimonio, y su pensamiento ha sido decisivo para el desarrollo de la moral cristiana acerca del matrimonio y de la sexualidad[647]. Además de muchas obras en las que trata el tema al hilo de otras cuestiones, tiene un número significativo de obras que tratan el tema matrimonial o temas relacionados directamente con él: *De bono coniugali, De sancta virginitate, De bono viduitatis, De continentia, De coniugiis adulterinis* y *De nuptiis et concupiscentia.*

Su pensamiento se articula sobre un *tripartitum bonum* que está compuesto por *proles, fides et sacramentum*[648], éste último entendido como carácter sagrado, pero no como sacramento *stricto sensu*. El matrimonio es bueno porque ha sido instituido por Dios desde el principio de la Creación, aunque el pecado original haya dado lugar a la concupiscencia, que los casados deben controlar, pues también es su deber, y a la vez un bien, la procreación y educación de los hijos, pues para eso se casaron; lo importante es que las personas no se casen para dar remedio a la concupiscencia, por lo que la sexualidad ordenada dentro del matrimonio no constituye un mal intrínsecamente[649]. Es también visto el matrimonio como un bien cuando, por debilidad de su propia naturaleza, los cónyuges hacen uso de él para satisfacer sus propios deseos, ya que es un medio ordenado para evitar la fornicación y el adulterio[650]. Aun así, el matrimonio es un bien, pero es inferior a la continencia y a la virginidad, y solamente deben hacer uso del matrimonio aquellos que no sean capaces de contenerse, por lo que no constituye pecado, en ningún caso, el casarse[651]. El argumento que otros Padres habían utilizado para justificar el matrimonio como lugar de donde nacen vírgenes no es aceptado por Agustín, quien lo considera como necedad *(stultissime)*,

646 «*[Inquit] De puellis quae viris concubinas habentibus nupserint. [Resp.] Paterno arbitrio viris junctae carent culpa, si mulieres quae a viris habebantur in matrimonio non fuerunt*» y «*Quia aliud est nupta, aliud concubina, ancillam a toro abjicere et uxorem certae ingenuitatis accipere, non duplicatio conjugii, sed profectus est honestatis*» (*Ibid.* V-VI, p. 1205).

647 C. Burke, «San Agustín y la sexualidad conyugal», *Augustinus*, 35, 1990, p. 280.

648 *Haec omnia bona sunt, propter quae nuptiae bona sunt: proles, fides, sacramentum. Nec prolem autem carnalem iam hoc tempore quaerere, ac per hoc ab obni tali opere inmunitatem quamdam perpetuam retinere, atque uni viro Christo spiritualiter subdi, melius est utique et sanctus* (Augustinus, *De bono coniugali*, XXIV, en PL 40, p. 394).

649 A. Sarmiento, *El Matrimonio cristiano*, Navarra, 1997, pp. 95 s.

650 *Iam in ipsa quoque immoderatione exactione dibiti carnalis, quam eis non secundum imperium praecipit, sed secundum veniam concedit Apostolus, tu etiam praeter causam procreandi sibi misceantur; etsi eso pravi mores ad talem concubitum impellunt, nuptiae tamen ab adulterio seu fornicatione defendunt* (Augustinus, *De bono coniugali*, VI, en PL 40, col. 377).

651 *Hinc certe iam dubitare fas non est nuptias non esse peccatum* (*Ibid.* XI, p. 381).

ya que la virginidad es un don de Dios que viene dado por la naturaleza, pero nunca es un fruto del matrimonio, ya que justifica que las vírgenes nacen de cualquier unión, sea honorable como adulterina[652]. Su exaltación de la continencia no es óbice para exigir el débito conyugal dentro del matrimonio, ya que, si uno de los cónyuges desease vivir la continencia sin el acuerdo de la otra parte, lo estaría echando en los brazos del adulterio[653]. Esta unión sexual no es buena en sí, sino que es tolerada dentro del matrimonio, pero su raíz es la concupiscencia de la carne que, es necesaria para poder procrear, pero es significativo el hecho de que Jesús no haya sido concebido por medio de la unión carnal de María y José, lo que lleva a pensar que en la unión sexual hay algo de pecaminoso, aun siendo dentro del matrimonio[654]. Pero la procreación es algo bueno y, en consonancia, es un bien del matrimonio querido por Dios, pero el acto sexual que conlleva el engendrar a los hijos es signo del pecado original, ya que, según su pensamiento, antes de la caída no era necesaria la relación física para procrear[655].

En otro orden de cosas, los esposos se deben fidelidad, ya que el matrimonio es el lugar donde encuentra su respuesta el deseo sexual, y no solamente eso, sino que por medio del matrimonio el cuerpo de los esposos, como decía S. Pablo, pertenece al cónyuge y no a uno mismo[656]. Pero no solamente el matrimonio está relacionado con la prole o con encauzar los deseos sexuales, sino que el obispo de Hipona pone el acento en algo muy humano, como

652 *Nam en illo quidem debent continentium meritis se conferre coniugia, quod ex eis virgines procreantur: hoc enin non coniugii bonum est, sed naturae; quae sic divinitus instituta est, tu ex quolibet humano utriusque sexus concubitu, sive ordinato et honesto, sive turpi et illicito, nulla femina nisi virgo nascatur, nulla tamen sacra virgo nascitur* (AUGUSTINUS, *De sancta virginitate,* X, en PL 40, p. 401).

653 *Ecce placuit continentia mulieri, viro non placuit: dicessit ab eo mulier, et coepit vivere continenter, ipsa scilicet casta mansura, sed factura, quod Dominus non vult, adulterum virum; qui cum se non continuerit, alteram quaeret* (AUGUSTINUS, *De coniugiis adulterinis*, IV, en PL 40, col. 453).

654 *Solus ibi nuptialis concubitus non fuit, quia in carne peccati fieri non poterat sine illa carnis pudenda concupiscentia, quae accidit ex peccato, sine qua concipi voluit, qui futurus erat sine peccato, non in carne peccati, sed in similitudine carnis peccati: ut hinc etiam doceret, omnem quae de concubitu nascitur, carnem esse peccati; quandoquidem sola quae nn inde nata est, non fuit caro peccati* (AUGUSTINUS, *De nuptiis et concupiscentia*, XII, en PL 44, p. 421).

655 *Jam nunc si quodam modo interrogemus bona illa nuptialia, unde ab eis potuerit peccatum in parvulos propagari; respondebit nobis operatio propagandae prolis: Ego in paradiso magis felix essem, si peccatum non fuisset admissum. Ad me namque pertinet illa benedictio Dei, Crescite et multiplicamini. Ad hoc opus bonum diversi sexus diversa membra sunt condita, quae quidem ante peccatum jam erant, sed pudenda non erant* (*Ibid.* XXI, p. 427).

656 *Huc accedit quia in eo ipso quod sibi invicem coniuges debitum solvunt, etiamsi id aliquanto intemperantius et incontinentius expetant, fidem tamen sibi pariter debent. Cui fidei tantum iuris tribuit Apostolus, ut eam potestatem appelaret dicens: Mulier non habet potestatem corporis sui, sed vir: similiter autem et vir non habet potestatem corporis sui, sed mulier* (AUGUSTINUS, *De bono coniugali,* IV, en PL 40, col. 376).

es la compañía mutua y el apoyo que por medio del vínculo matrimonial se establece entre el marido y la esposa: el matrimonio es, pues, un apoyo para la vejez y una unión de amistad es una conjunción de toda la vida[657].

Finalmente, es preciso analizar el pensamiento de Agustín con respecto al divorcio y a las segundas nupcias. Una de sus obras, *De coniugiis adulterinis,* está dedicado, precisamente, a estos dos temas. Pero el pensamiento de Agustín con respecto a estos temas no está exclusivamente en esta obra, sino que en muchas de ellas va dejando su pensamiento con respecto a ello. Sin ir más lejos, en *De nuptiis et concupiscentia,* proclama que el matrimonio es una unión inseparable[658], en *De Genesi ad litteram* afirma que el matrimonio tiene algo sagrado que hace que la unión sea irrompible y que la esposa que es repudiada no pueda contraer segundas nupcias[659], y en *De fide et operibus,* sentencia que el matrimonio de un varón con una mujer que ya había estado casada, no es siquiera un matrimonio, se trataría simplemente de un adulterio[660].

En la obra *De coniugiis adulterinis,* única por su temática en la literatura cristiana de los primeros cinco siglos[661], aborda en profundidad el tema de la separación y de las segundas nupcias como respuesta a una misiva de un tal Polencio acerca de estos delicados temas. Comienza la obra planteando la posición que le plantea éste, que no es otra que él entiende que la exégis de 1 Cor 7, 10-11 explicaría que solamente pueden contraer segundas nupcias las mujeres que abandonan a sus maridos *fornicationis causa*. La respuesta de Agustín, que va exponiendo por capítulos, comienza afirmando que solamente puede un cónyuge separarse si ha habido un adulterio, por lo que las separaciones por otros motivos están fuera de la praxis cristiana[662], y que ni siquiera para permanecer en continencia puede un casado despedir a la

657 *Nunc vero in bono licet annoso coniugio, etsi emarcuit ardor aetatis inter masculum et feminam, viget tamen ordo Charitatis inter maritum et uxorem, quia quanto meliores sunt, tanto maritius a commixtione carnis suae pari consensu se continere coeperunt* (*Ibid.* III, p. 375).

658 *Quod ergo est in Christo et in Ecclesia magnum, hoc in singulis quibusque viris atque uxoribus minimum, sed tamen conjunctionis ninseparabilis sacramentum* (AUGUSTINUS, *De nuptiis et concupiscentia,* XXI, en PL 44, p. 427).

659 *In sacramento autem, tu coniugium non separetur, et dimissus aut dimissa nec causa prolis alteri coniugantur (*AUGUSTINUS, *De Genesi ad litteram,* IX, 7, en PL 34, col. 252).

660 *Ad hanc autem disputationem videtur impulsi, quod eso moverit non admitti ad Baptismum qui dimissis uxoribus alias duxerint, vel feminas quae dimissis viris alias nupserint; quia haec non coniugia, sed aduteria, sed adulteria esse Dominus Christus sine ulla dubitatione testatur* (AUGUSTINUS, *De fide et operibus,* I, 2, en PL 40, col. 198).

661 H. CROUZEL, *La Iglesia primitiva frente al divorcio, op. cit.*, p. 461.

662 *Quomodo dictum intellecturi sumus, nisi prohibitum esse homini dimittere uxorem, si nulla causa fornicationis exstiterit? Et dictum est quare, ne scilicet faciat eam moechari: utique ideo, quia etiamsi non ipsa dimisserit, sed dimissa fuerit, erit moecha, si nupserit* (AUGUSTINUS, *De coniugiis adulterinis*, II, en PL 4, col. 435).

propia esposa[663]. Tampoco, ni siquiera cuando el divorcio es legítimo, esto es, cuando uno de los esposos ha cometido adulterio, puede el cónyuge ofendido contraer segundas nupcias[664], y esto valdría tanto para el marido como para la mujer, estando ambos en igualdad ante este tema, siendo casi una novedad agustiniana con respecto a la posición de la mayoría de los Padres[665]. Ante la tesis de Polencio de que los maridos agraviados por el adulterio querrían o procurarían la muerte de las esposas adúlteras al no poder contraer nuevas nupcias, Agustín responde afirmando que un cristiano no se debe regir por las leyes romanas ni por las del AT, sino que debe perdonar, no por laxitud, sino por piedad cristiana, y si debe elegir entre matar a la esposa o contraer segundas nupcias en vida de su esposa, aplica la doctrina del mal menor, afirmando que es preferible contraer las segundas nupcias que derramar la sangre de su esposa[666]. Exhorta también a los cónyuges separados a que se mantengan en la continencia, ya que, si se unen a otra persona tras la separación, estarían cometiendo adulterio, siendo más grave éste si se comete producido por una separación injusta que por una justa[667].

Como se puede observar, el pensamiento de los Padres es variado. Parten todos de la máxima de Cristo en la que se afirma que quien despide a su esposa y se casa con otra, excepto por causa de πορνεια, (que ellos interpretarán de forma unánime como adulterio o fornicación) comete adulterio, pero conviene darse cuenta de que la interpretación de este pasaje es diversa según quien sea su autor: todos están de acuerdo en que el divorcio, si no es por adulterio, no es una opción para un cristiano, pero con respecto a las segundas nupcias tras un divorcio legítimo vemos que hay variadas opiniones, así como acerca de la obligatoriedad de despedir al cónyuge adúltero.

663 *Quoniam nec continentiaecausa dimitti coniugem voluit, qui solam causam fornicationis excepit* (*Ibid*. III, col. 453).

664 *Quod procul dubio quiapermittere non debemus, restat ut quod dictum est, si diceserit, manere innuptam, de illa dictum docere debeamus, cui licere disedere, non utique nisi a fornicante, didicimus* (*Ibid*. VII, col. 455).

665 *At si par forma est in utroque, uterque moechatur, si se alteri junxerit, etiam cum se a fornicante disjunxerit* (*Ibid*. VIII, pcol. 456).

666 *Si autem quod verius dicitur, non licet homini christiano adulterem uxorem occidere, sed tantum dimittere; quis est tam demens qui ei dicat, Fac quod non licet, ut tibi liceat quod non licet? Cum enim utrumque secundum legem Christi illicitum sit, sive adulteram occidere, sive illa vivente alteram ducere, ab utroque abstinendum est, non illiciyum pro illicito faciendum. Si enim facturus est quod non licet, iam faciat adulterium, et non faciam homicidium: ut vivente uxore alteram ducat, et non humanum sanguinem fundat* (*Ibid*. XVI, col. 461).

667 *Non alia quaerent conjugia, quia non erunt conjugia, sed adulteria. Cum enim par forma sit in hoc vinculo viri et uxoris, sicut uxor vivente viro vocabitur adultera, si fuerit cum alio viro; ita et vir vivente uxori vocabitur adulter, si fuerit cum alia muliere. Etsi enim gravius qui praeter causam fornicationis, omnis tamen qui dimisserit uxorem suam, et aliam duxerit, moechatur. Non eos terreat sarcina continentiae: levis erit, si Christi erit; Christi erit, si fides aderit, quae impetrat a iubente quod iusserit* (*Ibid*. XIX, col. 464).

De todas formas, el pensamiento patrístico está todavía muy lejos de conocer un modelo de matrimonio como el que, a partir de Trento, quedará fijado en la Iglesia hasta nuestros días.

10.2. Testimonio de los primeros sínodos y fuentes canónicas

Aunque sería absolutamente inexacto hablar de Derecho canónico hasta el siglo XII, existen en la Iglesia normas que, desde los inicios de ésta, han regulado la praxis vital de las comunidades cristianas, bien sea por normas emanadas por los obispos *ad casum*[668], bien a través de disposiciones de concilios ecuménicos y sínodos locales, de los cuales existe testimonio desde el inicio mismo de la Iglesia[669].

Estas fuentes, que podrían ser llamadas canónicas, aunque el término no sea exacto, aportarán una visión muy elocuente sobre cuál era la praxis de la Iglesia con respecto al matrimonio en sus primeros siglos y hasta bien entrada la Edad Media. Su valor radica, como afirma Gaudemet, no en su carácter normativo, sino en el hecho de ser un testimonio muy elocuente de la praxis matrimonial de la época histórica en la que dichos sínodos son celebrados[670].

Con lo que respecta a los concilios ecuménicos hasta el siglo VIII, es casi una obligación comenzar con el canon VIII del Concilio I de Nicea, que obliga a los novacianos o cátaros a admitir a la comunión a aquellos que han contraído segundas nupcias y han satisfecho la penitencia correspondiente[671], canon muy peculiar, pues está exigiendo a los herejes que se quieran reintegrar en la Iglesia que deben admitir las segundas nupcias, o por lo menos tolerarlas, frente al rigorismo de los anatemas. Se puede comprobar, a continuación, que el Concilio de Calcedonia trata acerca del matrimonio de los clérigos, siendo especialmente exigente en las características que deben reunir para poder casarse. Así, prohíbe el matrimonio con parte no creyente a todos los ministros eclesiásticos[672], y prohíbe también que las vírgenes

668 J. A. Marínez Vela, «El obispo como defensor y protector de los ciudadanos en el bajo imperio romanoel testimonio de las cartas de San Agustín», *Revista General de Derecho romano*, 32, 2019, pp. 8-12.

669 D. Cenalmor, J. Miras, *El Derecho de la Iglesia,* Navarra, 2005, pp. 65-73.

670 J. Gaudemet, *El matrimonio en Occidente*, Madrid, 1993, p. 119.

671 *Si qui voluerint venire ad ecclesiam catholicam ex Novatianis, placuit sancto concilio, ut ordinentur et sic maneant in clero. Ante omnia autem hanc habeant confessionem, quam per scripturam exigi oportet, ut fateantur se communi consensu catholicae ecclesiae statuta observaturos, id est communicaturos se et his, qui forte secundas nuptias experti sunt, vel his, qui persecutionis tempore lapsi sunt* (Concilium Nicaenum I, c. VIII).

672 *Quia in quibusdam provinciis conceditur psalmistis et lectoribus uxores accipere, statuit sancta synodus prorsus non licere cuiquam ex his alterius sectae accipere uxorem. Si quis*

consagradas, así como los monjes, contraigan matrimonio en ningún caso[673]. Finalmente, una prohibición matrimonial muy curiosa, máxime teniendo en cuenta la época histórica: se prohíbe el rapto como manera legítima de contraer matrimonio[674]. El Concilio III de Constantinopla, rico en materia matrimonial, castiga con diferentes penas a los obispos, presbíteros y diáconos que contraen matrimonios ilícitos, esto es, que todos aquellos que han contraído segundas nupcias o estén en situación de concubinato —quizás ambas situaciones estén puestas al mismo nivel— no podrán acceder al diaconado, presbiterado ni episcopado[675]. Le siguen reglas varias acerca del matrimonio de los clérigos, tales como no pedir el divorcio de aquellos clérigos ya casados, que se debe disolver el matrimonio ilícito de los sacerdotes y que los monjes que contraen matrimonio o viven en concubinatos sean considerados adúlteros y les sean aplicadas las penas que se establecen para éstos[676]. Condena firmemente el incesto[677], declara nulos los matrimonios con disparidad de culto[678], y anatematiza a aquellos que raptan mujeres para casarse con ellas y a sus cómplices[679].

---

vero praevenit et habet iam de tali connubio filios, si forte praevenerit eos iam apud hereticos baptizari, debet eos offerre sanctae ecclesiae catholicae, ut ibi communicent. Qui vero adhuc baptizati non sunt, omnimodo non posse eos in heretica ecclesia baptizari, nec matrimonio iungi heretico, Iudaeo vel pagano, nisi forte spoponderit se venire ad orthodoxam fidem, dum coniungitur personae orthodoxae. Si quis vero hanc definitionem sanctae synodi praeterierit, regularum condemnationibus subiaceat (Concilium Calchedonense, c. XIV).

673 *Si qua virgo se dedicaverit deo, similiter monachus, non licere eis iungi630 nuptiis. Si vero inventi fuerint hoc facientes, maneant excommunicati. Statuimus vero posse in eis facere humanitatem, si ita probaverit loci episcopus* (*Ibid.* c. XVI).

674 *Eos, qui sibi rapiunt uxores, vel eos, qui eis auxilium praestiterint, statuit sancta synodus, siquidem clerici fuerint, cadere de proprio gradu, si vero laici fuerint, anathema ese* (*Ibid.* c. XXVII).

675 «Hemos decretado esto para aquellos quienes, como fuera dicho, fueron descubiertos en las ofensas mencionadas hasta el 15 de enero del cuarto Indicto, y solo para el clero; a partir de ahora establecemos y renovamos la regla que dice: quien se una en dos matrimonios luego del bautismo o adquiera una concubina no puede ser obispo, ni presbítero, ni diácono, ni en la lista del clero de manera alguna» (Concilio III de Constantinopla, c. III).

676 *Vid. Ibid.* c. XIII, c. XXVI y c. XLIV respectivamente.

677 [...] aquí determinamos: si alguien se une en matrimonio con la hija de su hermano, o un padre y un hijo con una madre y su hija respectivamente, o padre e hijo con dos primas hermanas, una madre y su hija con dos primos hermanos, o primos hermanos con primas hermanas — que sean pasibles de la penitencia de siete años que indica el canon, evidentemente, luego de la disolución de su matrimonio ilegítimo (*Ibid.* c. 54).

678 Es indigno que un hombre ortodoxo se una en matrimonio con una mujer hereje, o que una mujer ortodoxa se una con un hombre hereje. Si se observa que alguien actúa de esta manera: se debe considerar inválido el matrimonio, y se debe disolver la convivencia ilegítima (*Ibid.* c. LXXII).

679 Plugo al Santo Concilio que aquellos que arrebaten mujeres bajo la apariencia de matrimonio o contribuyan o ayuden a los secuestradores sean destituidos si son clérigos, y sean anatematizados si son laicos (*Ibid.* c. XCII).

Con lo que respecta al divorcio, se pronuncia acerca de él el Concilio III de Constantinopla, en el que se afirma que la esposa que abandona a su marido y se casa con otro es adúltera y, como tal, debe ser tratada por la Iglesia[680], pero el canon que realmente interesa a este estudio es el 9, que permite la disolución del matrimonio a causa de la desaparición sin noticias razonables de uno de los cónyuges, por ejemplo cuando el marido es soldado y no se tienen noticias de él, o cuando la ausencia de uno de los cónyuges es demasiado prolongada, considerándose las segundas nupcias en los demás casos un adulterio con todas sus consecuencias[681]. Es curioso, a su vez, que este concilio considere el compromiso previo al matrimonio o esponsales como una relación jurídica, por lo menos a los ojos de la Iglesia, ya que ordena que aquella persona que se comprometa o contraiga matrimonio con alguna persona que ya ha adquirido un compromiso conyugal previo, debe ser condenada por adulterio[682].

Como se puede observar, la doctrina emanada de estos concilios acerca del matrimonio y del divorcio es pobre, y la razón es que dichos sínodos eran convocados con la intención de afianzar la doctrina cristiana frente a las herejías que atacaban a la unidad doctrinal de la Iglesia en sus primeros siglos, momento en el que se estaban estableciendo los principales dogmas. Pero sí que existen fuentes mucho más provechosas en materia matrimonial, que no son otras que los sínodos de iglesias locales que han llegado hasta el

680 La mujer que abandona a su esposo y se casa con otro es adúltera [...] Si se decide que lo abandonó sin una buena causa, entonces él es digno de condescendencia y ella de penitencia. La condescendencia le será manifestada en que debe permanecer en comunión con la Iglesia. Pero quien abandone a su esposa legítima y tomare otra, como lo dice nuestro Señor, es culpable de adulterio (San Lucas 16:18). Fue establecido por los cánones de nuestros padres: que tales deben permanecer por un año entre los llorantes, por dos años entre los oyentes de las Escrituras, por tres años entre los sucumbientes y al séptimo año pararse con los fieles, y así ser dignos de la comunión si se arrepienten verdaderamente con lágrimas (*Ibid* c. LXXXVII).

681 La mujer de un hombre que ha partido y se encuentra desaparecido, si se une a otro hombre antes de corroborar la muerte de su marido, comete adulterio. La misma regla se aplica a las esposas de soldados que se unen en matrimonio mientras no tienen noticias de sus esposos; de igual modo, las mujeres que se casan a causa de la partida de sus maridos a países extranjeros, sin esperar que regresen. Pero en este caso se puede tener cierta condescendencia hacia tal conducta, por haber más probabilidades de la muerte del marido. Con respecto a la mujer que en ignorancia se casa con un hombre cuya esposa lo dejó temporalmente, y luego, es abandonada a causa del retorno de la primera esposa, aunque dicha mujer ha cometido adulterio, lo hizo por ignorancia: por ello, no se le negará el derecho a contraer matrimonio, pero sería mejor que permaneciere como está. Si luego de transcurrido un tiempo volviere el soldado cuya esposa, a causa de su prolongada ausencia, se unió a otro hombre: que vuelva a tomar a su esposa, si así lo quisiere; y que en ese caso se perdone la mujer por su ignorancia, al igual que al hombre que se unió a ella en segundas nupcias (*Ibid.* c. XCIII).

682 Quien toma por esposa a quien ha sido comprometida con otro en vida del comprometido, que sea sometido a la penitencia que corresponde al adulterio (*Ibid.* c. XCVIII).

día de hoy, ya que en ellos se debatían cuestiones acerca de la vida cotidiana de estas comunidades y, como no podía ser de otro modo, el matrimonio y el divorcio tienen un lugar destacado entre sus cánones.

Un sínodo rico en materia matrimonial es el Concilio de Elvira. En los ocho cánones en los que trata el tema, lo hace para referirse al divorcio y a las segundas nupcias después de éste. En líneas generales se puede decir que, aunque el concilio está en contra de éstas, es, a la vez, condescendiente y comprensivo con ellas, no excluyendo de la Iglesia a quienes las contraen. Es interesante comprobar cómo existe diferencia de criterio si en el divorcio han mediado justas causas o no. Así, la mujer que contrae segundas nupcias tras haberse divorciado sin causa justificada, queda excomulgada[683], mientras que, si se casa tras haberse divorciado justamente, será admitida a la comunión *in articulo mortis*[684]. El clérigo, por su parte, tiene la obligación de denunciar a su esposa adúltera y separarse de ella, de lo contrario, será depuesto de su ministerio y excomulgado[685], y la misma pena recaerá sobre el marido cómplice del adulterio de la propia esposa, a no ser que la haya previamente despedido[686]. Finalmente, la viuda que se casa con la persona con la que, en vida de su marido, ha cometido adulterio, debe pasar por un tiempo de penitencia antes de ser admitida a la comunión, a no ser que se case con otro hombre diferente de éste, en cuyo caso quedaría excomulgada[687].

El Concilio de Arlés, promovido por Constantino, aporta dos cánones que merecen especial atención: en el XI declara la excomunión de la muchacha que se casa con un infiel[688], mientras que en el X —que presenta una dificultad exegética por la contradicción de dos verbos—[689] recomienda a los jóvenes cuyas mujeres han cometido adulterio que no se vuelvan a casar, pero viene enunciado solamente como un consejo, no como una disposición

683 *Item feminae, quae nulla praecedente causa reliquerint viros suos et alteris se copulaverint, nec in finem accipiant communionem* (Concilium Illiberritanum, c. VIII).

684 *Item fidelisfemina, quae adulterum maritum reliquerit fidelem et alterum ducit, prohibeatur ne ducat. Si autemduxerit, non prius accipiat communionem, quamis, quem relinquit, de saeculo exierit, nisi forte necessitas infirmitatis dare compulerit* (*Ibid.* c. IX).

685 *Si cuius clerici uxor fuerit moechata et sciat eam maritus suus moechari et eam non statim proiecerit, nec in finem accipiat communionem, ne ab his, qui exemplum bonae conversationis esse debent, videantur scelerum magisteria procedere* (*Ibid.* c. LXV).

686 *Si conscio marito uxor fuerit moechata, placuit nec in fine dandam ei esse communionem. Si vero eam reliquerit, post decem annos accipiat communionem, si eam, cum scierit adulteram, aliquo tempore in domo sua retinuit* (*Ibid.* c. LXX).

687 *Si quis autem episcopum vel presbyterum vel diaconum falsis criminibus appetierit et probare non potuerit, nec in finem dandam ei esse communionem* (*Ibid.* c. LXXII).

688 *De puellis fidelibus, quae gentibus iunguntur, placuit, ut aliquanto tempore a communione separentur* (Concilium Arelatense I, c. XI).

689 *Cf.* H. Crouzel, *La Iglesia primitiva frente al divorcio, op. cit.*, pp. 150–153.

doctrinal prescriptiva[690]. El Concilio de Ancira recomienda que las mujeres comprometidas que han sido raptadas sean restituidas y se casen con quien estaban comprometidas[691]. Condena, así mismo, a aquellos que han cometido adulterio a que pasen un periodo de penitencia prolongado y, probablemente, público, antes de ser admitidos en la plena comunión con la Iglesia[692].

El Concilio de Neocesarea tiene varios cánones relacionados con el matrimonio: el primero de ellos prohíbe al clérigo ya ordenado casarse, bajo pena de excomunión[693]. El segundo canon del concilio es de compleja interpretación, ya que parece que permite la bigamia al afirmar que la mujer que contraiga matrimonio con dos hermanos debe ser excomulgada y solamente readmitida a la comunión tras haber disuelto el vínculo con uno de los dos[694], por lo que daría pie a entender que si se quisiera condenar la bigamia en general, no se especificaría el caso de que se trate con dos hermanos, sobre todo teniendo en cuenta el canon siguiente, que manda a aquellos que han contraído varios matrimonios que se sometan a la praxis penitencial que exige la comunidad[695]. Es reseñable por su curiosidad el canon séptimo, que prohíbe a los clérigos participar en la celebración de las segundas nupcias, ya que sería cómplice de la persona que practica la bigamia[696]. Finalmente, el concilio trata el tema del adulterio, prohibiendo que acceda a las órdenes sagradas aquel que ha sido agraviado con él,

---

690 *De his, qui coniuges suas in adulterio depraehendunt, et idem sunt adolescentes fideles et prohibentur nubere, placuit, ut, quantum potest, consilium eis detur, ne viventibus uxoribus suis, licet adulteris alias accipiant* (Concilium Arelatense I, c. X).

691 Se ha considerado mejor que las doncellas que estaban comprometidas y luego fueron raptadas por otro hombre, sean retornadas al hombre con el que estaban comprometidas, aun si hubieren sufrido violencia de parte de su raptor (Concilium Ancyranum, c. XI).

692 Si la esposa de alguno cometiera adulterio, o algún hombre cayera en este pecado, que lleguen a la plena comunión en el lapso de siete años, pasando por los estadios que llevan a ello (*Ibid.* c. XX).

693 *Presbiter si uxorem duxerit ab ordine illum deponi debere. Quod si fornicatus fuerit, vel adulterium commiserit, extra ecclesiam abici, et ad poenitentiam inter laicos redigi oportet* (Concilium Neocesariense, c. I).

694 *Mulier si duobus fratribus nupserit, abiciatur usque ad diem mortis. Sed propter humanitatem in extremis suis, sacramentis reconciliari oportet. Ita tamen ut si forte sanitatem recuperaverit, matrimonio soluto, ad poenitentiam admittatur. Quod si defuncta fuerit mulier in huiusmodi consortio constituta, Difficilis erit poenitentia remanenti. Quae sententia, tam viros quam mulieres tenere debebit* (*Ibid.* c. II).

695 *De his qui frequenter uxores ducunt, et de his quę [a] saepius nubunt. Tempus quidem his constitutum manifestum est, sed conversatio et fides eorum, tempus adbreviat* (*Ibid.* c. III).

696 *Presbiterum conubio secundarum nuptiarum, interesse non debere. Maxime cum precipiatur secundis nuptiis poenitentiam tribuere, quis erit presbiter qui propter convivium illis consentiat nuptiis* (*Ibid.* c. VII).

mientras que, si el adulterio se comete siendo ya clérigo, debe despedir a su esposa, de lo contrario debe abandonar su ministerio[697].

El Concilio de Gangra, convocado como reacción a las doctrinas del rigorista obispo semiarriano Eustacio de Sebaste, declara herejes a aquellos que están en contra del matrimonio o de las relaciones matrimoniales[698], así como aquellos que rechazan el matrimonio y se mantienen en la virginidad, no por la bondad intrínseca que ésta supondría, sino por desprecio o desafección hacia la unión matrimonial[699]. Más curioso es el canon siguiente, que anatematiza a aquel que, como célibe consagrado al Señor, se considera superior a los casados por considerar su condición perfecta en comparación con la de quienes contraen matrimonio[700], al igual que el decimotercero, que anatematiza a quien se divorcia por motivos ascéticos[701].

Finalmente, un canon del Concilio de Laodicea ordena que sean admitidos a la comunión aquellos que contraen segundas nupcias de manera libre y pública tras haber realizado un tiempo de penitencia[702], aunque no concreta si estas segundas nupcias se producen después de un divorcio justificado o tras haber alcanzado el estado de viudedad.

Una fuente interesante para este estudio, son los *Capitula Martini*, una recopilación de 84 cánones llevada a cabo por Martín Dumiense y que llegan hasta la actualidad como actas del Concilio III de Braga. El interés de estas fuentes para este estudio radica en que son abundantes los cánones que tratan acerca del tema objeto de este estudio. El primer canon que trata del matrimonio es el XXVI, y prohíbe acceder al clero a aquel que se casa con una viuda o una divorciada, y manda que sea expulsado del estado clerical

697 *Si cuius uxorem adulterium commisisse, cum esset laicus fuerit conprobatum, hic ad ministerium ecclesiasticum admitti non potest. Quod si in clericatu iam constituto eo adulteravit, dato repudio dimittere eam debet. Si vero retinere eius consortium velit, non potest suscepto ministerio perfrui* (*Ibid.* c. IX).

698 *Si quis nuptias in accusationem deduxerit et mulierem fidelem ac religiosam cum viro suo dormientem abominandam crediderit aut etiam accusandam tamquam non posse coniugatos in regnum dei ingredi, anathema sit* (CONCILIUM GANGRENSE, c. I).

699 *Si quis vel virginitatem vel continentiam professus tamquam abominabiles nuptias iudicat et non propter solum hoc, quod continentia et virginitatis bonum sanctum propositum sit, anathema sit* (*Ibid.* c. IX).

700 *Si quis propter deum virginitatem professus in coniugio positos per arrogantiam vituperaverit, anathema sit* (*Ibid.* c. X).

701 *Si qua mulier derelicto viro discedere voluerit soluto vinculo coniugali nuptias condemnando, anathema sit* (*Ibid.* c. XIII).

702 *De eo, quod oportet secundum ecclesiasticum canonem eos, qui libere et legitime secundis nuptiis iuncti sunt nec occultam permixtionem operati sunt, pauco tempore exempto vacare orationibus et ieiuniis et secundum veniam reddi eis communionem* (SYNODUS LAODICIAE, c. I).

quien haya contraído matrimonio siguiendo alguno de estos supuestos[703]. De este canon se podría desprender que, en lo tocante a segundas nupcias, la costumbre fuese diferente para hombres y mujeres y como se deduce del contenido del canon y, por lo tratado hasta este momento, no se hace diferencia entre el divorcio o la viudez: el mal radica no en el motivo que ha llevado a que haya un segundo matrimonio, sino en el hecho de contraer las segundas nupcias en sí. El canon siguiente, XXVII, condena a los clérigos fornicarios o adulterinos a ser depuestos de su estado clerical y a vivir el resto de su vida en penitencia[704]. De este canon, así como de otros que versan sobre administración de bienes eclesiásticos, recepción de estipendios o sobre el tiempo de ocio, se desprende que la vida de los clérigos no era todo lo ejemplar y virtuosa que debiera, por lo que el concilio se ve obligado a imponer penas estables para cada tipo de atentado al honor del estado clerical, siendo las faltas de carácter sexual especialmente abominadas por el sínodo.

Resulta muy curioso el canon XVIII, ya que en él se obliga a los clérigos cuyas esposas son adúlteras a repudiarlas o a abandonar el oficio eclesiástico. Así mismo, no será admitido al clero quien esté casado con una adúltera[705]. Aparece, una vez más, la posición ya defendida por algunos padres y ratificada por algunos sínodos, de que la esposa adúltera debe ser despedida. Especialmente duro es el canon siguiente, XXIX, que condena a la viuda de clérigo que ha contraído segundas nupcias al ostracismo en el ámbito eclesiástico, así como a una excomunión práctica, a no ser *in articulo mortis*[706]. Llama poderosamente la atención la frase de que «ningún clérigo, ninguna religiosa, se sienten con ella a la mesa»; ello unido a la imposibilidad de participar en la comunión, suponía una expulsión *de facto* de la comunidad, pudiendo reconciliarse con la misma solamente viéndose en trance de muerte, pero como concesión eclesiástica para que no condenase su alma. Llama todavía más la atención la no posibilidad de rehabilitarse después de un tiempo de penitencia, ni siquiera en el caso de que renunciase a ese matrimonio. No es sencillo conocer con exactitud cuál fue la realidad que les tocó vivir a esas viudas, ni si la Iglesia galaica tuvo misericordia de ellas y las penas en la realidad no eran tan duras como el concilio prescribía, pero

703 *Si quis viduam aut ab alio dimissam duxerit, non admittatur ad clerum, aut si obrepsit, deiciatur* (CONCILIO II DE BRAGA, c. XXVI, en J. VIVES (ed.), *op. cit.*, p. 94).

704 *Si quis presbyter at diaconus fuerit fornicatus aut moechatus, proiciatur et agat poenitentiam* (CONCILIO II DE BRAGA, c. XXVII, en J. VIVES (ed.), *op. cit.*, p. 94).

705 *Si alcuius uxor in adulterio fuerit deprehensa, hic talis ad ministerium ecclesiasticum nullo modo adducatur. Si autem post ordinationem alcuius clerici uxor adultera fuerit, dimittat eam; sin autem cum ipsa voluerit permanere, a ministerio alienus sit (Ibid.).*

706 *Si quia vidua episcopi, vel presbyteri, aut diaconi maritum acceperit, nullus clerisu, nulla religiosa cum ea convivium summat; numquam conmunicet, morienti tantum ei sacramentum subveniat* (CONCILIO II DE BRAGA, c. XXIX, en J. VIVES (ed.), *op. cit.*, p. 94).

es tajante y las condena directamente a dejar de participar en la vida de la comunidad, lo que suponía, además de la negación de los sacramentos, la condena al ostracismo con respecto a los miembros de la comunidad.

Tiene un valor testimonial muy grande el canon XXXI, en el que se legisla acerca de las mujeres consagradas a Dios que pecan (es de suponer que el canon se refiere a delitos de concubinato o fornicación) o que contraen matrimonio[707]. A partir del siglo II, tanto en el ámbito rural como urbano, comienzan a surgir comunidades de mujeres cristianas que escogen la opción del celibato y de la virginidad como modelo de entrega a Dios[708]. No se pueden comparar con las consagraciones monacales femeninas que empezarán en la Alta Edad Media con las fundaciones benedictinas, ya que estas vírgenes consagradas eran mujeres caracterizadas por su libertad y preparación, teniendo varios ejemplos de estas consagradas de los primeros siglos, siendo ejemplo paradigmático el de Egeria. Es probable, pues, que estas consagradas llevasen una vida cotidiana normal, con algún tipo de quehacer dentro de la comunidad cristiana, por lo que no es descabellado que recayeran en los mismos pecados que sus coetáneos.

Hay dos cánones referidos a los clérigos menores que, necesariamente, deben llamar la atención. Se trata de los cánones XLIII y XLIV, en los que se regulan los matrimonios de lectores y subdiáconos, con viudas los primeros y en segundas nupcias los segundos. El primero de ellos manda que si un acólito se casa con una viuda no sea ascendido más que al subdiaconado, pero que nunca acceda a las órdenes mayores. Lo mismo sucedería en el caso de que dicho lector fuese bígamo[709]. En primer lugar, se confirma la ya citada desigualdad a la hora de tratar las segundas nupcias por parte de hombres que por parte de mujeres. La viuda de clérigo que se casaba en segundas nupcias, como ya se ha visto en el canon XXIX, era condenada al ostracismo; ahora es posible observar que el clérigo menor que se casa con una viuda no puede ascender en el *cursus honorum* eclesiástico y no puede acceder a las órdenes mayores. En segundo lugar, no sería posible pasar por alto la frase *«similiter et si bigamus fuerit»*. A nivel jurídico, el Derecho romano no contempla la bigamia, ya que —como ya ha quedado dicho— en caso

707 *Devotam peccantem non recipiendam in ecclesia nisi peccare desierit et desinens egerit abtam poenitentiam decem annis et recipiat communionem. Prius autem quam in ecclesia admittatur ad orationem, ad nullius convivium christiane mulieris accedat; quod si admissa fuerit, etiam haec quae eam receperit habeatur abstenta; corruptorem etiam par poena constringat. Quae autem maritum acceperit non admittatur ad poenitentiam nisi adhuc vivente ipso marito caste vixerit aut postquam ipse de hac vita discesserit* (Concilio II de Braga, c. XXXI, *Ibid.*, p. 95).

708 M. Llinares García, *Historia das mulleres de Galicia. Prehistoria. Historia antiga*, Santiago de Compostela, 2010, pp. 101-104.

709 *Lector si viduam alterius uxorem acceperit, in lectorato permaneat, aut si forte necessitas sit subdiaconus fiat, nicil autem supra; similiter et si bigamus fuerit* (Concilio II de Braga, c. XLIII, en J. Vives (ed.), *op. cit.*, p. 98).

de que un casado contrajese unas segundas nupcias, el primer matrimonio quedaría automáticamente disuelto. En el ámbito eclesiástico, la bigamia sería impensable, no aceptable para ningún cristiano y, por lo tanto, mucho menos para alguien que desarrollase una función litúrgica en la comunidad, como era el caso de los clérigos menores. Es evidente, pues, que el canon conciliar en ningún momento está aprobando la bigamia, pero sí que resulta igualmente claro que hay una cierta permisividad con la situación, ya que equipara la bigamia con el estar casado con una viuda, y no impone ningún tipo de pena canónica, ni excomunión ni penitencia, aunque sea por tiempo determinado. No es posible dar respuesta clara a esta cuestión, ya que ni el Derecho romano, ni el Priscilianismo ni el Arrianismo contemplaban la licitud de la bigamia, por lo que no se podría aducir una bigamia consuetudinaria con la que la Iglesia era tolerante en sus inicios. Incluso se podría contemplar que quedaran resquicios de la época prerromana donde, es probable, ya que así sucedía en las sociedades de la Antigüedad, fuese aceptada la poliginia. Es posible, finalmente, que el canon quiera referirse a los clérigos adulterinos, que serían bígamos *de facto,* pero no *de iure*. Sea cual sea la explicación ahí está la frase, que convendría estudiar en otra ocasión con mayor profundidad. Aumenta lo llamativo de la cuestión el canon siguiente, el XLIV, que sanciona a los subdiáconos que se casan en segundas nupcias[710]. En este caso, serían degradados a las órdenes menores de lectorado u ostiariado, para que nunca leyesen en la Iglesia las lecturas no evangélicas del NT.

Finalmente, existen dos cánones que afectan a toda la comunidad, no solamente a los clérigos. Se trata de los cánones LXXIX y LXXX, que son confusos y de difícil interpretación. El primero de ellos dice que

> Si alguna mujer se casare con dos hombres o algún hombre con dos hermanas, se abstendrán de la comunión hasta la hora de la muerte, pero al morir désele la comunión usando de misericordia. Pero si sobreviven después de haber recibido la comunión y convalecieren de su enfermedad, harán penitencia completa el tiempo establecido[711].

Este canon plantea muchos interrogantes: ¿Está la Iglesia bracarense negando la bigamia de un hombre o de una mujer con dos hermanas o hermanos? Parece descartado que la Iglesia tolerase casos de bigamia entre sus fieles, máxime hasta el punto de establecer en un canon conciliar que bigamia sí, pero no con dos hermanos o hermanas. ¿Se están prohibiendo las segundas nupcias, tras divorcio, con la hermana de la esposa repudiada o del hermano del esposo que repudia? A nivel jurídico no tendría sentido, ya que una vez disuelto el primer matrimonio, no habría parentesco entre los nuevos contrayentes, por lo que se podrían casar sin problema; a nivel de

710 *Si subdiaconus secundam duxerit uxorem, inter lectores vel ostiarios habeatur, ita apostolum non legat* (Concilio II de Braga, c. XLIV, *Ibid.*, p. 98).

711 *Ibid.* c. LXXIX, p. 104.

norma eclesiástica no tendría tampoco demasiado sentido ya que, aun si se hubiese llevado a cabo un divorcio válido, por adulterio, no serían contemplables unas segundas nupcias libres, ya que por el testimonio de los Santos Padres a los que ya se ha hecho referencia, las segundas nupcias tras un divorcio serían más una concesión que un derecho. Quizás, la interpretación más acertada sería que el concilio prohíbe un matrimonio con el cuñado de una viuda o con la cuñada de un viudo, ya que, como se desprende de los cánones que ya se han analizado, las segundas nupcias en el caso de viudedad no están bien vistas en el ámbito de la Iglesia galaica en esta época.

El último canon que hace referencia al matrimonio es el canon LXXX que establece que «Si alguno se uniere en matrimonio muchas veces, hará penitencia, pero la vida y la profesión de penitente acortarán el plazo de excomunión»[712]. Se repite el mismo problema que con el canon anterior. Descartando que se trate de poligamia, queda la duda de si están legislando para divorciados o viudos. Se trata, de todas formas, de un canon poco claro, ya que no especifica cuántos matrimonios se deben contraer para que sean considerados muchos, así como no establece una penitencia determinada, que no será en ningún caso tan grave como la excomunión excepto *in articulo mortis*, como sucedía en los casos de las viudas de clérigos que se volvían a casar. Esto lleva a pensar que se trata de personas que, o bien su matrimonio anterior había sido declarado nulo, o bien que se había llevado a cabo con alguien no bautizado, o bien podría tratarse de casos de divorcios por adulterio. Sería necesario descartar el caso de matrimonios con varias viudas ya que éstas sí recibirían una pena canónica grave, a no ser que solamente tuvieran restricción de segundas nupcias tras enviudar las esposas de los clérigos.

Aun con las dificultades de interpretación que presentan estos cánones bracarenses, presentan un testimonio valiosísimo de la evolución de la institución matrimonial, máxime teniendo en cuenta que Martín de Dumio llega a Gallaecia procedente de Bizancio, con una relación estrecha con la corte justinianea y, probablemente, enviado a este extremo de occidente por el propio emperador[713]. No deben sorprender los cánones que atacan a la vida y costumbres del clero y del pueblo fiel, pues posiblemente estaban faltos de una unidad entre la fe y las costumbres que, hasta la llegada de Martín y la celebración de los concilios, no comenzó a tomar forma.

Pero si de un tema específico han de tratar los sínodos a partir de este siglo VI en materia matrimonial, ese será el de la prohibición de los matrimonios incestuosos, que serán penados también por la legislación civil, como se podrá ver más adelante. Ya en el año 506, en el Concilio de Adge, se declaran ilícitas las nupcias incestuosas, y se determinan líneas concretas de paren-

712 *Ibid.* c. LXXX, p. 105.

713 C. Torres Rodríguez, *El reino de los suevos, op. cit.* pp. 221 ss.

tesco en las cuales se entendería que el matrimonio sería considerado como incesto[714]. El Conclio de Epaone, del año 517, condena las uniones incestuosas, afirmando que no existe posibilidad de que sean reconocidas legítimamente, y las califica de fatales[715]. Por su parte, el II Concilio de Toledo, sanciona con el alejamiento de la Iglesia y su comunión a todos aquellos que atenten contra el matrimonio uniéndose ilegítimamente con algún miembro de su parentela, indicando que cuanto más afín sea el grado de parentesco, más tiempo debe permanecer apartado de la comunión eclesiástica, considerándosele extraño en la propia comunidad, pues el concilio está dispuesto a guardar celosamente esta norma: «*Huius institutionis regulam qui suscribimus irrefragabili auctoritate nos spondemus servaturos*»[716]. Otros concilios locales, como el de Mâcon en el año 585 o el de Auxerre en el 590, se reafirman en la prohibición de los matrimonios entre miembros de la familia, aunque sin aportar nada nuevo[717]. No debían ser muy infrecuentes este tipo de uniones, ya que se ve que hay materia abundante en los diferentes sínodos locales, lo que lleva a entender que, al igual que sucede con la bigamia, algunas iglesias locales se ven en la obligación de mostrarse condescendientes con este tipo de conductas. Así, por ejemplo, el Concilio III de Orleáns, admite como excusa moral en casos de matrimonios incestuosos la ignorancia, lo que no quiere decir que la Iglesia sea permisiva con este tipo de comportamientos, sino que debía actuar con prudencia ante las costumbres locales que, como es fácil entender, podían darse en el contexto de comunidades sociales pequeñas en las que no sería posible no encontrar relación de parentesco, aunque no próxima, entre los miembros de las mismas[718].

---

714 *De incestis coniunctionibus nihil prursus ueniae reseruamus, nisi cum adulterium separatione sanauerint. Incestos uero nec ullo coniugii nomine praeualendos, praeter illos quod uel nominare funestum est, hos esse censemus: si quis relictam fratris, quae pene prius soror extiterat, carnali coniunctione uiolauerit; si quis frater germanam uxoris accipiat; si quis nouercam duxerit; si quis consubrinae subrinae que se societ (quod ut a praesenti tempore prohibemus, ita et ea quae sunt ante nos instituta non soluimus); si quis relictae uel filiae auunculi misceatur aut patrui, uel priuignae concubitu polluatur. Sane quibus coniunctio inlicita interdicitur, habebunt ineundi melioris coniugii libertatem* (CONCILIUM AGATENSE, c. LXI).

715 *Incestis coniunctionibus nihil prursus ueniae reseruamus, nisi cum adulterium separatione sanauerint. Incestus uero nec ullo coniugii nomine praeuelandus praeter illos, quos uel nominare funestum est, hos esse censemus: si quis relictam fratris, que paene prius soror exteterat, carnali coniunctione uiolauerit; si quis frater germanam uxoris suae accipiat; si quis nouercam duxerit; si quis consubrinae subrinae que se societ. Quod ut a presenti tempore prohebemus, ita ea, quae sunt anterius instituta, non soluemus: si quis relictae auunculi misceatur aut patrui uel priuignae concubito polluatur* (CONCILIUM EPAONENSE, c. XXX).

716 CONCILIUM TOLETANUM II, c. V.

717 J. GAUDEMET, *El matrimonio en Occidente, op. cit.*, p. 121.

718 «*De incestis coniunctionibus id statuimus obseruandum, ut si quisquis post synodum aurilianensem ante hoc triennium constitutam inliciti thori iura praesumpserit, circa eum secundum statuta epaunensium canonum a sacerdotibus ecclesiae seueritas tenatur*».

Siguiendo en esta línea, también existen en la literatura conciliar ejemplos de cánones que dan cuenta de uniones ilegítimas que no constituyen matrimonio pero que, por influencia de las costumbres locales, se daban entre los cristianos. Así, a inicios del siglo V, es posible ver como el Primer Concilio de Toledo llama al varón a tener una sola mujer, ya sea esposa o concubina, pero en caso de estar casado y tener, además, concubina, deberá ser privado de la comunión[719]. Aunque pueda llamar tremendamente la atención esta postura, son múltiples los testimonios de la Iglesia Antigua que dan fe de la permisividad con la que se observaba el concubinato, lo que no quiere decir que se considere como una unión legítima o similar al matrimonio, pero a la vista de la laxitud de las penitencias por concubinato, se puede entender que era considerado un mal menor. Un claro ejemplo de ello es la posición de Agustín de Hipona quien, hablando del concubinato, no duda en afirmar que, si está dotado de estabilidad, puede ser relativamente sano, es decir, una unión aceptable, aunque nunca en comparación con el matrimonio[720].

Sin querer ser exhaustivos en el tema —la abundancia de las fuentes lo impide— es posible extraer la conclusión de que, en época antigua, la doctrina eclesiástica acerca del matrimonio, divorcio, segundas nupcias y situaciones como el concubinato está todavía muy lejos de ser unánime, por lo menos en la práctica, y lo frecuente sería que en cada iglesia particular, los usos y costumbres referentes a estos temas fueran los propios de la cultura, siempre y cuando no existiesen claras contradicciones con la antropología cristiana emanada de los concilios ecuménicos de la época, si bien es cierto que, en los primeros siglos del cristianismo, en dichos sínodos el acento estaba puesto en la formación del Credo y en la formación de la teología cristológica y trinitaria.

---

719 *Si quis habens uxorem fidelis, si concubinam habeat, non communicet. Ceterum is, qui non habet uxorem et pro uxore concubinam habet, a communione non repellatur, tantum ut unius mulieris aut uxoris aut concubinae, ut ei placuerit, sit coniunctione contentus. Alias vero abiciatur, donec desinat et ad poenitentiam revertatur* (Concilium Toletanum I, c. XVII, en J. Vives (ed.), *op. cit.*, p. 24).

720 *Solet etiam quaeri, cum masculus et femina, nec ille maritus nec illa uxor alterius, sibimet non filiorum propagatione, sed propter incontinentiam solius concubitus causa copulantur ea fide media, ut nec ille cum altera nec illa cum altero id faciat, utrum nuptiae sint uocandae. et potest quidem fortasse non absurde hoc appellari conubium, si usque ad mortem alicuius eorum id inter eos placuerit et prolis generationem, quamuis non ea causa coniuncti sint, non tamen uitauerint* (Augustinus, *De bono coniugali, op. cit.*, V, 5, col. 376).

11

LA LEGISLACIÓN VISIGODA

Aunque con el paso de los siglos la doctrina cristiana va entrando, poco a poco en la legislación civil, en materia matrimonial habrá un claro desencuentro entre ambas realidades, siendo criticada la legislación romana por importantes Padres de la Iglesia, fundamentalmente por una razón: el trato desigual del hombre y de la mujer con respecto al divorcio y al tema del adulterio. Así, S. Jerónimo afirma que en la Ley de Dios hay igualdad entre el varón y la mujer: lo que es lícito para el hombre lo es para la mujer, y lo que es ilícito para la mujer lo es también para el hombre[721]. Igualmente, contrario a la legislación romana, se declara Gregorio Nazianceno por considerarla, en materia matrimonial, «injusta y desigual», ya que dentro de un matrimonio solo la mujer puede cometer adulterio y, por consiguiente, solamente a ella se le pueden aplicar las sanciones correspondientes[722]. Estos testimonios aportan el testimonio de que, por lo menos hasta el siglo IV, la legislación romana sobre el matrimonio, el divorcio y el adulterio están en contradicción con el pensamiento de muchos de los Padres de la Iglesia aunque, conviene volver sobre ello, no existe una doctrina eclesiástica acerca de esta materia, por lo que aquello que afirman los Padres acerca de este tema no constituye más que el reflejo de lo que, como cristianos, vivían en su propio ambiente, la mayoría de las veces en contradicción con las costumbres paganas.

En el plano del Derecho, debemos analizar dos fuentes que, en etapa visigótica, centrarán el presente estudio acerca del matrimonio: el Código de

721 *Cf.* A. di Berardino, *Istituzioni della Chiesa antica,* Venzia, 2019, p. 398.

722 *Vid.* Nota 518.

Eurico y el *Liber Iudiciorum*. El Código de Eurico no trataría el matrimonio *in se*, pero sí sanciona conductas contrarias a éste como los matrimonios ilícitos, el rapto y los adulterios:

> El matrimonio no parece haber sido objeto en CE de un tratamiento legal completo. Como en otras materias, lo que interesa en primer lugar es la sanción de una serie de actos ilícitos, a saber, las uniones contra el deseo de los padres o ilícitas por otros motivos *(de nuptiis inlicitis)*, el rapto *(de raptu virginum et viduarum)* y el adulterio, al que se asocian otros delitos que ya recibían esa calificación aunque no implicaran una infidelidad matrimonial *(de adulteriis)*[723].

El CE, por su parte, dedica uno de sus doce libros —el tercero— al orden conyugal, regulando de manera minuciosa las disposiciones de las bodas para, después, pasar a tratar los matrimonios ilícitos, el rapto, el adulterio y una serie de conductas que atentaban contra el matrimonio.

Conviene tener en cuenta que se trata de una nueva forma de afrontar el objeto de estudio, ya que el Derecho visigótico se caracteriza por ser un Derecho con raíces germanas y romanas, además con una clara influencia del cristianismo, resultando novedoso en algunos aspectos que se irán tratando a lo largo de este capítulo, sobre todo en lo que respecta a los esponsales y al divorcio[724]. No dista del Derecho y costumbres anteriores, por el contrario, la motivación matrimonial, ya que para obtener determinados beneficios, por ejemplo, la propiedad natural romana, era necesaria la unión en grupos familiares, llevada a cabo a través de uniones matrimoniales que derivasen en una prole legítima[725].

11.1. El Código de Eurico

Lo primero que es preciso tener en cuenta al afrontar el estudio de esta importante fuente medieval, es que se trata de una fuente que intenta aunar dentro del mismo código la legislación goda con la romana, probablemente

723 Á. d'Ors, *El Código de Eurico. Edición, Palingenesia, Índices,* Madrid, 2014, p. 132.

724 «La familia en el Derecho visigodo tiene rasgos romanos y germanos, pero con cierta influencia del Derecho canónico. En el núcleo familiar, pilar fundamental de la sociedad, intervienen factores importantes de consanguinidad, pero también las fraternidades artificiales germanas, mediante las cuales se integraban, a la familia natural, miembros ajenos de las mismas. En el matrimonio visigodo, que estuvo precedido por los esponsales, el consentimiento fue también requisito esencial y debía estar asistido por el consentimiento paterno [...]"»(A. M. Martín Minguijón, «Modelos de familia en España. Antecedentes históricos», *Revista general de Derecho romano,* 5, 2005, p. 13).

725 G. Suárez Blázquez, «Régimen jurídico romano-visigodo del suelo (dominio-posesión-comunidad de bienes-superficie) y su encuentro feudal con gewere y seisin (s. V d.C-S. XIII d.C.)», *Revista de Estudios histórico-jurídicos,* 43, 2021, p. 420.

con la finalidad de que la segunda cubriese las lagunas de la primera[726]. Esta legislación, continuadora de la romana, aunque con particularidades propias de los pueblos germánicos, aporta una visión acerca del tema matrimonial en los mismos inicios de la EM. Es importante señalar que, en el Palimpsexto Parisino, solamente se conserva una pequeña parte del código pero que, gracias al magnífico trabajo de Álvaro d'Ors, existe una reconstrucción hipotética de su contenido, lo que permite acercarse a esta importante fuente de forma más que aproximada.

Como ya se ha dicho, el CE contendría tres libros con temática relacionada con el matrimonio, aunque sin tratarlo de manera general. El primero de ellos, el XIV, trataría sobre los matrimonios ilícitos; en él, aparecerá la obligatoriedad de los esponsales decididos por parte del padre de la novia, teniendo un carácter vinculante por tratarse de un compromiso estable que tendría que conducir a matrimonio, aun muerto el padre sin que se haya celebrado éste[727]. En caso de ser huérfana, debería atender el parecer de sus hermanos, aunque ello no afecte a la validez del matrimonio ya que, aunque se case en contra de la voluntad de sus hermanos, el matrimonio sería válido, pero perdería el derecho a recibir la herencia que le correspondería de sus padres[728]. Aparece como matrimonio ilícito el de la mujer liberta que practica el contubernio con un esclavo, pasando ésta a ser sierva del amo de su contubernal[729]. Otros matrimonios ilícitos recogidos por el CE serían el de aquella que contrae segundas nupcias en ausencia prolongada del marido, pero sin haber esperado al tiempo previsto para que el desaparecido se declarase fallecido, siendo este matrimonio considerado adulterio[730]. En caso de que una joven contrajese matrimonio sin el consentimiento de sus padres, existen dos supuestos: si el matrimonio no ha sido consumado, la joven debe ser devuelta a sus padres, en caso de que ellos no dieran consentimiento a tal matrimonio; en caso de que haya habido consumación conyugal, el matrimonio es considerado válido pero la joven se ve privada de sus derechos hereditarios[731]. Finalmente, un último matrimonio ilícito sería aquel de la hija que se casa sin consentimiento de sus padres, forzando dicho consentimiento por la entrega la donación marital, siendo el matrimonio válido, pero quedando la hija sancionada con no poder recibir la herencia de sus progenitores[732].

726 *Cf.* Reinhart, W., «Sobre la territorialidad en los Códigos visigodos», *Anuario de historia del Derecho español*, 16, 1945, p. 706.

727 CE XIV, 2.

728 CE XIV, 3.

729 CE XIV, 4.

730 CE XIV, 6.

731 CE XIV, 8.

732 CE XIV, 8 bis.

El título XV, *De raptu virginum et viduarum*, trata acerca de un atentado contra la mujer y el matrimonio fuertemente contemplado por la legislación tardoantigua, visto como una ofensa a la salud moral de las costumbres romanas, llegando a su máxima consideración como *crimen nefandus* en la legislación justinianea, que lo equiparará al homicidio[733]. La legislación anterior a Justiniano, por su parte, sancionará de forma menos severa este comportamiento, como en las *Leges Iuliae de vi publica et de vi privata*, en las que se aplicaban penas de valor patrimonial y el exilio para los que cometían este delito[734]. El rapto era una manera de contraer matrimonio importado de los pueblos germanos, siendo la forma en la que dos jóvenes que se querían casar, pero no contaban con la anuencia de las personas de su familia, podían hacerlo. El matrimonio era válido, aunque su forma no fuese contractual y, aunque la Iglesia se opone a esta práctica, y la legislación carolingia la condena, siguió siendo durante siglos una realidad jurídica y social habitual, razón por la cual es frecuente encontrarla en las fuentes jurídicas que ahora se analizan[735]. Los pueblos germanos, como se puede deducir, tenían dos formas de matrimonio: uno solemne, que suponía la alianza formal de dos familias a través de un intercambio de regalos y, por otra parte, existía un matrimonio menor desprovisto de carácter oficial, y se podía dar por medio de un simple acuerdo entre los esposos, sin mediar la familia, o incluso por rapto, suponiendo este tipo de unión un concubinato honorable que no iba contra las leyes ni las costumbres[736]. Este delito aparece ya sancionado en la legislación romana tardoimperial, considerándolo uno de los crímenes más castigados, máxime teniendo en cuenta que no tiene consecuencias políticas ni representa ningún peligro para las instituciones, pero sí por atentar contra la moral y la salud de las costumbres romanas[737].

El CE, aun sin ser explícito en el tema, da a entender que aplica la pena de muerte tanto para el raptor como para la raptada, en caso de que ella consienta. En lo que sí es claro es que en el caso de que la raptada vuelva con el raptor una vez la hayan recuperado sus padres, será condenada a muerte junto con su raptor; en el caso de los hermanos que consientan con el rapto en vida de su padre, correrán la misma suerte que el raptor, *excepto mortem.* En cuanto al que rapta a una mujer casada, lo único que es posible aportar en base a la documentación conservada, es que será castigado,

733 CJ 9, 13, 1 pr.

734 S. Puliatti, «La dicotomia vir-mulier e la disciplina del ratto nelle fonti legislative tardo imperiali», *Studia et documenta historiae et iuris,* 61, 1995, p. 475.

735 C. M. Entrena Klett, *Matrimonio, separación y divorcio en la legislación actual y en la historia,* Pamplona, 192, p. 106.

736 *Cf.* J. Gaudemet, *El matrimonio en Occidente, op. cit.*, pp. 116 s.

737 *Cf.* S. Puliatti, *La dicotomia vir-mulier e la disciplina del ratto nelle fonti legislative tardo imperiali, op. cit.*, pp. 471 s.

pero sin saber concretamente cómo, muy probablemente por, como afirma d'Ors, una alteración del texto que lo haya dejado incompleto[738].

El CE proporciona una información muy detallada y minuciosa en cuanto a la casuística del rapto, pudiendo resumirlas de la siguiente forma: si la raptada sale indemne del rapto sin oposición del raptor, éste deberá entregarle la mitad de sus bienes; si, por el contrario, consigue consumar su crimen, deberá entregarles todos sus bienes y ser castigado con 200 azotes, pasando después a ser siervo de la familia de la agraviada; en el caso de que, tras ser raptada y recuperada por sus padres, la joven vuelva con el raptor, ambos serán condenados con pena de muerte. El delito de rapto tardaría en prescribir, aumentando considerablemente la praxis del Derecho romano, treinta años.

11.2. El *Liber Iudiciorum*

Como ya se ha adelantado, la *Lex Visigothorum* posee un libro entero, dividido en seis títulos, dedicado a la temática matrimonial. Se analizarán, pues, de manera breve las disposiciones de los monarcas visigodos contenidas en el *Liber*, exceptuando las de Eurico, ya analizadas a partir del citado estudio de d'Ors.

Comienza el libro tercero de la LV con un título acerca de las disposiciones de las bodas, siendo la primera de ellas la total derogación de la legislación romana en cuanto a los matrimonios mixtos, afirmando *«Ut tam Goto Romana, quam Romano Gotam matrimonio liceat sociari»*[739]. Los requisitos necesarios para poder contraer matrimonio serán, pues, que ambos sean libres, que tengan el consentimiento de sus padres y que actúen con libertad a la hora de contraer matrimonio. Esta será una de las novedades del matrimonio en las fuentes visigóticas[740], ya que los matrimonios mixtos, ya fuera por condición social, étnica o religiosa, estaban prohibidos por la legislación romana —diferentes clases sociales, ciudadanos o no, militares—, por la legislación judaica —diferentes pueblos, diferentes dioses— o por la praxis del cristianismo primitivo —impedimento entre cristiano y pagano o entre cristiano y judío—[741].

Es preciso abundar en la idea, ya tratada en el CE, del carácter vinculante de los esponsales aprobados por los padres de la novia: aquella mujer que

738 CE XV.

739 LV III, 1, 1.

740 *Cf.* G. Suárez Blázquez, «De la res publica romana a la personalidad jurídica corporativa abstracta, romano-cristiana, del "Rey-reino" visigodo», *Anuario de Historia del Derecho Español*, 92, 2022, p. 32.

741 A. di Berardino, *Istituzioni della Chiesa Antica, op. cit.* Pp. 405 s.

se ha prometido con un varón con la anuencia de sus progenitores, está obligada a casarse con esa persona con la que ya ha adquirido el compromiso, no pudiendo disolverse éste ni siquiera con la muerte del padre de la novia: *«Si quis puellam cum voluntatem oatris sponsatam habuerit, et ipsa puella, contemmens voluntatem patris, ad alium tendens, patri contradicat, ut illi non detur, cui a patre fuerit pacta, hoc ita eam nullo modo facere permitimus»*[742]. Este precepto viene confirmado por la siguiente disposición, que versa sobre la imposibilidad de desdecirse del compromiso una vez entregados el anillo y las arras, ya que se trata del testimonio público del compromiso y no hay posibilidad de volverse atrás del mismo, como indica el título mismo de la disposición: *«De non revocandis datis arris»*[743].

No es posible, tampoco, el matrimonio entre un joven menor de edad y una mujer mayor. El rey Recesvinto apela al Derecho natural para disponer que, pensando en uno de los fines del matrimonio —la procreación— no se celebren matrimonios donde no se den concordancia de edad y de costumbres *(in eorum actis nec aetatum concors sit ordo, nec morum)*, decretando que en los matrimonios sea siempre mayor el varón que la mujer, pudiéndose declarar nulos los esponsales que se celebren sin tener en cuenta esta disposición acerca de la edad[744].

Viene estipulada por Chindasvinto la cantidad de bienes que se deben consignar como dote para la celebración de un matrimonio, siendo como máximo una décima parte de los bienes que posee, además de diez siervos o siervas, veinte caballos y ornamentos por valor de mil sueldos, siendo esta dote propiedad de la mujer al morir su marido, siempre y cuando no haya engendrado hijos, mientras que si quien enviuda es el marido, a él retornará la dote, no pudiendo los padres de ella reclamar nada[745]. Esta dote, en vida de la esposa, la pueden reclamar para su conservación los padres, debiendo sus hermanos o parientes más próximos devolverla a la mujer en el momento en el que sus padres fallezcan, pues la dote es propiedad de ella[746]. Todas estas disposiciones acerca de la dote suponen una novedad con respecto a la legislación romana, ya que, en la legislación visigoda se va a encontrar con la *dos ex marito*, por lo que será el marido o la familia de éste quienes aporten esa dote, imprescindible para contraer matrimonio honorable: *nullum sine dote fiat coniugium*[747].

742 LV III, 1, 2.

743 LV III, 1, 3.

744 LV III, 1, 4.

745 LV III, 1, 5.

746 LV III, 1, 6.

747 J. Gaudemet, *El matrimonio en Occidente, op. cit.*, p. 126.

La potestad para consentir el casamiento de los hijos pasará a la madre cuando el padre haya muerto, y cuando fallezca ésta, pasará a los hermanos mayores. Si no los hay, o no tienen edad suficiente, será el tío paterno el que tenga la potestad sobre los matrimonios. En caso de que sea varón y haya alcanzado la edad suficiente, tendrá capacidad para elegir por sí mismo, mientras que, si es mujer, deberá acatar la voluntad de su tío o sus hermanos mayores junto con el consejo de los parientes[748]. De todas formas, si los hermanos quieren casar a la hermana por interés, con intención de que no reciba la parte de herencia que le corresponde de sus padres y los pretendientes propuestos por los hermanos son una elección interesada, podrá la mujer tomar por esposo con toda libertad a alguien de su misma condición y recibirá la herencia que se le debe de sus padres; si, por el contrario, desobedece a los hermanos por propio capricho, ya que éstos le buscan un buen casamiento y ella decide casarse con alguien de más baja extracción social, perderá la parte de la herencia que le correspondería[749].

Finalmente, Recesvinto establece la obligatoriedad de la dote, afirmando que un matrimonio digno debe basarse en las escrituras de dotación, ya que ellas van a confirmar el compromiso que con solemnidad pública se llevará a cabo en la celebración del matrimonio, por lo que es requisito para poder casarse o casar a un hijo o pariente el tener la capacidad de escriturar una dote[750].

En cuanto a los matrimonios ilícitos, comienza sancionando el matrimonio de la viuda que se casa antes de pasado un año de la muerte de su esposo, como venía estipulado en la legislación romana en aras de evitar la *turbatio sanguinis,* siendo la pena el tener que entregar la mitad de sus bienes a los hijos engendrados con su esposo[751]. Después de recoger las normas del CE, pasa a prohibir el matrimonio de la mujer del esposo desaparecido hasta el momento en el que haya noticias ciertas de su muerte, siendo obligación tanto de la esposa como de quien con ella se quiere casar el buscar dichas noticias ya que, si se casan solamente por la presunción de muerte del marido, ambos serán entregados en poder de éste, quien tendrá la potestad de venderlos, incluso, si lo considera oportuno[752].

Por una ley de Chindasvinto[753], llega noticia de la costumbre de los amos de entregar en matrimonio a siervas suyas haciéndolas pasar por libres con la finalidad de que, en el momento en que tuviesen descendencia, pasasen a la

748 LV III, 1, 7.

749 LV III,1, 8.

750 LV III, 1, 9.

751 LV III, 2, 1.

752 LV III, 2, 6.

753 LV III, 2, 7.

servidumbre del amo. Pues bien, esta ley protege el derecho de las personas que se casan en estas circunstancias ya que, si pueden demostrar que se han casado mediante este engaño, tanto ellas como su prole ostentarán el *status libertatis*, mientras que, si no tienen forma de demostrar que el matrimonio fue concertado con ese fin engañoso, tanto la mujer como su descendencia, así como sus bienes, serán propiedad de su amo.

Finalmente, se considera ilícito el matrimonio de aquella mujer que se casa sin el consentimiento de sus padres, ya que quien pretenda casarse con una muchacha debe pedir a los padres su permiso y pagarles el precio de la dote; de no actuar de esta manera, y contrayendo matrimonio bien contra el parecer de sus padres, bien sin que éstos tengan noticias del enlace, quedará excluida de la parte de la herencia que le corresponde de sus padres[754].

Con lo que respecta al rapto de vírgenes y viudas, contenido en el capítulo III del *Liber,* las diferencias con el CE son pocas: por disposición de Recesvinto, si los padres de la raptada consiguen recuperar a su hija del raptor, ésta no podrá casarse con él y, si lo hace, podrá serle aplicada a ambos la pena de muerte, excepto si se ponen bajo la protección del obispo, en cuyo caso se deberán separar, pero se respetará su vida[755]. En caso de que los padres consintieran con el rapto de la hija ya desposada, deberán entregar al marido agraviado el cuádruple de la dote pactada en el momento del matrimonio y[756], si son los hermanos los que, en vida de los padres, la entregan al raptor, serán reos de la misma pena que éste, pero respetando sus vidas[757].

Si un siervo raptase a una mujer manumitida, dependerá del amo el que el hecho acabe en matrimonio o no: en caso de que el siervo sea digno y el *dominus* esté de acuerdo, pagará cien sueldos y se podrán casar, mientras que, si no está de acuerdo, el siervo será entregado y la mujer no podrá ya casarse con ninguno[758]. En caso de que un siervo rapte a una sierva, será rapado y castigado con doscientos azotes, siendo separado de la raptada, si así lo desea el amo de ésta[759].

En lo tocante a aspectos generales del rapto, el *Liber iudiciorum* proporciona una serie de disposiciones dignas de interés: si se rapta a una mujer casada, el raptor es despojado de sus bienes en favor de la raptada y de su esposo, quedándose cada uno con la mitad, y si no tuviese bienes o éstos fueran escasos, se venderá al raptor y se repartirá lo obtenido por la transac-

754 LV III, 2, 8.

755 LV III, 3, 2.

756 LV III, 3, 3.

757 LV III, 3, 4.

758 LV III, 3, 9.

759 LV III, 3, 10.

ción[760]; si el raptor muere como consecuencia del rapto, no se considerará en ningún momento homicidio, ya que muere como consecuencia de una acción delictiva[761]; el delito de rapto prescribe en treinta años, aunque si los padres dan su consentimiento, el raptor se podrá casar con la raptada[762]; finalmente, por disposición de Recesvinto, se establece que todo aquel que haya cometido un rapto debe ser castigado: si es hombre libre, deberá pagar seis onzas y recibir cincuenta azotes de manera pública, mientras que si es un siervo el que comete el delito, recibirá cien azotes expuesto, siempre que lo haya hecho por propia voluntad, ya que si lo hace con intervención del amo, será éste quien reciba el castigo aplicable, por este delito, para los hombres libres[763].

El título IV del libro III versa sobre los adulterios. La información que proporciona es abundante y muy valiosa, pues no se contempla el adulterio, solamente, debido a la ofensa al marido, sino que la dignidad de la mujer con la que se comete el adulterio va a ser tenido muy en cuenta en la legislación que aquí trata. Es, pues, a nivel legislativo, una novedad, ya que, como bien en sabido, hasta este momento no existe legislación equitativa con respecto a este delito.

Comienza el título disponiendo que el marido agraviado con el adulterio tiene potestad para hacerse con el adúltero en calidad de siervo y, si éste no tiene descendencia, se hará también con todos sus bienes[764]. Lo mismo sucederá a aquella mujer que cometa adulterio estando ya prometida, que pasará a la servidumbre, junto con el *adulter*, de su marido, así como sus bienes, a no ser que tengan descendencia legítima, no pudiendo privar a éstos de los bienes del padre o de la madre por haber cometido adulterio[765]. Si el adulterio no es flagrante, pero el marido tiene sospechas fundadas de él, puede acusarla ante un juez y si, de resultas del juicio queda demostrado, se le aplicarán al *adulter* y a ella las penas contempladas[766].

Al igual que sucede en el supuesto del rapto, en caso de que el marido agraviado con el adulterio diese muerte a los adúlteros, no será considerado homicidio y[767], en caso de que un padre sorprenda a su hija en adulterio, tiene potestad para hacer con ella y su cómplice lo que le venga en gana,

760 LV III, 3, 5.

761 LV III, 3, 6.

762 LV III, 3, 7.

763 LV III, 3, 12.

764 LV III, 4, 1.

765 LV III, 4, 2.

766 LV III, 4, 3.

767 LV III, 4, 4.

tanto matarlos como conservar sus vidas, siendo este derecho extendido a los hermanos o tíos de la mujer, en caso de que su padre haya muerto[768].

Recesvinto establece que los siervos no tienen potestad para quitar la vida a los adúlteros que haya sorprendido en su casa, pero tienen obligación de retenerlos *«sub honesta custodia»* para presentarlos al *dominus* o al juez para que éste les aplique la pena que les corresponde[769].

Dos *antiquae* contenidas en el *Liber,* que aluden al adulterio pero que, por el contexto, se sobreentiende que están refiriéndose a relaciones extramatrimoniales, afirman que, si una joven o viuda comete adulterio con un hombre y después desea casarse con él, podrá hacerlo con el consentimiento de sus padres, pero teniendo éstos la capacidad de desheredarla[770]; del mismo modo, si una mujer libre va voluntariamente a cometer adulterio con un hombre, puede después casarse con él si éste lo desea mientras que, si su voluntad no es la de casarse con ella, deberá pagar su culpa[771].

Especial relevancia cobra la *antiqua* siguiente, ya que introduce una novedad desconocida, hasta el momento, por el Derecho en Occidente: la mujer agraviada con el adulterio de su marido será compensada, y así, si una mujer mantiene relaciones sexuales con un hombre casado *—adulterio se sociaverit—* será entregada a la esposa agraviada con el adulterio de su marido para que pueda tomarse venganza[772].

Dos *antiquae* más dan cuenta de cómo se debe actuar con los siervos que tengan que ver con adulterios. En primer lugar, si son conocedores del adulterio de sus *domini*, pueden ser torturados con la finalidad de conocer la veracidad del delito[773]; si, por el contrario, un esclavo alcanza la manumisión con la finalidad de encubrir un posible adulterio y evitar ser torturado para arrancarle la confesión, esta concesión de libertad será considerada inválida a todos los efectos[774].

Sigue el *Liber* con dos disposiciones de Chindasvinto: la primera de ellas, que ya viene recogida en disposiciones anteriores, establece la entrega de todos los bienes de los adúlteros y sus mismas personas al agraviado y, en caso de que tengan hijos, tendrán que dar a los del primer matrimonio lo que les corresponde, siendo el padre, en vida, el custodio de estos bienes. Tampoco podrá el marido tener relaciones sexuales con la esposa que lo ha

768 LV III, 4, 5.

769 LV III, 4, 6.

770 LV III, 4, 7.

771 LV III, 4, 8.

772 LV III, 4, 9.

773 LV III, 4, 10.

774 LV III, 4, 11.

agraviado con el adulterio, no pudiendo recibir, si desobedece esta disposición, los bienes de la esposa, que pasarán directamente a los hijos[775]. La segunda establece quiénes pueden acusar de adulterio y cómo: los primeros son los hijos de la adúltera si han llegado ya a la edad adulta, mientras que, si no, serán los parientes de la adúltera quienes deben presentar ante el juez la acusación de adulterio. Si se demuestra el adulterio, serán entregados como siervos a sus acusadores, junto a todos sus bienes, y tendrán la potestad de azotarlos, mientras que, si el acusador es un familiar, por ser los hijos supérstites, recibirá una quinta parte los bienes y las partes restantes serán para los hijos. En caso de que en la familia se encubra el adulterio, cualquier persona libre está en disposición de acusar el delito, incluso torturando a siervos[776].

Recoge también el *Liber,* en la primera de las siguientes cuatro *antiquae*, el delito de violación: *«Si viduam quisque vel virginem ingenuam violenter adulterandam conpresserit vel stupri forsitam conmixtione polluerit».* El violador recibirá cien azotes y será entregado a la ultrajada como siervo si es un hombre libre, mientras que, si es un siervo, será quemado en la hoguera. No podrá casarse con la que deshonró, y si ella se casa voluntariamente con él, será entregada como sierva a sus parientes[777]. Si, por el contrario, una esclava adultera fuera de la casa de su amo, éste solamente tiene potestad para castigarla a ella, mientras que, si es en su casa, podrá castigar con azotes al cómplice[778]. Pero si se trata de una violación, si es siervo recibirá doscientos azotes, mientras que, si es un hombre libre, el número de azotes será menor, pero deberá pagar una compensación económica al amo[779].

La última *antiqua* del título trata sobre la prostitución y el proxenetismo: si una mujer la ejerce, deberá ser castigada con trescientos azotes públicamente y ser expulsada de la ciudad y, si reincide, además de volver a ser azotada, se le entregará a un pobre como sierva, si es libre, mientras que, si ya forma parte de la servidumbre de algún señor, además de los azotes y de decalvarla, deberá ser enviada por su amo fuera de donde vive o puede también venderla. Si los padres viven de la prostitución de la hija, recibirán los azotes correspondientes, lo mismo que si el que se aprovecha de la prostitución de la mujer es su amo. Incluso está penado que un juez, por negligencia o por soborno, no castigue la prostitución o el proxenetismo, debiendo, de no actuar en contra de estas conductas, recibir azotes públicos y pagar treinta sueldos a la persona que el rey tenga a bien[780].

775 LV III, 4, 12.

776 LV III, 4, 13.

777 LV III, 4, 14.

778 LV III, 4, 15.

779 LV III, 4, 16.

780 LV III, 4, 17.

Finalmente, para cerrar este título, una disposición de Recesvinto sobre la impureza de los sacerdotes y ministros establece que ni sacerdotes, ni diáconos ni subdiáconos se unan ni en matrimonio ni fuera de él con viudas consagradas, ni con penitentes ni con mujeres de mala conducta, debiendo el obispo o la autoridad civil disolver estas uniones y hacer pasar al clérigo al estado de penitencia. Si el obispo no observa esta obligación que tiene de vigilar la salud espiritual de sus clérigos, deberá pagar una multa cuantiosa. Las mujeres implicadas en tales uniones serán castigadas con azotes y tendrán prohibido volver a unirse a dichos clérigos[781].

El título quinto de este libro III del *Liber Iudiciorum* lleva por título *«De incestis et apostatis adque masculorum concubitoribus»*. Es esta una costumbre que repugna tanto al mundo romano como al cristianismo, pero es una práctica común de los pueblos germanos, no sabemos si por tradición o por la necesidad de comunidades reducidas de perpetuarse, ya fuera por querer casarse solamente dentro de un pequeño grupo selecto, bien por escaso contacto con el mundo exterior, dada la endogamia de dichos pueblos[782]. Sea como fuere, se trata de una costumbre bastante extendida, vista la importancia que tiene en la *LV*, y así aparece, ya al comienzo de este libro, una disposición de Chindasvinto en la que se prohíben los matrimonios con familiares consanguíneos hasta el sexto grado, excepto si, antes de la promulgación de esta ley, tiene una dispensa del príncipe para poder contraer un matrimonio de este tipo. Quien atentare contra esta ley, vería disuelto su matrimonio y quedaría obligado a permanecer recluido el resto de sus días en un monasterio[783]. Recaredo establece, por su parte, que todos aquellos que intenten contraer matrimonio con vírgenes consagradas, viudas profesas o personas consanguíneas, estarán cometiendo un matrimonio ilegítimo y quedarán penados con el exilio, y sus bienes serán para sus hijos o para quien las personas que se establezcan como legítimos herederos de ellos[784]. Chindasvisto prohibirá contraer matrimonio también a aquellos que han apostatado, es decir, que hayan tomado el hábito monástico, incluso aunque fuera como penitencia, obligándoles a volver al monasterio y entregando todos sus bienes a sus hijos o familiares próximos[785]. Establece, también, penas severas para aquellos que practiquen la sodomía: serán castrados y sometidos a penitencia muy severa, a no ser que alguno de ellos haya sido forzado a realizar dichos actos, considerados nefandos, en cuyo caso, quedará exento de esta pena. Si el que practica la sodomía es hombre casado, su mujer recibirá lo que le corresponde como dote y sus bienes, quedando en total libertad

781 LV III, 4, 18.

782 *Cf.* J. Gaudemet, *El matrimonio en Occidente, op. cit.*, pp 120 s.

783 LV III, 5, 1.

784 LV III, 5, 2.

785 LV III, 5, 3.

para volver a casarse[786]. La última disposición de Chindasvinto castiga con la privación de los propios bienes en favor de sus herederos y el exilio para aquellos que profanan el lecho de sus padres o sus hermanos, así como con las personas con los que éstos hayan tenido contacto carnal[787].

Dos disposiciones con la firma de Égica concluyen el título V de este libro. La primera de ellas sanciona a aquellas viudas que, con su hábito, pretenden engañar y esconder su estado, dando lugar a equívocos: quedarán castigadas con la pérdida del estado religioso[788]. La segunda establece las penas que conlleva la sodomía, consistentes en la emasculación de quienes la practiquen, además de las penas establecidas por un decreto sacerdotal[789].

El último título de este Libro III de la *Lex Visigothorum* regula el divorcio y la ruptura de los esponsales. Una *antiqua* establece que, si un marido se divorcia de su mujer, ésta no se case con otro hasta que ese divorcio se haya formalizado por escrito o en presencia de testigos, ya que, de hacerlo, tanto ella como la persona con la que ha contraído las segundas nupcias, serán entregadas al marido para que haga con ellos lo que le plazca, a no ser que el primer marido se haya unido ya a otra mujer. En caso de que el marido haya abandonado a la esposa injustamente, le deberá restituir la dote y todos sus bienes, incluso los que ha donado, por cualquier razón, al marido mediante escritura, que en este caso carecerá de validez[790].

Una constitución de Chindasvisto prohíbe al marido divorciarse de su mujer excepto *fornicationis causa*. Deberá probar el adulterio y, de ser comprobado, podrá hacer con su esposa lo que le plazca. Podrán también divorciarse de mutuo acuerdo para entrar en religión, pero deberán contar con el aval de un sacerdote que asegure que el motivo es cierto. Esta constitución es muy interesante para este estudio, ya que, claramente, tiene como finalidad la protección de la mujer: la mujer que sufre el repudio de su marido sin mediar justa causa podrá reclamar para sí su dote y los bienes de su marido, pudiendo reclamarlos los hijos del matrimonio, en caso de que la mujer hubiera muerto, e incluso los hijos que la mujer pudiera tener de un anterior matrimonio. Si no hubiese hijo, podrán reclamar para sí dichos bienes los familiares de la mujer.

Si el marido exige a la esposa un acta de divorcio y se casa con otra, además de verse privado de sus bienes, como ya se ha dicho, será rapado, flagelado públicamente y condenado al exilio. Por otra parte, si una mujer desposa a un hombre casado, será entregada a la esposa legítima quien podrá hacer

786 LV III, 5, 4.

787 LV III, 5, 5.

788 LV III, 5, 6.

789 LV III, 5, 7.

790 LV III, 6, 1.

con ella lo que le plazca, excepto matarla, y este derecho será extendido a la descendencia de la mujer agraviada. Todo lo dicho, según establece la constitución, es aplicable también a la mujer que se divorcia de su marido[791].

Finalmente, para concluir este tercer libro de la LV, una disposición de Recesvinto establece el efecto vinculante de los esponsales o de cualquier tipo de ceremonia, como la entrega de arras, con la que se establezca el compromiso matrimonial, aun antes de que éste se celebre. Así, establece las mismas penas observadas en la constitución anterior para aquellos que se casan con una persona diferente de la que con que han definido los esponsales[792]. Esta práctica, exigía que se llevase a cabo el matrimonio dentro de los dos años siguientes al momento de la *desponsatio*, considerándose adúltera la mujer que no observase este plazo, y siendo sancionados los cónyuges que no llevasen a cabo el matrimonio después de entregar la dote dentro de este acto de compromiso[793].

Como en otras épocas históricas, la normativa en materia matrimonial va encaminada a las clases altas, y esta razón permite que, a día de hoy, se conserve documentación acerca de matrimonios de la época. Carmen Pallares transcribe el documento de *donatio ante nuptias* de Ilduara y Gutier, padres de S. Rosendo, emparentadas con personajes regios de la época como Ordoño II, Alfonso IV o Ramiro II. Este tipo de documentación aporta mucho a la Historia, ya que concreta lo que, de manera abstracta, aporta la legislación. Así, se sabe que en esta época el matrimonio cumple la función de ser instrumento de intercambio y alianza entre familias —creando relaciones familiares amplias—, supone una aportación de bienes a una causa común y, a la vez, pone al hombre y a la mujer, dentro del ámbito matrimonial, en igualdad de condiciones, ya que la aportación de bienes —basada en el sistema hereditario— no diferencia entre varones y mujeres[794].

---

791 LV III, 6, 2.

792 LV III, 6, 3.

793 J. Gaudemet, *El matrimonio en Occidente, op. cit.*, pp. 125 s.

794 C. Pallares Méndez, *Historia das mulleres de Galicia. Idade Media*, Santiago de Compostela, 2011, pp. 63-72.

12

LOS ESCRITORES CRISTIANOS MEDIEVALES

Entre los siglos IV y X el matrimonio sufre una importante evolución, pero será fundamentalmente en sus formas: en primer lugar, la Iglesia va ritualizando el matrimonio y se va creando una ceremonia cristiana, teniendo en cuenta —y a veces introduciendo elementos de ellos— los ritos paganos y, a la vez, la Iglesia va normativizando, juzgando sobre impedimentos y exigiendo la presencia de un eclesiástico en la celebración[795].

A nivel teológico, aunque hay muchos autores que han tratado el tema matrimonial, poco avance será posible encontrar con respecto a la posición de los Padres de la Iglesia hasta los estudios de Anselmo de Laón. Es interesante ver, sin embargo, la visión que el gran recopilador Isidoro de Sevilla aporta acerca del matrimonio ya que, además de hacer una síntesis bastante acertada de esta institución en el Derecho romano contenido en el *Codex Theodosianus* —último Derecho romano que conoce—[796], aporta una visión de cómo se va imbricando éste con un cristianismo que va cogiendo una fuerza institucional muy notable. La valía del hispalense para el estudio tanto del Derecho como de la Historia está fuera de toda duda, sobre todo porque

795 *Cf.* D. Borobio, *La celebración en la Iglesia II. Sacramentos,* Salamanca, 2008, pp. 536 s.

796 [...] el conocimiento de San Isidoro del Derecho romano procedía del Derecho vulgar de la parte occidental del Imperio y de hecho cuando enumera a los más importantes legisladores romanos no hace mención alguna a Justiniano. El número de manuscritos que se han conservado en Europa demuestra que esta obra sirvió especialmente a los clérigos cultos como referencia en la que encontrar el significado de los términos jurídicos y sus abreviaturas (P. G. Stein, *El Derecho romano en la historia de Europa. Historia de una cultura jurídica*, Madrid, 2001, p. 58).

sus estudios van encaminados a acercar tales disciplinas —así como la cultura clásica— a personas no necesariamente especializadas. De hecho, tal y como afirma Federico Fernández de Buján,

> *il suo merito principale consiste nella sua condizione di divulgatore, e grazie ai suoi contributi in parte restauratore, del pensiero e della civiltà greco-romana, partendo dalla sua ricezione, cristianizzata, già realizzata da alcuni padri della Chiesa*[797].

Es conveniente hacer, en primer lugar, mención a las *Etymologiae*. En esta obra es posible encontrar, en primer lugar, la concepción que el santo hispalense tiene sobre el *matrimonium*, expuesta en relación con el *patrimonium*, siendo éste el *munium patri*, es decir, la función del padre dentro de la familia, que no es otra que aportar un sustento, unos bienes con los que asegurar la pervivencia familiar, tanto presente como futura. El *matrimonium* será, a su vez, el *munium matri,* que sería la función de la madre dentro de la familia, pudiendo retomar la doctrina romanística sobre la finalidad del matrimonio que, basándose en textos de Cicerón, Gayo, Ulpiano, Suetonio o Gelio —entre otros— no sería otra que la *procreatio filiorum*[798]. Teniendo en cuenta esta finalidad generativa, el santo obispo irá buscando el significado de los términos con los que se denomina a los miembros de la familia directamente implicados con el matrimonio. Así, *«pater autem dictus eo quod patratione peracta filium procreet»*[799], es decir, el padre es aquel sin cuya intervención no es posible la procreación; lo mismo ocurre con los términos genitores y parentes, que harían referencia a engendrar y a parir, respectivamente: *«genitores autem a gignendo; et parentes quasi parientes»*[800], la mater lo es, pues, por ser la materia en la que se produce esta procreación, y no la causa: *«Mater dicitur, quod exinde efficiatur aliquid. mater enim quasi materia; nam causa pater est»*[801].

Su visión acerca del matrimonio dista mucho de ser positiva, siguiendo la línea general que se ha ya estudiado en los Padres de la Iglesia, y lo analiza desde el punto de vista funcional. Así, establece una triple funcionalidad en el matrimonio, basada en la procreación, la compañía mutua y el remedio contra la concupiscencia:

> *Tres autem causas dicitur uxor: prima est causa prolis, de qua legitur in Genesi: 'et benedixit eis, dicens: crescite et multiplicamini' (Gen 1, 28); secunda causa adiutori*

797 F. Fernández de Buján, «Il potere politico nel pensiero di Isidoro di Siviglia», *Studia et documenta historiae et iuris*, 78, 2012, pp. 520 s.

798 O. Robleda, *El Matrimonio en Derecho Romano, op. cit.*, pp. 61-65.

799 *Etym.* IX, 5, 3.

800 *Ibid.* IX, 5, 4.

801 *Ibid.*, IX, 5, 6.

de qua ibi in Genesi dicitur (2, 18): 'Non est bonum esse hominem solum, faciamus ei adiutoriam simile'; tertia causa incontinentiae, unde dicit Apostolus ut (1Cor 7, 9): 'Qui se non continet, nubat'[802].

Es muy relevante el hecho de que sea un autor cristiano el que aporte una definición propia de esta institución, afirmando que *«matrimonium est nubilium iusta conventio et condicio»*[803], por lo que más allá de los efectos y cuestiones prácticas sobre el mismo, da una definición de lo que es matrimonio, considerándolo una convención consensual, un pacto o un acuerdo y, a la vez, una justa estipulación entre los esposos o cónyuges. Es importante señalar que considera el matrimonio, al igual que en Derecho romano, como una suma de voluntades, y esta definición no dista mucho de la clásica atribuida a Modestino. Esta definición, de clarísima influencia clásica y pagana, viene enmendada con la definición de *coniugium* que explica a continuación, no por la definición en sí —*Coniugium est legitimarum personarum inter se coeundi et copulandi nuptiae*—[804], sino porque plantea la unión conyugal como un medio para alcanzar una finalidad, que no es otra que la procreación. Es especialmente interesante la etimología que ofrece de este término, al afirmar que *«coniugium dictum quia coniuncti sunt, vel a iugo quo in nuptiis copulantur, ne resolvi aut separari possint»*[805]. Además de la etimología del término, que en este caso podría parecer acertada, se añadiría un significado unitivo bastante reseñable, ya que hace una comparación con el yugo de los bueyes, instrumento necesario para que dos bestias alcancen un mismo fin, de igual modo los esposos deben estar unidos por un vínculo que los una a un destino común.

En las *Etymologiae*, S. Isidoro va a definir también el repudio y el divorcio, pero en estas definiciones, no del todo precisas, se va a poder encontrar claramente su pensamiento: el repudio es considerado como una ruptura matrimonial unilateral que se comunica a la parte afectada de manera formal[806], mientras que el divorcio lo considera una consecuencia del repudio, ya que afirma que *«divortium est quotienscumque dissoluto matrimonio alter eorum alteras nuptias sequitur»*[807]. La consecuencia que se podría derivar de estas dos breves definiciones es que en la mente del hispalense hay una cierta mirada condescendiente hacia el divorcio, o lo que él llama repudio, ya que su definición es aséptica y no hace ningún tipo de juicio acerca de él. Por lo anotado anteriormente sobre el matrimonio al hablar del yugo, es posible

802 *Ibid.* IX, 7, 27.

803 *Ibid.* IX, 7, 11.

804 *Ibid.* IX, 7, 12.

805 *Ibid.* IX, 7, 20.

806 *Ibid.* IX, 7, 24.

807 *Ibid.* IX, 7, 25.

extraer la idea de que entiende el matrimonio como algo definitivo, pero, a su vez, esta definición de repudio da a entender que es algo tolerable, por lo menos como mal menor. Donde realmente se encontrarían más reparos sería en las segundas nupcias ya que, después de su definición de divorcio como matrimonio roto en el que una de las partes se vuelve a casar, afirma que es un camino que se desvía o se tuerce hacia diferentes lugares: *«divortium autem dictum a flexu viarum, hoc est, viae in diversa tendentes»*[808].

Como bien se puede observar, no se encuentra originalidad en S. Isidoro, pero, por su faceta compiladora, sí es posible encontrar una síntesis muy interesante de cómo debía ser el matrimonio cristiano en su época en latitudes hispanas, pudiendo afirmar que se trataría de una síntesis del Derecho romano con la teología de S. Agustín[809]. Sin embargo, y como se ha podido comprobar, interesa su visión, ya que, como afirma Federico Fernández de Buján,

> en este período, nadie brilla con luz semejante a San Isidoro, un sabio hispano-romano, inspirador y consultor de los reyes, que [...] personifica la grandeza intelectual y literaria de la Monarquía visigoda y se convierte en manantial inagotable que inundará, durante siglos, la actividad intelectual y cultural europea. Isidoro es el primero que, una vez caído el Imperio de Occidente, es capaz de trasladar, y además en forma lírica, el elocuente eco con que la grandeza de Roma es capaz de sonar desde sus propias ruinas[810].

No será posible encontrar entre los escolásticos a ningún autor que haya escrito un tratado acerca del matrimonio, pero todos ellos, por su labor de observadores de la realidad, hacen de la institución alguna valoración. Si comenzamos por Boecio, es posible entresacar en su *Consolación de la filosofía* alguna apreciación acerca del matrimonio: una positiva, en la que pone el amor como base del matrimonio[811], y una muy pesimista, en la que analiza la institución a partir de sus frutos: la ausencia de hijos hará padecer al matrimonio por no tener a quien legar su fortuna, mientras que los que son fértiles sufrirán por la desobediencia y mala conducta de la prole[812]. En los escritos

---

808 *Ibid.*

809 J. Gaudemet, *El matrimonio en Occidente, op. cit.*, p. 118.

810 F. Fernández de Buján, «De una Iberia peninsular a la Hispania romana», *Gerión*, 35, 0, 2017, p. 993.

811 «El amor es el que une a los pueblos y los conserva en una santa paz; él estrecha los lazos santos del matrimonio con la más casta ternura; el amor es el que dicta sus leyes a los amigos fieles» (Severinus Boethius, *Consolatio philosofiae,* II, 8, en A. Castaño Piñán (ed.), *La Consolación de la filosofía,* Almería, 2005, p. 96).

812 Unos no carecen de nobleza ni fortuna, pero algo tienen que lamentar porque viven en celibato; otros habrán hecho un buen partido con su matrimonio, mas no estarán contentos porque no teniendo hijos, disfrutarán de la fortuna que ellos amontonan quienes no llevan su sangre. Hay quienes, satisfechos por tener descendencia, llorarán abrumados por la mala conducta de los hijos o de las hijas (*Ibid.* p. 73).

de Gerberto de Aurillac, quien más tarde será el pontífice Silvestre II, no se encuentra el tema matrimonial, pero sí que se sabe, por su biografía, que es depuesto de su cargo como arzobispo de Reims por oponerse al matrimonio del rey Roberto II de Francia con su prima, lo que hace pensar que ya se había consolidado en la praxis eclesiástica la prohibición de los matrimonios entre familiares[813]. En cuanto a Juan Escoto Eriúgena, menciona el matrimonio en una de sus obras, pero simplemente para hacerse eco de su virtud relacional por medio de la cual los seres humanos adquieren el parentesco entre sí[814]. Jonás de Orleáns afirma que aquellos que no han permanecido castos antes del matrimonio no pueden contraerlo, afirmando pesimistamente que puede que haya mujeres que no hayan tenido relaciones sexuales antes de casarse, pero que resulta prácticamente imposible encontrar varones que hayan sido continentes en su juventud sin estar casados[815].

No es posible pasar por alto una figura muy importante para este estudio, ya que, al igual que S. Isidoro, aúna el criterio cristiano con un profundo conocimiento de las leyes y de las costumbres de su pueblo. Se trata de Hincmaro de Reims, monje y posteriormente arzobispo, quien, además de su íntima relación —por diversos motivos— con Godelasco y Lotario, elabora un interesante trabajo a partir de las Decretales pseudo isidorianas. La importancia de este trabajo para el presente estudio viene dada por dos obras directamente relacionadas con el matrimonio. Así como se ha afirmado que no hay ningún autor que haya escrito un tratado, tras los Padres de la Iglesia, acerca del matrimonio, el autor que ahora se menciona se acerca mucho, ya que en las dos obras que brevemente se analizarán, hace un análisis muy profundo y elevado acerca del matrimonio, tanto a nivel civil como religioso. La primera de ellas, *De Divortio Lotharii Regis Et Tetbergae Reginae*[816], es un ataque de muy alto nivel intelectual en contra de las disposiciones del

813 *Cf.* O. Pekonen, «Gerberto de Aurillac, matemático y Papa», *Gaceta de la Real Sociedad Española de Matemática,* 4, 2, 2001, p. 402.

814 La limitación material —fundamentalmente, células de producción y defensa— halla su traducción en términos biológicos: el «parentesco». Parentesco real, parentesco matrimonial fuertemente exogámico para crear vínculos útiles naturales, pero también «parentesco» espiritual, religioso, y «parentesco» por funciones similares (J. Escoto Eriúgena, *División de la naturaleza,* Barcelona, 1984, p. 33).

815 *Quidam laicorum amore libidinis superati, quídam vero ambiendi honoris terreni cupiditate ducti, imo praestolandi tempus, quo honores mundi nancisci valeant, interim in coeno luxuriae se voluntates, antequam ad copulam connubii accedant, diversissimis modis se corrumptunt, et virginale decus, quod usque ad tempus legitimae uxoris accipiendae conservare debuerant, amittunt, nec non et benedictione, qua Deus copulae primorum hominum benedixit, et ea quae nunc in ecclesia per sacerdotum ministeria secundum canonicam auctoritatem, et sanctae Romanae Ecclesiae morem nupturis exhibetur, se privant. Unde etenim damnanda consuetudo inolevit, ut perraro sponsus et sponsa in missarum celebratione, secundum praemisum ordinem, benedicantur* (Jonas Aurelianus, *De Institutione Laicali Libri Tres,* II, PL 106, col. 170).

816 PL 125, col. 629-772.

sínodo de Aquisgrán, en el que se condenaba a la reina Teutberga, a pesar de ser ella la agraviada con el repudio de su esposo, quien pretendía contraer matrimonio con su concubina, con quien había tenido un descendiente. El matrimonio con la reina había sido estéril y el Lotario pretende que con su sola autoridad se anule el matrimonio, pero cuenta con la oposición clara de la Iglesia. Se acusa injustamente a la reina de haber cometido incesto con su hermano antes de contraer matrimonio con el rey, pero a esta acusación se llega después de haber violado el secreto de confesión, de ahí las reservas de Hincmaro. Aun así, el caso concluye permitiéndosele a la reina retirarse a un convento y al rey contraer matrimonio con su concubina, afirmando el arzobispo, finalmente, que la única causa de disolución del matrimonio es el incesto. No será el único caso matrimonial en el que deba mediar, ya que estará implicado en el divorcio del Conde Boson, en el matrimonio de Carlos el Calvo con una concubina y en el del matrimonio no consumado de Esteban con la hija del conde Raimundo de Tolouse[817].

La segunda obra que reclama atención es *De coercendo et exstirpendo rapta viduarum, puellarum et sanctimonialum*[818], en la que condena, de acuerdo con la doctrina cristiana y a la luz de la legislación carolingia, los usos y costumbres bárbaros en los que el rapto era una forma legítima de contraer matrimonio. Obliga, por lo tanto, al raptor, a que se devuelva a la raptada a sus padres y niega la validez de cualquier matrimonio que haya tenido comienzo por medio de un rapto. Concibe, pues, el rapto como una profanación del cuerpo de la mujer y un sacrilegio, ya que por medio de él se inflige el orden natural querido por Dios[819]. En esta obra se encontrará, también, lo que el autor considera que debe ser llamado matrimonio, que sería aquella unión totalmente contraria a las nupcias y bendecida por la Iglesia: *«a me invitus veraciter autiet, adulterium nullatenus dici conjugium: conjugium enim religiosi nominis vocabulum est»*[820].

Finalmente, es preciso mencionar un punto importante en el pensamiento de Hincmaro que es, a la vez, novedoso en la reflexión medieval: su frontal oposición al uxoricidio. Es un tema al que él mismo da especial relevancia ya que, en las dos obras tratadas, incide sobre él, poniendo el acento en la injusticia de las leyes humanas en contraposición con la ley divina, que pide salvaguardar la vida humana por encima de todas las cosas, mostrando

---

817 J. GAUDEMET, *El matrimonio en Occidente, op. cit.*, pp. 149-153.

818 PL 125, 1017-1032.

819 *Qui cum nec divinae legis ordine, nec parentalis voluntutis auctoritate, nec ecclesiasticae sanctitatis pietate, conjugalem copulam sortii sunt, sed insuper pro benedictione sacerdotali excommunicationem publicam ex auctoritate canonum meruerunt, qua fronte sacrilegium videri volunt ese conjugium, et latrocinium, et violentiam pietatem?* (HINCMARUS RHEMENSIS, *De coercendo et exstirpendo rapta viduarum, puellarum et sanctimonialum*, PL 125, col. 122).

820 *Ibid.* PL 125, col. 1032.

especial preocupación por los casos en los que el marido que repudia a la mujer debe mantenerse célibe hasta la muerte de ésta, siendo frecuentes, por lo tanto, los uxoricidios basados en falsos testimonios del marido con la única finalidad de poder casarse una segunda vez[821].

12.1. El desarrollo teológico medieval

Habrá que pasar de milenio para encontrar una elaboración teológica que encamine el tema matrimonial hacia una indisolubilidad y una sacramentalidad que, de momento y, como se ha podido comprobar, no es unánime, la primera, ni planteable la segunda. Se debe recordar, después de haber analizado el pensamiento tanto de los Padres de la Iglesia como de los escritores cristianos del primer milenio, que la idea del matrimonio, aun cuando es vista como algo querido por Dios, no deja de tener una íntima relación con el pecado y con la fragilidad humana, considerándose mayoritariamente por éstos como un mal menor, como una situación cargada de un profundo permisivismo y, como no podía ser de otra manera, lastrada por una concepción muy negativa de la sexualidad humana, incluso dentro del ámbito matrimonial.

Es necesario dar, pues, un gran paso hasta adentrarse en el nacimiento de las universidades para encontrar un debate teológico profundo acerca de la esencia del matrimonio como realidad querida por Dios, así como sobre su sacramentalidad y su indisolubilidad. Se trata de la época del nacimiento de la sistematización de la teología y, los autores objeto de este estudio no tratarán solamente el tema del matrimonio, sino que abordarán temas muy variados concernientes a la clarificación del cristianismo desde un punto de vista sistemático y doctrinal. Así, pues, entre los siglos IX y XII se da un profundo debate teológico acerca de la esencia del matrimonio y el fundamento de la indisolubilidad. La base del matrimonio, heredada del Derecho romano y adaptada por la Iglesia[822], es el consentimiento mutuo de los esposos pero, con la progresiva presencia de la Iglesia en la vida social y política de la época, la legislación matrimonial pasa a sus manos, y será éste el motivo por el que la Iglesia será quien exija a quienes contraigan nupcias las prescripciones necesarias para llevarlas a cabo, así como será quien indique cuáles serán los impedimentos que no harán posible que determinadas uniones sean matrimonio[823].

---

821 *Cf.* A. PIENIADZ, «Incmaro di Reims e i suoi contemporanei sull'uxoricidio: l'insegnamento della Chiesa e la pratica sociale», *Reti Medievali Rivista,* 12, 1, 2011, pp. 5-11.

822 Como ya hemos señalado al principio de este estudio, la definición de matrimonio que adoptará el naciente Derecho canónico es la clásica atribuida a Modestino, con ligeras modificaciones, pero manteniendo su esencia (*Vid. supra nota* 42).

823 *Quidam laicorum amore libidinis superati, quídam vero ambiendi honoris terreni cupiditate ducti, imo praestolandi tempus, quo honores mundi nancisci valeant, interim in coeno luxuriae se voluntates, antequam ad copulam connubii accedant, diversissimis modis se*

Los autores principales que se tratarán irán relacionando el matrimonio con otros aspectos teológicos, lo que supondrá un gran avance a la hora de elaborar una teología del matrimonio como hoy se entiende. Así, por ejemplo, Anselmo de Laón, Rufino, Anselmo de Aosta y Hugo de San Víctor, entre otros, afirmarán que la inclinación al matrimonio pertenece al Derecho natural y que, conforme a este Derecho, se han ido configurando jurídicamente[824].

El primer autor en tratar de manera sistemática el tema del matrimonio será Anselmo de Laón y, aunque hay quien le atribuye el mérito de haber sido el primer teólogo en haber escrito un tratado sistemático acerca del matrimonio[825], lo cierto es que este mérito pertenece a Hugo de San Víctor, como se podrá comprobar más adelante. Pero no se debe obviar el mérito de este teólogo en lo que al matrimonio respecta, ya que su aportación a la materia será de gran trascendencia. Afirma que el matrimonio está en la mente de Dios *ab initio*, pero que existen dos momentos: el anterior al pecado original, que tiene como única finalidad la propagación de la especie, y el posterior, para remediar la concupiscencia; además de estos fines, suma el de multiplicar el amor. A estos tres fines se corresponden tres bienes, que son la prole, la castidad y el signo sacramental[826], y existen tres impedimentos que hacen que el matrimonio sea inviable: el voto, el orden sacerdotal y el parentesco, así como tres causas de nulidad: la condición de presente o futuro, la fornicación y la impotencia[827]. En cuanto a la indisolubilidad del vínculo matrimonial, Anselmo afirma que solamente es indisoluble el matrimonio consumado, mientras que hasta el momento de la consumación carnal el matrimonio es un vínculo que se puede disolver, aunque la esencia del matrimonio radique en el consentimiento[828], pero siendo la cópula la que

corrumptunt, et virginale decus, quod usque ad tempus legitimae uxoris accipiendae conservare debuerant, amittunt, nec non et benedictione, qua Deus copulae primorum hominum benedixit, et ea quae nunc in ecclesia per sacerdotum ministeria secundum canonicam auctoritatem, et sanctae Romanae Ecclesiae morem nupturis exhibetur, se privant. Unde etenim damnanda consuetudo inolevit, ut perraro sponsus et sponsa in missarum celebratione, secundum praemisum ordinem, benedicantur (Jonas Aurelianus, *De Institutione Laicali Libri Tres,* II, PL 106, col. 170).

824 J. Hervadas, «Notas sobre la noción de derecho natural en los juristas y teólogos desde Anselmo de Laon hasta San Alberto Magno», *Revista de Estudios Histórico-Jurídicos,* 5, 1980, pp. 359-367.

825 D. Moreno Ramírez, *Relevancia de la sacramentalidad del matrimonio en relacion con la nulidad del consentimiento,* Madrid, 2014, p. 35.

826 La doctrina de los *tria bona* de S. Agustín, así como su pensamiento en general acerca del matrimonio, es fuente de inspiración para todos estos escritores escolásticos que trataran el tema del matrimonio de manera sistemática.

827 A. Álvarez-Cortina, *El contenido esencial del «bonum prolis». Estudio histórico-jurídico de doctrina y jurisprudencia,* Roma, 2009, P. 68.

828 *Hic autem praecipit non dimittere uxorem, nisi tantum excepta causa fornicationis. Si enim ipsa ruperit legem cojugii, potest eam bono a se separare, ut commisionem illam auferat*

perfecciona dicho consentimiento[829]. La gran novedad que aporta Anselmo y con él, su escuela, es el haber puesto el matrimonio a la altura de los demás sacramentos compartiendo con ellos el mismo esquema acerca de su origen e institución, sus fines, sus bienes y las cuestiones relativas a la forma y efectos del matrimonio, teniendo como original este sacramento, con respecto a los demás, el momento de su institución, que no es otro que el momento de la Creación del ser humano, cuestión totalmente inaudita[830].

Estos autores pondrán especial énfasis en la importancia del consentimiento como base del matrimonio, aunque no estarán de acuerdo con la hora de establecer si la perfección del matrimonio radica en él y, por consiguiente, en si el solo consentimiento basta para establecer la indisolubilidad matrimonial. Un claro ejemplo de ello es el pensamiento de la escuela fundada por Guillermo de Champeaux, plasmado de manera clara por su discípulo Pedro Abelardo quien, a este respecto, hace una diferenciación muy interesante entre *sponsalia de praesenti* y *sponsalia de futuro,* partiendo de la base de que si el noviazgo es ya un consentimiento de futuro, hará que el matrimonio sea perfecto y el consentimiento de presente obtendrá su eficacia a través de la unión carnal de los cónyuges, estableciendo así, también, una diferencia clara entre el matrimonio y el noviazgo o los esponsales, dando más realce a aquel y diferenciando las uniones estables de pareja con lo que sería propia y realmente un matrimonio[831].

Llegados al siglo XII, se entra de lleno en la edad de oro de la reflexión teológica y canónica sobre el matrimonio: no habrá apenas teólogo o jurista que, en este período, obvie el tema matrimonial, y esto conllevará, como es lógico, la creación de dos escuelas de pensamiento acerca de la temática matrimonial, que discutirán acerca de los matices que hacen de la institución un sacramento, partiendo de su esencia, su eficacia y su indisolubilidad[832]. La tradición romana que, como es bien sabido, ponía el acento en el consentimiento de presente a la hora de establecer un matrimonio, suponía un lastre para muchos teólogos, que entendían que dicho consentimiento no era

---

sibi, quam violavit. Sed tamen sacramentum conjugii remanent ut non aliam ducat, licitum este am retinere si voluerit, juxta Apostolum, qui jubet aut abstinere aut reconciliari (I Cor. VII), utrumque enim licitum est (ANSELMUS LAUDANENSIS, *Enarrationes In Evangelium Matthaei,* V, PL 162 col 1288 s.)

829 P. AMENTA, *Procedimientos canónicos de disolución del matrimonio,* Madrid, 2011, p. 62.

830 G. FLÓREZ, *Matrimonio y Familia,* Madrid, 1995, pp. 149 s.

831 *Sic autem diffinitur: Conjugium est maris et feminae foederatio legitima, propter quam licet eis sine culpa commisceri. Foederatio vero alia est de conjugio contrahendo, ut est, quando promittit quod eam accipiat sibi uxorem; alia conjigii, ut quando dicit: Trado me tibi ad usum carnis meae, ita ut, quandiu vixeris, non me alii conjugam. Et haec foederatio apprime facit conjugium* (ABAELARDUS, *Epitome Theologiae Christianae,* XXXI, PL 178, col. 1745).

832 F. CANTELAR RODRÍGUEZ, «La indisolubilidad en la doctrina de la Iglesia desde el siglo XII hasta Trento», en T. GARCÍA BARBENERA (dir.), *El vínculo matrimonial, op. cit.*, pp. 165 s.

compatible con la indisolubilidad, por lo que era absolutamente necesario ver en qué momento el matrimonio pasaba a ser indisoluble y, para ello, era necesario establecer dónde radicaba la esencia de éste. Así pues, la historia aporta la existencia de dos escuelas que, sino enfrentadas, sí que divergen en sus planteamientos acerca del matrimonio. Se trata de la Escuela de París, liderada por Pedro Lombardo, y la Escuela de Bolonia, que sigue los postulados de Graciano[833].

Pero antes de adentrarse en los postulados de estos dos autores y sus escuelas, es necesario detenerse en quien realmente escribe el primer tratado sistemático sobre el matrimonio, que es el canónigo sajón Hugo de San Víctor, discípulo también de la escuela de Guillermo de Champeaux. No es sencillo acercarse a la obra de Hugo de S. Víctor para poder extraer unas breves conclusiones acerca del matrimonio ya que, por lo extraordinario —por original— de su trabajo, abarca una cantidad abrumadora de aspectos que tiene en cuenta para defender el matrimonio como uno de los siete sacramentos. La obra en la que más conviene fijar la atención será, fundamentalmente, *De sacramentis christianae fidei*[834], ya que es el tratado específico del autor acerca del matrimonio como sacramento, a la vez que es una obra de comprensión de la Sagrada Escritura[835].

En primer lugar, es evidente que Hugo de San Víctor afirma que la esencia del matrimonio radica en el consentimiento de los esposos y solamente en él[836], siendo este punto de especial relevancia a estas alturas de la reflexión teológica, ya que se puede observar que se empiezan a superar los aspectos negativos que abundaban en la reflexión patrística acerca del matrimonio para empezar a hacer hincapié en la importancia de la unión espiritual de los esposos basada en el amor conyugal[837]. La formación del matrimonio viene dada, pues, por el intercambio de consentimiento de las partes, no siendo en ningún momento la unión carnal parte constitutiva del matrimonio, no

833 Hay quien afirma que estas dos escuelas se diferencian en sus postulados y conclusiones por estar formadas la parisina por teólogos y la boloñesa por canonistas (*Cf.* J. Granados, *Una sola carne en un mismo espíritu, op. cit.*, p. 208) Sin embargo, es de justicia afirmar que realmente tanto los postulados que defienden unos como los que abanderan los otros parten de la reflexión de Hugo de San Víctor, por lo que consideramos que es más prudente afirmar que las escuelas se diferencian fundamentalmente por el diferente interés que buscan la una y otras escuelas (*Cf.* J. Gaudemet, *El matrimonio en Occidente, op. cit.*, pp. 172-176; F. Cantelar Rodríguez, «La indisolubilidad en la doctrina de la Iglesia...», *op. cit.* pp. 165-170).

834 Hugonis de S. Victore, *De sacramentis Christianae fidei,* en PL 176, col. 173-618B (En delante *De sacramentis).*

835 E. Vilanova, *Historia de la teología cristiana I. De los orígenes hasta el siglo XV*, Barcelona, 1987, p. 570.

836 *De sacramentis II*, 11, 5, 1, col. 485.

837 *Ibid.* II, 11, 3, col. 482.

aportando nada a su sacramentalidad[838]. Así, será visto «el consenso como *causa eficiente* del matrimonio, siguiendo la clasificación escolástica de la causa»[839]. Pero estas consideraciones no pueden llevar a pensar que un consentimiento inicial, plasmado en unas promesas de matrimonio o en unos esponsales, provocan las mismas causas que el matrimonio mismo, aunque sí poseen su importancia. Es por esta razón que Hugo de San Víctor hará una clara distinción entre el verdadero consentimiento matrimonial y el matrimonio jurado, ya que el matrimonio se basa en un consentimiento libre, actual y legítimo, sin formalidades necesarias que afecten a la validez del vínculo[840].

Quizás, uno de los principales motivos por los que Hugo de San Víctor pone tanto hincapié en el hecho de la institución sacramental antes del pecado, sea por justificar la santidad del matrimonio de José con María, ya que, si éste fuese concebido como remedio contra el pecado, no tendría sentido que María y José lo contrajesen y, por lo tanto, y siguiendo el argumento de la validez del matrimonio de los padres de Jesús, no sería necesario para la esencia del matrimonio la consumación carnal[841]. Así, se podría afirmar, sin temor a equivocarse, que Hugo de San Víctor distingue la unión de las voluntades, la unión de dos personas que se aman y deciden compartir la vida juntos, que sería el fundamento del matrimonio, con la unión carnal, que sería la función del matrimonio, es decir, que acompaña al matrimonio pero no lo constituye[842]. Esto no quiere decir que la unión física de los cónyuges no sea una cuestión de especial relevancia y, aunque el mero consentimiento haga que un matrimonio sea válido, en cuanto imagen de la unión del alma humana con Dios, la unión física sumará al matrimonio[843]; por consiguiente, siguiendo los *tria bonum* agustinianos, afirmará que lo que realmente afecta

---

838 J. Gaudemet, *El matrimonio en Occidente, op. cit.*, p. 204.

839 A. M. Celis Brunet, *La relevancia canónica del matrimonio civil a la luz de la teoría general del acto jurídico: contribución teórica a la experiencia jurídica chilena,* Roma, 2002, p. 133.

840 C. A. Cerezuela García, *El contenido esencial del «bonum prolis». Estudio histórico-jurídico de doctrina y jurisprudencia,* Roma, 2014, pp. 70 s.

841 La tradición apócrifa deja para la tradición y devoción cristianas diversas narraciones según las cuales, María habría hecho un voto de virginidad y vivía en algún tipo de gineceo donde las vírgenes consagradas se dedicaban a la oración. Surge, pues, la problemática de cómo es posible que María, habiendo hecho voto de virginidqad, pudiera romper ese voto desposándose con José, a lo que Hugo de San Víctor responde extensamente que el matrimonio no constituye la unión física del varón y de la mujer, sino que responde a un consentimiento recíproco basado en la ayuda conyugal (*Cf.* Hugonis de S. Victore, *De Beatae Mariae virginitate,* I, en PL 176, col. 857-870).

842 D. Poirel, *Ugo di San Vittore: storia, scienza, contemplazione*, Milano, 1997, p. 98.

843 *Si quis autem quaerat quando congjugium ese incipiat, dicimus quod ex quo talis consensus qualem supra diffinivimus inter masculum et foeminam factus fuerit, ex eo statim conjugium est, quem etsi postea copula carnis sequitur, nihil tamen conjugio amplius ad virtutem sacramentui confertur* (*De sacramentis,* II, V, en PL 176, col. 485).

a la esencia del matrimonio será el *sacramentum,* mientras que la *fides* y la *proles* hacen referencia al *officium conjugii,* pero lo que realmente es el *coniugium*, o sea, el matrimonio en sí, es el *sacramentum*[844]. Este consentimiento debe ser —el autor será el primero en enumerar las cualidades de este—[845] libre, actual y legítimo, entendida esta legitimidad en términos parecidos al *conubium* romano[846].

Afirma Hugo de San Víctor que el matrimonio es uno de los siete sacramentos, pero teniendo éste la particularidad de haber sido instituido en el momento de la Creación y, por lo tanto, siendo el único de los siete que sería previo al pecado[847]. Dicha particularidad no es baladí, ya que de ella se pueden extraer numerosas conclusiones, entre ellas, que si el matrimonio es instituido como sacramento en el momento de la Creación se trataría de una institución de Derecho natural y, por otro lado, así como el resto de sacramentos, instituidos por Cristo cuando el ser humano es pecador, son regalados por Dios como remedio a esos pecados, el matrimonio tiene valor intrínseco y, según la opinión de Hugo de San Víctor, «no como remedio sino como encargo»[848]. Es querido por Dios, *ab initio*, para la generación de la prole, bien del matrimonio junto a la fidelidad, pero no hasta el punto de poder afirmar que, sin alguno de estos dos bienes, no existe el matrimonio o éste carece de validez[849]. Como ya ha quedado dicho, el consentimiento constituye el sacramento y ese consentimiento es indisoluble porque es sagrado, siendo esto aplicable a cualquier matrimonio *(res sacramenti)*, mientras que

844 *[...] In fide, attenditur ne praeter vinculum conjugale cum altera, vel cum altero concumbabatur. In spe prolis, attenditur ut devote exspectetur, amanter suspiantur, religiose nutriatur. In sacramento, attenditurne conjugium separetur; et dimissus aut dissima, nec causa prolis alteri copuletur* (*De sacramentis*, II, VII, en PL 176, col. 494).

845 J. Gaudemet, *El matrimonio en Occidente, op. cit.*, p. 204.

846 *[...] Cui deffinitioni "legitimum" adjungere oportet; quia si consensus masculi et foeminae legitimus, hoc est legitime inter personas legitimas factus, non fuerit, conjugium in eo consecrari non potest. Legitimas autem illas personas dicimus in quibus illa rationabilis causa demostrari non potest, quare conjugii pactum mutuo firmare non possint* (*De sacramentis,* XI, IV, en PL 176, col. 483).

847 *Cum omnia sacramenta post peccatum et propter peccatum sumpserint exordium, solum conjugii sacramentum etiam ante peccatum legitur institutum; non tamen ad remedium sed ad officium. In conjugio autem haec primum consideranda sunt et discernenda, origo et institutio, cum modo et causis suis, et ejus secundum tempus et locum et ritus variatio* (*De sacramentis*, II, XI, 1, en PL 176 col. 479-481).

848 *Vid.* supra.

849 C. Tammaro, «Il matrimonio nel *De sacramentis* di Ugo di San Vittore e nelle *Sententiae* di Pietro Lombardo: brevi note teológico-canoniche comparative», *Anuario Argentino de Derecho Canónico,* XX, 2014, pp. 260 s.

la santidad del sacramento sería solamente aplicable a los matrimonios entre cristianos[850], aunque no deja de ser curioso el hecho de que la indisolubilidad del vínculo no sea inherente al mismo[851].

Sentadas las bases por Hugo de San Víctor del matrimonio como uno de los siete sacramentos, aunque con sus particularidades, vienen las conclusiones de las escuelas antes citadas, quienes toman como base la doctrina matrimonial de éste. Aparentemente, las doctrinas son simples: Pedro Lombardo afirma que el matrimonio se constituye con el consentimiento de presente de los esposos y que, desde ese mismo momento, se trata de una unión sacramental e indisoluble, aun sin mediar solemnidad ni publicidad; por su parte, Graciano afirma que existen dos momentos constitutivos de la unión conyugal: el matrimonio de *praesenti* o *desponsatio*, que supone el comienzo real del matrimonio pero que no ha llegado a su plenitud: el matrimonio será pleno con la *carnalis copula*, y desde este momento será sacramento indisoluble, ya que el matrimonio estaría así terminado, siendo el consentimiento únicamente el inicio de la unión matrimonial[852].

Lo que aparentemente es tan sencillo, realmente no lo es. De hecho, la argumentación de las teorías es muy similar y ambas están de acuerdo en la necesidad absoluta del consentimiento y en la importancia de la cópula, pero difieren en el momento en el que el matrimonio se convierte en sacramento. Las disputas y confrontaciones vienen del hecho de que de ambas teorías surgen, como ya ha sido adelantado, dos escuelas, y con ellas, matices, ya que están en juego muchas cuestiones que afectan, por un lado, a la tradición y a la doctrina y, por otro, a la praxis de la Iglesia.

Es más que probable que a la escuela de París le deba el cristianismo la fundamentación del matrimonio en el solo consentimiento, ya que las definiciones tanto de Hugo de San Víctor como de Pedro Lombardo hacen hincapié en la unión espiritual de los cónyuges, independientemente de la unión carnal para, como ya ha quedado dicho, justificar plenamente el matrimonio de María y José que, según la Doctrina de la Iglesia, fue casto y, a la vez, verdadero y válido matrimonio[853]. Esta doctrina consensualista tiene su calado

850 *Sacramentum autem ita inseparabile esse videtur, ut sine illo omnino conjugium esse non possit... Conjugium autem in ipsa societate maritali sacramentum est; et ideo sicut ipsa societas utroque vivente non dividitur, ita et sacramentum societatis conjugalis quandiu conjugium constat, ab ipso non separatur. In quo videlicet conjugio sacramentum foris et indivisa societas; res sacramenti, intus ad invicem flagrans perseveranter animorum charitas* (*De sacramentis*, II, XI, 8, en PL 176 col. 500).

851 *Cf.* R. Callejo, *Persona e institución: el derecho al matrimonio en el c. 1060*, Madrid, 2004, p. 147.

852 F. Cantelar Rodríguez, «La indisolubilidad en la doctrina de la Iglesia desde el siglo XII hasta Trento», *op. cit.* pp. 166-169.

853 C. M. Entrena Klett, *Matrimonio, separación y divorcio en la legislación actual y en la historia, op. cit.* p. 37.

incluso en alguno de los famosos primeros canonistas quienes, al plantearse el problema de si el matrimonio de José y María era válido, se aferraron a la doctrina consensualística que, posteriormente, pasaría a la historia como la abanderada por la Escuela parisina. Así, como ejemplo más significativo, conviene mencionar al gran reformador Pedro Damiani, quien ataca duramente a aquellos que defienden la necesidad de la relación sexual para la validez del matrimonio[854]; por su parte, Ivo de Chartres, manifiesta que, aunque la cópula también tiene su importancia en el matrimonio, lo que realmente es esencial para el mismo es el consentimiento, poniendo el clásico ejemplo de María y José, afirmando en este caso que José es verdadero padre de Jesús por ser verdaderamente esposo de María, ya que si bien no lo era según la carne, sí lo era según el espíritu[855].

Como ya se había adelantado, la gran defensa del consesualismo y su justificación teórica vendrá por parte de los teólogos partiendo, como no podía ser de otra forma, de Hugo de San Víctor. Es muy claro en su planteamiento, ya que afirma, sin más, que la causa del matrimonio es el intercambio de consentimiento entre los cónyuges, no aportando nada a la esencia de éste la unión carnal que, aunque es importante, no afecta a la sacramentalidad del matrimonio: lo que hace que el matrimonio sea un sacramento es el consentimiento que intercambian los esposos. Es más, ante la pregunta acerca del momento en el que empieza el matrimonio, el momento se establecerá en el del consentimiento, no en el de la consumación de este[856]. Será el primer teólogo que afirme que para que este consentimiento sea válido ha de reunir tres condiciones, tres cualidades que harán que el *consensus* sea efectivo y, por medio de él, se establezca un verdadero matrimonio: la libertad, la actualidad y la legitimidad[857]. Siguiendo la doctrina clásica del Derecho romano, hará hincapié en la legitimidad o capacidad de los cónyuges para poder contraer ese matrimonio[858]. En cuanto a la *commixtio corporum* afirma

854 *Nos autem e diverso libere profitemur, et concubitum posse sine nuptiis fieri, et sine concubitu recte nuptias appellari. Sunt enim aliquando nuptiae caelibes, sunta quae dignae dicantur nuptiae virginales. In quibus videlicet sic uxor viro dotali foedere jungitur, ut praelato coelestis thalami Desiderio, carnalli nullatenus misceatur* (PETRUS DAMIANUS, *Opusculum XLI. De tempore celebrandi Numptias*, II, en PL 145, col. 662 B).

855 *Conjux vocatur a prima desponsationis fide, quam concubitu non cognoverat Joseph, nec fuerat cogniturus, nec perierat, nec mendax manserat; conjugis appellatio, ubi non fuerat, nec futura erat carnis commistio. Popter quod fidele conjugium ambo parentes Christi vocari meruerunt, et non solum illa mater, verum etiam ille pater ejus, sicut et conjux matris ejus fuit: utrumque mente, non carne* (IVO CARTONENSIS, *Panormia VI*, XVI, en PL 161, col. 1247).

856 *Conjugium non facit coitus, sed consensus, qui si defuerit omnia etiam cum ipso coitu frustrantur* (*De sacramentis II*, XI, V, col 487).

857 J. GAUDEMET, *El matrimonio en Occidente, op. cit.*, p. 204.

858 *Quidam hoc modo conjugium diffiniendum putaverunt, ut dicerent «conjugium esse consensum masculi et foeminae individualem vitae consuetudinem retinentem». Cui diffinitioni «legitimum» adjungere oportet; quia si consensus masculi et foeminae legitimus, hoc est*

que no añade nada a la *virtus sacramenti* ni es necesario para la validez de éste, aunque esa unión encuentra su lugar adecuado en el matrimonio ya que, de no darse dentro de este ámbito, puede tratarse de un concubinato. Es importante para él, como ya lo había sido para otros autores que hemos tratado, preservar la validez del matrimonio entre María y José, lo que conllevaría basar el matrimonio principalmente en el *consortium omnis vitae*, en la comunidad inherente a un matrimonio, que en la realidad biológica en la que tanto se insistirá posteriormente[859].

El establecer el solo consentimiento como esencia del matrimonio, hace que este sacramento sea especialmente particular, ya que será el único en el que el ministro del mismo serán los contrayentes y no un clérigo, por lo que, siguiendo la costumbre romana sobradamente conocida, Hugo de San Víctor afirmará que para la validez del matrimonio no se requerirán ningún tipo de formalidades ni ceremonias específicas, y que bastará con el solo consentimiento de los que se casan y, aunque los matrimonios clandestinos estarán prohibidos por la autoridad eclesiástica, serán válidos siempre y cuando el consentimiento prestado en ellos cumpla las tres condiciones antes descritas[860].

Resulta evidente que esta posición puede conllevar un problema: si una persona que se casa de manera clandestina con otra y, posteriormente, contrae segundas nupcias *in facie ecclesiae*, ¿cuál de los dos matrimonios es el válido? Una evolución del matrimonio que exigiese, para su validez, su publicidad, zanjaría el asunto de manera muy sencilla, pero, al afirmar tajantemente que el solo consentimiento basta para que un matrimonio sea válido, lo que plantea es un grave problema de conciencia para quien perpetra la bigamia[861], pero sería imposible objetivar dicha bigamia si los implicados no dan cuenta del primer matrimonio. Llama, por el contrario, la atención la res-

legitime et inter personas legitimas factus, non fuerit, conjugium in eo consecrari non potest. Legitimas autem illas personas dicimus in quibus illa rationabilis causa demonstrari non potest, quare conjugii pactum mutuo firmare non possint (*Ibid.* IV, col. 483).

859 *Cf.* G. Fransen, «La formación del vínculo matrimonial en la Edad Media», en R. Metz, J. Schlick, *Matrimonio y divorcio, Salamanca*, 1974, pp. 119 s.

860 *Cf. De sacramentis,* II, XI, VI, cols. 488 c-494 a.

861 *Tu ergo praecepisti, Domine, per servos tuos per quos locutus es, et ordinasti Ecclesiam tuam, ut vir, vixente uxore sua, alteri non adhaeret. Ergo uxorem habui, et illa vivente alteri adhaesi, ecce jam ego facere non possum ut hoc factum non sit. Sed tu facere potes ut hoc damnabiliter factum non sit. Item tu mandasti, Domine, ut Ecclesiae tuae vicem tuam in terra agenti obediremus sicut tibi: et non scandalizemus unum de pusilis tuis, et dixisti: quia qui ecclesiae tuae mandatum speruret tibi obediens non esset. Ecce ego miser propter peccata mea in contradictionem veni, laqueum incidi necessitatis, ut exire peccato non possim. Si manos, accusat me conscientia mea adversum te de occultis meis, quibus contra tuam dispositionem fatio. Si recedo, inobediens ero Ecclesiae tuae, et scandalizo non solum pusillos, sed etiam magnos servos tuos, qui in hac parte quod justum est volunt, et accusat me conscientia mea de manifestis meis, quibus contra praeceptionem tuam ago* (*Ibid.* col. 192 B-C).

puesta que aporta Hugo de San Víctor a este grave problema que, además, es fácil entender que sería frecuente: la Iglesia tendría capacidad para disolver el primer matrimonio ya que, aunque válido, la Iglesia no puede saber lo que se le oculta y, por lo tanto, tiene capacidad para disolver esta unión. Ésta, al estar basada en un consentimiento legítimo, ni es inválida ni serían ilegítimos los hijos fruto de la misma, en caso de que los hubiera, ya que la ignorancia de la norma va a excusar a los fieles de su transgresión, siendo indiferente que dichos matrimonios fuesen consumados, o que mediase consanguinidad lejana entre ellos, siempre y cuando ésta fuese ignorada[862].

Similar planteamiento será el que presente Pedro Lombado, ya que mantendrá la misma postura que Hugo de San Víctor al afirmar que el consentimiento es el que hace matrimonio y que la consumación carnal no es necesaria para la indisolubilidad del vínculo; pero ese consentimiento *de praesenti* debe ser expresado por palabras o signos y, con ellas, se hará efectivo y válido el matrimonio[863]. Surge, como en todos los teólogos de la época, el problema de la consumación carnal en la perspectiva de la validez del matrimonio de María y José y, aunque este autor sí da importancia a la consumación carnal como perfeccionamiento del matrimonio, afirma que el matrimonio lo hace solamente el consentimiento de presente. La importancia de la cópula viene determinada para el caso de que uno de los cónyuges quisiera disolver el matrimonio para poder entrar en religión, razón por la cual, en caso de no haber sido consumado el matrimonio, se podría disolver el vínculo, pero solamente por esta razón[864].

862 *Ad hunc modum putamus quaedam conjugia vere dici posse, quandiu secundum judicium Ecclesiae rata habentur; quae tamen postmodum emergentibus causis legitimis recte solvuntur, et si postea, contra Ecclesiae prohibitionem pertinaci praesumptione tenentur, illicitae et illegitimae copulationes judicantur. Non tamen hoc de ómnibus, sicut supra memoravi, sic sentiendum existimamus. Nam facta horroris excussatione, nulla legitimorum nomen poterunt retinere. [...] Et idcirco fortassis ejusmodi quandiu omnino latent ignorantia convenientius existimentur excusari, quae tamen manifesta facta, quia contra praeceptionem sunt, non debent tolerari. Haec autem dicta sunt contra illos qui putant conjugium omnino dici non posse quod aliquando dissolvi potest* (*Ibid.* II, XI, XI).

863 *Efficiens autem causa Matrimonii est consensus, non quilibet, sed per verba expressus, nec de futuro, sed de praesenti. Si enim consentiunt in futurum, dicentes: Accipiam te in virum, et: Ego te in uxorem, non est iste consensus efficax Matrimonii. Item si consentiant mente, et non exprimant verbis vel aliis certis signis; nec talis consensus efficit matrimonium. Si autem verbis explicant quod tamen coprde non volunt, si non sit coactio ibi ver dolus, obligatio illa verborum quibus consentiunt dicentes: Accipio te in virum, et ego te in uxorem, Matrimonium facit* (Petrus Lombardus, *Sententiarum Libri Quatuor,* IV, 27, 3, en PL 192, col. 910 s.).

864 «*Cum ergo si conveniunt ut dicat vir: Accipio te in meam conjugem; et dicar mulier: Accipio te in meum virum, his verbis vel aliis aidem significantibus exprimitur consensus, non copulae carnalis vel cohabitationis corporalis, sed conjugalis societatis; ex qua opportet eos cohabitare, nisi forte causa religionibus pari voto corporqaliter separentur, vel ad tempus, vel usque in finem*» (*Ibid.* IV, 28, 3, col. 196).

12.2. El nacimiento del Derecho canónico

Una vez expuestos, de forma somera, los argumentos de los teólogos, es necesario acercarse a la postura de los canonistas que se puede limitar, por haber sintetizado de manera bastante acertado el pensamiento de los expertos en Derecho eclesiástico de la época, a las conclusiones de Graciano plasmadas en su Decreto. No es casualidad que el nacimiento del Derecho canónico, como consecuencia de la publicación del Decreto de Graciano y todos los estudios que de él se derivarán, en un primer momento, a través de la escuela de glosadores de Bolonia, germen de la Universidad moderna, coincida con el resurgir del Derecho romano[865].

En lo que respecta al matrimonio, el Derecho canónico comienza a hacer su trabajo a partir de la compilación de Graciano. Como bien señala Gaudemet, el Decreto trata de llegar a un acuerdo entre las posiciones discordantes con respecto a cuáles son las condiciones necesarias para la validez del matrimonio, sobre todo para poder dar respuesta a obispos y sacerdotes que se pudieran encontrar con situaciones concretas ante las que no sabían cómo actuar[866].

La primera conclusión a la que se debe hacer mención es al momento en el que Graciano considera que se lleva a cabo el matrimonio y, como importante novedad, afirma que el matrimonio solamente es tal cuando es consumado, ya que, a través de la consumación, el matrimonio alcanza su perfección y, por lo tanto, pasa a ser indisoluble. Esta apreciación viene dada por la distinción entre matrimonio iniciado y matrimonio rato o consumado, siendo este segundo el matrimonio perfecto[867]. No sería acertado pensar que, como bien indica Cantelar Rodríguez, esta distinción suponga que los teólogos piensen que la esencia del matrimonio esté en el consentimiento y que para los canonistas radique en la cópula[868]; Graciano afirmará que la cópula es necesaria para la validez del matrimonio, pero siempre y cuando se haya dado después del consentimiento de los cónyuges por lo que, lo que realmente está en juego es poder ver el momento en el que el matrimonio ha alcanzado su plenitud, es sacramento y, por lo tanto, se convierte en indisoluble ya que, como ha quedado dicho, el mero consentimiento causaba

865 *Cf.* F. Fernández de Buján, *El Derecho, creación de Roma. Meditaciones Universitarias de un Académico*, Madrid, 2020, p. 112.

866 Gaudemet, J., *El matrimonio en Occidente, op. cit.* p. 205.

867 *Apparet ergo, hanc non fuisse conjugem, cui vivente spongo alteri nubendi licentia non negatur. Quomodo ergo secundum Ambrosium et reliquos Patres sponsæ coniuges appellantur, et his omnibus argumentis coniuges non esse probantur? Sed sciendum est, quod coniugium desponsatione initiatur, commixtione perficitur. Unde inter sponsum et sponsam coniugium est, sed initiatum; inter copulatos est coniugium ratum* (DG C. XXVII, q. 2, c. 34).

868 *Cf.* F. Cantelar Rodríguez, *La indisolubilidad desde el siglo XII hasta Trento, op. cit.*, p. 169 ss.

la indisolubilidad para los autores escolásticos tratados, mientras que, para Graciano, solamente será indisoluble el matrimonio consumado, ya que ha alcanzado su característica de perfección[869].

Antes de continuar con la exposición de los canonistas que, de forma sintética ya ha quedado plasmada en su esencia, puede ser interesante acercarse al testimonio de Duby quien relata, a modo de síntesis, cuál era la visión del matrimonio en el siglo XII a través del ejemplo marital de Enrique II y Cunegunda, canonizados ambos en dicho siglo por su forma de vivir el matrimonio. Se trataría de un matrimonio llevado a cabo sin consumación carnal, denominado por el autor como matrimonio blanco que, sin embargo, fue admitido como válido por la Iglesia de su tiempo y puesto como ejemplo, al canonizar a los esposos, un siglo más tarde[870].

La justificación de la santidad de este matrimonio encuentra su marco jurídico en la recopilación de las disposiciones conciliares de los siglos IX y X, llevada a cabo por el obispo Bourchard de Worms y el autor la analiza para poder comprender cuál es la postura de la Iglesia con respecto al matrimonio[871], siendo su *Decretum* el inmediato predecesor del de Graciano, teniendo especial éxito en Europa.

Centrando el estudio en el Decreto de Graciano, obviando los cánones que hacen referencia al matrimonio de los clérigos y que están contenidos en la *causa* XXXIV, procede fijarse, primeramente, en la *causa* XXVII, que es la que propiamente trata el tema matrimonial en lo que a este estudio atañe. Conviene comenzar analizando cuál es la posición del *Decretum* con respecto a la naturaleza del vínculo matrimonial, pues solamente a partir de ahí, del lugar donde radica su esencia, será posible entender la nueva concepción que la canonística aportará a la institución. Pues bien, sin dejar de lado el tema del consentimiento, se encuentran en la obra dos momentos de especial relevancia para la formación del matrimonio: el consentimiento o esponsales y la consumación carnal. Sin ésta no hay verdadero matrimonio[872], aunque la sola relación carnal no constituye, por sí misma, un matrimonio[873]. Es evidente que, para él, el matrimonio consumado carnalmente es indisoluble, pero no siempre es coherente con este planteamiento, ya

---

869 *[...] Cuncta ergo, que de non separando coniugio inducta sunt, de perfecto intelliguntur, quod sponsali coniunctione est initiatum, et offitio corporalis conmixtionis est consummatum* (DG C. XXVII, q. 2, c. 39, §. 1).

870 *Cf.* G. Duby, *El caballero, la mujer y el cura,* Madrid, 2013, pp. 51-53.

871 *Ibid.* pp. 53-66.

872 *«Non est dubium, illam mulierem non pertinere ad matrimonium, cum qua commiato sexus non docetur fuisse»* (DG C. XXVII, q. 2, c. 16).

873 *Matrimonium quidem non facit coitus, sed voluntas, et ideo non solvit illud separatio corporis, sed separatio volutatis. Ideo qui dimittit conjugal suam, et aliam non accipit, adhuc maritus est. Nam etsi jam corpore separatus est, tamen adhuc voluntate conjunctus est* (DG C. XXVII, q. 2, c. 1).

que llega a afirmar que tanto el consentimiento como el pacto conyugal son necesarios para que el matrimonio, consumado carnalmente, sea efectivo[874]. Pero acaba buscando una solución con la que intenta aportar coherencia a su discurso, y la encuentra afirmando que la perfección que adquiere el matrimonio por la conjunción carnal de los cónyuges no es por la vía de la esencia, sino de la significación: el matrimonio significa la consumación del alma del fiel con Dios y la de Cristo con su Iglesia[875]. A esta conclusión llega a través de un texto de S. Jerónimo, que consta como glosa en el Decreto, a través de la diferenciación clara entre el matrimonio iniciado y el matrimonio consumado, como ya se ha indicado anteriormente[876], y es ésta la razón por la que el matrimonio se puede disolver en caso de que los cónyuges quieran entrar en religión, no siendo posible en caso de que el matrimonio fuera consumado[877], argumentando con proposiciones tanto cristológicas como eclesiológicas, en base a la inseparabilidad de la Iglesia con Dios y de la indisolubilidad de la unión hipostática.

Esta es la gran aportación de la obra de Graciano a la cuestión matrimonial dentro de la Iglesia ya que, aunque el *Tractactus matrimonii* trata temas como el rapto, el matrimonio entre infieles, el matrimonio de personas nobles, el adulterio, el lenocinio, el *matrimonium furiosi* y otras cuestiones relacionadas[878], ninguna de éstas supone una novedad a lo que era la praxis de la Iglesia en este momento. Es conveniente reseñar, al tratar sobre las aportaciones del Decreto al tema matrimonial, que Graciano «asimila el matrimonio a los contratos reales del Derecho romano, en los que la entrega de la cosa es la que perfecciona el negocio haciéndolo irrescindible»[879]. No es esta cuestión de poca importancia, ya que esta asimilación a los negocios contractuales romanos concreta el matrimonio cristiano y pide un intercambio efectivo que,

---

874 *[...] Non defloratio virginitatis, sed pactio conjugalis matrimonium facit, ita intelligendum est: coitus sine voluntate contrahendi matrimonium, et defloration virginitatis sine pactione conjugali non facit matrimonium, sed praecedens voluntas contrahendi matrimonium, et conjugalis pactio facit, ut mulier defloratione suave virginitatis vel in coitu dictatur nubere viro, vel nuptias celebrare* (DG C. XXVII, q. 2, c. 45).

875 T. Rincón, *El matrimonio misterio y signo. Siglos IX-XIII,* Pamplona, 1971, p. 219.

876 *Vid.* nota 784.

877 *Sed quare separatur matrimonium causa religiones post conjuncionem animal fidelis ad Deum, et non post conjunciones matrimonio separetur: sed illa conjunctio Christi ad Ecclesiam designato per unionem, quia unita est divinitatis carni humanae in utero virginali: unde quia humana caro numquam a Deitate separata est, inde post talem conjunctionem matrimonium numquam dissolvitur. Vel potest dicit, quod facilius est, quod una anima separetur a Deo, quam tota Ecclesia separetur a Deo: quia Ecclesia non potest nulla ese* (*Glossa* a C. XXVII, q. 2, c. 37, en T. Rincón, *El matrimonio misterio y signo, op. cit.*, p. 220).

878 C. XXVII, q. 2, cc. 48-49; C. XXVIII; C. XXIX; C. XXXI; C. XXXII respectivamente.

879 J. Sedano, «Las incertidumbres históricas sobre la potestad pontificia de disolver un matrimonio rato y no consumado: una clave interpretativa de la formación del vínculo matrimonial», *Ius canonicum,* 56, 2016, p. 243.

hasta el momento, no era requerido. Con el consentimiento o los esponsales se da inicio al matrimonio, pero éste solamente se perfecciona por medio de la *commixtio corporum*, que sella el compromiso inicial adquirido por medio del rito nupcial. Así mismo, y abundando en la aportación de la *Concordia*, no se puede pasar por alto un apunte que, con respecto a ella, hace Gaudemet, al afirmar que consolida una terminología que llega hasta día de hoy y que hace referencia a las características del matrimonio en el tiempo: *matrimonium initiatum, consummatum, perfectum*[880]. Así, desde la Edad Media, la Iglesia sigue la praxis de disolver, en caso de petición de alguna de las partes, conservándose incluso en el CIC actual[881], el matrimonio rato no consumado, entendiéndose que sin la perfección que aporta al matrimonio la *commixtio corporum*, el matrimonio no ha alcanzado su plenitud y puede disolverse sin mayor problema[882].

Estando en juego un tema tan crucial para el matrimonio como es el de la sacramentalidad, cobra especial relevancia ver, no ya cuál es la esencia misma del matrimonio, sino en qué momento éste comienza a ser un sacramento y, por lo tanto, pasa a ser indisoluble. La sacramentalidad y, por lo tanto, la indisolubilidad, la aportará la *commixtio corporum,* pero no ésta de manera aislada, sino que, seguida del consentimiento previo, que será el que da inicio al matrimonio, perfeccionándose con la cópula[883]. Resulta curioso ver cómo Graciano, a lo largo de toda la *quaestio secunda* va elaborando un discurso en favor de la posibilidad de divorcio del matrimonio no consumado en cualquiera de los casos, mientras afirma la indisolubilidad del matrimonio consumado de manera absoluta, no pudiendo disolverse éste ni siquiera en caso de entrar en religión los cónyuges, causa paradigmática en la Edad Media[884]. Como síntesis de lo aportado por Graciano, que habrá que completar con el posterior estudio de los decretistas, se puede afirmar que entiende dos momentos en el matrimonio: el matrimonio iniciado que, aunque causa efectos jurídicos, es disoluble y, por lo tanto, no constituye, *per se,* matrimonio, y el matrimonio consumado, que perfecciona el consentimiento necesario para que la consumación carnal sea considerada matrimonio sacramental e indisoluble.

Vistas las aportaciones que proporciona el *Decretum*, es necesario dar un paso adelante y ver cómo se solucionan los temas que quedan pendientes

880 *Cf.* J. Gaudemet, *El matrimonio en Occidente, op. cit.* p. 205.

881 CIC 1697-1706.

882 C. Peña García, «Los "casos difíciles" en la disolución canónica del matrimonio no consumado: aspectos sustantivos y procesales», *Estudios Eclesiásticos*, 92, 363, 2017, pp. 570-572.

883 *«In omni matrimonio conjunctio intelligitur spiritualis, quam confirmat et perficit conjunctorum commixtio corporalis»* (DG C. XXVII, q. 2 c. 36).

884 *Cf.* G. Fransen, «Formación del cínculo matrimonial en la Edad Media», *op. cit.* p. 126 s.

tras la sistematización de éste. Quizás, el punto más relevante que está en juego en este momento es si el matrimonio de José y María fue un matrimonio perfecto o no, y es el tema en el que gastan más energías tanto los canonistas como los teólogos de la época. Así mismo, está en juego también el momento en el que el matrimonio se convierte en un sacramento, que no es cuestión baladí, habida cuenta del desarrollo que esta cuestión tendrá.

El Decreto de Graciano es el punto de partida de la codificación del Derecho en la Iglesia. Es por ello que el trabajo de los estudiosos posteriores será el de glosar, comentar y resumir el trabajo del camaldulense para poder así interpretar un Derecho codificado que está empezando y que no siempre es fácil de entender, sobre todo a la hora de tener que aplicarlo a los casos prácticos con los que se encuentran las autoridades eclesiásticas, no precisamente cultas, en muchos casos, en la época medieval. Veremos cómo su trabajo es fundamental, aunque en algunos casos, sobre todo en los más cercanos cronológicamente a Graciano, las aportaciones que estos comentaristas y glosadores hacen son muy rudimentarias.

El primer decretista que conviene mencionar es Paucapalea, considerado por la historia del Derecho como el primer exponente de la Escuela de Glosadores Canonistas de Bolonia. Escribe una Summa entre los años 1144 y 1150 comentando el *Decretum Gratiani,* pero sin aportar mucho al desarrollo de los temas tratados. Es necesaria su mención en este estudio porque hace una pequeña aportación —pero importante— a la significación del matrimonio como sacramento, ya que, al hablar de los tres bienes conyugales, más en concreto del *bonum sacramenti,* afirma que es indisoluble por ser signo de una cosa sagrada, que es la unión de Cristo con la Iglesia, y ello se convierte en regla jurídica, ya que al Derecho es a quien compete la determinación de la indisolubilidad, aunque su nota sea de carácter teológico y no jurídico[885].

El siguiente comentarista que cabe destacar es el futuro Papa Alejandro III, Rolando Baldinelli, que en una *Summa* hace un breve resumen del Decreto y, como el anterior, poco aporta de novedad; solamente decir que en el comentario a la Causa XXVII hace una breve disertación acerca de la *conjugio*, según la cual el matrimonio es instituido en el Paraíso con las palabras *crescite et multiplicamini*[886], por lo cual solamente el matrimonio consumado supone la verdadera unión de Cristo con la Iglesia y, por lo tanto, es sacramento; será por esta razón que no niega la existencia de matrimonio aunque éste no se consume, poniendo como requisitos para ello el *consensus,* el *pactio conjugalis* y la *idoneitas personarum*[887]. Curiosa su posición acerca de la indisolubilidad, ya que afirma que existe una costumbre en la Iglesia según la cual,

885 T. Rincón, *El matrimonio misterio y signo. Siglos IX-XIII, op. cit.* p. 223.

886 Gen 1, 28.

887 F. Thaner, *Summa Magistri Rollandi Bandinelli*, Innsbruck, 1962, pp. 113-114.

si una esposa se une carnalmente a otro varón con el que desea esposarse, se le concede el matrimonio con este segundo hombre, si bien es cierto que reconoce no tener base documental que acredite dicha afirmación. En cuanto al matrimonio de no creyentes afirma que es disoluble, ya que la indisolubilidad viene dada no por la consumación, sino por el Bautismo de los contrayentes[888]. Como se puede observar, su idea del matrimonio como sacramento es difusa, desordenada y poco coherente, muy lejana, a nivel intelectual, a sus coetáneos decretistas y teólogos.

Rufino es un maestro de Derecho canónico en Bolonia, y éste sí que pasa a la historia de los decretistas por méritos muy ganados. Su obra se llama *Summa Decretorum,* fue escrita entre 1157 y 1159, y se caracteriza por su tono polémico y mordaz, que aporta mucho a la interpretación del Decreto de Graciano. La riqueza de su comentario es maravillosa, empezando ya por la elaboración que hace de las causas de la *conjugio*, que serían *Propter quas: principales (susceptio proles et vitatio fornicationis)* y *secundariae (mulieris pulchritudo et pacis reformatio)*; por otro lado, presenta las causas *per quas*, que serían *operans (consensus vel desponsatio), consummans (carnales commixtio)* y *cooperans (ceterae sollemnitates)*[889]. En lo tocante a la indisolubilidad afirma que es la consumación matrimonial la que hace que el matrimonio sea indisoluble, afirmando que *«consensus de presenti facit conjugium perfectum et sanctus et consensus de futuro non facit matrimonio»*[890]. No sería osado afirmar que Rufino es el gran defensor de la sacramentalidad del matrimonio basado en la consumación de éste, ya que la considera como la expresión perfecta de la unión de Cristo con su Iglesia. La indisolubilidad absoluta del matrimonio consumado es el eje central de su discurso y considera que no merece discusión alguna, viniendo dada su demostración por la experiencia y el sentido común, no siendo realmente consciente de lo que su aportación significará para la teología del matrimonio y, por consiguiente, para las consecuencias canónicas derivadas de ella.

Esteban de Tournai escribe una *Summa* en 1160 en la que expone sus razones acerca de la significación del sacramento y, aunque es discípulo de Rufino, sigue más el pensamiento de Pedro Lombardo. Basándose en S. Pablo, afirma que el matrimonio es el gran sacramento que significa la unión de Cristo y la Iglesia, y se hace efectivo tanto por el consentimiento de los esposos como por la consumación del matrimonio, siendo los dos necesarios e inseparables, ya que constituyen una única cópula necesaria, pero expresada de forma espiritual y de forma carnal[891]. En cuanto a la indisolubilidad, tiene un pensamiento similar al de Lombardo, haciendo distinción

888 Ibid. p. 133.

889 T. Rincón, *El matrimonio misterio y signo. Siglos IX-XIII, op. cit.* p. 226.

890 H. Singer, *Die Summa Decretorum des Magíster Rufinus*, Panderborn, 1902, pp. 440 s.

891 R. Arnau, *Tratado general de los Sacramentos,* Madrid, 2007, p. 275.

en una doble unión corporal y sacramental, la primera sería disoluble y la segunda indisoluble, pero la indisolubilidad, en este caso, sería motivada por el *consensus.*

Huguccio es, quizás, el decretista más ilustre de su época, ya que hace una glosa literal de la obra de Graciano, aunque siendo dependiente doctrinalmente de Pedro Lombardo. La particularidad de este autor radica en que utiliza el material que encuentra en el Decretum para crear su doctrina personal en su obra *Summa super decretum*. Su postura en cuanto a la significación de la consumación como conformadora del matrimonio es que *«si ergo inter aliquos interveniat desposatio de presenti, statim est matrimonium inter eos perfectum et integrum, nec potest solvi nisi morte vel transitu ad religionum»*[892], lo que quiere decir que rechaza la distinción entre matrimonio iniciado y consumado, ya que no acepta la idea de que la existencia del matrimonio dependa de intervalos de tiempo tasados. El matrimonio del Paraíso era pleno y consumado aun antes de que hubiese unión carnal, aunque ésta añada mayor plenitud al sacramento. Sin embargo, ésta no añade nada esencial al mismo, solamente le aporta una significación nueva, que es la unión de Cristo con la Iglesia. Por lo tanto, la significación en el pensamiento de Huguccio radica en el matrimonio mismo:

> *Nec enim matrimonium significat illa duo esse in conjugalis, sed simpliciter significat ea, sive ea sint in gonjugalis, sive non. Qualiter enim conjunctio Christi et Ecclesiae quae facta est in utero virginia, est, vel ese potest in his conjugatis?*[893].

El significado de estas palabras, más allá de la literalidad, es que, aunque el matrimonio está constituido esencialmente por dos vínculos, por la significación se integran en un solo sacramento; no tiene nada que ver con las voluntades de los cónyuges, sino que el matrimonio viene significado por lo que es *in se,* lo que supondría una cuestión que afectaría a la esencia misma del matrimonio, que vendría adornada por esa suma de voluntades. En cuanto a la indisolubilidad, Huguccio corrige un error de Graciano que es identificar el *bonum sacramenti* con el *sacramentum conjugii;* el primero es diferente del matrimonio mismo (que sería el segundo) y equivale a la indisolubilidad, y por lo tanto todo matrimonio, como sacramento, es indisoluble. Distingue, también, que la indisolubilidad es relativa en caso de matrimonio rato, pero solamente por una causa, que es la de que uno de los cónyuges quiera entrar en Religión, ya que este matrimonio significa la unión del alma con Dios; podría ser disoluble el matrimonio consumado en caso de que en un matrimonio mixto la persona no cristiana injuriase la fe católica.

---

892 J. Román, «Edición a la Summa super decretum de Huguccio», en *Nouvelle revue histirique de Droit français et étranger*, 27, 1900, p. 746.

893 *Ibid.* pp. 764 s.

En el año 1234, S. Raimundo de Peñafort redacta una colección de decretales y cánones por orden de Gregorio IX para que fuesen de uso general de toda la Iglesia, razón por la cual se gana el patronazgo de los juristas. En tema matrimonial no aportan demasiado al tema de la significación sacramental, que es la cuestión que ocupa a este estudio en este momento. Sin embargo, el gran valor de estas decretales radica en que recoge toda la doctrina anterior en tema canónico, mucha de ella no recogida por Graciano, haciendo así posible la pretensión del pontífice de que las normas canónicas contenidas en sus Decretales tengan carácter universal. En definitiva, y resumiendo la doctrina recogida en las decretales, se podría afirmar que se establece oficialmente que el matrimonio adquiere su validez con el consentimiento y la consumación carnal, por lo que quien no lo consumase podría disolverlo, ya que se trataba de un matrimonio que todavía no había alcanzado el estado de perfección.

Una de las novedades que sí pueden llamar la atención en materia matrimonial, aunque solamente afecten de manera tangencial al tema de la significación sacramental, es el tema de los impedimentos que afectarían a la validez del matrimonio y que, por lo tanto, harían posible que éste se disolviese por declararse nulo. La recopilación de los impedimentos la comienza Hincmaro de Reims en el siglo IX, pero aparecen como norma general de la Iglesia en las Decretales de Gregorio IX. Los impedimentos serían los siguientes: la celebración de matrimonios clandestinos que, aunque no afectaban a la validez del sacramento, sí lo hacían a la licitud, ya que de ellos podían surgir problemas como la bigamia, por lo que son sancionados gravemente por la Iglesia; los matrimonios mixtos llevan consigo la excomunión, ya decretada por los concilios de Elvira y de Reims; el incesto lleva consigo la nota de *repugnantia*, por lo que se prohíbe el matrimonio entre personas consanguíneas hasta el 7.º grado, reduciéndolo el Concilio de IV Letrán al 4.º; también es motivo de invalidez la *affinitas superveniens*, consistente en desposarse con alguien que haya tenido relaciones sexuales previamente con alguno de los cónyuges[894]; el rapto, extendido entre los germanos como nota de virilidad, era considerado como impedimento canónico al matrimonio, ya que conllevaba la falta de libertad por parte de la mujer; la imputación de un crimen, es decir, el matar al marido para después casarse con la viuda invalidaba el matrimonio, así como la minoría de edad núbil o la impotencia —por no poder consumar el matrimonio— y, finalmente, los votos o la promesa de celibato sacerdotal, que según el Concilio II de Letrán, en su canon VII,

894 *Praedecesorum Nostrorum inhaerendo vestigios, clandestina coniugia penitus inhibemus; prohinbentes etiam, n equis sacerdos talibus interesse praesumat. Quaere specialem quorumdam locorum consuetudinem ad alia generaliter prorogando statuimus, ut, cum matrimonia fuerint contrahenda, in ecclesiis per presbíteros publice proponantur, competente termino praefinito, ut infra illum, qui voluerit et valuerit, legitimum impedimentum opponat. Et ipsi presbyteri nihilominus investigent, utrum aliquod impedimentum obsistat* (Gregorio IX, *Decretales,* 1, IV, III, c.3 en DH, 817, p. 362).

afirmaba que los clérigos que mantuviesen relaciones sexuales, ya fueran obispos, presbíteros o diáconos, canónigos regulares o monjes, debían ser separados de las mujeres con las que conviviesen, ya que se trataría de uniones con mujeres en contra del parecer de la Iglesia y, por lo tanto, no llegaría a existir nunca el matrimonio, ya que sería inválido[895].

Se puede concluir, pues, que la doctrina decretista deja como herencia dos visiones acerca de la significación del matrimonio. Por un lado, están los defensores de la idea de que la validez del matrimonio radica en la unión carnal entre los cónyuges, por lo que la esposa, antes de ella no sería *uxor*. Así mismo, no sería considerada viuda en caso de morir la persona con la que no se ha consumado, y tampoco se podría acusar de bigamia a quien se casase en segundas nupcias sin haber consumado su primer matrimonio; esta corriente diferencia entre matrimonio rato y consumado, y el *consensus* es un requisito previo a la consumación, que es la base de la indisolubilidad del vínculo.

La otra corriente encuentra la significación del matrimonio como sacramento en el *consensus*, aunque para todos los autores, excepto Huguccio, la indisolubilidad radique igualmente en el *conjugium*. De igual modo, no sería posible concluir este apartado sin afirmar rotundamente que la gran labor tanto de Graciano como de Alejandro III supusieron un problema para los autores posteriores, ya que al plantear el matrimonio como una realidad que se constituye en un único momento de manera unitaria y completa, dejaron en manos de los teólogos y canonistas posteriores la acentuación del carácter exclusivamente consensual del matrimonio, llegándose incluso a afirmar que la significación sacramental se da, toda ella, en el consentimiento[896].

---

895 *Ad haec praedecessorum nostrorum Gregorii vii Urbani et Paschalis Romanorum pontificum vestigiis inhaerentes praecipimus ut nullus missas eorum audiat quos uxores vel concubinas habere cognoverit. Ut autem lex continentiae et deo placens munditia in ecclesiasticis personis et sacris ordinibus dilatetur statuimus quatenus episcopi presbyteri diaconi subdiaconi regulares canonici et monachi atque conversi professi qui sanctum transgredientes propositum uxores sibi copulare praesumpserint separentur. Huiusmodi namque copulationem quam contra ecclesiasticam regulam constat esse contractam matrimonium non esse censemus. Qui etiam ab separati pro tantis excessibus condignam poenitentiam agant* (Concilio II Lateranense, c. VII).

896 N. Álvarez de las Asturias, «La formación del vínculo matrimonial de Graciano a Alejandro III: ¿tan sólo una cuestión histórica?», *Ius Canonicum*, 53, 2013, 545 s.

13

LAS OBJECIONES A LA SACRAMENTALIDAD DEL MATRIMONIO EN LUTERO

Quedaría incompleto este estudio si se pretendiese acercar al pensamiento del Concilio de Trento sin tener en cuenta la Reforma Protestante. Aunque no es el momento de analizar las causas que provocan el cisma protestante, sí que conviene señalar que, como es bien sabido, surge como una reacción al abandono de la Iglesia en la observancia de sus costumbres, dejando de lado aspectos tan importantes como, por ejemplo, el estudio en profundidad de las Sagradas Escrituras. Aunque la figura que pasa a la historia como iniciador de la mal llamada Reforma Protestante es Martín Lutero, conviene recordar que esta reforma nace del pensamiento de Erasmo de Rotterdam quien, a pesar de no haber sido declarado hereje, desprecia la celebración de la misa y aboga por una vuelta al cristianismo primitivo[897]. Sin embargo, la persona que hará reaccionar a la Iglesia romana por sus posiciones abiertamente declaradas en contra de la doctrina de Ésta será Martín Lutero. En el tema que a este estudio atañe, niega la sacramentalidad del matrimonio, ya que su visión de los sacramentos dista mucho de la de la Iglesia en ese momento, así como en el actual, aceptando únicamente dos sacramentos: el bautismo y la eucaristía[898]. Conviene recordar que, como bien señala Nicolás Álvarez de las Asturias, las objeciones interpuestas por Lutero al matrimonio católico vienen dadas por haber dejado la Iglesia una serie de nudos irresueltos en doctrina matrimonial, como son, entre otros, el ministro y la relación entre el contrato y la sacramentalidad del matrimonio dejando, por lo tanto, la puerta abierta a posiciones contrarias a una realidad que, concretamente,

897 M. Ballesteros, J. L. Alborg, *Historia Universal desde el siglo XIII,* Madrid, 1970, pp. 171 ss.

898 M. Eliade, *Historia de las creencias y de las ideas religiosas III,* Barcelona, 2005 pp. 305 s.

dejaba cuestiones abiertas a muy diferentes interpretaciones[899]. La sacramentalidad del matrimonio viene, pues, negada desde varios aspectos, pero es necesario aclarar qué es lo que Lutero entiende como sacramento, aunque sea de forma muy sencilla, para poder analizar el caso del matrimonio en particular. En primer lugar, cabe decir que, para Lutero, el sacramento es una acción instituida por Cristo y que la Iglesia no tiene capacidad para instituirlo en segundo lugar, el sacramento debe llevar anejo el perdón de los pecados; en tercer lugar, los sacramentos se instituyen para alimentar la fe, ya que es necesaria para entenderlos y, a la vez, indispensable para recibirlos; en cuarto lugar, niega que el sacramento cause la gracia; y, finalmente, niega el carácter indeleble de los mismos y, por lo tanto, el carácter sacramental tal y como es entendido por la Iglesia Católica[900]. Así mismo, niega la potestad pontificia para regular el tema matrimonial, ya que considera las leyes pontificias como disposiciones tiránicas que oprimen los derechos de los cristianos, en contra de la libertad absoluta que Dios, ya desde el momento de la Creación, da a sus hijos[901].

Concretando en el caso del matrimonio, hay que aclarar que niega su sacramentalidad por no aparecer su institución en las Sagradas Escrituras, niega su indisolubilidad y, además, rechaza la autoridad de la Iglesia en materia matrimonial[902]. Es necesario acercarse a su obra *La cautividad babilónica de la Iglesia* para poder entender cuál es exactamente su pensamiento acerca del matrimonio; es, además, muy útil el hacer hincapié en cuál es el pensamiento que se puede extraer de Lutero en cuanto al matrimonio ya que, la conclusión de este trabajo, que será la definición de matrimonio en el Concilio de Trento, es en gran parte una respuesta a los errores surgidos de la Reforma Protestante.

Comienza su exposición afirmando que el matrimonio es una institución de Derecho natural, por lo que es absurdo afirmar que pueda ser sacramento, ya que el ser humano, sea cual sea su religión y sea cual sea su cultura contrae matrimonio y, sin la fe —condición indispensable para la sacramentalidad— no tiene sentido que se considere el matrimonio como tal, máxime teniendo en cuenta que no existe distinción substancial entre el matrimonio cristiano y el pagano[903]. Su posicionamiento es claro: el sacramento es una promesa de

---

899 N. Álvarez de las Asturias, *«Il matrimonio, "realtá mondana": la perdita della sacramentalità creaturale in Lutero e la risposta católica»*, en A. Diriart, G. Mirjana, *Il matrimonio, cardine dell'economia sacramentaria*, Siena, 2017, pp. 59-62.

900 *Cf.* R. Arnau, *Tratado general de los sacramentos, op. cit.*, pp. 129-149.

901 *Cf.* L. Bresan, *La indisolubilidad del matrimonio en Trento, en El vínculo matrimonial. ¿Divorcio o indisolubilidad?, op. cit.*, p. 220.

902 G. Flórez, *Matrimonio y famila, op. cit.*, pp. 168 y 200.

903 Los matrimonios de los Padres no eran menos santos que los nuestros. Los de los infieles son tan verdaderos como los de los fieles. Sin embargo, ellos no lo consideran sacramento. Agréguese a esto que entre los fieles hay también cónyuges impíos, peores que

gracia que se espera obtener, pero no encuentran en el NT ninguna cita que les permita admitir esa promesa de gracia unida al matrimonio[904]. Así mismo, y refiriéndose a la razón escriturística por los que la Iglesia asume que el matrimonio es concebido ya como sacramento en los orígenes mismos del cristianismo, al hacer referencia al capítulo 5 de la carta a los Efesios, en el que S. Pablo utiliza el término griego *mysterion*, y que la vulgata traduce como *sacramentum*, afirma que dicha traducción es sesgada e interesada[905]. Apuesta por una traducción de la palabra *mysterion* en la que el significado sería algo sagrado, secreto y escondido, esto es, misterio en el más amplio sentido de la palabra. Afirma, por lo tanto, que el matrimonio es un misterio que simboliza a la Iglesia, pero eso no significa que sea un sacramento: «los cielos son figuras de los apóstoles [...], el sol es figura de Cristo; las aguas de los pueblos. Empero por ello no son sacramentos»[906]. Su principal postura se basa en que el matrimonio no ha sido instituido por Cristo, y que es una invención de la Iglesia. Con esta proposición está siendo coherente con su pensamiento ya que, como ya ha quedado dicho, para que algo sea considerado sacramento en la teología luterana, es necesario que aparezca instituida como tal por Cristo en las Sagradas Escrituras. En esto, Lutero es tajante, solamente considera a aquellos que aparezcan perfectamente definidos en los Evangelios, siendo explícitas en ellos la institución por parte de Jesucristo tanto de su materia como de su forma[907].

Es curioso darse cuenta, al avanzar en el estudio de la obra de Lutero, que, en un principio, considera que el matrimonio es algo instituido divinamente, es decir, que proviene de la voluntad de Dios, aunque no se le pueda llamar sacramento, pues no sirve ni para perdonar los pecados ni para adquirir la gracia. Aceptado esto, considera aberrante la capacidad de las leyes huma-

infieles cualesquiera. ¿Por qué sostener entonces que entre los primeros hay sacramento y entre los gentiles no? (M. Lutero, *La cautividad babilónica de la Iglesia*, en B. Reskó, H. J. Held (eds.), *Obras de Martín Lutero. Tomo I,* Buenos Aires, 1967, p. 282).

904 F. Aznar Gil, Derecho Matrimonial Canónico. Vol. I: Cánones 1055-1094, Salamanca, 2007, p. 73.

905 El término *mysterion* es el antecedente, en la teología bíblica y patrística del término *sacramentum*, que se adoptará, muy tardíamente, en la Edad Media, con el significado que se le atribuye en la actualidad. La concepción del sacramento en los primeros siglos del cristianismo va sufriendo una evolución, y parte de la noción de *mysterion* como algo sagrado, algo relacionado con lo que Dios tiene reservado al ser humano pero que forma parte de lo divino y que no puede llegar a ser conocido exactamente por el ser humano, hasta llegar a ser el término que se conoce hoy en día, gracias a la aportación de S. Agustín de Hipona y al desarrollo posterior del pensamiento escolástico (*Cf.* R. Arnau, *Tratado general de los sacramentos, op. cit.*, pp. 35-80; P. J. Rosato, *Teología de los sacramentos,* Navarra, 1994, pp. 20-28; G. Aboín Martín, *Introducción a los saramentos,* Madrid, 2015, pp. 11-62).

906 M. Lutero, *La cautividad babilónica de la Iglesia, op. cit.*, p. 284.

907 L. Amado Vanegas, «Aproximación a la Sacramentología luterana», *Theologica Xaveriana*, 63, 1982, p. 151.

nas para manosear algo tan importante como es el matrimonio: «horroriza fijarse en la temeridad de los tiranos romanos que de esta manera dirimen matrimonios a su antojo y los unen de nuevo»[908]. Su posición, por lo tanto, con respecto al divorcio, es muy dura en un primer momento, y llega a acusar a Roma de concederlo en casos que van más allá de la fornicación de la que habla la excepción mateana, tratada ya en este estudio: «por eso necesariamente yerra el Papa cuantas veces autoriza el divorcio por otras causas»[909]. Llama, pues, la atención, ver que las causas que Lutero admite para poder divorciarse son la impotencia o incapacidad para procrear, el adulterio o fornicación, así como el matrimonio de un cristiano con una parte infiel[910].

Esta postura del matrimonio y del divorcio por parte de Lutero, se extiende por el pensamiento protestante hasta el día de hoy. Al negar la sacramentalidad matrimonial y, aun a pesar de considerarla como una institución de Derecho natural, sí que lo tienen en cuenta dentro de la moral propia de las iglesias reformadas, pero solamente en tanto en cuanto hace referencia a la vida social, política y económica de la comunidad, pero es importante señalar que pertenece al orden de la naturaleza, es decir, su origen está en Dios, pero no pertenece al orden de la gracia[911]. A pesar de todo ello, su postura acerca del matrimonio es positiva, tanto que, aun considerándose Lutero admirador del celibato, niega la posibilidad de que el ser humano se mantenga célibe basándose en que los apóstoles estaban casados y que, si la carne es débil, hay que dar a los sacerdotes medios para que no pequen contra la carne, recuperando el ya trasnochado principio del matrimonio como *remedium concupistentiae*.

El matrimonio en el ámbito protestante es, pues, una cuestión de importancia, que responde al orden creacional de Dios pero que, al no ser sacramental, no pertenece al orden salvífico. El cristiano podrá vivir su matrimonio santamente, bajo la perspectiva de su fe, y esto es lo que deberá hacer, pero no es un medio dado por Dios a la humanidad para transmitir su gracia. En consecuencia, ante esta situación, no hay problemas para el divorcio ya que, como se ha venido estudiando, la indisolubilidad del vínculo, que la Iglesia Católica asumirá como propio de su doctrina, responde a la sacramentalidad del mismo, lo que no sucede en las iglesias reformadas.

---

908 M. Lutero, *La cautividad babilónica de la Iglesia*, *op. cit.*, p. 286.

909 *Ibid.*, p. 294.

910 Porque Cristo concede el divorcio por causa de fornicación y no obliga a nadie a vivir célibe. Y Pablo prefiere que nos casemos antes que nos quememos. Así parece admitir previamente que uno se case con otra en substitución de la repudiada [...] El apóstol concede que se repudie al infiel que se aparta y da al fiel la libertad de tomar otro (*Ibid.*).

911 *Cf.* J. L. Larrabe Orbegozo, «El matrimonio, realidad natural — vocación cristiana. En el protestantismo de ayer y de hoy», *Revista española de Derecho canónico,* 29, 82, 1973, pp. 188 s.

Esta concepción del matrimonio y del divorcio tendrá su repercusión en los diferentes códigos legales de las naciones en las que se establecerá la Reforma Protestante, mientras que en los de tradición católica el panorama legal será uno muy diverso, derivado, como se verá en el capítulo siguiente, de las conclusiones del Concilio de Trento.

No deja de ser curioso que a día de hoy haya una fuerte división en el tema de la posibilidad de unas segundas nupcias tras el divorcio en el tan diverso mundo protestante. Así, algunos de sus líderes considerarán la permisión del divorcio y de las segundas nupcias como el caballo de Troya que se ha introducido en las iglesias reformadas, haciendo hincapié que dicha práctica no se debe a las palabras de Lutero sino a las de Erasmo de Rotterdam[912]. Así mismo, dentro de la iglesia anglicana, que nace como fruto de la voluntad de un monarca de poder divorciarse y poder volver a contraer matrimonio, la norma ha sido, a lo largo de la historia, paradójicamente restrictiva, siguiendo el modelo católico hasta el año 2022, en que el que el sínodo de las iglesias anglicanas decidió permitir el nuevo matrimonio tras el divorcio, cambiando, consecuentemente, su código de Derecho canónico a este respecto[913].

912 *Cf.* J. A. Webb y P. L. Webb, *Divorcio y nuevo casamiento: El caballo de Troya dentro de la iglesia ¿A quién hemos de creer?*, Longwood, 1996, pp. 39-50.

913 *The Principles of Canon Law Common to the Churches of the Anglican Communion*, Principle 75.

14

EL MATRIMONIO EN EL CONCILIO DE TRENTO

Entre el Decreto de Graciano y el Concilio de Trento existe una elaboración, tanto teológica como canónica que no sería ni sencillo ni útil analizar en este estudio. Algo se ha apuntado de lo teológico para aportar algo de luz a la significación sacramental, en contraposición a la, en principio, simplicidad canónica derivada del *Decretum.* Sin embargo, existen unas valiosas fuentes canónicas denominadas Decretales, que van creando jurisprudencia acerca del matrimonio y que, a partir del primer milenio, comienzan a conjugar las doctrinas de las escuelas de París y Bolonia, ya estudiadas[914].

Habrá que esperar hasta el siglo XVI para que la Iglesia, de forma magisterialmente solemne y definitiva, se pronuncie acerca de la sacramentalidad y de la indisolubilidad del matrimonio. Aunque, como se ha podido observar a lo largo de las páginas de este trabajo, no es una doctrina nueva para la Iglesia, sí que lo es su definición como sacramento y su carácter indisoluble de manera oficial. Como bien señala Artadi, Trento tiene una doble tarea por delante en cuanto a temática matrimonial, acabar con los matrimonios clandestinos y fijar, de una vez por todas, la doctrina acerca de la sacramentalidad del matrimonio[915], siendo la primera una tarea harto complicada, máxime teniendo en cuenta que los concilios posteriores, hasta entrado el siglo XX, siguen legislando acerca de los matrimonios

---

914 El denominado *Corpus Iuris Canonici,* formado por el Decreto de Graciano, las Decretales de Gregorio IX y de Bonifacio VIII, así como las Clementinas y las Extravagantes es el primer intento de sistematización de un Derecho eclesiástico que se lleva a cabo entre los siglos XII y XV. Se trata de respuestas pontificas a dudas concretas que, una vez sistematizadas, van creando un cuerpo de Derecho, más amplio todavía que los Decretos, que forman parte de este *Corpus* (J. Rodríguez Díez, «Invitación a una traducción española del *corpus iris canonici*», *Anuario Jurídico y Económico Escurialense,* XL, 2007, pp. 323-350; D. Cenalmor, J. Miras, *El Derecho de la Iglesia, Navarra,* 2005, pp. 73-74; J. Sánchez-Arcilla Bernal, *Historia del Derecho español,* Barcelona, 2005, pp. 185-187).

915 J. M. Artadi, *historia y teología del sacramento del matrimonio*, Madrid, 1987, pp. 26 s.

clandestinos, síntoma de que fue un problema de difícil resolución durante siglos[916]. Si bien es cierto que la labor de Trento es de especial relevancia en tanto en cuanto es quien define de forma definitiva la sacramentalidad y la indisolubilidad del vínculo matrimonial, no lo es menos que, tal y como afirma Huizing, existe una tendencia bastante generalizada a pensar que Trento define el matrimonio como sacramento indisoluble y ahí finaliza el desarrollo teológico de la cuestión; sin embargo, es necesario afirmar, con el autor, que las definiciones de Trento tienen un alcance muy rudimentario, ya que su intención es la de salir al paso al ataque de la Reforma y, al mismo tiempo, tanto la doctrina como la praxis eclesiástica en materia matrimonial va evolucionando a través de los siglos hasta llegar a día de hoy[917]. Así, pues, el concilio deberá afrontar cuatro principios para poder definir el matrimonio católico que todavía hoy se conoce: indisoluble, sacramental, público y con autoridad eclesiástica sobre él.

Sin duda alguna y, como sostienen todos los historiadores, dado el carácter de respuesta a la Reforma Protestante, en tema matrimonial, el concilio viene respaldado por las estructuras intelectuales católicas de la época, más concretamente las universidades de París y de Lovaina, que defienden la autoridad papal en esta materia, así como elaborando, ésta última, dos artículos que reafirmaban la posición católica, ya asumida en esta época, acerca de la indisolubilidad del vínculo matrimonial, siendo tenidos en cuenta estos estudios en las discusiones conciliares y en la elaboración de los cánones correspondientes[918]. No sería prudente perder de vista un dato por todos conocido, pero no por ello menos importante: la dimensión política existente detrás de este gran sínodo, gestado en la mente del emperador Carlos V y continuado por su hijo, el rey Felipe II. No solamente se encontraba en jaque la doctrina de la Iglesia, sino que el cisma protestante suponía una especial fractura de Europa, y de ello eran bien conocedores los monarcas de la época. Aunque en la mente del emperador estaba la participación de líderes protestantes en el concilio, su pretensión fue en vano, ya que éstos no se presentaron, a pesar de haber confirmado su asistencia, pero, aun así, supuso el gran punto de inflexión en la reforma de la Iglesia y, a su vez, jugó un papel

916 Prueba de ello es la publicación del decreto *Ne temere* en el año 1907 por S. Pío X, regulando los matrimonios llamados extraordinarios, celebrados ante la imposibilidad de presencia eclesiástica o de testigos. Aunque no se trataría propiamente de matrimonios clandestinos, seguiría en la preocupación de la Iglesia por ellos, signo de que todavía existían universalizando el citado decreto la obligación de la forma y la necesidad de la presencia activa el presbítero como testigo por parte de la Iglesia (*Cf.* S. Acuña, «La forma del matrimonio canónico hasta el decreto "ne temere"», *Ius canonicum*, 13, 25, 1973, pp. 189 s).

917 *Cf.* P. Huizing, «la disolución del matrimonio desde el Concilio de Trento», en R. Metz, J. Schlick, *Matrimonio y divorcio, op. cit.*, p. 135.

918 L. Bressan, *La indisolubilidad del matrimonio en Trento, op. cit.*, p. 222.

definitivo en la configuración de la Europa actual. Tal fue su trascendencia que hay quien afirma, con verdad, que «fue el de más trascendencia práctica en la historia de los dos milenios de catolicismo»[919].

Es interesante añadir, antes de comenzar con el estudio de las características del matrimonio que Trento abordará, que la cuestión matrimonial estaba revestida de una especial importancia, ya que su legislación era una aportación objetiva a la sociedad: a través del control sobre el matrimonio y la legislación sobre éste, se mantenía el orden social, se fomentaba la natalidad dentro de estructuras sólidas y estables, y se evitaban los conflictos familiares causados por los divorcios, sobre todo de tipo patrimonial, entre otras muchas aportaciones[920]. No sería prudente obviar el hecho de que, además de lo dicho, el Derecho romano sigue presente en el ámbito jurídico europeo —en ningún momento dejó de estarlo— y Trento no va a ser una excepción[921], por lo que la herencia romana con respecto a la doctrina matrimonial influirá tanto en la definición del matrimonio como en muchos de los aspectos relativos a su esencia.

Es interesante recordar, aunque sea de forma muy concisa, los avatares históricos por los que pasa el Concilio de Trento, por ser de cierto interés para el tema matrimonial[922]. Lo primero que llama la atención es que se desarrolla a lo largo de dieciocho años en veinticinco sesiones discontinuas, siendo convocado por Pablo III y clausurado por Pío IV, contando con la intervención, entre ambos, de Julio III, dos pontífices más durante este período, Marcelo II y Pablo IV, que no llegaron a convocar ninguna sesión conciliar, el primero por la brevedad de su pontificado y el segundo por su convencimiento de centralizar el gobierno y las reformas de la Iglesia en su persona. La situación sociopolítica de la época, así como los conflictos internos del propio sínodo, no hicieron posible un concilio más condensado en el tiempo, y tuvo que vivir varias convocatorias sinodales e, incluso, un cambio de sede.

En lo que respecta a la cuestión matrimonial, es uno de los primeros temas que pretende tratar el concilio, siendo así que las primeras comisiones para el estudio del tema se desarrollan ya en la primera convocatoria, pero, todas las situaciones descritas hicieron que fuera necesario postponer las discusiones definitivas y, por lo tanto, llegar a las conclusiones que se tratarán, hasta la sesión vigesimocuarta, celebrada en el año 1963.

919 A. Rey-Stolle Pedrosa, *Los concilios ecuménicos. Veinte siglos de historia*, Barcelona, 1959, p. 186.

920 M. Ghirardi, A. Irigoyen López, «El matrimonio, el Concilio de Trento e Hispanoamérica», *Revista de Indias,* XLIX, 246, 2019, pp. 245 s.

921 *Cf.* A. Fernández de Buján, «La recepción de Derecho romano en Europa», *El Cronista del Estado Social y Democrático de Derecho*, 41, 2014, pp. 4-13.

922 G. Alberigo, *Historia de los Concilios ecuménicos*, Salamanca, 1993, pp. 287-292.

14.1. La indisolubilidad

El Concilio de Trento legisló de manera bastante precisa, en la temática en la que le fue posible, y ofreció nueva doctrina acerca del matrimonio en la sesión XXIV, reunida a partir del 11 de noviembre de 1563[923]. En dicha sesión se analizan los errores luteranos y se proponen los cánones que fijan de forma clara la doctrina de la Iglesia en lo referente al sacramento del matrimonio. Hay un texto introductorio en el que se intenta resumir de forma positiva lo que la Iglesia piensa sobre dicha institución. Dicho texto pretende dar a entender que la indisolubilidad del matrimonio radica en la creación del hombre y la mujer, que la gracia perfecciona el amor natural de los cónyuges y confirma la indisolubilidad, que Cristo instituyó los sacramentos para derramar la gracia sobre el Mundo y que el matrimonio es uno de estos siete sacramentos[924]. Este texto propone de manera positiva la doctrina matrimonial que aborda el concilio y que después se concretará en los cánones pertinentes.

Centrando el tema de la indisolubilidad, el concilio pretende legislar acerca de él a través de unos cánones precisos. Pero hay quien afirma, ya que la praxis eclesiástica no era precisamente homogénea hasta el momento, que realmente la indisolubilidad matrimonial era una cuestión disciplinar, pero que no afectaba a la doctrina ya que el concilio asume que la indisolubilidad matrimonial absoluta es aplicable al rito latino, pero no a los ritos orientales, como todavía sucede hoy en día[925]. Sin embargo, como bien señala Nicolás Álvarez de las Asturias, no cabe duda alguna que el contenido del canon acerca de la indisolubilidad es doctrinal, ya que parte de la sacramentalidad del matrimonio y, además, anatematiza quien niegue la inenarrancia de la Iglesia al afirmar la indisolubilidad del vínculo[926]. Abundando en esta idea, conviene recordar que, en los debates conciliares, aunque no había objeciones a afirmar la indisolubilidad del matrimonio como principio general, el inciso mateano suponía un problema serio, y algunos de los padres conciliares así lo manifestaron ya que, además de la praxis oriental, se corría el riesgo de anatematizar el pensamiento de varios Padres de la Iglesia, así

923 El tema matrimonial había sido ya tratado en la primera fase del Concilio en Bolonia, ya que era un tema especialmente candente y que causaba notable preocupación a los padres conciliares; sin embargo, lo que llega comúnmente a la actualidad son los cánones que emana el concilio, promulgados, efectivamente en el año 1563 (*Cf.* N. Álvarez de las Asturias, «El Concilio de Trento y la indisolubilidad del matrimonio: reflexiones hermenéuticas acerca del alcance de su doctrina», *Revista española de teología*, 75, 2015, p. 18).

924 *Cf.* M. Claret, *El matrimonio, comunidad de vida y amor*, Barcelona, 2010, p. 132.

925 *Cf.* G. Casanova, «La indisolubilidad del matrimonio: don y promesa de salvación», *Cuadernos de pensamiento,* 27, 2014, p. 51.

926 N. Álvarez de las Asturias, «El Concilio de Trento y la indisolubilidad del matrimonio: reflexiones hermenéuticas acerca del alcance de su doctrina», *op. cit.*, pp. 20 s.

como de concilios del primer milenio, como ya se ha visto a lo largo de este estudio. Detrás de todo ello estaba en juego la paz de la Iglesia, ya que los representantes venecianos del sínodo, donde había una importante colonia griega, consiguieron arrastrar la mitad de los votos con una propuesta de canon en el que realmente no se defendía la indisolubilidad, sino la autoridad de la Iglesia para afirmar que el adulterio no disuelve el matrimonio, ya que temían una escisión con estos cristianos de rito oriental, lo que provocaría la ruptura de una hegemonía que había durado siglos, no solo a nivel eclesiástico sino también a nivel político, con las consecuencias económicas derivadas de ello[927]. Sea como fuere, está claro que Trento afirma que el matrimonio es un nexo perpetuo e indisoluble, en el que dos personas, al sumar sus voluntades, forman una única carne, y que esta indisolubilidad viene dada por su carácter sacramental que, supone, evidentemente, su institución por parte de Jesucristo[928]. El tema de la indisolubilidad, realmente, no debería presentar mayores problemas, ya que Lutero, como ha quedado dicho, niega la potestad eclesiástica para disolver matrimonios porque también él considera que el ser humano no tiene esa capacidad. Sin embargo, la excepción mateana estudiada en el apartado neotestamentario y la traducción del término *πορνεια* hacen que haya una clara diferencia entre el pensamiento protestante y el católico. Los protestantes permitirán la disolución del matrimonio y las consiguientes segundas nupcias en caso de adulterio, mientras que Trento negará esta posibilidad. La comisión reunida con el fin de analizar el divorcio por adulterio da respuesta a dos preguntas concretas con el fin de elaborar el canon correspondiente: si el adulterio disuelve el matrimonio y si, realmente, siguiendo los datos de los evangelios, se podría o no hablar de adulterio en caso de un segundo matrimonio. A la primera pregunta, se responde negativamente con unanimidad de la comisión, mientras que hay reticencias a dar una respuesta contundente a la segunda, apoyándose, fundamentalmente, en la Tradición eclesiástica, no homogénea en esta materia[929]. Como se puede observar, el intento del tridentino es no dejar ningún resquicio de duda acerca de la indisolubilidad teórica del vínculo, amén de analizar todos los posibles casos que pudieran suscitar controversia. Las sesiones definitivas del año 1563, después de las discusiones de los grupos de teólogos, enconadas y opuestas en muchos de los casos, desembocan claramente en tres posturas muy definidas según su procedencia: españoles, italianos y franceses, lo que supuso realmente un trabajo laborioso de

927 L. Bressan, *La indisolubilidad del matrimonio en Trento, op. cit.*, p. 251.

928 *Cf.* J. Rodríguez Díez, «Indisolubilidad y divorcio en la historia del matrimonio cristiano y canónico. ¿Indisolubilidad extrínseca relativa de futuro?», *Anuario jurídico y económico escurialense,* XXXIX, 2006, p. 185.

929 *Cf.* L. Bressan, *Il canone tridentino sul divorzio per adulterio e l'interpretazione degli autori*, Roma, 1973, pp. 111-120.

intentar conjugar las diferencias dogmáticas y disciplinarias[930]. Finalmente, se lleva a discusión un canon en el que se anatematice a aquel que manifestare que el adulterio puede disolver el matrimonio, así como quien afirmase que un segundo matrimonio tras una separación por adulterio ya sea de la parte culpable o la inocente, disolvería de facto el primero[931]. Esta propuesta, finalmente, no alcanzó la aceptación deseada, como ya ha quedado dicho, y provocó entre los Padres numerosas discusiones, por lo que el concilio se vio en la tesitura de tener que desistir al dirimir esta cuestión a través de uno o dos cánones, cual era su intención, debiendo dejarse la resolución de este tema para varios cánones y para el Decreto Tametsi que, aunque trata de los matrimonios clandestinos, afronta también el tema de la indisolubilidad de manera insistente. La razón no es otra que el principal problema de la no publicidad del matrimonio era, precisamente, el de las segundas nupcias y la bigamia[932]. Aunque la respuesta lógica de un concilio para zanjar este asunto sería el anatemizar a aquellos que afirmasen que se pueden contraer segundas nupcias tras el adulterio, la cuestión no se presentaba tan sencilla, ya que supondría, muy probablemente, una tirantez más que significativa con las iglesias orientales, y el riesgo de que amenazasen, también ellas, con un cisma, era más que probable, no siendo una perspectiva positiva para la Iglesia que, en ese preciso momento ve como se tambalea toda la institución por la revolución provocada por los reformadores[933]. No solamente suponen un problema, para la doctrina de la indisolubilidad, los católicos de rito oriental, sino que hay algunos teólogos y padres conciliares que no ven problema alguno en permitir las segundas nupcias tras un divorcio provocado por adulterio, *v. gr.* el cardenal Cayetano, por lo que, según Schillebeeckx, el concilio no se equivoca a la hora de establecer ese canon, pero en ningún momento hay una finalidad condenatoria para los católicos ortodoxos que están sometidos a la *auctoritas* de la Iglesia[934]. Aun así, el sínodo viene a decir con este canon que la indisolubilidad es, en palabras de Pío IX, dirigiéndose a católicos de rito oriental, una «verdad católica divinamente revelada, que todos los hijos de la Iglesia deben firmemente profesar y temer[935].

930 *Cf.* G. Gaudemet, *El matrimonio en Occidente, op. cit.*, p. 325.

931 *Si quis dixerit: propter adulterium alterius coniugium posse matrimonium dissolvi et utrique vel saltem innocenti, qui causam adulterio non dederit, licere novare coniugium neque moechari eum, qui dimissa adultera aliam duxerit, neque eam, quae dimissio adultero alii nupserit: anatema sit* («Canon presentado a los Padres conciliares para su aprobación», en L. Bressan, *Il canone tridentino sul divorzio per adulterio e l'interpretazione degli autori, op. cit.*, p. 131).

932 *Cf.* L. Bressan, *La indisolubilidad del matrimonio en Trento, op. cit.*, p. 225.

933 P. Huizing, «La disolución del matrimonio desde el Concilio de Trento», *op. cit.*, p. 136.

934 E. Schillenbeeckx, *El matrimonio realidad terrena y misterio de salvación, op. cit.*, pp. 315 s.

935 L. Bresan, «La indisolubilidad del matrimonio en el Concilio de Trento», en, T. G. Barberana, *El vínculo matrimonial, ¿divorcio o indisolubilidad?*, Madrid, 1978, p. 238.

De hecho, y en coherencia con estas razones, en la redacción del canon séptimo sobre el matrimonio[936], no se proclama directamente la indisolubilidad del matrimonio en caso de adulterio, ni siquiera reprueba a los que defienden que, tras un adulterio, el matrimonio se puede disolver, sino que la condena es sobre aquellos que afirman que la Iglesia se equivoca al afirmar que el matrimonio es indisoluble[937]. Esta proposición, que no es la que quería una mayoría significativa de la asamblea sinodal, está manifestando la potestad de la Iglesia para afirmar y sostener la indisolubilidad del matrimonio, pero en ningún momento está anatematizando a aquellos que, siguiendo diversas praxis toleradas por la Iglesia, se casan en segundas nupcias después de un divorcio; los que sí quedarían en entredicho serían aquellos que negaran la facultad de la Iglesia para proclamar la indisolubilidad del matrimonio de manera dogmática y definitiva.

En consecuencia con esto y, siguiendo el programa que tenía marcado, Trento consagra el principio de indisolubilidad del matrimonio, quedando zanjado que solamente se podrá disolver el matrimonio en caso de muerte de uno de los cónyuges pero que ninguna eventualidad sobrevenida después de contraer un matrimonio válido podría disolver el vínculo y, por consiguiente, aquella persona que, en vida del cónyuge, contrajese un segundo matrimonio, estaría cometiendo bigamia, práctica anatematizada, expresamente, por el sínodo[938].

Aun con las dificultades planteadas, el concilio es consciente de la necesidad de afirmar la indisolubilidad del matrimonio, ya que a lo largo de la historia había sido una de las disciplinas más difíciles de llevar a cabo, como muestran las disposiciones de los sínodos del primer milenio; además y, siguiendo el modelo de los emperadores cristianos, la Reforma luterana admitía motivos para el divorcio, lo que resultaba inaceptable para la Iglesia de Roma[939]. Más concretamente, conviene recordar que, aunque en el siglo XIII ya se había proclamado la indisolubilidad del matrimonio, la praxis fue perdiendo fuerza ya que, más allá de usos y costumbres, desde el Papa Inocencio III, muerto en 1216, pasan dos siglos sin que se encuentre registro alguno de documentos pontificios que, haciendo uso de su potestad como legisladores supremos de la Iglesia, concedieran la disolución del vínculo

936 *Si quis dixerit, Ecclesiae errare, cum docuit et docet, iuxta evangelicam et apostolicam doctrinam, propter adulterium alterium alterius coniugum matrimonii vilculum non posse dissolvi, et utrumque, vel etiam innocentem, qui causam adulterio non dedit, non posse, altero coniuge vivente, aliud matrimonium contrahere, moechariche eum, qui dimissa adultera aliam duxerit, et eam, quae dimissio adultero alii nupserit: anathema sit* (Concilium tridentinum, Sessio XXIV, c. 7, en DH 1807, p. 1808).

937 T. Rincón, *La cuestión del matrimonio en el Concilio de Trento, op. cit.*

938 «*Si quis dixerit, licere Christianis plures simul habere uxores, et hoc nulla lege divina ese prohibitum: anathema sit*» (Concilium tridentinum, Sessio XXIV, c. 2, en DH 1802, p. 550).

939 J. Gaudemet, *El matrimonio en occidente, op. cit.*, p. 327.

matrimonial por otro motivo que no fuera el de la entrada de uno de los cónyuges en religión. Sin embargo, a partir de esa fecha, se comienza a relajar la norma y a partir de Martín V, pontífice entre 1417 y 1431, se comienzan a dar dispensas pontificias de matrimonios ratos y consumados por muy diferentes motivos[940].

14.2. La sacramentalidad

Más concretamente, y este sí es un tema espinoso por su oposición a Lutero, es la doctrina acerca de la sacramentalidad del matrimonio, ya que, en último término, será ésta la causa que motive la indisolubilidad. Si bien la dificultad doctrinal es compleja por las objeciones protestantes, dentro del ámbito del sínodo no planteará mayor problema, ya que los sinodales no tendrán especial dificultad en aceptar la doctrina de la sacramentalidad, ya que no suponía un problema doctrinal con ninguna de las comunidades católicas representadas por los sinodales.

Ya el Concilio de Florencia, en el año 1439, había incluido el matrimonio en el elenco de los siete sacramentos de la Nueva Alianza, por lo que Trento tiene un antecedente que asienta doctrina sobre el tema[941]. La explicación aportada por el sínodo florentino acerca del porqué de su sacramentalidad y su causa eficiente sigue el esquema agustiniano de los *tria* bona. Aunque afirma la indisolubilidad del vínculo, permite la separación de los cónyuges en caso de adulterio de uno de ellos, pero no transige en las nuevas nupcias hasta la muerte de uno de los cónyuges, no apartándose así de la doctrina clásica con respecto a este tema[942]. El Concilio de Trento, por su parte, afirma que no se trata de una nueva institución del sacramento por Cristo, sino porque este matrimonio es un signo o símbolo de la unión de Cristo con su Iglesia, lo que

940 J. Sedano, «Las incertidumbres históricas sobre la potestad pontificia de disolver un mattrimonio rato y no consumado: una clave interpretativa de la formación del vínculo matrimonial», *op. cit.*, pp. 250 s.

941 *«Ecclesiaticorum sacramentorum veritatem pro ipsorum Armenorum tam praesentium quam futurorum faciliore doctrina sub hac brevissima redigimus formula. Novae Legis septem sunt sacramenta: videlicet baptismus, confirmatio, Eucharistia, paenitentia, extrema unctio, ordo et matrimonium, quae multum a sacramentis differunt Antiquae Legis. Illa enim non causabant gratiam, sed eam solum per passionem Christi dandam ese figurabant: haec vero nostra et continent gratiam, et ipsam digne suscipientibus conferunt»* (Concilium Basileense, *Exultate Deo. Bulla Unionis Armenorum,* en DH 1310, p 442).

942 *«[...] Causa efficiens matrimonii regulariter est mutuus consensus per verba de praesenti expressus. Assignatur autem triplex bonum matrimonii. Primum est proles suscipienda et educanda ad cultum Dei. Secumdum est fides, quam unus coniugium alteri servare debet. Tertium indivisibilitas matrimonii, propter hoc quod significat indivisibilem coniunctionem Christi et Ecclesiae. Quamvis autem ex causa fornicationis liceat tori separationem facere, non tamen aliud matrimonium contrahere fas est, cum matrimonii vinculum legitime contracti perpetuum sit»* (*Ibid.* 1327, pp. 447 s).

lleva aparejado una promesa de gracia para los que la contraen, encajando así perfectamente en la definición de sacramento como signo sensible que otorga la gracia[943]. Es, probablemente, a nivel doctrinal, el punto más importante del Sínodo con respecto al matrimonio ya que, de si el matrimonio es sacramento o no, esto es, instituido por Cristo y fuente de gracia, dependerá, en gran medida, que sea indisoluble, público y se derivará el hecho de que la Iglesia tenga autoridad sobre él. Precisamente, el primer canon va dedicado a la sacramentalidad y, en este caso, sí que heretiza a aquellos que nieguen que es uno de los siete sacramentos instituidos por Cristo[944].

La doctrina tridentina acerca de la sacramentalidad del matrimonio queda ya zanjada en la sesión VII, celebrada en marzo de 1547, ya que en ella se incluye al matrimonio dentro del elenco de los siete sacramentos[945], en un canon del que bebe el que, con respecto al matrimonio, se elabora en la sesión XXIV. No está de más señalar que el concilio es prudente, ya que a la hora de elaborar la doctrina de la sacramentalidad del matrimonio y expresarlo tanto en el punto doctrinal como en los cánones, afirma que es uno de los siete sacramentos instituidos por Cristo pero, a la vez, se cuida de identificar el momento en el que se produjo dicha institución, remitiendo simplemente al origen divino del mismo[946]. La exigencia de Lutero acerca de la identificación exacta de materia y forma de la institución del sacramento en las Escrituras hacía poco probable la inclusión del matrimonio en el catálogo de los sacramentos admitidos por los protestantes, y Trento era consciente de ello, por lo que aludiendo a la institución divina del mismo cerraba el asunto sin necesidad de tener que profundizar en razones escriturísticas que, por otra parte, tampoco iban a convencer a los reformadores, que ya estaban predispuestos a negar la sacramentalidad de éste y otros sacramentos.

El punto de partida de la afirmación conciliar acerca de la sacramentalidad del matrimonio parte del controvertido texto contenido en el capítulo quinto de la Carta a los Efesios, ya conocido. Como ya se ha profundizado, la Biblia

---

943 *Cf.* M. Ghirardi, A. Irigoyen López, «El matrimonio, el Concilio de Trento e Hispanoamérica», *op. cit.*, p. 244.

944 *Si quis dixerit, matrimonium non ese vere et proprie unum ex septem Legis evangelicae sacramentis, a Christo Domino institutum, sed ab hominibus in Ecclesia inventum, neque gratiam confere: anathema sit* (Concilium Tridentinum, Sessio XXIV, c. 1, en DH 1801, p. 550).

945 *Si quis dixerit, sacramenta novae Legis non fuisse omnia a Iesu Christo Domino nostro instituta, aut ese plura vel pauciora, quam septem, videlicet baptismum, confirmationem, Eucharistiam, paenitentiam, extreman unctionem, ordinem et matrimonium, aut etiam aliquod horum septem non ese vere et proprie sacramentum: anathema sit* (Concilium Tridentinum, Sessio VII, c. 1, en DH 1601, p. 505).

946 C. Peña García, *La sacramentalidad del matrimonio: evolución histórica y cuestiones abiertas*, en https://web.unican.es/campuscultural/Documents/Aula%20de%20estudios%20sobre%20religi%C3%B3n/2015-2016/CursoTeologiaSacramentalidad2015-2016.pdf

utiliza la unión esponsal como una imagen del amor de Dios por su Pueblo; en el NT se va más allá, y Pablo utiliza la imagen nupcial para predicar acerca de la relación de Cristo con la Iglesia. Es precisamente en esta imagen, donde encontrará el concilio, tras recoger los comentarios patrísticos al mismo, la fundamentación de la sacramentalidad del matrimonio: es en el matrimonio donde se actualiza la relación de Cristo con su Iglesia, derramando así la gracia sobre aquellos que reciben el sacramento. Esta posición definitiva de Trento supondrá el punto de partida de la elaboración teológica y pastoral de los siglos posteriores, pero cerrará de manera absoluta el debate acerca de la sacramentalidad matrimonial[947]. La razón escriturística, según la cual los sacramentos deben encontrar su razón de ser en la Palabra Revelada, quedaba zanjada con este paralelismo paulino, pero, como ya se ha adelantado, no es razón suficiente para los reformadores, quienes pretenden encontrar en los evangelios mismos el establecimiento, por parte de Jesucristo, de la materia y la forma del sacramento.

Crea especial dificultad en el aspecto que se estudia la relación entre el contrato y el sacramento. Ya diversos padres durante el sínodo intentaron defender la tesis de que el sacramento no es solamente el contrato, sino el sacramento con la bendición del sacerdote, por lo que se podía dar el caso de un matrimonio entre bautizados que no fuera sacramento[948]. Esta cuestión, cerrada doctrinalmente por Trento, no ha supuesto una doctrina tan segura a partir de este momento como el sínodo se esperaba ya que, al tener que conjugarse el matrimonio, de Trento en adelante, con las diferentes legislaciones nacionales y particulares, ha sido un punto que siempre ha causado controversia. La Iglesia, sin embargo, ha mantenido esta inseparabilidad entre el contrato y el sacramento, no siendo casualidad que el actual CIC dedique el segundo parágrafo del primer canon de contenido matrimonial a afirmar esta doctrina, afirmando, así mismo, que no existe un matrimonio válido entre los bautizados que no sea el sacramental[949], cuestión que genera especial dificultad en los últimos años, ya que la realidad social de Occidente ha cambiado tremendamente y el modelo familiar, así como la visión del compromiso en todos los ámbitos de la vida dista mucho del requerido por la Iglesia para poder contraer matrimonio. Esta realidad ha hecho a la Iglesia pronunciarse acerca de lo que se consideran «situaciones irregulares» entre gran cantidad de creyentes que no alcanzan a vivir las exigencias que conlleva el matrimonio sacramental, siendo especialmente significativa la celebración, en 2014, de un Sínodo extraordinario sobre la Familia y la consiguiente publicación de la Exhortación Apostólica Postsinodal *Amoris Laetitia.*

947 M. Claret, *El matrimonio, comunidad de vida y amor, op. cit.*, pp. 136-139.

948 E. F. Regatillo, *Derecho matrimonial eclesiástico*, Santander, 1965, pp. 20 s.

949 «*Quare inter baptizatos nequit matrimonialis contractus validus consistere, quin sit eo ipso sacramento*» (CIC 1055 §2).

Pero volviendo al tema objeto de estudio, otra de las dificultades que plantea la sacramentalidad del matrimonio es que la afirmación de Lutero de que el matrimonio es una realidad de institución natural es cierta. Ello no es óbice, como lo entendieron los padres conciliares, para poder afirmar, a la vez, que se trata, también, de una realidad sacramental y que, por lo tanto, está orientada a la salvación, siendo fuente de gracia. Aunque es el único de los siete sacramentos que no es instituido por Cristo *ex novo*, forma parte del plan salvífico de Dios para el ser humano, confiriendo a los que adquieren el nuevo estado de vida una gracia sacramental específica que permite la santificación de quienes son llamados al matrimonio[950]. De hecho, que sea una institución de Derecho natural o Derecho divino no resta nada a su sacramentalidad pero, al entender los reformadores que la institución natural hacía referencia al libre arbitrio, encasillarla dentro de un mecanismo sacramental suponía sacarlos de esa dimensión de libertad que ellos entendían.

El canon primero de la sesión vigesimocuarta de Trento afirma, por lo tanto, que el matrimonio, por ser sacramento, confiere la gracia y, por consiguiente, no queda duda sobre su esencia. Precisamente, de la efusión de la gracia de estado que confiere el sacramento, se derivan todas las demás notas del matrimonio que, en los cánones siguientes irá elecando la asamblea sinodal: la autoridad eclesiástica sobre el matrimonio, la indisolubilidad, la publicidad y la monogamia[951].

14.3. La autoridad eclesiástica

Otra de las cuestiones abiertas por la Reforma y, a las que quiere dar respuesta el concilio, es el de la autoridad de la Iglesia y, por lo tanto, de Roma, en materia matrimonial. La pretensión de los reformadores de que el matrimonio fuera una cuestión meramente secular y que la autoridad sobre ella dependiera únicamente de las instituciones civiles, encuentra su respuesta por parte de la Iglesia con la promulgación del canon XII[952], aunque viene ya anticipada la autoridad de la misma al hablar de la capacidad eclesiástica a la hora de dispensar de los impedimentos para contraer matrimonio, para negar la nulidad matrimonial en casos de adulterio o conceder la separa-

950 C. Peña García, «Dimensión sacramental y celebración canónica del matrimonio: requisitos para el acceso a las nupcias», *Estudios Eclesiásticos*, 88, 315, 2013, p. 388.

951 F. Millán Romeral, «La sacramentalidad del matrimonio: algunas notas desde la historia de la teología», *Estudios Eclesiásticos*, 88, 345, 2013, pp. 343-345.

952 *«Si quis dixerit, causas matrimoniales non spectare ad iudices ecclesiasticos: anatema sit»* (Concilio de Trento, sesión XXIV, c. 12, en DH 1812, p. 552).

ción en algunos casos[953]. Así, la Iglesia manifiesta que «el matrimonio es un sacramento, fundamentalmente vinculado a la Iglesia y exclusivamente bajo su control»[954].

La autoridad de la Iglesia viene manifestada en el concilio a través de las competencias que se arroga sobre el matrimonio. En primer lugar, cabe destacar la apuesta del sínodo por hacer del matrimonio una unión de igualdad, con consentimiento paterno y con exigencia de absoluta libertad por parte de los contrayentes[955]. Dedica, pues, tres cánones con referencia a los impedimentos para poder contraer matrimonio. Comienza afirmando que la legislación veterotestamentaria contenida en el libro del Levítico no tiene la última palabra a la hora de establecer los impedimentos referentes a los grados de consanguinidad y afinidad, haciendo valer la autoridad eclesiástica para poder dispensar de los mismos o añadir otros[956]. De igual forma, proclama su capacidad para establecer los impedimentos dirimentes a la hora de contraer matrimonio, así como su inenarrancia al hacerlo con la redacción del cuarto canon. El tema de los impedimentos es complicado, porque el concilio no entra más que en la afinidad o consanguinidad, la falta de libertad y la imposibilidad de contraer matrimonio los clérigos. Sin embargo, existía ya un amplio catálogo de impedimentos para contraer matrimonio desde Hugo de S. Víctor, pasando por Pedro Lombardo o Rolando Baldinelli. Es curiosa la relación de los doce impedimentos dirimentes del matrimonio que, a inicios del siglo XIII, expone Tancredo en su *Summa de sposalibus et matrimonio*, probablemente con fines pedagógicos, pero, a pesar de su brevedad, concreta perfectamente cuáles son[957]: error, condición, coto, cognación, crimen, disparidad de cultos, fuerza, orden, ligamen, honestidad, etc. Llama la atención que este catálogo viene reproducido por autores posteriores, alguno de ellos de la talla de S. Raimundo de Peñafort. Con el paso del tiempo, se reformulan estos catálogos intentando darles un orden lógico, hasta llegar al de S. Roberto Belarmino a finales del siglo XVI[958].

953 Cánones 4, 7 y 8, en DH 1805, 1807 y 1808 respectivamente, p. 551.

954 W. W. Bassett, «El matrimonio de los cristianos: ¿contrato válido, sacramento válido?», en W. W. Bassett, *El matrimonio, ¿es indisoluble?, op. cit.*, p. 118.

955 G. Valencia Álvarez, «Un antes y un después del Concilio de Trento: licencias matrimoniales y su estructura diplomática», *Revista del Archivo General de la Nación*, 32, 2017, p. 167.

956 *Si quis dixerit, eos tantum consanguinitatis et affinitatis graus, qui Levitico exprimuntur, posse impediré matrimonium contahendum, et dirimere contractum; nec posse Ecclesiam in nonnullis illorum dispensare, aut constituiré, ut plures impediant e dirimant: anathema sit* (Concilium tridentinum, Sessio XXIV, c. 3, en DH 1803, p. 551).

957 *Quae autem sint impedimenta quatuor versiculis continetur: Error, conditio, votum, cognatio, crimen: Cultus disparitas, vis, ordo, ligamen, honestas: Si sis affinis, si forte coire nequibis: Haec socianda vetant connubia, facta retractant* (Tancredus, *Suma de sposalibus et matrimonio*, 16, en PL 155 col. 503).

958 E. Olivares, «Catálogos de impedimentos matrimoniales. Su evolución histórica», *Archivo Teológico Grnadino*, 61, 1998, pp. 59-88.

Los impedimentos son un tema difícil de tratar ya que, aunque algunos de ellos aparecen en los cánones o en el Decreto Tametsi, realmente no existe un canon que los agrupe o de cuenta de ellos; sí es cierto que, en el Decreto Tametsi se especifican cuatro impedimentos: el de parentesco espiritual, el de pública honestidad, el parentesco natural y el rapto. Así mismo, como la praxis de la Iglesia en ese momento conocía de forma suficiente los impedimentos para contraer matrimonio, no parece necesario que el Sínodo se pronuncie sobre ellos. Aun así, con los textos de Trento en la mano, se prohíbe literalmente el matrimonio de aquellas personas que tengan entre sí parentesco natural, de los varones que estén ordenados *in sacris*, de las personas que tienen entre sí parentesco espiritual, anula el impedimento de honra pública e impone penas a los raptores que han contraído matrimonio con la mujer raptada[959]. Define, por lo tanto, quiénes son los que contraen parentesco espiritual, siendo solamente los padrinos de bautismo y/o confirmación con respecto al catecúmeno[960]. La anulación del impedimento de honra pública, si los esponsales no son válidos, que manifiesta como absoluto, viene exigido solamente en primer grado en caso de que sí lo fueran[961]. La consanguinidad como impedimento, viene establecida únicamente en primer y segundo grado, siempre y cuando el matrimonio sea llevado a cabo por haber tenido relaciones sexuales previas, lo que da entender que se suaviza el grado de parentesco para evitar males mayores como el concubinato, rematando la disposición afirmando que los grados ulteriores de consanguinidad no harán nulo un matrimonio ya contraído, lo que supone una eliminación absoluta del grado de parentesco consanguíneo fuera de los grados primero y segundo[962]. Finalmente, declara nulo el matrimonio por rapto, a no ser que la mujer raptada, una vez libre, consienta voluntariamente en casarse

---

959 R. Hipp T., «Orígenes del matrimonio y de la familia modernos», *Revista Austral de Ciencias Sociales*, 11, 2006, pp. 62-64.

960 *[...] Volens itaque sancta Synodus huic incommodo providere et a cognationis spiritualis impedimento incipiens statuit ut unus tantum sive vir sive mulier iuxta sacrorum canonum instituta vel ad summum unus et una baptizatum de baptismo suscipiant inter quos ac baptizatum ipsum et illius patrem et matrem necnon inter baptizantem et baptizatum baptizati que patrem ac matrem tantum spiritualis cognatio contrahatur. [...] Ea quoque cognatio quae ex confirmatione contrahitur confirmantem et confirmatum illius que Patrem et matrem ac tenentem non egrediatur; omnibus inter alias personas huius spiritualis cognationis impedimentis omnino sublatis* (DT cap. 2).

961 *Iustitiae publicae honestatis impedimentum ubi sponsalia quacumque ratione valida non erunt sancta Synodus prorsus tollit; ubi autem valida fuerint primum gradum non excedat quoniam in ulterioribus gradibus iam non potest huiusmodi prohibitio absque dispendio observari* (DT cap. 3).

962 *Praeterea sancta Synodus eisdem et aliis gravissimis de causis adducta impedimentum quod propter affinitatem ex fornicatione contractam inducitur et matrimonium postea factum dirimit ad eos tantum qui in primo et secundo gradu coniunguntur restringit. In ulterioribus vero gradibus statuit huiusmodi affinitatem matrimonium postea contractum non dirimere* (DT cap. 4).

con su raptor; tanto el raptor como sus cómplices quedan excomulgados y, en caso de que alguno de ellos fuese clérigo, quedará cesado de su oficio; deberá el raptor, por su parte, dotar a la raptada, tanto si posteriormente se casa con él como si no[963].

14.4. Los matrimonios clandestinos. El Decreto Tametsi

Como ya se ha adelantado, los cánones referentes al matrimonio resultan insuficientes al concilio para poder abarcar toda la problemática matrimonial que tiene por delante. Será ésta la razón por la que se promulgue el Decreto Tametsi para regular los matrimonios clandestinos, muy en boga en aquella época.

Se consideraban matrimonios clandestinos todos aquellos que se llevaban a cabo sin intervención de la Iglesia, es decir, sin un ministro ordenado que actuase como testigo en la unión. Lo primero que conviene aclarar es que estos matrimonios se habían generalizado a lo largo de la Edad Media, siendo especialmente numerosos a partir del siglo XII ya que, como se ha podido ver, el triunfo de las tesis consensualistas supuso que fuera difícil negar la validez de un matrimonio que estaba fundado en el consentimiento de un varón y de una mujer, independientemente de la publicidad del mismo[964]; en segundo lugar, la Iglesia prohíbe los matrimonios clandestinos ya desde el IV Concilio de Letrán en el año 1215, pero los considera válidos, lo que no acaba con el problema ya que, dada su validez, se siguen celebrando, por una cantidad de razones que no vienen al caso, de manera más habitual de la deseada por la Iglesia[965]. Así, hasta ese momento, el intercambio de consentimiento por parte de los esposos, expresado a través de *verba de praesenti,* era más que suficiente para que el matrimonio fuese considerado absolutamente válido y, consiguientemente, como sacramento, con todo lo que de ello se deriva[966]. Así mismo, existía en la mentalidad popular la idea de que

963 *Decernit sancta Synodus inter raptorem et raptam quamdiu ipsa in potestate raptoris manserit nullum posse consistere matrimonium. Quodsi rapta a raptore separata et in loco tuto et libero constituta illum in virum habere consenserit: eam raptor in uxorum habeat; et nihilominus raptor ipse ac omnes illi consilium auxilium et favorem praebentes sint ipso iure excommunicati ac perpetuo infames omnium que dignitatum incapaces. Et si clerici fuerint de proprio gradu decidant. Teneatur praeterea raptor mulierem raptam sive eam in uxorem duxerit sive non duxerit decenter arbitrio iudicis dotare* (DT cap. 5).

964 L. Arechederra, «El matrimonio informal (nadie puede querer lo que realmente quiere, sin tenerlo)», *Revista Chilena de Derecho*, 21, 2, 1994, p. 227.

965 P. Latasa, «Matrimonios clandestinos y matrimonios secretos», *Max Planck Institute for European Legal History research paper series*, 11, 2019, pp. 1-2.

966 D. Lombardi, «Il matrimonio. Norme, giurisdizioni, conflitti nello stato fiorentino del Cinquecento», en G. Pansini, *Istituzioni e società in Toscana nell'età moderna: atti delle giornate di studio dedicate a Giuseppe Pansini*, Firenze, 1992, p. 787.

si, después de haber llevado a cabo el consentimiento, aunque de manera privada, se produjese la unión carnal de la pareja, dicha unión se convertiría automáticamente en un matrimonio válido a todos los efectos, dándose en este caso todos los requisitos establecidos para la validez del matrimonio hasta ese momento, que eran el consentimiento y la consumación[967].

A este Decreto se llega a través de varios proyectos de reforma de autores como Juan Antonio Delfín, Genciano Herveto o Juan de Ávila, pero ninguno influyó tanto en su redacción como éste último, representadas sus ideas en la persona del obispo granadino Pedro Guerrero, participante en el Sínodo[968]. Sirva esto como ejemplo para tener consciencia del sesudo trabajo que hubo detrás de estas determinaciones, poniendo muchos de los padres conciliares el trabajo de sus mejores teólogos a disposición del sínodo, con el fin de poder llegar a un acuerdo y tratar de cerrar una herida abierta desde hacía siglos en la Iglesia.

Este decreto es, probablemente, el gran trabajo en materia matrimonial del Concilio de Trento. Así como los cánones eran respuesta al sentir de la Iglesia desde hacía siglos, el Decreto trató de acabar con prácticas abusivas que se daban entre católicos e, incluso, con tradiciones milenarias, como se verá a continuación. Aunque el texto del Decreto hace referencia, como tema principal, a la prohibición de matrimonios clandestinos, afronta, al abordar en profundidad esta temática, la cuestión matrimonial casi en su totalidad. Así pues, el *Decretum reformatiome matrimonii* parte del Concilio IV de Letrán, que ya había prohibido los matrimonios clandestinos, pero es competencia del tridentino el ir más allá y conseguir que se acabe con los abusos que atentaban contra el matrimonio *de facto,* ya que las uniones clandestinas seguían a la orden del día[969]. Se imponía la presencia del párroco que verificase el consentimiento y, a la vez, se le exigía la publicación de las proclamas. De hecho, el lateranense imponía a los párrocos que consentían en matrimonios clandestinos o que asistían a matrimonios celebrados sin las proclamas previas establecidas, la suspensión de su ministerio durante tres años, y a los cónyuges les imponía una penitencia coherente con su falta. Así mismo y, curiosamente, negaba la legitimidad de la prole de estas uniones si se hallaba en ellas algún impedimento dirimente del matrimonio[970].

---

967 J. Campo Guinea, «Los procesos por causa matrimonial ante el Tribunal eclesiástico de Pamplona. Siglos XVI y XVII», *Príncipe de Viana*, 55, 202, 1994, p. 381.

968 L. Castán Lacoma, «El origen del capítulo Tametsi del Concilio de Trento contra los matrimonios clandestinos», *Resvista Española de Derecho Canónico*, 14, 42, 1959, pp. 614-621.

969 A. Martinengo, «¿Ejercicio de la Patria potestas o libre elección? Cervantes ante el matrimonio», en A. Dotras Bravo, *Tus obras los rincones de la tierra descubren: actas del VI Congreso Internacional de la Asociación de Cervantistas*, Alcalá de Henares, 2008, p. 485.

970 J. Sánchez-Arcilla Bernal, «La formación del vínculo y los matrimonios clandestinos en la Baja Edad Media», *Cuadernos de Historia del Derecho*, 17, 2010, pp. 34-38.

El Concilio tridentino, en el Decreto Tametsi obliga, pues, a que nadie contraiga matrimonio sin que haya dos o tres testigos del enlace, en presencia siempre del párroco. A la vista de que las medidas de los concilios precedentes eran ineficaces, Trento da un paso adelante y, por primera vez en la historia de la Iglesia, proclama la invalidez de los matrimonios clandestinos, ya que hasta el momento la clandestinidad había sido castigada con penas canónicas, pero los matrimonios eran considerados igualmente válidos. De hecho, la validez de éstos también lo afirma el mismo decreto, al anatematizar a aquellos que duden de la validez de los matrimonios clandestinos celebrados con anterioridad al concilio[971]. Conviene remarcar el hecho de que la publicidad exigida conllevaba una serie de instrumentos para que ésta fuera eficaz, fundamentalmente los informes de los párrocos de origen y el establecimiento de los libros de registro parroquiales, por medio de los cuales, además de llevar un asiento de la propia actividad parroquial, convertía a la Iglesia en garante del orden establecido, al ser ella la depositaria de los compromisos matrimoniales a través de dichos libros. Era, así mismo, la que tenía capacidad de control sobre el matrimonio, en virtud de su competencia legislativa en este ámbito[972]. A consecuencia de ello, exige que, durante tres días de fiesta consecutivos, en el transcurso de la celebración de tres misas mayores, se lean en la parroquia las proclamas; la finalidad de esta normativa era saber si existía algún tipo de impedimento al matrimonio, y en caso de no haberlos, se celebrase el matrimonio, en presencia del párroco, *in facie ecclesiae,* siendo interrogados los contrayentes acerca de su consentimiento[973]. Quedan prescritas, por lo tanto, una forma y una solemnidad, concretadas en la persona del sacerdote y en el lugar de la celebración, que no pueden ser suplidas por la buena fe, ya que, desde este momento, dejarán de ser válidos los matrimonios que no cumplan con los requisitos exigidos por el sínodo[974]. Aunque la aplicación del Sínodo fue larga y laboriosa, ya que solamente se

971 *Tametsi dubitandum non est clandestina matrimonia libero contrahentium consensu facta rata et vera esse matrimonia quamdiu Ecclesia ea irrita non fecit et proinde iure damnandi sint illi ut eos sancta Synodus anathemate damnat qui ea vera ac rata esse negant qui que falso affirmant matrimonia a filiis familias sine consensu parentum contracta irrita esse et parentes ea rata vel irrita facere posse* (DT cap. 1).

972 M. Ghirardi, A. Irigoyen López, «El matrimonio, el Concilio de Trento e Hispanoamérica», *op. cit.*, p. 246.

973 *Idcirco sacri Lateranensis concilii sub Innocentio III celebrati vestigiis inhaerendo praecipit ut in posterum antequam matrimonium contrahatur ter a proprio contrahentium parocho tribus continuis diebus festivis in Ecclesia inter Missarum solemnia publice denuntietur inter quos matrimonium sit contrahendum; quibus denuntiationibus factis si nullum legitimum opponatur impedimentum ad celebrationem matrimonii in facie Ecclesiae procedatur ubi parochus viro et muliere interrogatis et eorum mutuo consensu intellecto vel dicat: ego vos in matrimonium coniungo in nomine Patris et Filii et Spiritus Sancti vel aliis utatur verbis iuxta receptum uniuscuiusque provinciae ritum* (DT cap. 1).

974 P. Murillo Velarde, *Curso de Derecho canónico hispano e indiano*. Tomo IV, Zamora (México), 2004, p. 513.

podían aplicar sus disposiciones en aquellos lugares donde había sido publicado, Trento marca un antes y un después con respecto a la cuestión de los matrimonios clandestinos al fijar las formas y solemnidad propias del matrimonio, siendo exigida la fórmula matrimonial aun en casos de especial dificultad o peligro, afectando tal cuestión a la validez de la unión. Así, el establecimiento de una forma concreta para el matrimonio proporcionará a los contrayentes una garantía acerca de la libertad de su consentimiento y, a la Iglesia, le dará la oportunidad de verificar la capacidad de los cónyuges[975].

Aunque parezca obvio señalarlo, conviene recordar que las disposiciones del Concilio de Trento en materia de publicidad matrimonial no fueron fáciles de aplicar. En primer lugar, lastraba la decisión el hecho de que existía una costumbre contraria de más de 1500 años de antigüedad, lo que suponía que no existía una tradición de celebración pública del matrimonio, sobre todo en las clases humildes, que eran la mayoría de la población; por otra parte, la celebración pública del matrimonio podía conllevar, en determinadas personas, consecuencias personales, familiares o sociales, como podrían ser los matrimonios entre desiguales, los de aquellos que lo tenían prohibido por cláusulas relacionadas con su trabajo, por ejemplo algunos militares o, simplemente, por falta de anuencia familiar al compromiso deseado por los contrayentes[976].

Enlazando con este último ejemplo, otra de las disposiciones que más controversia crea entre los padres sinodales es la afirmación del concilio según la cual el matrimonio contraído por los hijos sin el consentimiento de los padres es válido. Esta disposición cobra especial significación al acabar, después de casi dos milenios de praxis, con el poder de los padres a la hora de concertar los matrimonios de sus descendientes, negándoles la posibilidad de declararlos írritos o ratos[977]. Esta cuestión provocó, una vez más, numerosas fricciones entre los padres conciliares, siendo necesarias cuatro redacciones hasta llegar al texto definitivo. Había un buen número de sinodales dispuestos a que la Iglesia declarase inválidos todos aquellos matrimonios contraídos sin licencias paternas ya que, sobre todo en el ámbito nobiliario de ciertos países, supondría un roce considerable con los altos estamentos sociales, por lo que el Sínodo declara la validez de los matrimonios contraídos sin licencias

975 J. T. Martín de Agar y Valverde, «La dispensa de forma en una respuesta de la comisión de intérpretes», *Sus Canonicum*, 26, 51, 1986, p. 300.

976 M. L. Álvarez y Cañas, «El engaño del matrimonio clandestino. Abandono, culpabilidad y deshonor», en J. J. Iglesias Rodríguez, R. M. Pérez García, M- F. Fernández Cháves (eds.), *Comercio y cultura en la Edad Moderna. Comunicaciones de la XII Reunión científica de la fundación española de Historia moderna*, Sevilla, 2015, pp. 1995 s.

977 *[...] qui ea vera ac rata esse negant qui que falso affirmant matrimonia a filiis familias sine consensu parentum contracta irrita esse et parentes ea rata vel irrita facere posse: nihilominus sancta Dei Ecclesia ex iustissimis causis illa semper detestata est atque prohibuit* (DT cap. 1).

familiares, pero establece una especie de ilicitud al afirmar que la Iglesia siempre los ha detestado y prohibido[978]. Las razones de esta posición, fuertemente a favor de las licencias familiares para poder contraer matrimonio, es de carácter social, y los padres conciliares eran perfectamente conscientes de que existía todavía y, de hecho, así siguió siendo la praxis en los siglos posteriores, una tendencia a concertar los matrimonios por intereses tanto sociales, como económicos y raciales[979].

El Decreto Tametsi no solamente se ocupa de la condenación de los matrimonios clandestinos, cuestión que trata, de forma bastante extensa, en el capítulo primero. Se pronuncia, además, acerca de los impedimentos, del matrimonio de los vagos, sobre el que insta a los párrocos a proceder con extremada cautela, ya que presupone de los primeros perversas inclinaciones, y teme que, ante la dificultad de conocer su procedencia y antecedentes, puedan caer en la poliginia[980]. Por otro lado, amenaza con excomunión a los concubinarios, ya sean solteros o casados, y con el destierro a las concubinas. Da el margen de tres amonestaciones, tanto para unos como para otras, para que desistan de su praxis y, en caso de ser desoídas, les serán aplicadas las sanciones descritas[981]. Prohíbe la celebración de matrimonios solemnes en los tiempos de adviento, navidad, cuaresma y pascua, e insta a que dicha celebración sea siempre modesta[982].

Finalmente, el Concilio de Trentole devuelve a la Iglesia lo que Lutero le había intentado sustraer, que es la jurisdicción sobre el matrimonio, aunque siendo conscientes de que los poderes civiles podrían legislar en ámbitos de herencias, en asuntos patrimoniales derivados del vínculo, etc. pero en lo que respecta al matrimonio en sí y a su celebración y publicidad, la Iglesia tiene la última palabra. En consonancia con esto, haciendo uso de su potestad en la materia, condena con penas de excomunión a todas aquellas personas con poder que atenten contra la libertad de los sometidos a ellos a la hora de contraer matrimonio, proclamando así la condición de libertad que debe regir a la hora de contraer matrimonio[983].

---

978 I. Portero Sánchez, «La licencia matrimonial el Dereco canonico y civil español», en AA. VV., *Lex Ecclesiae. Estudios en Honor del Dr. Marcelino Cabreros de Anta, Canonista Salmanticense*, Salamanca, 1972, pp. 433-435.

979 G. Valencia Álvarez, «Un antes y un después del Concilio de Trento: licencias matrimoniales y su estructura diplomática», *Revista del Archivo General de la Nación*, 32, 2017, p. 9.

980 DT cap. 6.

981 DT cap. 8.

982 DT cap. 10.

983 *[...] Quare cum maxime nefarium sit matrimonii libertatem violare et ab eis iniurias nasci a quibus iura exspectantur: praecipit sancta Synodus omnibus cuiuscumque gradus dignitatis et conditionis exsistant sub anathematis poena quam ipso facto incurrant ne quovis modo directe vel indirecte subditos suos vel quoscumque alios cogant quominus libere matrimonia contrahant* (DT cap. 9).

Las dificultades políticas con las que se encuentra la Iglesia a raíz de los cismas provocados por la Reforma hacen que las disposiciones tridentinas no lleguen a cumplirse en su plenitud, por la imposibilidad de darles publicidad en muchos lugares del mundo, hasta el siglo XIX, por lo que se siguen celebrando matrimonios ocultos. Así mismo, con la proliferación del protestantismo, abundan los matrimonios mixtos, que la Iglesia acepta con la condición de que la parte no católica respete la fe del católico y eduquen a los hijos en la fe de la Iglesia de Roma, siguiendo esta doctrina vigente a día de hoy[984]. Y no solamente las disposiciones relativas al matrimonio, sino también toda la legislación emanada del concilio[985]. En lo concerniente al tema matrimonial y, especialmente, al de los matrimonios clandestinos, su aplicación fáctica seguirá siendo cuestionada, como ya se ha apuntado, debiendo esperar hasta la redacción del CIC de 1983, donde no aparecerá ya la prohibición expresa de los matrimonios clandestinos, y sí la regulación de los matrimonios secretos que, en ausencia de amonestaciones, sí exigirá investigaciones previas, así como la asistencia de presbítero y testigos, y su inclusión en un registro especial de la diócesis[986].

984 El actual CIC prohíbe la celebración del matrimonio entre persona católica y persona de iglesia no católica sin licencia del ordinario del lugar, que solamente puede otorgar si se cumplen tres razones objetivas: que la parte no católica se comprometa a educar a la prole en la fe católica y a hacer todo lo posible para que se bautice en la Iglesia Católica; que la parte no católica sea informada de las obligaciones que conlleva el matrimonio canónico; que ambas partes acepten los fines y propiedades específicos del matrimonio (*Cf.* CIC c. 1124-1129).

985 P. Tineo, «La recepción de Trento en España (1565). Disposiciones sobre la actividad episcopal», *Anuario de Historia de la Iglesia*, 5, 1996, pp. 295 s.

986 CIC 1110-1133.

15

CONCLUSIONES

Como se ha podido comprobar a lo largo de las páginas de este trabajo, el matrimonio es una institución que hunde sus raíces en los orígenes más remotos de la humanidad, aunque su fondo y sus formas han variado, obviamente, a lo largo del tiempo.

La base del matrimonio, tal y como hoy es entendido, se debe, como la mayoría de las instituciones occidentales, al Derecho romano que, junto con la filosofía griega y el cristianismo, son la base de la cultura europea actual, como han sostenido tantísimos autores a lo largo de la historia y lo siguen afirmando los estudiosos a día de hoy, al tratarse de una realidad innegable.

Será ésta la razón por la que hay que comenzar este apartado de conclusiones centrándose en dos aspectos fundamentales, encarnados en la labor legislativa de dos figuras colosales en la Historia política y jurídica de Roma.

Antes de entrar propiamente en las reformas llevadas a cabo por ellos, conviene hacer una valoración, aunque sea, en cierta medida, personal, acerca de la repercusión política y jurídica en la Historia de Roma —separada por seis siglos— de cada una de esas figuras.

El primero, Octavio Augusto, que inaugura un nuevo régimen político denominado Principado, en cuanto que transforma más *de facto* que *de iure* todo el equilibrio de poderes de la República a la que en teoría siempre afirmó ser fiel, si bien invalidó las competencias de sus órganos más representativos con su ascendente, *auctoritas*, y con su efectivo poder, controlando el Senado, la elección de magistraturas y asumiendo personalmente la censura de la *tribunicia potestas* hasta convertirse en *Princeps*.

El segundo, Justiniano, el emperador de Oriente, que pretendió recuperar la grandeza de Roma, intentando la reconquista de los territorios perdidos de Occidente, llegando a establecer la capital en Ravena, impulsor de un nuevo modo de gobernar, denominado «cesaropapismo», en el que se fundían, en parte, los poderes político-temporales con los religiosos. Pasa a la Historia por su grandiosa obra, que comienza denominándose Compilación de Justiniano y pasa a nombrarse como *Corpus Iuris civilis*. Es, sin duda alguna, la obra legislativa más importante y trascendental de la Historia de la ciencia del Derecho en todos los tiempos. Gracias a ella conocemos las prodigiosas construcciones jurisprudenciales romanas. Sobre sus contenidos se ha estudiado y analizado todo el Derecho, desde hace más de mil cuatrocientos años, sobre todo desde la escuela de los glosadores boloñeses que dan origen a la institución universitaria como *Alma mater studiorum.* Estas creaciones de los juristas romanos y de la obra jurisprudencial de los pretores siguen vigentes, por su clasicidad e intemporalidad en un porcentaje muy considerable en los Derechos vigentes de los países de tradición del *civil law* a través de los Códigos civiles y que se mantienen en los países del *common law* por su forma de elaboración jurisprudencial del Derecho[987].

La labor legislativa de Augusto con respecto al matrimonio es una extraordinaria tarea que da forma jurídica a una situación fáctica que forma parte de la intimidad familiar, y lo hace de forma exhaustiva, ya que su regulación lo abarca todo. En primer lugar, se trata de una legislación que quiere proteger la estabilidad del matrimonio, por lo que castiga todos aquellos actos y situaciones que pudiesen afectar a la paz conyugal, principalmente el adulterio.

En segundo lugar, concede a la mujer una protección jurídica sin precedentes, ya que despoja al *paterfamilias* de las potestades genuinas que ostentaba sobre ellas conformándose como un poder absoluto. El gran avance social que provocan las leyes julias con respecto a la mujer es asombroso: ya no está sometida a la voluntad omnímoda de su marido; los que eran considerados delitos domésticos pasarán a ser *crimina,* es decir, delitos públicos y, por lo tanto, el castigo de los mismos estará regulado por la ley; la mujer podrá defenderse en juicio; si se prueba que el marido ha cometido adulterio, la esposa tiene derecho a la restitución íntegra de la dote, lo que supondría una autonomía económica que no le obligaría a depender más de la familia del esposo.

En tercer lugar, cabe destacar el fomento del matrimonio y su descendencia, pues trata de establecer ciertas medidas que tienden a que las personas en edad de procrear deban contraer matrimonio. Así, se penaliza a los célibes en sus derechos hereditarios, ya que se les impone la sanción de no poder recibir sucesiones testamentarias.

Se trata de medidas legislativas de las que se deduce la valoración y estima social del matrimonio por parte de quien gobierna, considerándolo

987 G. Suárez Blázquez, «Perspectivas jurídicas romanas de "Cy-préss"en la órbita del "stare decisis" del "Common Law "Angloamericano"», *Anuario de Historia del Derecho español*, 87, 2017, p. 335.

como una institución necesaria para la grandeza del Imperio. Se considera que es el ámbito natural y propicio para que los ciudadanos romanos vengan al mundo. Esta valoración viene avalada por el impedimento de contraer matrimonio después de los cincuenta años; el fomento de la natalidad con determinados privilegios fiscales; y la criminalización de la bigamia, de las uniones de hecho o del contubernio. No es de menos trascendencia la notable disminución de impedimentos para contraer matrimonio, incluso entre familiares, disminuyendo el grado de parentesco que impedía poder casarse.

Si el gran legislador del matrimonio en la historia del Derecho romano es Augusto, la figura más destacada a nivel legislativo con respecto al divorcio es el emperador Justiniano, si bien legisla también sobre matrimonio con medidas de gran trascendencia. La gran aportación del cristianismo al Derecho romano en cuestión matrimonial será la regulación legal del divorcio, pero no por motivos de sacramentalidad o indisolubilidad, como podría pensarse —eso es algo que queda todavía muy lejano en el tiempo— sino por la protección de la mujer ante la eventual voluntad del marido de finalizar el matrimonio.

En primer lugar, se establece que el matrimonio se debe celebrar de manera pública, para evitar casos de bigamia, de no reconocimiento de prole o por seguridad jurídica en materia testamentaria. La publicidad del matrimonio de ha de observar bien por la constitución de los instrumentos dotales, bien por la celebración con testigos eclesiásticos. No obstante, el emperador declara válidos los matrimonios celebrados de forma clandestina si hay descendencia fruto de esa unión, cuando el padre reniega de ella o quiere contraer matrimonio con otra mujer.

En segundo lugar, elimina las barreras sociales que impedían que se celebrase el matrimonio entre personas de diferente estrato social, pudiendo los libertos casarse con ciudadanas romanas y viceversa. Los matrimonios contraídos por personas sin el status civitatis, son reconocidos como *matrimonii secumdum legem* al alcanzar dicho estado.

En tercer lugar y, redundando en el aspecto de protección de la mujer, se establecen las causas por las que la esposa puede solicitar el divorcio de su marido, siendo la mayoría de ellas las que afectan a su dignidad. Así, entre otras, que haya intentado matarla o no la hubiera defendido si alguien la hubiera atacado, que haya cometido adulterio, que la haya acusado injustamente de adulterio para poder divorciarse de ella o que llevase de forma continuada mujeres al hogar familiar, para tener relaciones con ellas.

En suma, se ha podido constatar —con la cita constante de las fuentes y el apoyo de distintas posiciones doctrinales que se han tratado de exponer— que la institución matrimonial en Roma se va transformando y adoptando diversos regímenes jurídicos de acuerdo con las distintas vicisitudes históricas por las que atraviesa a lo largo de los siglos. El interés demostrado, a partir de Augusto y con culminación en Justiniano, por la abundante legislación relativa al matrimonio y al divorcio, así como por la dedicación demostrada por los más renombrados juriconsultos —así, Gayo, Ulpiano, Paulo o Modestino— es prueba irrefutable de su gran estima social, de la importancia que tenía en el seno de la familia y de la preocupación de gobernantes y juristas por convertir su regulación en una cuestión de suma importancia para la colectividad con la consideración de ser de interés general y, por ello, con importantes consecuencias de Derecho público.

El nacimiento de Jesús de Nazaret, su predicación y la de sus discípulos, han cambiado la historia de la humanidad, ya que de estos hechos se deriva una nueva forma de entender la vida, el ser humano y la sociedad. El mensaje cristiano no es inteligible sin su contexto social y religioso, que no es otro que el judío. La educación recibida por Jesús, así como su praxis social, su dimensión religiosa y sus circunstancias vitales están marcadas, como las de todo judío, por las enseñanzas contenidas en la Biblia.

A diferencia del Derecho romano, estructurado y codificado, el Derecho israelita contenido en el Pentateuco es un conjunto abundantísimo de normas sin organización, algunas de ellas de épocas muy antiguas, pero con una trascendencia para nada semejante a la de cualquier pueblo de la Antigüedad: para el judío, el cumplimiento de la Torah pone en juego su salvación, ya que la Torah es la manifestación de la voluntad de Dios concretada en normas, una vez superadas las costumbres tribales en las que la justicia venía impartida por los padres de familia y jefes de los clanes, sin otro fundamento que el criterio personal de éstos, así como los usos consuetudinarios que, al mismo tiempo, no hacían más que reforzar el poder personal de estos jefes familiares y/o tribales[988].

Existe, por lo tanto, en Israel, una legislación referente al matrimonio y al divorcio, aunque, por los testimonios que aporta el AT, es cambiante a lo largo de los siglos y muy laxa en su aplicación.

El matrimonio es, en primer lugar, una institución de marcado carácter familiar, ya que la decisión de contraerlo no incumbe principalmente a los esposos, sino que es el padre de familia el encargado de dar a sus hijas, muchas veces a cambio de trabajo, tierras o dinero, como lo demuestran variados ejemplos veterotestamentarios. Que el matrimonio es una institución de marcado carácter familiar viene refrendado por instituciones como el levirato o el goel, en las que la familia se encarga de no dejar desprotegidas a las mujeres que, una vez casadas, hayan sido abandonadas o hayan enviudado.

En segundo lugar, conviene recalcar el hecho de que el matrimonio es preferentemente monógamo, pero, a la vista de los testimonios bíblicos que han llegado hasta la actualidad, no suponía un especial problema la práctica de la poliginia, máxime teniendo en cuenta la importancia capital que en el Pueblo de Israel se le dará a la descendencia.

---

988 R. de Baux, *Instituciones del Antiguo Testamento*, Barcelona, 2012, pp. 26-32.

En tercer lugar, el matrimonio en Israel es profundamente endogámico, ya que solamente están permitidos los matrimonios entre israelitas y, habida cuenta del no muy elevado número de personas que conformaban la nación, se caía fácilmente en lo que hoy en día se entendería como incesto.

El divorcio, por su parte, viene regulado por la legislación mosaica, pero es una institución que se caracteriza, en primer lugar, por ser unilateral por parte del varón, ya que una mujer nunca podrá repudiar a su esposo; en segundo lugar, cabe afirmar que no se requieren causas para que el marido pueda despedir a su esposa y formar un nuevo matrimonio con otra ya que, según la norma establecida en el libro del Deuteronomio, solamente es necesario que el marido encuentre en ella una tara imputable, esto es, algo que le desagrade[989]; en tercer lugar, conviene resaltar el hecho de que, aunque no exista ningún modelo que haya llegado hasta nuestros días, se exigía al esposo la entrega de una carta de repudio cuando se quisiera desprender del vínculo que le unía a su esposa.

La Historia de Israel es larga, y, por consiguiente, los planteamientos prácticos cambian a lo largo de la misma, aunque no la legislación. En la época de los profetas, sobre todo después del exilio, éstos compararán la relación de Yahvé con el Pueblo Elegido con una alianza matrimonial, y el culto a las divinidades extranjeras será concebido como un divorcio del Pueblo con Yahvé. Esto nos da cuenta de que, en tiempos de Jesús, una gran parte de la sociedad israelita era favorable al matrimonio monógamo y veía con malos ojos el divorcio motivado, solamente, por el capricho del varón.

Esta será la postura de Jesús acerca del matrimonio y del divorcio, al afirmar que si un hombre repudia a su mujer y se casa con otra comete adulterio. Esta afirmación lapidaria, recogida hasta cuatro veces en los evangelios responde, muy probablemente, a la situación de desprotección en la que quedaba la mujer repudiada, abocada a la prostitución o a la mendicidad.

Habrá que esperar a que Pablo de Tarso, en su profusa producción epistolar, oriente a los primeros cristianos sobre cómo proceder en materia matrimonial. Es necesario afirmar, en primer lugar, que Pablo considera el matrimonio como algo objetivamente positivo, pero, en su mentalidad apocalíptica, lo presenta como un mal menor para evitar la fornicación; en segundo lugar, es evidente que presenta la virginidad como el estado de vida perfecto, no por lo que pueda aportar a la salvación personal, sino por la disponibilidad de los célibes al servicio de la comunidad; en tercer lugar y, muy probablemente por la ya citada visión apocalíptica, niega la posibilidad del divorcio, a no ser por causa de la fe, ya que considera más importante la salvación personal que el matrimonio, de ahí la insistencia de que cada cual permanezca en su estado; en cuarto y último lugar, quizás lo más importante: Pablo afirmará la igualdad

989 Dt 24, 1.

de los cónyuges. A ambos se les pedirá lo mismo, ambos tendrán prohibido casarse tras un divorcio y, en caso de unas segundas nupcias en el Señor, tan libre es él como ella de contraerlas[990].

Contrariamente a lo que se pudiera pensar, la implantación del cristianismo no hace nacer una nueva praxis del matrimonio, ya que los testimonios de los primeros cristianos afirman con rotundidad que los cristianos no son diferentes a los demás en nada, y se casan al igual que los demás. Lo que sí nace con el cristianismo es una reflexión acerca de la esencia del matrimonio, así como una visión negativa de la sexualidad y, por lo tanto, del matrimonio, con mucha probabilidad derivadas de la convicción de que Pablo asentaba doctrina, al no tener en cuenta su seguridad de una Parusía inminente.

La visión general de los Padres de la Iglesia acerca del matrimonio es, excepto en algún caso aislado, negativa: el matrimonio es visto como un resquicio del pecado original, y solamente es aceptable en tanto en cuanto es remedio contra la concupiscencia. Aunque la mayoría de los autores ensalzan la virginidad por encima de cualquier otro estado de vida, es posible encontrar, también, testimonios que consideran que el matrimonio, por ser querido por Dios y por haber sido instituido en el momento creacional juntamente con el ser humano, no puede ser malo *per se,* aunque no es el estado perfecto de vida.

Parece existir una unanimidad —teórica— en los Padres de la Iglesia, a la hora de rechazar un nuevo matrimonio tras una separación conyugal[991]. En primer lugar, es necesario insistir en que los Padres no son contrarios al divorcio, sino que son contrarios a que un cónyuge separado vuelva a contraer matrimonio, ya que la mayoría de los autores cristianos de los cinco primeros siglos afirman que, si una mujer casada es sorprendida en adulterio, es obligación del marido el repudiarla. No son tantos los que afirmarán lo mismo con respecto a la mujer cuyo marido le es infiel, pero hay testimonios que así lo sostienen.

En segundo lugar, queda por resolver el hecho de si el adulterio disuelve el primer matrimonio, ya que, de ser así, el discurso estaría cerrado. Los estudiosos no se ponen de acuerdo en el sentido de los términos que utilizan los Padres para expresar la finalización de dichos matrimonios, ya que la mayoría de los mismos afirman que el adulterio disuelve el matrimonio, es decir, lo hace nulo, lo que supondría, en la práctica, abrir la puerta a unas segundas nupcias, ya que ese primer matrimonio dejaría inmediatamente de existir.

No se puede perder de vista, en tercer lugar, que los Padres diferencian claramente entre la parte culpable y la parte inocente en caso de adulterio, y esto se va a ver reflejado en las fuentes canónicas de los primeros siglos,

990 A. Piñero, *Los libros del Nuevo Testamento. Traducción y comentario*, Madrid, 2021, pp. 202-207.

991 H. Crouzel, *La Iglesia primitiva frente al divorcio, op. cit.*, pp. 493-516.

ya que, aunque la doctrina sobre nuevas nupcias después del matrimonio debería ser clara, se admite, en muchos casos, a quienes hayan contraído segundas nupcias, tanto a los sacramentos como a tareas de responsabilidad en la comunidad, mientras que en otro se les niegan los sacramentos, excepto *in articulo mortis*.

Estos testimonios patrísticos chocan frontalmente con la legislación civil que les toca acatar. En Roma, ni siquiera con los emperadores cristianos, se ilegalizará el divorcio de común acuerdo, y ambos cónyuges tendrán a su disposición una serie de causas que permitirán el divorcio unilateral. Y esta realidad tendrá mucho que ver con la legislación matrimonial europea en la Edad Media, heredera —toda ella— del Derecho romano, que, de mano de sus emperadores cristianos, comenzando por Constantino, harán nacer la libertad religiosa en Occidente[992].

Lo propio sucederá con la legislación visogótica, que permitirá el divorcio sin mayor inconveniente, aunque irá exigiendo cada vez más garantías de la libertad de los cónyuges para contraer matrimonio, prohibiendo usos y costumbres de origen germánico como el matrimonio por medio del rapto, a la vez que declara la ilicitud de determinados matrimonios y castiga el adulterio. En esta época se va introduciendo la publicidad del matrimonio, así como la validez de los esponsales, se requiere la autorización expresa de los familiares para el matrimonio, y se estipulan las dotes que se deben entregar. De igual modo, se exige la entrega de actas de divorcio para poder contraer nuevo matrimonio.

Será necesario esperar a la Edad Media para que comience una reflexión seria acerca de la esencia del matrimonio, ya que, conviene no olvidarlo, todavía no se ha contemplado la sacramentalidad del mismo. Hasta la finalización del primer milenio la praxis de los cristianos era la propia del Derecho romano, primero y del visigótico germánico después, al no ser considerado como una competencia eclesiástica. Pero a partir del siglo XI la Iglesia se apropiará del monopolio jurisdiccional sobre el matrimonio, lo que dará pie a la época clásica de los estudios acerca del mismo.

En primer lugar, conviene recordar que, ya antes del nacimiento del Derecho canónico, la Iglesia se hace con el monopolio legislativo sobre el matrimonio, y legislará a través de los cánones emanados por los concilios locales y ecuménicos; así mismo, la disciplina concreta acerca de la materia se hará efectiva a través de las decretales pontificias como respuesta a demandas concretas, dando lugar, todo ello, a las primeras colecciones canónicas.

992 *Cf.* A. Fernández de Buján, «Génesis del derecho de libertad religiosa en la sociedad y en la legislación romana», en Modesto Barcia Lago y M. Fuenteseca Degeneffe (coord.), *Varia studia: libro homenaje al Profesor Doctor Luis Rodríguez Ennes con ocasión de su septuagésimo aniversario*, Vigo, 2015, pp. 435-444.

En segundo lugar, hay que hacer mención a la labor de los teólogos, que brillan especialmente a partir de mediados del siglo X con el nacimiento de las universidades. Rápidamente, el matrimonio será objeto de estudio y de discusión, alcanzando su máximo esplendor en el siglo XII, donde eminentes académicos como Hugo de San Víctor, Pedro Lombardo y Anselmo de Laón sentarán las bases del matrimonio como sacramento. Enfrentados, en un primer momento con los canonistas, buscarán el momento en el que el matrimonio se convierte en sacramento y, por lo tanto, se hace indisoluble. Los canonistas, que buscaban un hecho objetivo y probatorio del matrimonio ponían el acento en la cópula carnal, mientras que los teólogos lo ponían en el consentimiento. La solución a esta disputa viene dada por el hecho de que el matrimonio de María y José, aun sin ser consumado, fue plenamente valido, llegando a la conclusión, plasmada en el Decreto de Graciano de que *matrimonium non facit coitus sed voluntas*[993]. Así, la esencia del matrimonio radicaría en el consentimiento de los cónyuges, mientras que la cópula lo perfeccionaría, siendo en este segundo momento, según el parecer de la mayoría de los autores, donde el matrimonio adquiriría la nota de indisolubilidad.

La doctrina matrimonial va avanzando de manera pacífica en los años siguientes, poniendo el acento en las cualidades del sacramento, del momento en el que confiere la gracia, del necesario consentimiento de los esposos antes que el de los padres, etc. Pero en el siglo XVI, Martín Lutero atacará a la Iglesia desde los pilares que sostienen su praxis: los sacramentos. Solamente aceptará los sacramentos del bautismo y de la eucaristía, pues considera que solamente en ellos se dan los requisitos de transmitir la gracia y de aparecer instituidos por Cristo en las Escrituras en su materia y su forma. El matrimonio, según su parecer, carece de ambos requisitos, por lo que no se puede considerar sacramento, sino solamente como un remedio contra la concupiscencia.

La respuesta católica a la Reforma Protestante no tardará en llegar en forma de un concilio ecuménico que defenderá la doctrina de la Iglesia, tanto en materia sacramental como en el de su autoridad. El Concilio de Trento abordará el tema matrimonial en diversos momentos, pero, dada la complejidad de dicho concilio y su dilatada extensión en el tiempo, quedarán para el final los cánones reservados al matrimonio, máxime teniendo en cuenta que era uno de los temas más difíciles de abordar, ya que con la definición doctrinal del matrimonio como sacramento indisoluble se rompía con una tradición que, *de facto*, había marcado el destino de un cristianismo que se había expandido con el Imperio Romano de la mano de su Derecho.

Así, en primer lugar, se reafirmaba la doctrina del Concilio de Florencia, según la cual el matrimonio es uno de los siete sacramentos de la Nueva Alianza que Cristo quiso dejar a la Iglesia como fuente de gracia para el ser humano.

993 DG C. XXVII, q. 2, c. 1.

Se declara, en segundo lugar, la indisolubilidad del vínculo matrimonial, sin ningún tipo de duda. Aunque era una doctrina siempre mantenida por la Iglesia, la praxis no era tal, máxime teniendo en cuenta que incluso católicos de rito griego aceptaban las segundas nupcias después de un divorcio provocado por el adulterio. Fue, sin duda alguna, la gran traba del concilio, ya que los Padres conciliares franceses e italianos temían otro cisma con las comunidades griegas presentes en sus territorios.

Pero la gran aportación del Sínodo tridentino al tema matrimonial será, sin lugar a duda, la prohibición de los matrimonios clandestinos, siendo en este caso una doctrina que sí supuso una novedad en la Iglesia, a través de publicación del *Decretum Tametsi*. A partir del concilio se requerirán para la validez del matrimonio las públicas amonestaciones previas a la celebración del rito que, además, debe celebrarse en público, ante testigos eclesiásticos y civiles. Solamente estarían dispensados de estos requisitos aquellos cónyuges que, por situaciones muy extremas, debían mantener en secreto su unión. Se terminaba así con siglos y siglos de situaciones irregulares, especialmente la bigamia, provocadas por la validez del matrimonio clandestino y, aunque al afirmar la validez del matrimonio de los hijos sin el consentimiento de los padres se temía también una ruptura con las clases dominantes, prevaleció la postura de la Iglesia a favor de la libre elección del cónyuge como requisito indispensable para la validez sacramental.

Finalmente, la Iglesia proclamará su autoridad para legislar en tema matrimonial, autoridad que venía negada por parte de Lutero y los reformadores, quienes sostenían que era competencia exclusiva de la autoridad civil. La Iglesia se considera depositaria de Cristo para legislar acerca del matrimonio haciendo uso de su potestad vicaria.

Como se ha podido comprobar en estas páginas, la historia del matrimonio cristiano no ha sido fácil y, sin duda alguna, ha provocado muchas y muy enconadas discusiones hasta llegar al tema de su sacramentalidad y de su indisolubilidad. Sería interesante continuar este estudio hasta el Derecho canónico actual, aunque, realmente, todas las aportaciones doctrinales con referencia al matrimonio en lo tocante a su validez quedaron cerradas en Trento. No es osado, pues, afirmar, que la Iglesia debe al Concilio de Trento un matrimonio sacramental e indisoluble, basado el consentimiento libre y absoluto de los cónyuges, garantizando la monogamia y la publicidad de su rito. Así, junto con otros signos sensibles con los que el ser humano se puede hacer acreedor de la gracia divina, la Iglesia se vio con capacidad de incluir, en el marco de uno de sus concilios más decisivos, al matrimonio.

No sería justo finalizar sin hacer una afirmación que es la principal conclusión de este trabajo, y no es otra que es muy poco probable que, dada la evolución estudiada a lo largo de estas páginas, el matrimonio en el Derecho romano cristiano haya cambiado su esencia o sus características por influencia de la nueva religión. Si la Iglesia, a nivel institucional, no se pronuncia sobre la sacramentalidad e indisolubilidad del matrimonio de forma magisterial hasta el siglo XV, no va a ser posible que los emperadores romanos cristianos, preocupados en lo religioso en lo concerniente a la unidad de la fe y de la doctrina, legislasen sobre el matrimonio y el divorcio por una exégesis evangélica que, como se ha visto, no llegaba a conclusiones unánimes. Por otra parte, en ningún momento de la historia del Derecho romano se conoce la prohibición de divorciarse de mutuo acuerdo y no se conocen prohibiciones a las segundas nupcias.

El matrimonio en Occidente es, pues, el consenso de un hombre y una mujer de querer compartir vida y bienes y, si es el caso, de educar juntos a la prole. Este consentimiento debe ser continuado en el tiempo y, si deja de serlo, el matrimonio deja de existir. La Iglesia, por su parte, después de una larguísima reflexión a lo largo de un milenio y medio, llega a la conclusión, y así lo define doctrinalmente, de que el matrimonio es un proyecto querido por Dios desde los inicios, que significa continuación de su obra creadora y que, en cuanto a acto que depende de la voluntad divina, no puede ser roto por la voluntad humana. Será esta la razón que llevará a la Iglesia a definir que el matrimonio es una fuente de gracia para las personas que lo contraen, siendo el lugar natural de santificación de los esposos y, por consiguiente, de su descendencia. Es, pues, sacramento indisoluble, que se debe celebrar de forma pública y solemne, teniendo la Iglesia la jurisdicción sobre él como depositaria de las enseñanzas de Jesús de Nazaret.

BIBLIOGRAFÍA

FUENTES

Jurídicas romanas:

CODEX THEODOSIANUS:

- 3, 7, 2
- 3, 16, 1
- 16, 8, 6

TITULI EX CORPORE ULPIANI:

- 5.2.
- 5.3.
- 5.4.
- 5.5.
- 5.6.
- 13.1-2.
- 17.1.

CONSTITUTIONES:

- 1.3.44. pr.
- 1.9.7.
- 5.4.26.2.
- 5.5.2.
- 5.13.1.

- 5.14.8.
- 5.26.1.
- 5.62.4.
- 9.9.1.
- 9.9.18.
- 9.13.1-2.

CODEX IUSTINIANI:

- 5.6.1.
- 5.62.4. pr.

DIGESTA:

- 1.1.3.
- 1.5.9.
- 1.6.2.
- 1.7.23.
- 2.4.5.
- 3.2.2.5.
- 3.2.11. pr.
- 22.2.38.1.
- 23.1.15.
- 23.2.1.
- 23.2.3.
- 23.2.5.
- 23.2.9. pr.
- 23.2.20.
- 23.2.38. pr.
- 23.2.41. pr.
- 23.2.43. pr.
- 23.2.43.1.
- 23.2.43.2.
- 23.2.43.3.
- 23.2.43.4.
- 23.2.43.5.

- 23.2.43.7.
- 23.2.47.
- 23.2.43.9.
- 23.2.60.
- 23.2.64.1.
- 23.2.67. pr
- 23.3.5. pr.
- 23.3.76.
- 24.1.32.13.
- 24.1.66. pr.
- 24.1.66.1.
- 24.2.1.
- 24.2.2.1.
- 25.1.5. pr.
- 27.7.1. pr.
- 28.7.23.
- 29.1.41.
- 32.2.53.
- 35.1.15.
- 40.12.39.1.
- 47.10.15.
- 48.2.1.
- 48.5.11.2
- 48.5.25.
- 48.5.30.1.
- 48.5.35. pr.
- 48.5.35.1.
- 48.6.5.2.
- 48.9.5.
- 50.16.195.2.
- 50.16.195.4.
- 50.16.220.3.
- 50.17.2. pr.

NOVELLAE IUSTINIANI:

- 22.3.
- 22.4.
- 22.6.
- 22.7.
- 22.9.
- 22.17. praef.
- 74.4.1.
- 74.4.3.
- 74.5.
- 78.1.
- 78.4.
- 117.2.
- 117.3.
- 117.4.
- 117.6.
- 117.8.1.
- 117.8.3.
- 117.8.4.
- 117.8.5.
- 117.8.6.
- 117.9.1.
- 117.9.2.
- 118.8.5.

XII TABULARUM:

- V, 4-5.

COLLATIO LEGUM MOSAICARUM ET ROMANARUM:

- 4, 8, 1.

Jurídicas visigóticas:

CODEX EURICIANUS:

- XIV, 2.

– XIV, 3.
– XIV, 4.
– XIV, 6.
– XIV, 8.
– XIV, 8 bis.
– XV.

LIBER IUDICIORUM:
– III, 1, 1.
– III, 1, 2.
– III, 1, 3.
– III, 1, 4.
– III, 1, 5.
– III, 1, 6.
– III, 1, 7.
– III, 1, 8.
– III, 1, 9.
– III, 2, 1.
– III, 2, 6.
– III, 2, 7.
– III, 2, 8.
– III, 3, 2.
– III, 3, 3.
– III, 3, 4.
– III, 3, 9.
– III, 3, 10.
– III, 3, 5.
– III, 3, 6.
– III, 3, 7.
– III, 3, 12.
– III, 4, 1.
– III, 4, 2.
– III, 4, 3.
– III, 4, 4.

- III, 4, 5.
- III, 4, 6.
- III, 4, 7.
- III, 4, 8.
- III, 4, 9.
- III, 4, 10.
- III, 4, 11.
- III, 4, 12.
- III, 4, 13.
- III, 4, 14.
- III, 4, 15.
- III, 4, 16.
- III, 4, 17.
- III, 4, 18.
- III, 5, 1.
- III, 5, 2.
- III, 5, 3.
- III, 5, 4.
- III, 5, 5.
- III, 5, 6.
- III, 5, 7.
- III, 6, 1.
- III, 6, 3.
- III, 6, 2.

Fuentes canónicas:

- Concilium Ancyranum, c. XI.
- Concilium II Bracarensis, c. XXVI.
- Concilium II Lateranensis, c. VII.
- Concilium III Constantinopolitanum, c. III.
- Concilium Agatense, c. LXI.
- Concilium Arelatense I, c. IX.
- Concilium Arelatense I, c. XI.

- Concilium Basileense, *Exultate Deo. Bulla Unionis Armenorum*.
- Concilium Calchedonense, c. XIV.
- Concilium Epaonense, c. XXX.
- Concilium Gangrense, c. I.
- Concilium Illiberritanum, c. VIII.
- Concilium Neocesariense, c. I.
- Concilium Nicaenum I, c. VIII.
- Concilium Toletanum I, c. XVII.
- Concilium Toletanum II, c. V.
- Concilium Tridentinum, Sessio XXIV.
- Synodus Laodiciae, c. I.

GREGORIO IX:

- Decretales
  - » 1, IV, III, c.3 en DH, 817, p. 362.
- Decretum Gratiani:
  - » C. XXVII, q. 2, c. 1.
  - » C. XXVII, q. 2, c. 16.
  - » C. XXVII, q. 2, c. 34.
  - » C. XXVII, q. 2, c. 39, §. 1
  - » C. XXVII, q. 2, c. 45
  - » C. XXVII, q. 2, c. 37
  - » C. XXVII, q. 2, cc. 48-49;
  - » C. XXVIII.
  - » C. XXIX.
  - » C. XXXI.
  - » C. XXXII.
  - » C. XXVII, q. II c. 36.
- Decretum Tametsi:
  - » Cap. 1.
  - » Cap 2.
  - » Cap. 3.
  - » Cap. 4.
  - » Cap. 5.
  - » Cap. 6.

» Cap. 8.

» Cap. 9.

- Cap. 10.Codex Iuris Canonici:

» c. 1055 § 2.

» c. 1057.

» c. 1110-1133.

» c. 1697-1706

Fuentes literarias e históricas clásicas:

ARISTÓTELES:

- *Ética a Nicómaco*

» V, 7.

- *Política*

» VII, 16, 6.

SEVERINUS BOETHIUS:

- *Consolatio philosophiae*

» II, VIII

MARCUS TULLIUS CICERONIS:

- *De Inventione*

» 148.

- *Topica*

» 3-14.

» 29.

- *De Officiis*

» I, 54.

AULUS GELLIUS:

- *Noctes Atticae*

» II, III, 1-2.

DIONISIO DE HALICARNASO,

- *Historia Antigua de Roma*, (Madrid, 1995).

» 25-27.

» 2, 25, 6.

DECIMUS JULIUS IUVENALIS:

- *Saturae*
  - » XIV, 220-222.
  - » VI, 592-597a.

SUETONII TRANQUILLI:

- *De Vita Caesarum — Divus Augustus*
  - » XXXIV
  - » LXXXIX

PUBLIUS TERENTIUS AFER:

- *Heauton Timorumenos*, 909.

CAIUS CORNELIUS TACITUS:

- *Ab Excessu divi Augusti Historiarum Libri*
  - » I, 10.
  - » I, 53.
  - » II, 3.
  - » II, 13.
  - » II, 86.
  - » III, 25.
  - » III, 28.
  - » III, 29.
  - » III, 34.
  - » IV, 16.
  - » IV, 39.
  - » IV, 40.
  - » IV, 41.
  - » IV, 53.
  - » V, I.
  - » V, 5.
  - » V, 26.
  - » V, 28.
  - » V, 34.
  - » XII, 1.

» XII, 2.
» XII, 7.
» XII, 22.
» XII, 25.
» XII, 58.
» XIII, 19.
» XIII, 44.
» XIII, 45.
» XIV, 27.
» XIV, 41.
» XIV, 64.
» XV, 53.

VALERIUS MAXIMUS:
– *Factorum et dictorum memorabilium*
» VI, 1, 1

Fuentes bíblicas:

– Génesis:
» 1, 27
» 2, 4b-25.
» 2, 8.
» 2, 18.
» 2, 24.
» 4, 19.
» 15, 24
» 16, 1-4.
» 16, 1.18, 9-15.21, 1-7.
» 24, 10.
» 24, 28-50.
» 25, 21.
» 28, 9; 36, 1-3.
» 29, 15-21.

» 29, 24.29.
» 29, 31.30, 1.
» 29, 26-27
» 31, 1-24.

– Éxodo:
» 20, 14.
» 20, 17.
» 4, 22.

– Levítico:
» 15, 2.
» 18, 6-19.
» 18, 6-1.
» 18, 19.
» 18, 23.
» 20, 10-20.
» 21, 13-14.
» 21, 7.
» 25, 25.
» 31, 1-2.

– Deuteronomio:
» 25, 5-10.
» 7, 1-3.
» 21, 10-15.
» 22, 28-29.
» 22, 20-21.
» 24, 5.
» 22, 29a.
» 21, 15-17.
» 24, 2.
» 24, 5.
» 22, 16-20.
» 22, 28-29.

» 22, 5.
» 22, 22-23.
» 22, 24.

– Números:
» 5, 14-28.
» 36, 6.

– Oseas:
» 2, 1.
» 2, 22-23.
» 2, 4.
» 3, 2.

– Jeremías:
» 3, 1-2.
» 3, 6-13.
» 3, 8.
» 3, 20.

– Primer Libro de Samuel:
» 1, 2.
» 1, 7-20.
» 18, 17-27.
» 25, 36-42.

– Segundo Libro de Samuel:
» 5, 13-16.
» 11.

– Rut:
» 4, 4-6.

– Tobías:
» 4, 12b-13.
» 7, 13-14.
» 10, 12.

- Jueces:
  » 1, 14-16.
  » 8, 30.

- Primer Libro de las Crónicas:
  » 3, 1-5.
  » 14, 3-7.

- Segundo Libro de las Crónicas:
  » 11, 18-21.

- Isaías:
  » 50, 1.
  » 54, 1-10.
  » 54, 6.

- Eclesiástico:
  » 9, 9.
  » 26, 1-4.

- Mateo:
  » 3, 13-17.
  » 5, 1-12.
  » 5, 21-47.
  » 5, 27-28.
  » 5, 32a.
  » 9, 11-17.
  » 10, 14.
  » 12, 2-8.
  » 12, 24-45.
  » 15, 1-20.
  » 16, 1-4.
  » 17, 1-9.
  » 19, 3-12.
  » 19, 9.
  » 22, 2-14.

» 22, 15-22.

» 22, 23-33.

» 22, 34-36.

» 23, 1-39.

» 25, 1-13.

– Marcos:

» 2, 18-28.

» 3, 18.

» 3, 21-22.

» 7, 1-16.

» 8, 11-12.

» 10, 2-12.

» 10, 6.

» 12, 13-17.

» 12, 18-27.

» 17, 20-21.

» 19, 39-40.

– Lucas:

» 5, 16-39.

» 5, 35.

» 6, 7-12.

» 6, 15.

» 11, 39-54.

» 13, 31-35.

» 14, 1-6.

» 15, 2-32.

» 16, 14-19.

» 20, 27-38.

– Juan:

» 1, 19-37.

» 2, 2-12.

» 8, 3-30.

» 9, 13-34.
» 9, 40-41.

- Primera Tesalonicenses:
  » 4, 3-8.
  » 4, 8.
- Primera Corintios:
  » 7, 1-7.
  » 7, 3-4.
  » 7, 5.
  » 7, 8.
  » 7, 10-11.
  » 7, 12-16.
- Colosenses:
  » 3, 18-19.
- Efesios:
  » 5, 21-23.
  » 5, 22-32.
- Primera Timoteo:
  » 2, 8-32.
  » 2, 11-12.
  » 2.15.
- Tito:
  » 2, 1-4.
  » 2, 5-5.
- Romanos:
  » 7, 2-3.

Fuentes patrísticas:

- *A Diogneto*:
  » V, 6. PG 2, col. 1167-1187.

ABAELARDUS:

- *Epitome Theologiae Christianae*:
  - » XXXI, PL 178, col. 1745.

AMBROSIASTER:

- *Commentarium in Epistolam B. Pauli ad Corinthios primam*:
  - » VII, PL 17, col. 230.

AMBROSIUS MEDIOLANENSIS EPISCOPUS:

- *De Abraham*:
  - » I, IV, PL 19, col. 350.
- *De viduis*:
  - » II, 10, PL 16, col. 237 s.
- *De paradiso*:
  - » X, PL 14, col. 314.
- *Expositio Evangelii secundum Lucam*:
  - » VIII, 2, en PL 15, col. 1765.
  - » VIII, 5, en PL 15, col. 1767.

ANPHILOCHIUS ICONIENSIS:

- *Oratio in occursum Domini*:
  - » VII, PG 39, col. 55.

ANSELMUS LAUDANENSIS:

- *Enarrationes In Evangelium Matthaei*:
  - » V, PL 162 col. 1288 s.

APOLLINARIS LAODICEAE EPISCOPUS:

- *Comentario sobre Mateo (fragmento)*:
  - » **CROUZEL, H.**, *La Iglesia primitiva frente al divorcio, op. cit.* p. 216.

ASTERIUS AMASENUS:

- *Homilia V in Mattheum*:
  - » XIX, 3, PG 40, col. 238 s.

ATHANASIUS ALEXANDRINUS:

- *De virginitate, sive acesi*:
  - » 2, en PG 28, col. 254.

– *Epistola ad Amunem monachum*:
   » PG 26, col. 1174.

ATHENAGORAE PHILOSOPHI CHRISTIANI:

– *Legatio pro christiani*:
   » XXXIII, PG 6, col. 967.

AUGUSTINUS:

– *De bono coniugali*:
   » III, PL 40, col. 375.
   » IV, PL 40, col. 376.
   » V, 5, PL 40, col. 376.
   » VI, en PL 40, col. 377.
   » XI, en PL 40, col. 381.
   » XXIV, PL 40, col. 394.

– *De coniugiis adulterinis*:
   » II, PL 4, col. 435.
   » III, PL 4, col. 453.
   » IV, PL 40, col. 453.

– *De fide et operibus*:
   » I, 2, PL 40, col. 198.

– *De Genesi ad litteram*:
   » IX, 7, PL 34, col. 252.

– *In Epistola Joannis ad Parthos*:
   » VII, 8, en PL 35, col. 2033.

– *De nuptiis et concupiscentia*:
   » XII, PL 44, col. 421.
   » XXI, PL 44, col. 427.

– *De sancta virginitate*:
   » X, en PL 40, col. 401.
   » XXI, PL 44, col. 427.

BASILIUS MAGNUS:

– *Epistola XXXVIII, canonica prima*:
   » c. IX, PG 32, col. 678.

- *Epistola CXCIX, canonica secunda*:
  - » c. XXI, PG 32, col. 722.
  - » c. XXII, PG 32, col. 722 s.
  - » c. XXVII, PG 32, col. 723.
  - » c. XXXI-XXXVI, PG 32, col. 727.
  - » c. XLVI, PG 32, col. 730.
  - » c. XLVIII, PG 32, col. 732.
  - » c. L, en PG 32, col. 734.
- *Homilia VII in Hexaemeron*:
  - » 5, PG 29, col. 159.
- *Moralium*:
  - » Regula LXXIII, PG 31, col. 850.
- *De vera virginitatis integritate, ad Letoium Melitinensem episcopum*:
  - » 41, en PG 30, col. 751.

CHROMATIUS EPISCOPUS AQUILEIENSIS:

- *Tractatus in Evangelium S. Matthaei*:
  - » X, PL 20, col. 351 s.

CLEMENS ALEXANDRINUS:

- *Stromatum Libri*:
  - » II, XXXIII, PG 8, col. 1095.
  - » III, X, PG 8, col. 1170.
  - » VII, XII, PG 8, col. 1171.
  - » XIV, PG 8, col. 1195.
  - » III, XII, PG 8, col. 1183.

CYPRIANUS CARTHAGINENSIS [Dubia]:

- *Liber de disciplina et bono pudicitiae*:
  - » IV, PL 4, col. 822.
  - » V-VI, PL 4, col. 822 s.
  - » VII, PL 4, col. 823.

CYRILLUS ALEXANDRINI ARCHIEPISCUPUS:

- *Commentarium in Evangelium Joannis*:
  - » II, PG 73, col. 226.

- *Commentarii in Matthaeum fragmenta*:
  » VII, PG 74, col. 380.
- *Commentarius in Malachiam prophetam*:
  » XXVIII, PG 72, col. 324.
- *De adoratione in spiritu et veritate*:
  » VIII, en PG 68, col. 583.
- *Explanatio in Epistolam I ad Corinthios*:
  » VII, en PG 74, col. 874.
- *Expositio in Psalmos*:
  » L, en PG 69, col. 1091.

EPIPHANIUS CONSTANTIAE IN CYPRO EPISCOPUS:

- *Adversus haereses*:
  » LXIX, PG 4, col. 1023-1026.

EUSEBIUS HIERONIMUS:

- *Adversus Jovinianum*:
  » I, 3, PL 23, col. 223.
  » I, 7, PL 23, col. 229.
- *Commentariorum in Evangelium Matthaei ad Eusebium*:
  » XXX, PL 26, col. 39.
- *Epistola CXXII ad Geruchiam. De monogamia*:
  » III, PL 22, col. 1047.
  » V, PL 22, col. 1050.
- *Epistola L ad Domnionem*:
  » V, PL 22, col. 516.
- *Epistola LIV Ad Furiam*:
  » IV, PL 22, col. 251.
- *Epistola LXIV Ad Fabiolam. De veste sacerdotali*:
  » VII, PL 22, col. 612
- *Epistola LXXVII ad Oceanum. De morte Fabiolae*:
  » III, PL 22, col. 691.

– *Epistola XXII, Ad Eustochium, Paulae filiam*:

» XX, PL 22, col. 406 s.

» XIV, PL 22, col. 394.

– *Espistola XLVIII ad Pammachium*:

» IV, PL 23, col. 496.

» XXI, PL 23, col. 510.

EUSEBIUS PAMPHILIUS:

– *Comentaria in Psalmos*:

» III, 2, PG 23, col. 439.

GREGORIUS NAZIANZENUS:

– *Epistola CXLIV*:

» PG 37, col. 246.

– *Oratio XXXVII In Mattheum*:

» VI, PG 36, col. 290.

» VII, PG 36, col. 291.

HERMAS:

– *Pastor*:

» Liber II, Mandatum IV, Cap. I, en PG 2, pp. 917-920.

HILARIUS PICTAVIESIS:

– *In Evangelium Matthei commentari*:

» IV, PL 9, col. 939 s.

HINCMARUS RHEMENSIS:

– *De coercendo et exstirpendo rapta viduarum, puellarum et sanctimonialum*:

» PL 125, col. 122.

HUGONIS DE S. VICTORE:

– *De Beatae Mariae virginitate*:

» I, PL 176, col. 857-870.

– *De sacramentis Christianae fidei*:

» II, 11, 1, PL 176 col. 479-481.

» II, 11, 3, PL 176, col. 482.

» II, 11, 4, PL 176, col. 483.
» II, 11, 5, 1, PL 176, col. 485.
» II, 11, 5, 2, PL 176, col. 485.
» II, 11, 5, 5, PL 176, col. 487.
» II, 11, 6, PL 176, col. 488 c-494 a.
» II, 11, 7, PL 176, col. 494
» II, 11, 8, PL 176 col. 500
» IV, PL 176, col. 483.

IOHANNES CHRYSOSTOMUS:

– *De Virginitate*:
» I, PG 48, p. 533.
» XL, PG 48, col. 562 s.

– *In illum locum*:
» I, PG 51, col. 218.

– *De verbis illis apostoli*:
» IV, PG 51, col. 213.

– *Homiliae in Matthaeum*:
» XVII, 4, PG 57, col. 259.

– *Homilia VIII in Genesin*:
» IV, PG 53, col. 73.

– *Homilia XIX in Epistolam primam ad Corinthios*:
» PG 61, col. 152.

– *Homilia XX in Epistolam ad Ephesios*:
» II, PG 62, col. 137.
» IV, PG 62, col. 140 s.

– *Laus Maximi*:
» I, PG 51, col. 226.

– *Oratio II adversus Judaeos*:
» III, PG 48, col. 860.

IVO CARTONENSIS:

– *Panormia*:
» VI, XVI, PL 161, col. 1247.

IGNATIUS ANTIOCHENUS:

– *Epistola Ad Polycarpum*:

» V, PG 5, col. 723 b.

JONAS AURELIANUS:

– *De Institutione Laicali Libri Tres*:

» II, PL 106, col. 170.

JUSTINUS PHILOSOPHUS ET MARTYR:

– *Apologia secunda*:

» 2, PG 6, p. 443.

LEO MAGNUS:

– *Epistola CLXVII ad Rusticum Narbonensem episcopum*:

» IV, en PL 54, col. 1204.

LUCIUS CAECILIUS FIRMIANIUS LACTANTIUS:

– *Divinarum Institutionum*:

» 6, 23, PL 6, col. 1204.

ORÍGENES:

– *Homiliae*:

» 5, 4, PG 12, col. 192.

PETRUS DAMIANUS:

– *Opusculum XLI. De tempore celebrandi Numptias*:

» II, PL 145, col. 662b.

PETRUS LOMBARDUS:

– *Sententiarum Libri Quatuor*:

» IV, 27, 3, PL 192, col. 910 s.

QUINTUS SEPTIMIUS FLORENS TERTULLIANUS:

– *Ad uxorem libri duo*:

» I, 2, PL 1, col. 1389.

– *De pudicitia*:

» 16, PL 2, col.1012.

TANCREDUS:

- *Suma de sposalibus et matrimonio*:
  - » 16, PL 155 col. 503.

THEODORETUS CYRENSIS:

- *Interpretatio Epistolae ad Ephesios*:
  - » PG 82, col. 505 ss.

OTRA DOCUMENTACIÓN ECLESIÁSTICA

CONGREGAZIONE PER L'EDUCAZIONE CATTOLICA, *Istruzione sullo studio dei Padri della Chiesa nella formazione sacerdotale* (10/XI/1989).

PONTIFICIA COMISIÓN BÍBLICA, *Biblia y Moral. Raíces bíblicas del comportamiento cristiano*, Roma, 2008, Prólogo. Consultado en https://www.vatican.va/roman_curia/congregations/cfaith/pcb_documents/rc_con_cfaith_doc_20080511_bibbia-e-morale_sp.html el 27/XI/2020).

The Principles of Canon Law Common to the Churches of the Anglican Communion.

BIBLIOGARÍA CONSULTADA

ABOÍN MARTÍN, G., *Introducción a los saramentos*, Madrid, 2015.

ACUÑA, S., «La forma del matrimonio canónico hasta el decreto "ne temere"», *Ius canonicum*, 13, 25, 1973, pp. 137-192.

ALARCÓN PALACIO, Y., «Régimen patrimonial del matrimonio desde Roma hasta la Novísima Recopilación», en *Revista de Derecho*, XXIV, 2005, pp. 2-31.

ALBANESE, B., «Trinoctio abesse e XII Tavole», en *Annali del Dipartimento di Storia del Diritto della Universitá di Palermo* (AUPA), XLVIII, 2003, pp. 24-30.

ALBERIGO, G., *La Teología de San Pablo*, Salamanca, 2005.

— **ALBERIGO, G.**, *Historia de los Concilios ecuménicos,* Salamanca, 1993, pp. 287-292.

Albertario, E., «L'autonomia dell'elemento spirituale nel matrimonio en el posseso romano-giustinianeo», en AA. VV., *Studi di Diritto romano I*, Milano, 1933.

— **Albertario, E.**, *La definizione del matrimonio secondo Modestino*, Padova, 1933.

Alonso y Royano, F., «El contrato de compromiso en el derecho matrimonial egipcio», en *Memorias de historia antigua*, 15-16, 1994-1995, pp. 9-26.

Álvarez De Las Asturias, N., «Il matrimonio, "realtá mondana": la perdita della sacramentalità creaturale in Lutero e la risposta católica», en A. Diriart, G. Mirjana, *Il matrimonio, cardine dell'economia sacramentaria*, Siena, 2017, pp. 35-76.

— **Álvarez De Las Asturias, N.**, «El Concilio de Trento y la indisolubilidad del matrimonio: reflexiones hermenéuticas acerca del alcance de su doctrina», *Revista española de teología*, 75, 2015, pp. 15-41.

— **Álvarez De Las Asturias, N.**, «La formación del vínculo matrimonial de Graciano a Alejandro III: ¿tan sólo una cuestión histórica?», *Ius Canonicum*, 53, 2013, pp. 621-654.

Álvarez Y Cañas, M. L., «El engaño del matrimonio clandestino. Abandono, culpabilidad y deshonor», en Iglesias Rodríguez, J. J., Pérez García, R. M., Fernández Cháves, M- F. (eds.), *Comercio y cultura en la Edad Moderna. Comunicaciones de la XII Reunión científica de la fundación española de Historia moderna*, Sevilla, 2015, pp. 1995-2007.

Álvarez-Cortina, A., *El contenido esencial del «bonum prolis». Estudio histórico-jurídico de doctrina y jurisprudencia*, Roma, 2009.

Amado Vanegas, L., «Aproximación a la Sacramentología luterana», *Theologica Xaveriana*, 63, 1982, pp. 141-155.

Amenta, P., *Procedimientos canónicos de disolución del matrimonio*, Madrid, 2011.

Amunátegui Perello, C. F., «El concepto de familia en Roma arcaica», *Ars boni et aequi*, 1, 2015, pp. 117-126.

— **Amunátegui Perelló, C. F.**, «Loco Filiae», en *Orígenes de la propiedad*, 2006/3, Vicerrectoría Adjunta de Investigación y Postgrado de la Pontificia Universidad Católica de Chile.

— **Amunátegui Perelló, C.**, «La obligación de la restitución de la dote y el nacimiento del divorcio en Roma», en *Revista de Estudios Hitórico-Jurídicos*, 30, 2008, pp. 37-46.

ARECHEDERRA, L., «El matrimonio informal (nadie puede querer lo que realmente quiere, sin tenerlo)», *Revista Chilena de Derecho*, 21, 2, 1994, p. 227.

ARNAU, R., *Tratado general de los Sacramentos*, Madrid, 2007, p. 275.

ARTADI, J. M., *Historia y teología del sacramento del matrimonio*, Madrid, 1987.

ASTOLFI, R., *Il Matrimonio nel Diritto Romano Preclassico*, Padova, 2002.

— **ASTOLFI, R.**, *La Lex Iulia et Papia*, Padova, 1986.

— **ASTOLFI, R.**, «Gaio e la manus quale potestas», *Studia et Documenta Historiae et Iuris*, 75, 2009, pp. 53-76.

— **ASTOLFI, R.**, «Il concubinato romano quale rapporto di fatto», *Studia et documenta historiae et iuris*, 79, 2013.

— **ASTOLFI, R.**, «Sintesi della storia della bigamia in Roma», *Studia et documenta historiae et iuris*, 76, 2010, pp. 281-290.

AZARA, A., EULA, E. (Dir.), *Novissimo Digesto italiano,* Torino, 1982.

AZNAR GIL, F., *Derecho Matrimonial Canónico. Vol. I: Cánones 1055-1094*, Salamanca, 2007.

BAKUNIN, M., «La mujer, el matrimonio y la familia», en M. BAKUNIN, *Obras completas. Tomo 3,* Madrid, 1977.

BALLESTEROS, M, ALBORG, J. L., *Historia Universal desde el siglo XIII*, Madrid, 1970.

BALTENSWEILER, H., *Il matrimonio nel Nuovo Testamento,* Brescia, 1981.

BASSETT, W. W., «El matrimonio de los cristianos: ¿contrato válido, sacramento válido?», en W. W. BASSETT, *El matrimonio, ¿es indisoluble?*, Santander, 1971.

— **BASSETT, W. W.**, *El matrimonio, ¿es indisoluble?*, Santander, 1971.

BAUER, J. B., *Enciclopedia de Teología bíblica*, Barcelona, 1967.

BAUX, R. DE, *Instituciones del Antiguo Testamento,* Barcelona, 2012.

BEAUVOIR, S. DE, *El segundo sexo,* Madrid, 2019.

BERARDINO, A. DI, *Istituzioni della Chiesa Antica*, Venezia, 2019.

— **BERARDINO, A. DI**, *Patrología III. La Edad de Oro de la Patrística latina*, Madrid, 1986.

Berman, J., «The History of Legal Theory and the Study of Biblical Law», *The catholic biblical quarterly*, 76, 2014, pp. 19-39.

Bernabé Ubieta, C., «Redefiniendo el patrón de masculinidad y las relaciones matrimoniales de la casa-familia en la comunidad mateana (Mt 19, 1-12)», *Qol. Revista Bíblica Mexicana*, 50, 2009, pp. 3-42.

Bernabé Ubieta, C., «Evolución de la Iglesia en la tradición post-paulina», *Aula de Teología*, 2017.

Betancourt, F., *Derecho romano clásico*, Sevilla, 2007.

Blenkinsopp, J., *El Pentateuco. Introducción a los cinco primeros libros de la Biblia,* Navarra, 2001.

Bogaert, P. M., *Diccionario enciclopédico de la Biblia*, Barcelona, 1993.

Bonfante, P., *Corso di Diritto romano. Volume primo. Diritto di Famiglia*, Milano, 1963.

Bonfilis, G. de, «La terminología matrimoniale di Costanzo II: uso de la lingua e adattamento político», *Labeo, Rassega di Diritto romano*, 42, 1996, 2, pp. 254 s.

Borobio, D., *La celebración en la Iglesia II. Sacramentos,* Salamanca, 2008.

Borrelli, P., «Il divieto di matrimonio tra tutore e pupila», *Labeo, rassegna di Diritto romano*, 43, 1997.

Bresan, L., «La indisolubilidad del matrimonio en el Concilio de Trento», en Barberana, T. G., *El vínculo matrimonial, ¿divorcio o indisolubilidad?,* Madrid, 1978.

— **Bressan, L.**, *Il canone tridentino sul divorzio per adulterio e l'interpretazione degli autori,* Roma, 1973.

Burke, C., «San Agustín y la sexualidad conyugal», *Augustinus*, 35, 1990, p. 280.

Cabrero Piquero, J., Fernández Uriel, P., *Historia Antigua II. El Mundo Clásico. Historia de Roma,* Madrid, 2014.

Callejo, R., *Persona e institución: el derecho al matrimonio en el c. 1060*, Madrid, 2004.

Calasso, F. (Dir.), *Enciclopedia del Diritto,* Varese, 1964.

Campo Guinea, J., «Los procesos por causa matrimonial ante el Tribunal eclesiástico de Pamplona. Siglos XVI y XVII», *Príncipe de Viana*, 55, 202, 1994, p. 381.

CANTARELLA, E., *Instituciones e historia del Derecho romano. Maiores in legibus,* Valencia, 2017.

— **CANTARELLA, E.**, *Los suplicios capitales en Grecia y Roma. Orígenes y funciones de la pena de muerte en la Antigüedad Clásica*, Madrid, 2015.

— **CANTARELLA, E.**, *Pasado próximo. Mujeres romanas de Tácita a Sulpucia,* Madrid, 1997.

CANTELAR RODRÍGUEZ, F., «La indisolubilidad en la doctrina de la Iglesia desde el siglo XII hasta Trento», en GARCÍA BARBERENA, T. (dir.), *El vínculo matrimonial*, op. cit., pp. 165 s.

CAÑELLAS ORPINELL, G., «El matrimonio: praxis del judaísmo bíblico», *Biblia y Fe*, 36, 1986, p. 281.

CARAVIAS, J. L., *Matrimonio y familia a la luz de la Biblia*, Buenos Aires, 1991, p. 10.

CASANOVA, G., «La indisolubilidad del matrimonio: don y promesa de salvación», *Cuadernos de pensamiento*, 27, 2014, pp. 41-75.

CASTÁN LACOMA, L., «El origen del capítulo Tametsi del Concilio de Trento contra los matrimonios clandestinos», *Resvista Española de Derecho Canónico,* 14, 42, 1959, pp. 614-621.

CASTÁN VÁZQUEZ, J. M., «La regulación histórica del matrimonio en España», *Revista Verbo*, XLIII, 4333-434, 2005, pp. 245-274.

— **CASTÁN VÁZQUEZ, J. M.**, «El Derecho matrimonial en las obras de Cervantes», en *Anales de la Real Academia de la Jurisprudencia y la Legislación*, 2005.

CASTELLO, C., *Studi sul Diritto familiare e gentilizio romano*, Roma, 1972.

CASTILLO, A. DEL, «Legislación romana y liberación femenina: una relación inconsciente», *Lucentum*, VII-VIII, 1988-1989, pp. 161-170.

— **CASTILLO, A. DEL**, «Reflexiones en torno a la concesión del conubium entre libres de nacimiento y libertos», *Revue internationale des droits de l'antiquité*, 41, 1994, pp. 179-206.

CELIS BRUNET, A. M., *La relevancia canónica del matrimonio civil a la luz de la teoría general del acto jurídico: contribución teórica a la experiencia jurídica chilena*, Roma, 2002, p. 133.

CENALMOR, J. MIRAS, D., *El Derecho de la Iglesia*, Navarra, 2005.

Cerezuela García, C. A., *El contenido esencial del «bonum prolis». Estudio histórico-jurídico de doctrina y jurisprudencia*, Roma, 2014.

Coontz, S., *Historia del matrimonio. Cómo el amor conquistó el matrimonio,* Barcelona, 2006.

Corbino, A., «Il matrimonio in età arcaica e repubblicana», *Index: quaderni camerti di studi romanistici, international survey of roman law*, 40, 2012.

Claret, M., *El matrimonio, comunidad de vida y amor*, Barcelona, 2010.

Collins, R. F., *Divorce in the New Testament*, Minnesota, 1992.

Colom y Beneyto, F., *Las equivocaciones del obispo de Tuy. El Derecho canónico y el Derecho civil con relación al matrimonio. La solución al problema del matrimonio,* Madrid, 1906,

Comblin, J., *Pablo: trabajo y misión*, Bilbao, 1994.

Corbino, A., *Diritto Privato Romano*, Padova, 2014.

— **Corbino, A.**, «Familia "proprio iure" e familia "communi iure"», en Carvajal, P. y Miglieta, M., *Estudios jurídicos en homenaje al profesor Alejandro Guzmán Brito*, Vol. II, Alessandria, 2011.

Crouzel, H., *La Iglesia primitiva frente al divorcio*, Madrid, 2015.

Csillag, P., *The augustan laws on family relations*, Budapest, 1976.

Daza Martínez, J. y Rodríguez Ennes, L., *Instituciones de Derecho Privado Romano*, Madrid, 2001.

Derosee, A. B., *A Biblical-Theological and Exegetical survey of divorce and remarriage,* en Piper, J., Gruden, W., *Recovering Boblical Manhood & Womanhood. A Response to Evangelical Feminism,* Illinois, 2017.

Díez-Macho, A., «La familia en la Biblia», en AA. VV., *Estudios sobre la familia*, Toledo, 1981.

— **Díez-Macho, A.** (Dir.), *Enciclopedia de la Biblia*, Barcelona, 1969.

Diz Franco, A. M., «El repudio de Salomé, ejemplo de "vigencia" social del Derecho romano, en la corte herodiana», *Revista General de Derecho Romano*, 26, 2016.

— **Diz Franco, A. M.**, «La indisolubilidad: una novedad jurídica en una tradición bimilenaria», *Revista General de Derecho Romano*, 24, 2015.

— **Diz Franco, A. M.**, «Reflexiones teológico-jurídicas en torno a Amoris Laetitia», *Compostellanum,* LXIV, 1-2, pp. 359-395.

Domínguez López, E., «Consideración jurídica del concubinato en el Derecho romano. Especial referencia a los derechos de los hijos naturales», *Revista General de Derecho Romano*, 24, 2015.

Eliade, M., *Historia de las creencias y de las ideas religiosas III*, Barcelona, 2005.

Engels, F., *El origen de la familia, la propiedad privada y el Estado*, Madrid, 2010.

Entrena Klett, C. M., *Matrimonio, separación y divorcio en la legislación actual y en la historia*, Pamplona, 1982.

Escoto Eriúgena, J., *División de la naturaleza*, Barcelona, 1984.

Fabris, R., *Pablo. El Apóstol de las gentes*, Madrid, 1999.

Fayer, C., *La Familia Romana. Aspetti giuridici ed antiquiari. Sponsalia. Matrimonio. Dote. Parte Seconda*, Roma, 2005.

Fernández Baquero, M. E., «Aspectos sobre el matrimonio en el Derecho Romano Arcaico», en López-Rosa, R. y Pino Toscano, F. (eds.), *El Derecho de Familia: de Roma al Derecho actual*, Huelva, 2004, p. 196.

— **Fernández Baquero, M. E.**, «La familia en Roma: entre los "mores maiorum" y la norma escrita», en López Rosa, R. y Pino-Toscano, F. del (Eds.), *El Derecho de familia y los derechos reales en la romanística española,* Huelva, 2001.

Fernández de Buján, A., *Derecho Privado Romano*, Madrid, 2017.

— **Fernández de Buján, A.**, «*Génesis del derecho de libertad religiosa en la sociedad y en la legislación romana*», en Modesto Barcia Lago y M. Fuenteseca Degeneffe (coord.*), Varia studia: libro homenaje al Profesor Doctor Luis Rodríguez Ennes con ocasión de su septuagésimo aniversario*, Vigo, 2015, pp. 435-444.

— **Fernández de Buján, A.**, «Reflexiones a propósito de la realidad social, la tradición jurídica y la moral cristiana en el matrimonio romano», *Anuario de la Facultad de Derecho de la Universidad Autónoma de Madrid*, 10, 2006, pp. 33-47.

— **Fernández de Buján, A.**, «La reforma en curso de la jurisdicción voluntaria en España», *Revista Auctoritas Prudentium*, 13, 2015, pp. 137-174.

— **Fernández de Buján, A.**, «La legislación de Augusto», *Gerión*, 35, 0, 2017, pp. 87-104.

— **Fernández de Buján, A.**, «La recepción de Derecho romano en Europa», *El Cronista del Estado Social y Democrático de Derecho*, 41, 2014, pp. 4-13.

Fernández de Buján, F., *Fundamentos clásicos de la democracia y la administración*, Madrid, 2021.

— **Fernández de Buján, F.**, *El Derecho, creación de Roma. Meditaciones Universitarias de un Académico*, Madrid, 2020.

— **Fernández de Buján, F.**, «Lineamenti sul matrimonio nel pensiero di Ulpiano», en AA. VV., *Atti del XIII Colloquio Giuridico Internazionale: La filiazione nella cultura giuridicaeuropea. Roma 23-24 aprile 2008*, Roma, 2009, pp. 165-173.

— **Fernández de Buján, F.**, *Lineamenti sul matrimonio nel pensiero di Ulpiano*, en AA. VV., *Lineamenti sul matrimonio e il suo rilievo attuale*, Cittá del Vaticano, 2009.

— **Fernández de Buján, F.**, *La vida. Principio rector del Derecho,* Madrid, 1999.

— **Fernández de Buján, F.**, «Il Diritto romano vigente e il Diritto civile classico», en L. Garofalo e L. Vacca, *Studi in ricordo di Carlo Augusto Cannata*, Napoli, 2021, pp. 246-270.

— **Fernández De Buján, F.**, «Il potere politico nel pensiero di Isidoro di Siviglia», *Studia et documenta historiae et iuris*, 12, 23, 2012, pp. 513-537.

— **Fernández de Buján, F.**, «De una Iberia peninsular a la Hispania romana», *Gerión*, 35, 0, 2017, pp. 987-1002.

Fitzmyer, J. A., *Teología de San Pablo. Síntesis y perspectivas*, Madrid, 2008.

Flórez, G., *Matrimonio y Familia*, Madrid, 1995.

Franciosi, G., *Famiglia e persone in Roma antica. Dall'étà arcaica al Principato*, Torino, 1989.

— **Franciosi, G.**, «La plebe senza genti e il problema della "Rogatio Canuleia"», en Franciosi, G. (a cura di), *Ricerche sulla organizzazione gentilizia romana,* Napoli, 1984.

— **Franciosi, G.**, *Clan gentilizio e strutture monogamiche. Contributo alla storia della familia romana*, Napoli, 1989.

Fransen, G., «La formación del vínculo matrimonial en la Edad Media», en R. Metz, J. Schlick, *Matrimonio y divorcio*, Salamanca, 1974.

García Cordero, M., *Teología de la Biblia*, Madrid, 1970.

García Garrido, M. J., *Diccionario de Jurisprudencia romana*, Madrid, 2000.

— **García Garrido, M. J.**, *Derecho Privado Romano*, Madrid, 2015.

— **García Garrido, M. J.**, *El Comercio, los Negocios y las Finanzas en el Mundo Romano*, Madrid, 2001, p. 58 s.

— **García Garrido, M. J.**, *Ius uxorium*, Roma, 1958.

— **García Garrido, M. J.**, «Nuovi orientementi della legislazione e della giurisprudenza sul matrimonio», en Milazzo, F. (a cura di) *Diritto romano e terzo milenio. Radici e prospettive dell'esperienza giuridica contemporanea*, Copanello, 2000.

Gaudemet, J., *El matrimonio en Occidente,* Madrid, 1993.

Ghirardi, G., «Regulación jurídica de las conductas sexuales extramatrimoniales en el Derecho romano», *Revista General De Derecho Romano*, 5, 2005.

Ghirardi, M., Irigoyen López, A., «El matrimonio, el Concilio de Trento e Hispanoamérica», *Revista de Indias*, XLIX, 246, 2019, pp. 241-271.

Gil Albiol, C. J., «Pablo y los "comportamientos sexuales inadecuados"» (porneia), *Reseña bíblica: Revista trimestral de la Asociación Bíblica Española*, 54, 2007, pp. 55-62.

González de Audicana, J. M., «Consortium omnis vitae: una reflexión sobre el Derecho matrimonial comparado», en *Revista General de Derecho Romano*, 6, 2006.

González Fernández, R., «Legislación y personalidad de Justiniano: su matrimonio con Teodora», *Antigüedad y Cristianismo,* VIII, 1991, pp. 169-175.

— **González Fernández, R.**, «La obra legislativa de Justiniano y la Cristanización del cosmos», *Antigüedad y cristianismo: Monografías históricas sobre la Antigüedad tardía*, 7, 1990, pp. 495-518.

Gordon, N., *The Hebrew Yeshua Vs. the Greek Jesus: New Light on the Seat of Moses from Shem-Tov's Hebrew Matthew*, Atascosa (Tx), 2005.

Granados, J., *Una sola carne en un mismo espíritu: Teología del Matrimonio*, Madrid, 2014.

Gugel Gironés, B., «¿Harenes y concubinas en el Antiguo Egipto?», *Boletín de la Asociación Española de Egiptología*, 15, 2005, pp. 7-28.

Harper, K., «Porneia: The Making of a Christian Sexual Norm», *Journal of Biblical Literature*, 131, 2, 2012.

Hepner, G., «Abraham's incestuous marriage with Sarah a violation of the Holiness Code», *Vetus Testamentum*, 53, 2, 2003, pp. 143-145.

Herrera Bravo, R., «El elemento romano en la configuración jurídica del "adulterio" en el Derecho histórico español», en Díaz-Bautista Cremades, A. y García Sánchez, J. (eds.), *Fundamentos romanísticos del derecho contemporáneo*, Madrid, 2021, p. 313.

Herreros Gonzalez, C. y Santau Pastor, M. C., «Matrimonio y prostitución en Roma, ¿uniones de hecho o de derecho?», *Iberia: Revista de la Antigüedad*, 8, 2005, pp. 89-112.

Hervadas, J., «Notas sobre la noción de derecho natural en los juristas y teólogos desde Anselmo de Laon hasta San Alberto Magno», *Revista de Estudios Histórico-Jurídicos*, 5, 1980, pp. 349-374.

Hipp T., R., «Orígenes del matrimonio y de la familia modernos», *Revista Austral de Ciencias Sociales*, 11, 2006, pp. 59-78.

Holzner, J., *San Pablo. Heraldo de Cristo*, Barcelona, 1989.

Hug, L., *De vinculo conjugii christiani indissolubili. Commentatio exegetica*, Friburgo, 1816.

Huizing, P., «La disolución del matrimonio desde el Concilio de Trento», en Metz, R., Schlick, J., *Matrimonio y divorcio*.

Iglesias, J., *Derecho romano,* Madrid, 2010.

Irrazábal, G., «"Biblia y moral". Los criterios de interpretación en el documento de la Pontificia Comisión Bíblica» (2008), *Franciscanum*, 54, 158, 2012, pp. 333-368.

Jeremias, J., *Teología del Nuevo Testamento*, Salamanca, 1977.

Johnson, C. H., «Matrimonio en el judaísmo: tradición y retos en el contexto grecorromano», *Revista Internacional de Derecho Romano*, 31, 2023, pp. 159-189.

Jonaitis, M. y Kosaite-Cypiene, E, «Conception of Roman marriage: historical experience in the context of national family policy concept», *Jurisprudencija*, 2009, 2 (116), pp. 295-316.

Kasper, W., *Diccionario enciclopédico de exégesis y teología bíblica*, Barcelona, 2011.

Kogler, F., *et al.*, *Diccionario de la Biblia*, Bilbao, 2012.

Lacruz Berdejo, J. L. *et alii*, *Derecho de Familia (Vol. I)*, Barcelona, 1990.

Lamelas Míguez, J., «La Acción del Hombre en el Mundo como lugar de encuentro con Dios», en AA. VV., *Caminos hacia Dios. XLIII Jornadas de teología,* Salamanca, 2011, pp. 69-80.

Larrabe Orbegozo, J. L., «El matrimonio, realidad natural — vocación cristiana. En el protestantismo de ayer y de hoy», *Revista española de Derecho canónico*, 29, 82, 1973, pp. 187-203.

Latasa, P., «Matrimonios clandestinos y matrimonios secretos», *Max Planck Institute for European Legal History research paper series*, 11, 2019, pp. 1-44.

Lombardi, D., «Il matrimonio. Norme, giurisdizioni, conflitti nello stato fiorentino del Cinquecento», en Pansini, G., *Istituzioni e società in Toscana nell'età moderna: atti delle giornate di studio dedicate a Giuseppe Pansini*, Firenze, 1992, p. 787.

López Barja de Quiroga, P., Lomas Salmonte, F. J., *Historia de Roma,* Madrid, 2004.

López Pedreira, A., «Tempus lugendi y secundae nuptiae en Derecho Romano», en *Revista Internacional de Derecho Romano*, 11, 2003, pp. 332-377.

Lorenzi, C., Pap. Coll. 4, 8, 1: «La figlia adultera e il "Ius occidendi iure patris"», *Studia et Documenta Historiae et Iuris*, 52, 1991, pp. 158-180.

Lorusso, G., Líndisolubilità del matrimonio nei Sinottici e in Paolo, *Apulia theologica,* 2016, 1, pp. 131-152.

Lutero, M., *La cautividad babilónica de la Iglesia*, en Reskó, B., Held, H. J. (eds.), *Obras de Martín Lutero. Tomo I*, Buenos Aires, 1967, p. 282).

Llinares García, M., *Historia das mulleres de Galicia. Prehistoria. Historia antiga*, Santiago de Compostela, 2010.

Magalhaes, D., «O pretenso matrimónio de pessoas do mesmo sexo no Direito romano», *Revista General de Derecho Romano*, 33, 2019, pp. 2-7.

— **Magalhaes, D.**, «Ex qua persona quis lucrum capit, eius factum praestare debet (d.50,17,149). Do casuísmo romano à moderna Generalização da responsabilidade civil por acto de terceiro», *Revista General de Derecho Romano*, 39, 2022.

Malavé Osuna, B., Ortín García, C., «"Premium Pudicitiae" y donación nupcial», en *Revista de Estudios Hitórico-Jurídicos*, 2004, XXVI.

Maldonado De Lizalde, E., «La Lex Julia de Adulteriis del emperador César Augusto (y otros delitos sexuales asociados)», en *Anuario Mexicano de Historia del Derecho*, 17, 2005, pp. 365-413.

— **Maldonado de Lizalde, E.**, «Lex Iulia de Maritandis Ordinibus. Leyes de familia del emperador César Augusto», en *Anuario Mexicano de Historia del Derecho*, 14, 2002, p. 545-565

Martín de Agar y Valverde, J. T., «La dispensa de forma en una respuesta de la comisión de intérpretes», *Ius Canonicum*, 26, 51, 1986, pp. 299-308.

Martín Minguijón, A. M., «Modelos de familia en España. Antecedentes históricos», *Revista general de Derecho romano*, 5, 2005.

Martinengo, A., «¿Ejercicio de la Patria potestas o libre elección? Cervantes ante el matrimonio», en Dotras Bravo, A., *Tus obras los rincones de la tierra descubren: actas del VI Congreso Internacional de la Asociación de Cervantistas*, Alcalá de Henares, 2008, p. 485-494.

Martínez Vela, J. A., El obispo como defensor y protector de los ciudadanos en el bajo imperio romano. El testimonio de las cartas de San Agustín, *Revista General de Derecho romano*, 32, 2019.

Marx, K., Engels, F., *El manifiesto comunista,* Madrid, 2009.

Mateos, J., Camacho, F., *Evangelio, figuras y símbolos*, Córdoba, 1989.

Meeks, W. A., *Los primeros cristianos urbanos*, Salamanca, 2012.

Millán Romeral, F., «La sacramentalidad del matrimonio: algunas notas desde la historia de la teología», *Estudios Eclesiásticos*, 88, 345, 2013, pp. 321-359.

Mohíno Manrique, A., «In mancipio ese», *Revista General de Derecho Romano*, 34, 2020.

Mommsen, T., *Historia de Roma I*, Barcelona, 2005.

— **Mommsen, T.**, *Historia de Roma II*, Madrid, 2005.

Moreno Ramírez, D., *Relevancia de la sacramentalidad del matrimonio en relacion con la nulidad del consentimiento*, Madrid, 2014.

Murillo Velarde, P., *Curso de Derecho canónico hispano e indiano. Tomo IV*, Zamora (México), 2004.

Muñoz Catalán, E., «La impotencia generandi en el matrimonio romano homosexual», *Foro, Nueva Época*, 16, 2, 2013, pp. 211-230.

— **Muñoz Catalán, E.**, «Matrimonios ilegales, inexistentes o nulos, desde la legislación matrimonial de Augusto hasta Constantino I», *Revista de Derecho UNED*, 26, 2020, pp. 393-426.

Nadales Álvarez, M. J., «El matrimonio en la Edad Moderna: requisitos para el matrimonio militar», en AA. VV., *X Congreso virtual sobre la historia de las mujeres*, Jaén, 2018.

Navarro-Valls, R., *Matrimonio y Derecho romano*, Madrid, 1994.

Nicolussi, A., «Il consenso matrimoniale», Il *margine*, XXVIII, 2008, II, pp. 41-57.

Núñez Paz, M. I., *Consentimiento matrimonial y divorcio en Roma*, Salamanca, 1988.

Olivares, E., «Catálogos de impedimentos matrimoniales. Su evolución histórica», *Archivo Teológico Granadino*, 61, 1998, pp. 59-88.

Orchard, B. *et al.*, *Comentario a la Sagrada Escritura, IV*, Nuevo Testamento, Barcelona, 1959.

Orestano, R., *La struttura giuridica del matrimonio romano dal diritto classico al diritto giustinianeo*, Milano, 1951.

Ors, Á. d', *El Código de Eurico. Edición, Palingenesia, Índices*, Madrid.

— **Ors, Á. d'**, *Derecho Privado Romano*, Pamplona, 1986.

— **Ors, Á. d'**, *Una introducción al estudio del Derecho,* Madrid, 1982.

Ortega Carrillo de Albornoz, A., *Terminología, definiciones y ritos de las nupcias romanas. La trascendencia de su simbología en el matrimonio moderno*, Madrid, 2006.

Pallares Méndez, C., *Historia das mulleres de Galicia. Idade Media,* Santiago de Compostela, 2011.

Pavón, P., «Impp. Severus et Antoninus AA. Cassiae (CJ. 9.9.1). El caso del esposo adúltero», *Studia et documenta historiae et iuris*, 77, 2011, pp. 385-394.

— **Pavón, P.**, «Prácticas abusivas en la Domus reguladas por la Legislación de Adriano» (D. 1.6.2 y 48.9.5), *Studia et documenta historiae et iuris*, 76, 2010, pp. 135-146.

Pekonen, O., «Gerberto de Aurillac, matemático y Papa», *Gaceta de la Real Sociedad Española de Matemática*, 4, 2, 2001, pp. 399-408.

Peña García, C., «Dimensión sacramental y celebración canónica del matrimonio: requisitos para el acceso a las nupcias», *Estudios Eclesiásticos*, 88, 315, 2013, p. 387-413.

— **Peña García, C.**, «La sacramentalidad del matrimonio: evolución histórica y cuestiones abiertas», en https://web.unican.es/campus-cultural/Documents/Aula%20de%20estudios%20sobre%20religi%-C3%B3n/2015-2016/CursoTeologiaSacramentalidad2015-2016.pdf (Consultado el 20/V/2020).

— **Peña García, C.**, «Los "casos difíciles" en la disolución canónica del matrimonio no consumado: aspectos sustantivos y procesales», *Estudios Eclesiásticos*, 92, 363, 2017, pp. 567-602.

Perry, C. A., *Family, Gender Roles, and Marriage in the Ancient Near East and the Greco-Roman World*, California, 2016.

Petrà, B., «Divorziati risposati, ammissione ai sacramenti e sonodi sulla famiglia. Dal documento preparatorio del 2013 all'esortazione apostolica Amoris Laetitia», *Archivio Teologico Torinense,* XXIII, 1, 2017, pp. 83-97.

Pieniadz, A., «Incmaro di Reims e i suoi contemporanei sull'uxoricidio: l'insegnamento della Chiesa e la pratica sociale», *Reti Medievali Rivista,* 12, 1, 2011, pp. 25-52.

Piñero, A., *Guía para entender a Pablo de Tarso. Una interpretación del pensamiento paulino*, Madrid, 2015.

— **Piñero, A.**, *Los libros del Nuevo Testamento. Traducción y comentario,* Madrid, 2021.

— **Piñero, A.**, «En los comienzos del cristianismo», *Ilu. Revista de ciencias de las religiones*, 12, 2007, pp. 269-278.

Pino-Toscano, F. del, «El matrimonio entre el descendiente del tutor y la ex-pupila en el libro 9 Disputationum de Claudio Trifonino», en López-Rosa, R., y Pino-Toscano, F. del, *El Derecho de familia y los Derechos reales en la romanística española*, Huelva, 2001.

Poirel, D., *Ugo di San Vittore: storia, scienza, contemplazione*, Milano, 1997.

Portero Sánchez, I., «La licencia matrimonial el Dereco canonico y civil español», en AA. VV., *Lex Ecclesiae. Estudios en Honor del Dr. Marcelino Cabreros de Anta, Canonista Salmanticense*, Salamanca, 1972.

Puliatti, S., «La dicotomia vir-mulier e la disciplina del ratto nelle fonti legislative tardo imperiali», *Studia et documenta historiae et iuris*, 61, 1995, p. 471-529.

Quasten J., *Patrologia I. Hasta el Concilio de Nicea*, Madrid, 1968.

— **Quasten, J.**, *Patrología II. La edad de oro de la literatura patrística*, Madrid, 1962.

Quelle, C., «El Matrimonio: perspectiva evangélica», *Biblia y Fe*, 36, 12, 1996, pp. 287-301.

Reale, G., Antiseri, D., *Historia del pensamiento filosófico y científico. Tomo I. Antigüedad y Edad Media,* Barcelona, 1995.

Regatillo, E. F., *Derecho matrimonial eclesiástico*, Santander, 1965.

Reinhart, W., «Sobre la territorialidad en los Códigos visigodos», *Anuario de historia del Derecho español*, 16, 1945, pp. 704-711.

Rey-Stolle Pedrosa, A., *Los concilios ecuménicos. Veinte siglos de historia*, Barcelona, 1959.

Ricobbono, S., *Fontes iuris Romani antejustiniani I,* Firenze, 1941.

Rincón, T., *El matrimonio misterio y signo. Siglos IX-XIII*, Pamplona, 1971.

Rivera Sabatés, V., «El matrimonio según la Biblia», *Foro, Nueva época*, 13/2011, pp. 189-201.

Rizzelli, G., «"Stuprum" e "Adulterium" nella cultura augustea e la "Lex Iulia de Adulteriis", *Bullettino dell'Istituto di Diritto romano "Vittorio Scialoja"*, 29, 1987, pp. 355-388.

Robleda, O., *El Matrimonio en Derecho Romano*, Roma, 1970.

Rodríguez Ennes, L., *Bases jurídico — culturales de la institución adoptiva*, Santiago de Compostela, 1978.

Rodríguez Díez, J., «Indisolubilidad y divorcio en la historia del matrimonio cristiano y canónico. ¿Indisolubilidad extrínseca relativa de futuro?», *Anuario jurídico y económico escurialense*, XXXIX, 2006, pp. 171-213.

— **Rodríguez Díez, J.**, «Invitación a una traducción española del corpus iris canonici», *Anuario Jurídico y Económico Escurialense*, XL, 2007, pp. 323-347.

Romano, A., «Dal "Pater gentis" ai "Patres" dell'organizzazione cittadina. Note sul fondamento della leadership arcaica», en Franciosi, G. (a cura di), *Ricerche sulla organizzazione gentilizia romana*, Napoli, 1984.

Román, J., «Edición a la Summa super decretum de Huguccio», *Nouvelle revue histirique de Droit français et étranger*, 27, 1900.

Romero Pose, E., *Matrimonio y familia en la época patrística, en La siembra de los Padres*, Madrid, 2008.

Rosato, P. J., *Teología de los sacramentos*, Navarra, 1994.

Rubinos, A., *Leyendo a San Pablo*, Barcelona, 1954.

Ruiz Bueno, D., *Padres Apostólicos. Texto bilingüe completo*, Madrid, 1967.

Russell, B., *Por qué no soy cristiano,* Madrid, 2010.

Ryrie, C. C., «Biblical teaching on divorce and remarriage», *Grace Theological Journal*, 3, 2, 1982, 177-192.

Sánchez-Arcilla Bernal, J., «La formación del vínculo y los matrimonios clandestinos en la Baja Edad Media», *Cuadernos de Historia del Derecho*, 17, 2010, pp. 7-47.

— **Sánchez-Arcilla Bernal, J.**, *Historia del Derecho español*, Barcelona, 2005.

Sancho, L., «El matrimonio romano primitivo y el valor de la Lex inhumanissima», *Reue internationale des droits de l'antiquité*, 37, 1990, p. 347-384.

Sanfilippo, C., *Istituzioni di Diritto romano*, Soveria Mannelli, 2002.

Sanz Martín, L., «La maternidad y el sacerdocio femenino: excepciones a la tutela perpetua de la mujer en Roma», *Anuario jurídico y económico escurialense*, 44, 2011, pp. 13-28.

Sarmiento, A., *El Matrimonio cristiano*, Navarra, 1997.

— **Sarmiento, A.**, «El "misterio" del matrimonio cristiano: sentido e implicaciones de la sacramentalidad del matrimonio», *Cuadernos de Pensamiento*, 27, 2014, pp. 11-20.

Sedano, J., «Las incertidumbres históricas sobre la potestad pontificia de disolver un matrimonio rato y no consumado: una clave interpretativa de la formación del vínculo matrimonial», *Ius canonicum*, 56, 2016, pp. 229-269.

Schillenbeeckx, E., *El matrimonio realidad terrena y misterio de salvación*, Barcelona, 1968.

Schopenhauer, A., *Los dolores del mundo,* Madrid, 2009.

Schwartz Rodacky, M., *Los amores en la Biblia*, Madrid, 1997.

Sforza, W. C., *Il diritto dei privati*, Napoli, 1963.

Ska, J. L., *The Law of Israel in the Old Testament, en M. Siebeck, The Exegesis of Pentateuch. Exegetical Studies and Basic Questions*, Tubinga, 2009, p. 196-221.

Stalg, J. F., «La "lis de dotibus socrus et nurus" e il potere del "favor dotis"», *Index. Quaderni camerti di studi romanistici International Survey of Roman Law,* 40, 2012, pp. 326-341.

Serafini, F., *Instituciones de Derecho Romano (Tomo II)*, Barcelona, 1927.

Singer, H., *Die Summa Decretorum des Magister Rufinus*, Panderborn, 1902.

Ska, J. L., *Introducción al Antiguo Testamento,* Santander, 2012.

Stein, P. G., *El Derecho romano en la historia de Europa. Historia de una cultura jurídica,* Madrid, 2001.

Stein, R. H., «Is it lawful for a man to divorce his wife?», *Journal of the evangelical theological society*, 22, 2, 1979, pp. 115-121.

Stickler, A. M., «El celibato eclesiástico. Su historia y sus fundamentos teológicos», *Scripta theologica: revista de la Facultad de Teología de la Universidad de Navarra*, 26, 1, 1994, pp. 13-78.

Suárez Blázquez, G., «Trata, abuso y explotación laboral de la infancia: desde el Derecho romano al Derecho medieval de España», *Revista General de Derecho Romano*, 40, 2023.

— **Suárez Blázquez, G.**, «Conubium: centinela estatal internacional del matrimonio mixto», en *Revista General de Derecho Romano*, 41, 2023.

— **Suárez Blázquez, G.**, «La emancipación jurídica privada de la mujer romana: un antecedente histórico de la liberación de género», en *Revista Internacional de Derecho Romano*, 30, 2023, pp.387 - 445.

— **Suárez Blázquez, G.**, «De la res publica romana a la personalidad jurídica corporativa abstracta, romano-cristiana del "Rey-reino" visigodo», *Anuario de Historia del Derecho Español,* 92, 2022, pp. 11-46.

— **Suárez Blázquez, G.**, «Patriarcado-Gobierno Público-Mujer Romana», *Revista General de Derecho Romano,* 21, 2022.

— **Suárez Blázquez, G.**, «Naturaleza jurídica híbrida de la familia romana», *Revista General de Derecho romano*, 21, 2013.

— **Suárez Blázquez, G.**, «La patria potestad en el derecho romano y en el derecho visigodo», *Revista de Estudios histórico-jurídicos*, 36, 2014, pp. 159-187.

— **Suárez Blázquez, G.**, «Régimen jurídico romano-visigodo del suelo (dominio-posesión-comunidad de bienes-superficie) y su encuentro feudal con gewere y seisin (s. V d.C-S. XIII d.C.)», *Revista de Estudios histórico-jurídicos*, 43, 2021, pp. 411-435.

— **Suárez Blázquez, G.**, «Dos avances jurídicos importantes de la civilización romana en materia de obligación», *Revista Internacional de Derecho Romano,* 31, 2023, pp. 243-295.

— **Suárez Blázquez, G.**, «Los pilares jurídicos romano–cristianos de la fundación corporativa», *Revista de la Facultad de Derecho de México*, 71, 279, 1, 2019, pp. 222-229.

— **Suárez Blázquez, G.**, «Perspectivas jurídicas romanas de "Cypréss"en la órbita del "stare decisis" del "Common Law "Angloamericano"», *Anuario de Historia del Derecho español*, 87, 2017, pp. 333-377.

— **Suárez Blázquez, G.**, *Los pilares económicos y jurídicos romanos del capitalismo global*, Tirant Lo Blanch, 2018.

— **Suárez Blázquez, G.**, *Las Esferas Jurídicas de dos mundos: Binomio posesión-dominio*, Tirant Lo Blanch, 2019.

Suárez Pérez, T., *Pablo, apóstol de los gentiles*, Valencia, 2002.

Tammaro, C., «Il matrimonio nel De sacramentis di Ugo di San Vittore e nelle Sententiae di Pietro Lombardo: brevi note teológico-canoniche comparative», *Anuario Argentino de Derecho Canónico*, XX, 2014, pp. 253-270.

Thaner, F., *Summa Magistri Rollandi Bandinelli*, Innsbruck, 1962.

Theobald, M., «Jesús habla sobre el divorcio: ¿Ley o Evangelio?», *Selecciones de Teología*, 35, 139, 1996, pp. 110-120.

TINEO, P., «La recepción de Trento en España (1565). Disposiciones sobre la actividad episcopal», *Anuario de Historia de la Iglesia*, 5, 1996, pp. 241-296.

TOMÁS DE AQUINO, *Summa Theologiae,* I-II, Madrid, 1989.

TORRES RODRÍGUEZ, C., *El reino de los suevos. Galicia sueva*, La Coruña, 1977.

TORRES, J., «De epístolas privadas a cánones disciplinarios: las "Cartas canónicas" de Basilio de Cesarea», en AA. VV., *Lex et Religio. IX Incontro di studiosi dell'antiquitá cristiana*, Roma, 2013.

TREVIJANO, R., «Matrimonio y divorcio en la Sagrada Escritura», en GARCÍA BARBERENA, T. (Dir.), *El vínculo matrimonial. ¿Divorcio o indisolubilidad?*, Madrid, 1978.

TREVIJANO, R., *Patrología*, Madrid, 1994.

VALENCIA ÁLVAREZ, G., «Un antes y un después del Concilio de Trento: licencias matrimoniales y su estructura diplomática», *Revista del Archivo General de la Nación*, 32, 2017, pp. 165-180.

VEGAS MONTANER, L., «La Ley en el Antiguo Israel», *Ilu. Revista de ciencias de las religiones. Anejos*, 2004, XI, pp. 119-141.

VELASCO ARIAS, J., «El matrimonio en la comunidad paulina de Corinto», en AA. VV., *El matrimoni i l'ús dels béns en la Bíblia*, Barcelona, 2008.

VILANOVA, E., *Historia de la teología cristiana I. De los orígenes hasta el siglo XV*, Barcelona, 1987.

VILLORO TORANZO, M., «El Derecho hebreo según el Antiguo Testamento», *Jurídica*, 1, 1979, pp. 199-238.

VIVES, J. (ed.), *Concilios visigóticos e hispanorromanos,* Madrid, 1973.

VOLTAIRE, *Tratado sobre la tolerancia,* Madrid, 2010.

VOLTERRA, E., «L'Uxor et la nurus in manu dans Gai», 3, 46; et Ulp., 29, 1, en AA. VV., *Religion, société et politique Mélanges en hommage à Jacques ELLUL, París,* 1983.

— **VOLTERRA, E.**, «La conception du Mariage à Rome», *Reuve Internationale des Droits de l'Antiquitè*, 2, 1955, pp. 366-379.

— **VOLTERRA, E.**, «Nuove ricerche sulla "conventio in manum"», en *Atti della Accademia Nazionale dei Lincei*, CCCLXIII, 1966, pp. 251-355.

WEBB, J. A. y **WEBB, P. L.**, *Divorcio y nuevo casamiento. El caballo de Troya dentro de la Iglesia. ¿A quién creemos?,* Longwood, 1996.

WIGHT, F. H., *Usos y costumbres de tierras bíblicas*, Michigan, 1999.

Made in United States
Orlando, FL
04 November 2026

90200711R00171